AF645813

HELMUT HINRICHSEN

DIE KREATIVE LEDER WERKSTATT

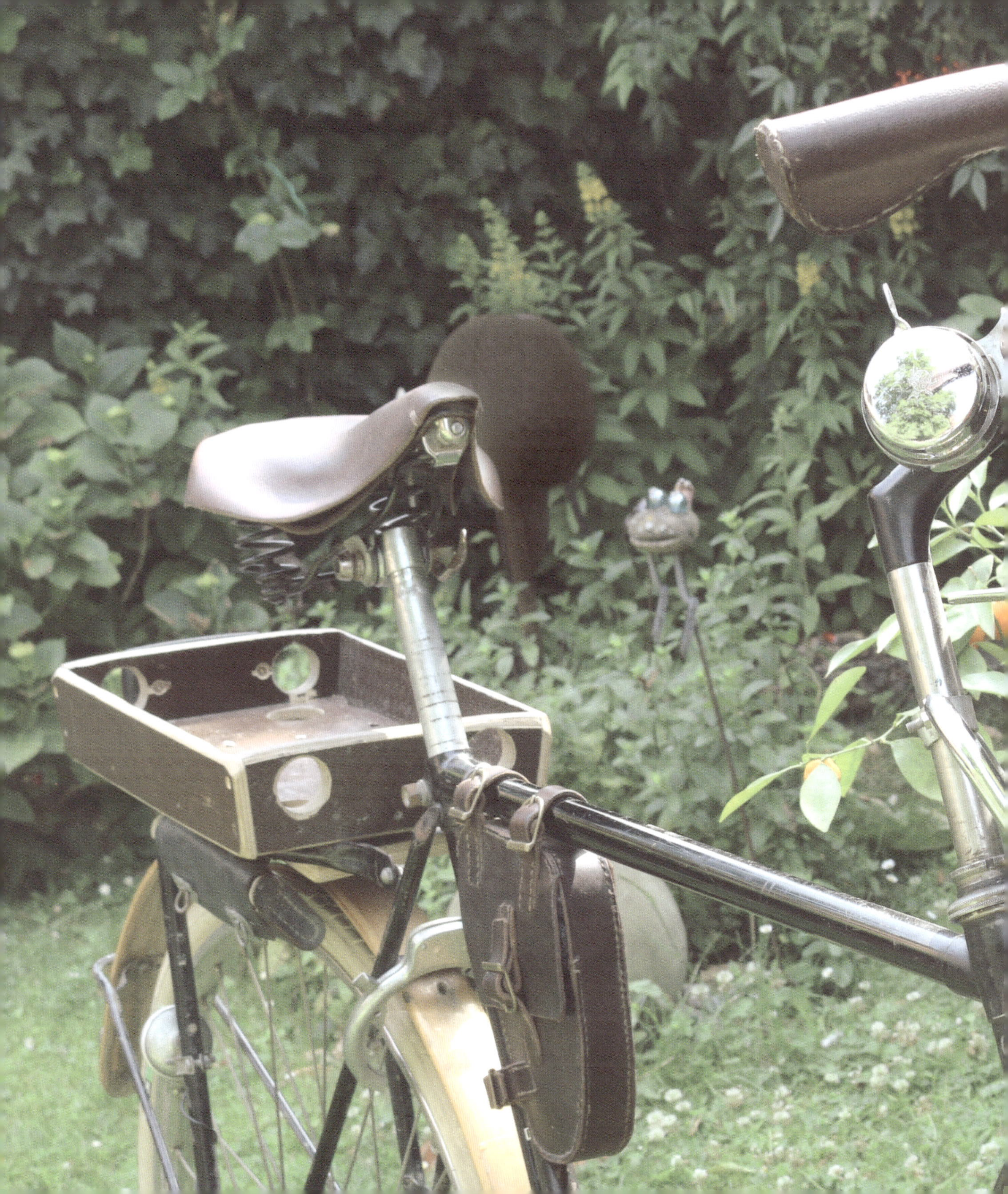

HELMUT HINRICHSEN

DIE KREATIVE LEDER WERKSTATT

VERLAG FREIES GEISTESLEBEN

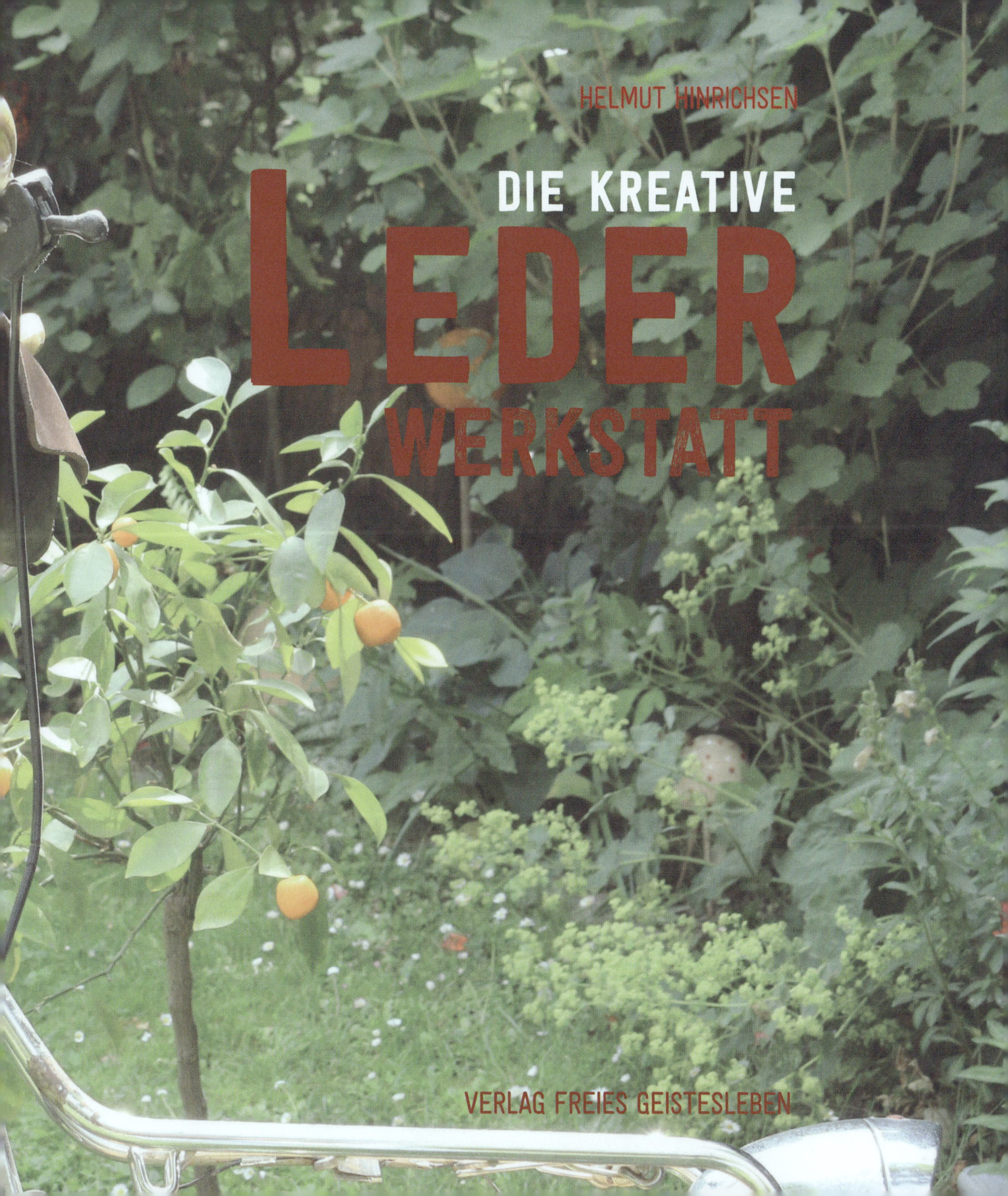

Inhalt

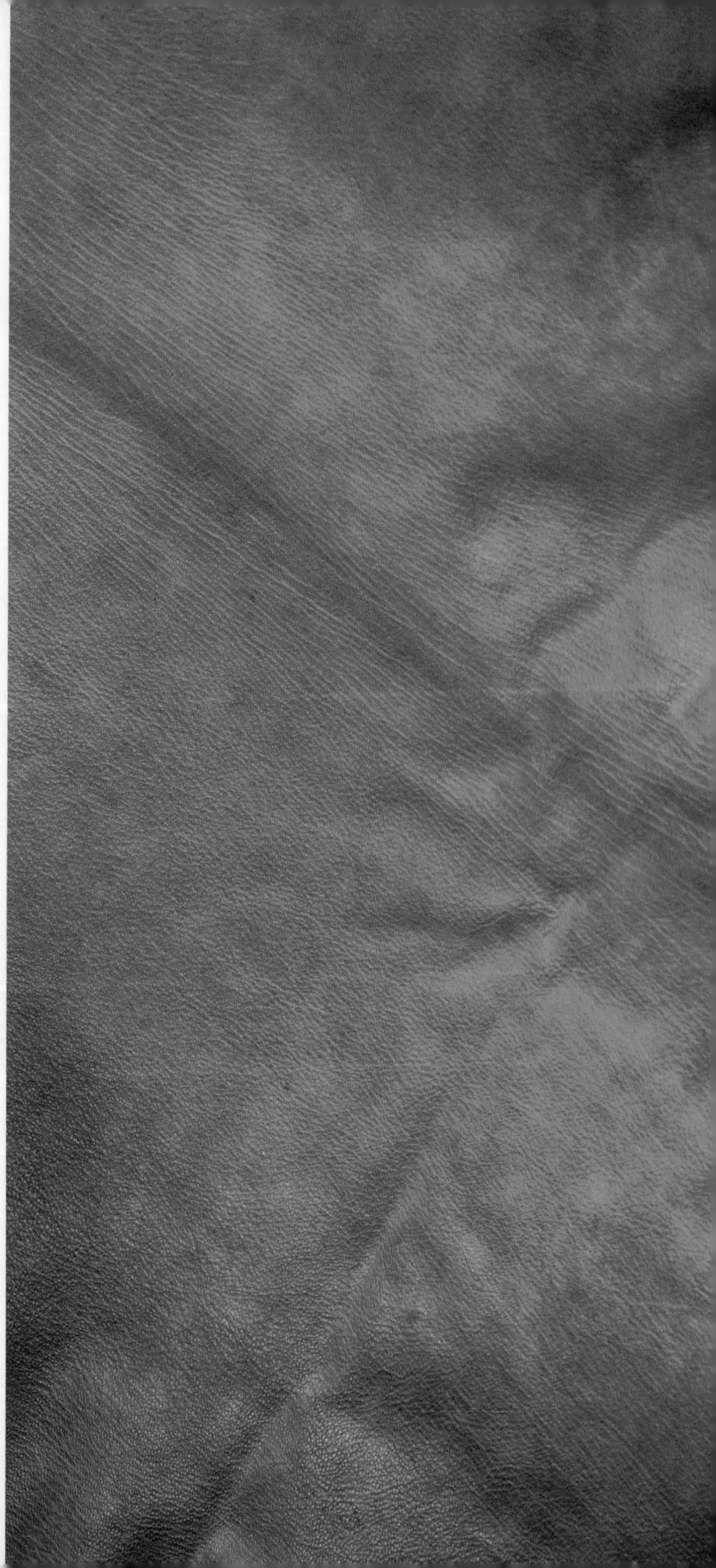

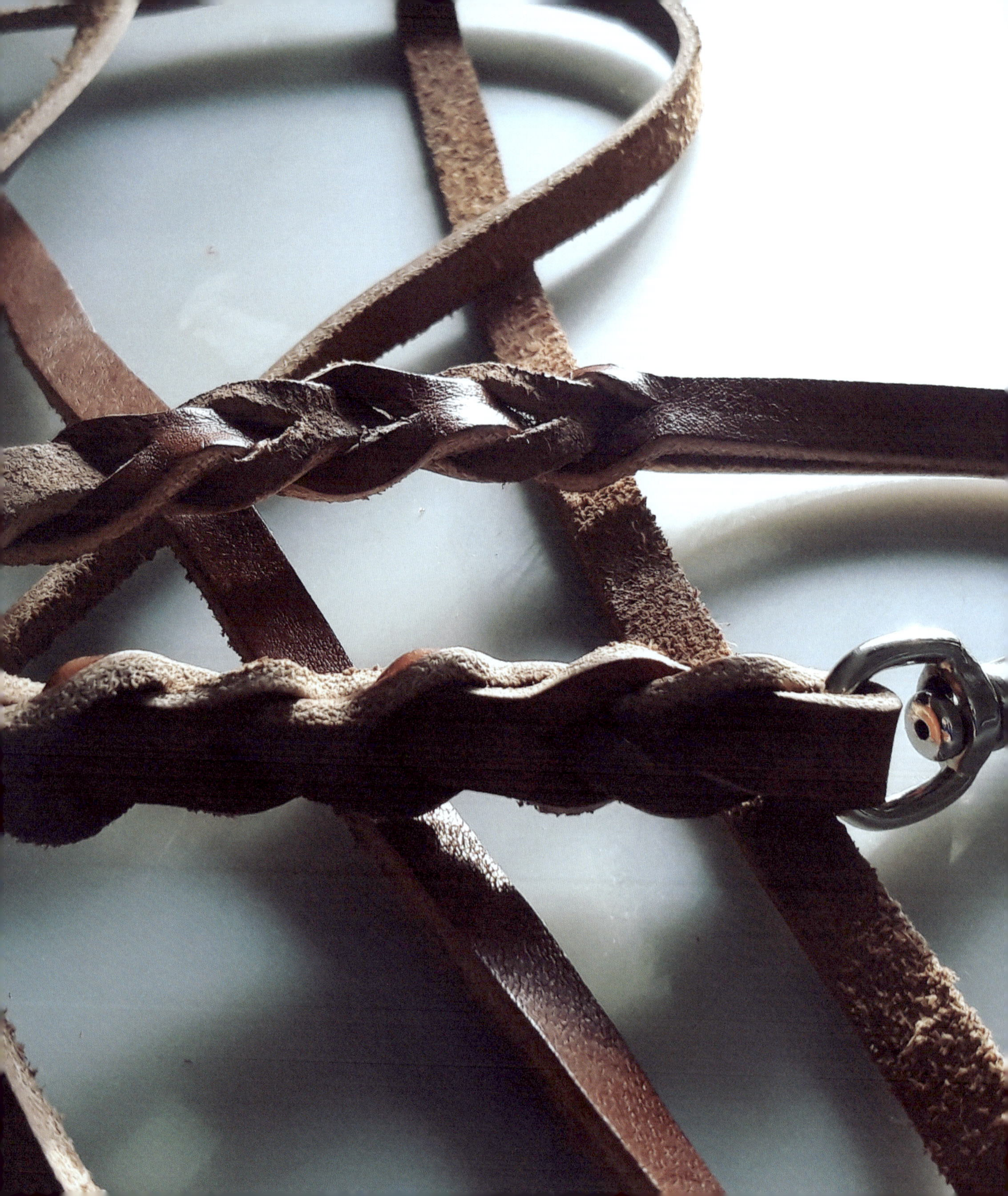

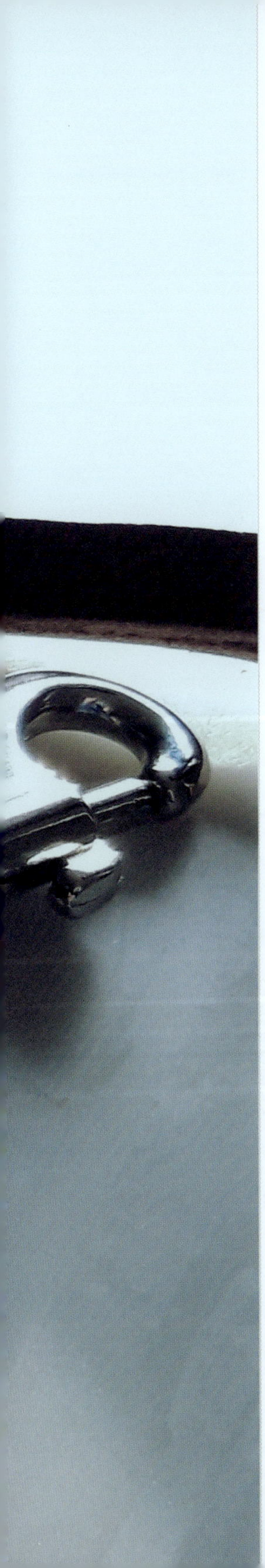

Vorwort

Die in diesem Buch beschriebenen Gegenstände sind alle in Handarbeit hergestellt worden. Auch das Nähen mit einer Haushaltsnähmaschine kann man durchaus noch als Handarbeit einstufen. Daher gehen wir in diesem Buch auch auf die Verwendung einer Nähmaschine bei einzelnen Lederprojekten ein. Der entsprechende Abschnitt (siehe S. 174ff.) soll die Möglichkeiten erweitern, selbst Lederarbeiten auszuführen.
Die einfacheren Objekte können auch gut schon von Kindern ab sechs Jahren ausgeführt werden, wenn Erwachsene sie anleiten. Jugendliche haben vielleicht Freude an komplizierteren Projekten. Oft können sie die Arbeiten anhand der Anleitungen bereits selbstständig ausführen. Und auch für den Werkunterricht in der Schule finden sich Anregungen; sie sind somit eine wertvolle Ergänzung für die Auseinandersetzung der Schülerinnen und Schüler mit verschiedenen Materialien.
Bei der Auswahl der Werkstücke und der Beschreibung, wie man sie herstellt, wurde bewusst großer Wert auf Machbarkeit und Freude am Tun gelegt. Bei jedem neu zu erlernenden Arbeitsgang ist der Anfang am schwierigsten. Hat man sofort den Anspruch auf handwerkliche Perfektion, ist die Enttäuschung im Grunde genommen schon vorprogrammiert. Doch je mehr man übt und je mehr Freude man am Tun hat, desto sicherer wird auch der Umgang mit Material und Werkzeug und desto vollendeter wird schließlich das Ergebnis.
Wenn die folgenden Anregungen dazu führen, dass Sie Freude am Arbeiten mit dem wunderbaren Material des Leders entwickeln und Ihre Ergebnisse im Laufe der Zeit immer besser werden, ist das Hauptanliegen dieses Buches erfüllt.
Ich wünsche Ihnen daher viel Freude am Tun!

Helmut Hinrichsen

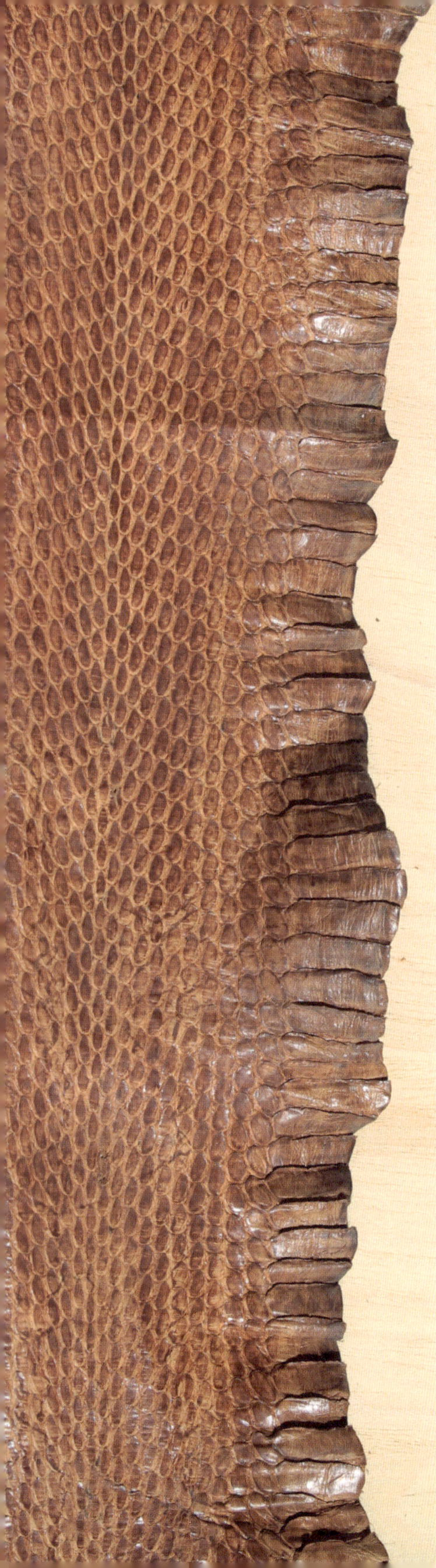

Einleitung

Leder ist ganz gewiss einer der ältesten Werkstoffe des Menschen. Auch wenn es dafür keinen direkten Nachweis gibt, ist die Vorstellung naheliegend, dass unsere Vorfahren sich schon früh das Fell von erjagten Tieren zum Schutz vor Kälte und Wind umgelegt oder sich des Nachts im Schlaf darin eingehüllt haben.

Wir wissen nicht, wie und wann sie dann auf die Idee kamen oder eher die Notwendigkeit erkannten, die in feuchtem Zustand schnell verderbliche, in trockenem Zustand jedoch starre und steife Tierhaut dauerhafter und geschmeidiger zu machen. Vielleicht hat die zufällige Beobachtung, dass ein Einnässen mit Urin diese Haut haltbarer gemacht hat, zu einer ersten bewussten Gerbmethode geführt. Vielleicht hat auch einmal ein Fell nach einem Regenguss zusammen mit Eichenästen oder Blättern in einer Pfütze gelegen und danach lange gehalten. Aus diesen Beobachtungen könnte eine erste Art zu gerben entstanden sein.

Mit großer Wahrscheinlichkeit hat man die steif werdende Haut beim Trocknen über eine Steinkante gewalkt und geknetet, sie vielleicht sogar mit den Zähnen gekaut, um eine angenehmere Geschmeidigkeit zu erreichen. So wird es heute noch von den Eskimos praktiziert.

Mithilfe dieser in alten Zeiten entdeckten und später immer mehr verfeinerten Methoden ist der Urzustand der Tierhaut in das beständige und vielseitig verwendbare Leder verwandelt worden.

Und was lässt sich nicht alles aus diesem natürlichen Material herstellen! Beispielsweise Außenwände für Zelte, Kleidung, Schuhe, Gürtel, Zaumzeug, Eimer, Boote, Rucksäcke, Taschen, Möbelbezüge, Messer- und Schwertscheiden ... Die Aufzählung ließe sich mühelos noch fortsetzen.

Über sehr lange Zeiten waren das Gerben und die Herstellung von Gegenständen aus diesem Leder sehr eng mit der Zivilisation des Menschen verbunden. Selbst heute, in unserer hoch industrialisierten Welt, ist Leder zum Beispiel in der Schuhherstellung unverzichtbar.

Ist das Leder dennoch in heutiger Zeit in Verruf geraten, so liegt das im Grunde nicht am Material selbst, sondern – zu Recht – eher an Faktoren,

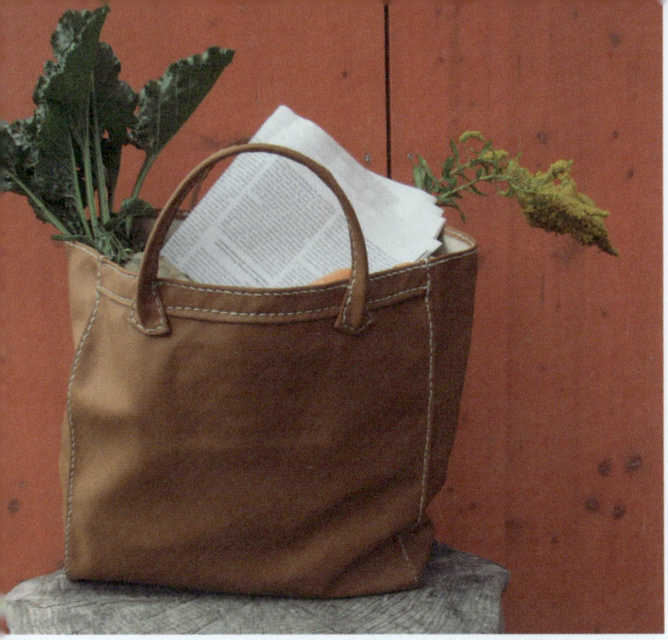

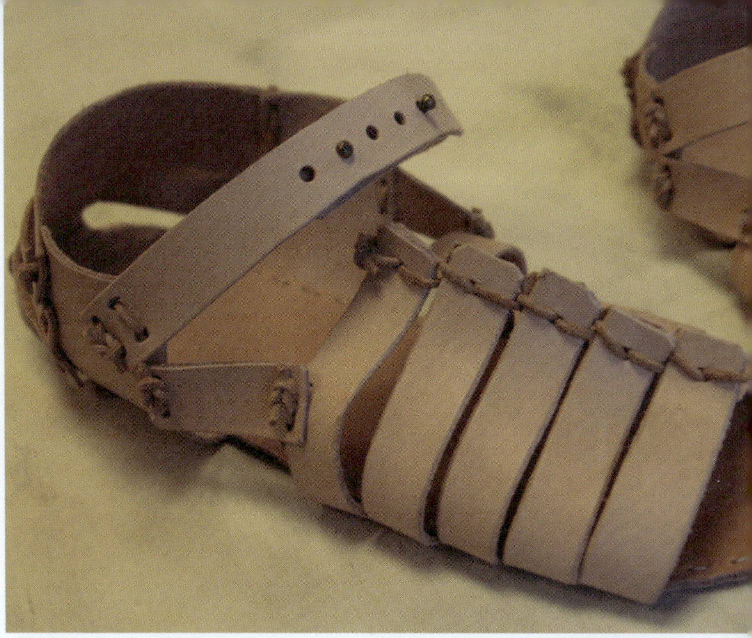

die mit der nicht artgerechten und meist unwürdigen Massentierhaltung und mit der industriellen Art der Gerbung, die die Umwelt belastet, zusammenhängen.
Wer sich jedoch mit dem Leder anfreunden kann und das Material aus vertrauenswürdigen Quellen bezieht, bei denen auf Tierwohl und auf ökologische Gesichtspunkte geachtet wurde, findet in den folgenden Abschnitten eine breite Themenauswahl, die dazu anregt, Gebrauchsgegenstände aus Leder selbst herzustellen oder die vorgestellten Ideen weiterzuentwickeln. Auch für Veganer gibt es eine Reihe von Anleitungen mit Ersatzmaterialien.

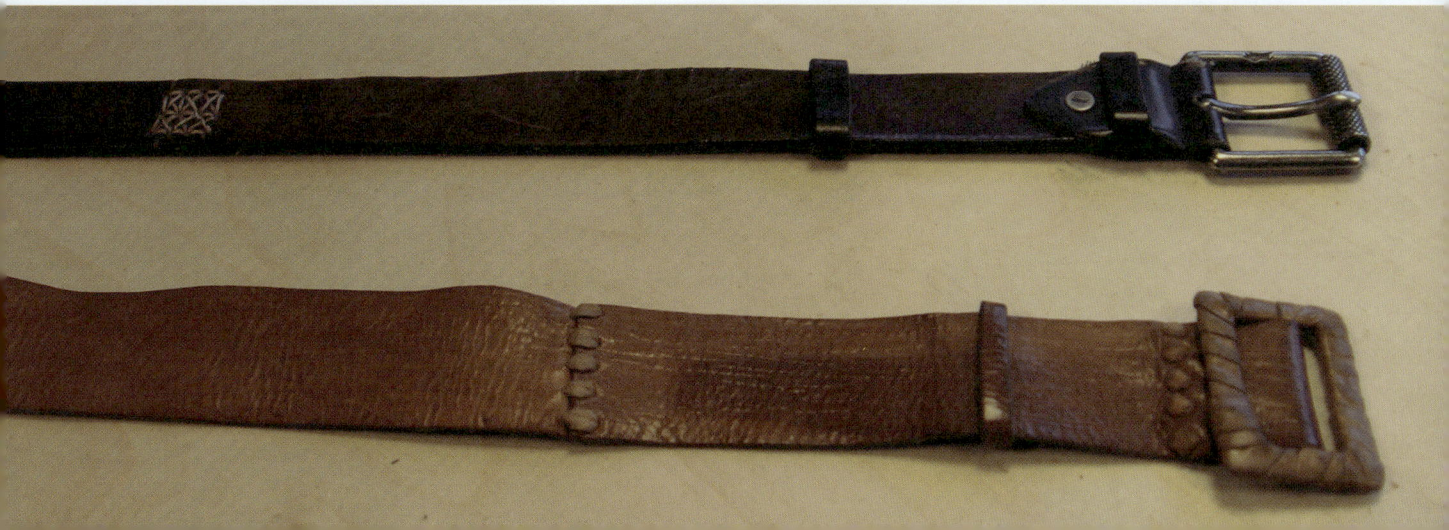

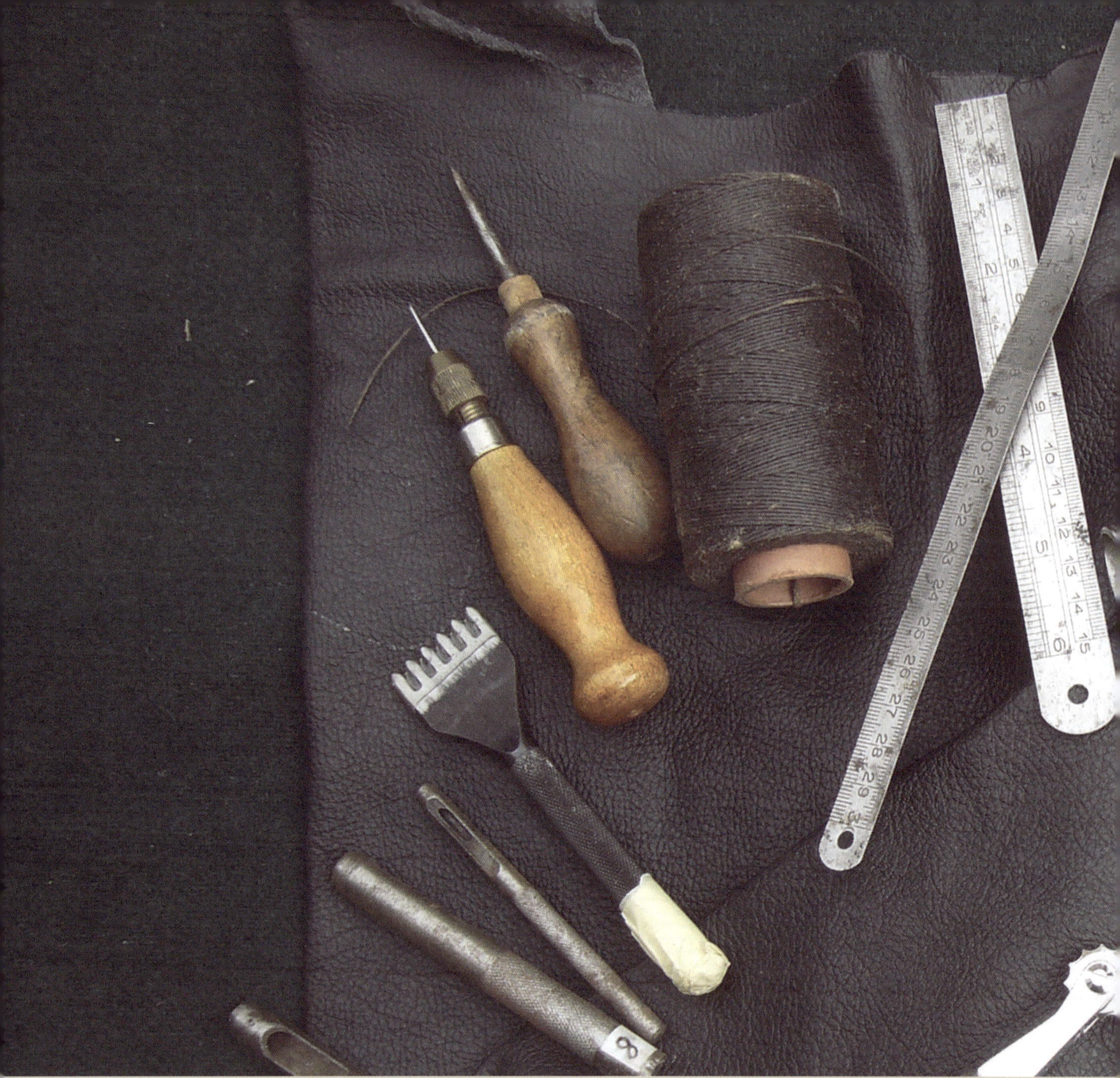

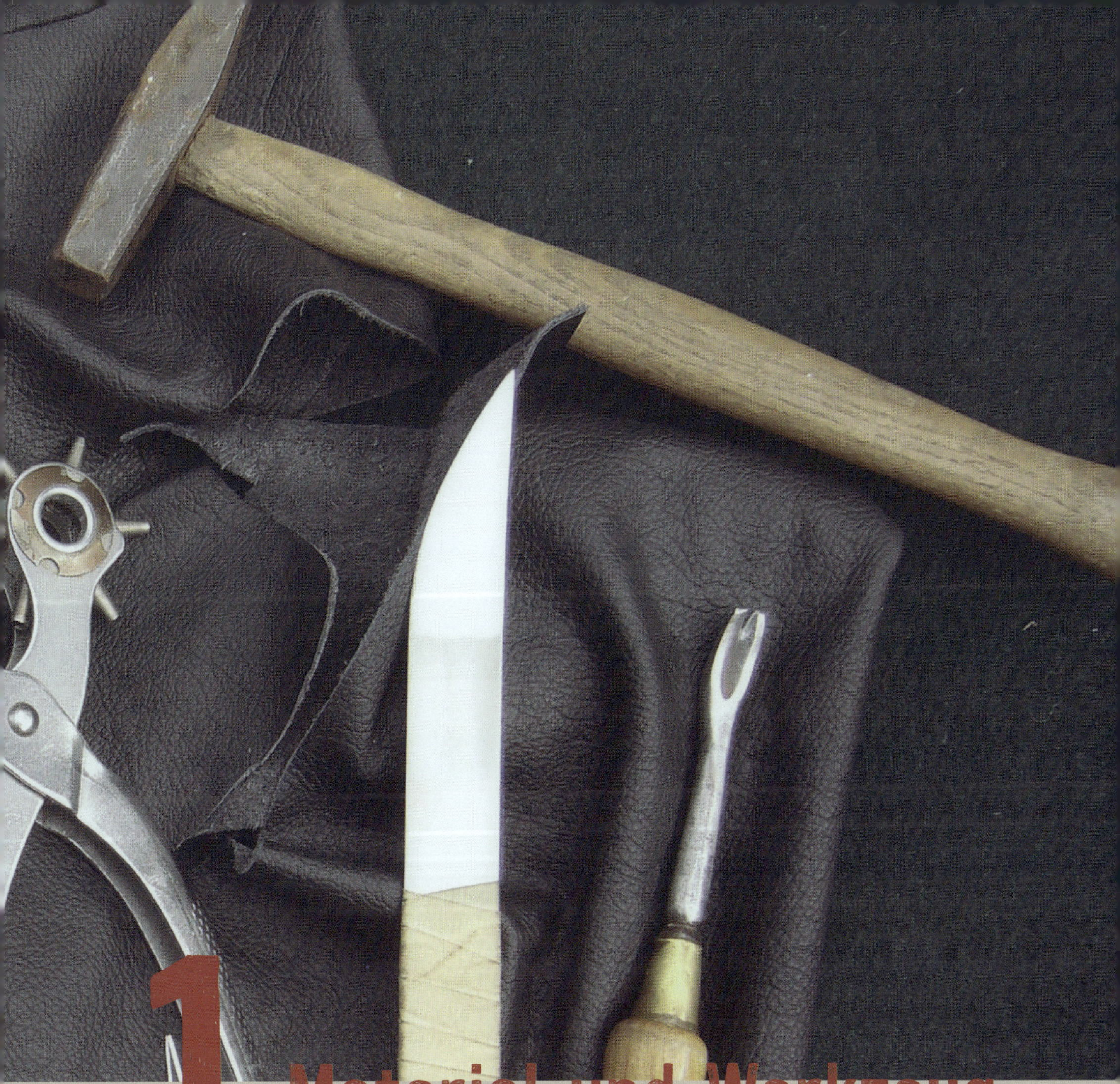

1 Material und Werkzeug

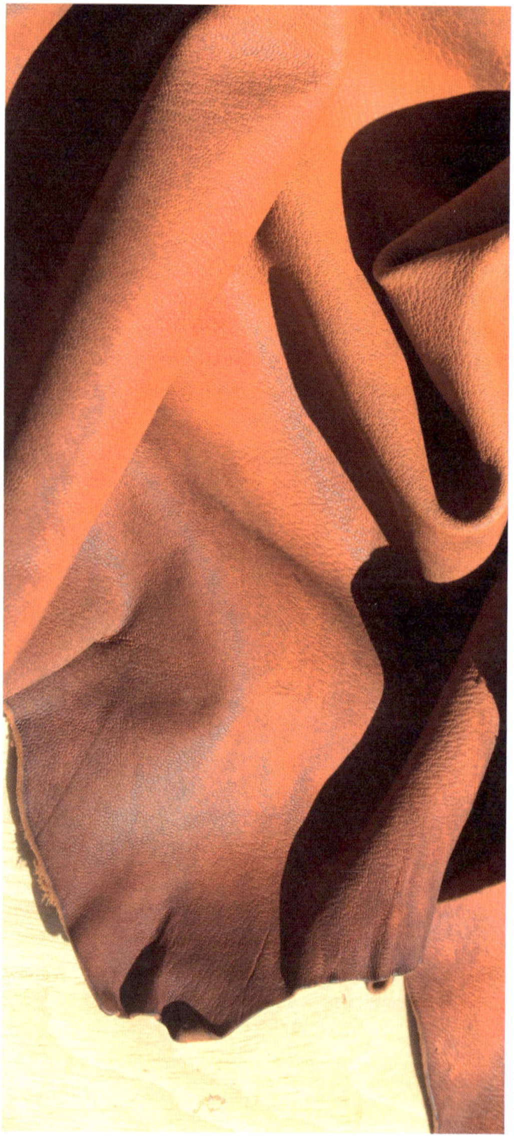

Verschiedene Lederarten:
1 Kalbsleder
2 Schweinsleder
3 Rindsleder
4 Schafleder
5 Ziegenleder
6 Hirschleder
7 Schlangenleder
8 Fischleder
9 Krokodilleder

Eine kleine Materialkunde

Lederarten

Leder ist die Haut eines Tieres. Auf der einen Seite befand sich ursprünglich sein Fell (oder beim Fisch die Schuppen bzw. beim Strauß die Federn). Diese Seite wird als die **Narbenseite** bezeichnet. Sie ist die glatte, schönere Seite des Leders und wird in der Regel als die Außenseite der Arbeit genommen.
Die innere Seite nennt man die **Spaltseite**. Von ihr mussten vor dem Gerben alle Fleischreste entfernt werden. Um mehr Leder aus einer Haut gewinnen zu können, wird das Leder oft in dünnere Lagen getrennt. Es entsteht das sogenannte **Spaltleder** – auch Velourleder oder Wildleder genannt –, das auf beiden Seiten rau ist.
Dünnes Leder stammt meist vom Kalb, vom Schaf oder der Ziege. Wegen seiner Geschmeidigkeit und Weichheit eignet es sich besonders für Kleidung, Innenfutter und Taschen.
Dickeres Leder wird als Vollnarbenleder bezeichnet. Es kann bis zu 5 mm dick sein. Es ist das Ausgangsmaterial für viele stabilere Lederarbeiten.
Am gebräuchlichsten ist Schweinsleder, Rindsleder und eventuell auch Pferdeleder. Es gibt auch noch diverse **spezielle Lederarten** wie Fischleder, Straußenleder, Elchleder, Hirschleder, Schlangenleder, Känguruleder oder Krokodilleder. Manche dieser Lederarten sind wegen der Herkunft von bedrohten Tieren unter Umständen fragwürdig und werden auf dem normalen Markt daher auch nicht angeboten.
Wer auf den Charme eines selbst hergestellten Gegenstandes nicht verzichten möchte, das Leder als Arbeitsmaterial aber grundsätzlich ablehnt, kann ersatzweise auch Kork, Papierleder oder Filz für die jeweiligen Objekte benutzen (siehe dazu S. 19ff.).

1

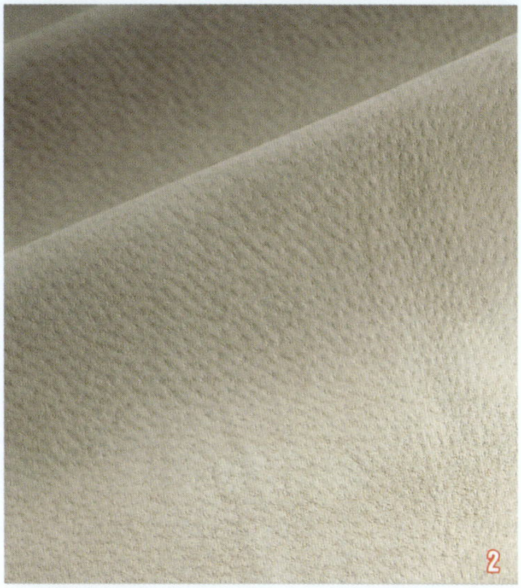
2

3

4

5

6

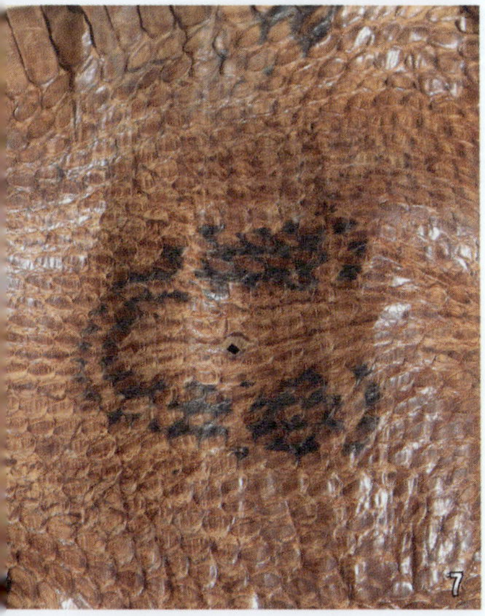
7

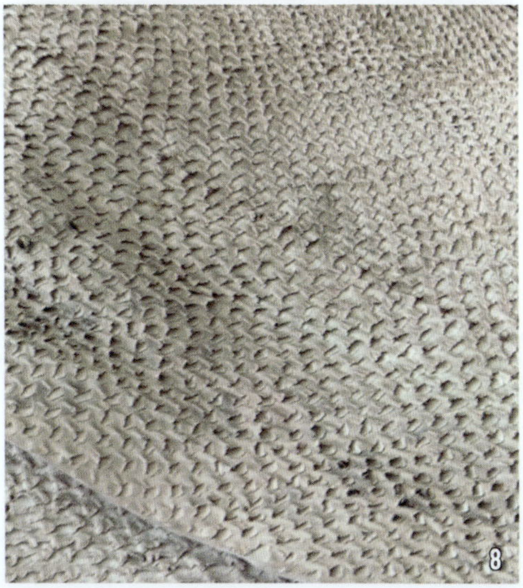
8

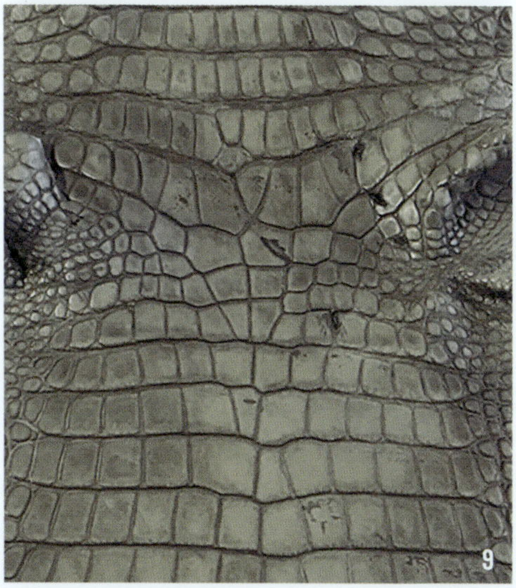
9

Gerbungsarten

Vegetabile Gerbung

Die vegetabile Art zu gerben ist die älteste nachweisbare Form, Leder haltbar und geschmeidig und so für unterschiedliche Nutzungen brauchbar zu machen. Durch den Fund eines im Eis eingefrorenen Menschen ist belegt, dass schon vor über 5000 Jahren Leder auf diese Art und Weise hergestellt wurde. Auch in Ägypten fand man bei Ausgrabungen Lederverzierungen an den Sarkophagen aus dem vierten Jahrtausend v. Chr. Heute wird nur noch etwa ein Zehntel des Leders auf diese alte Art und Weise in spezialisierten Gerbereien gegerbt. Es ist das aufwendigste bekannte Verfahren, aber deshalb interessant, weil dabei keine künstliche Chemie zur Anwendung kommt.
Die Häute werden zum Teil über viele Monate in Gruben mit einer sogenannten Gerblohe gelegt. Die darin enthaltenen Stoffe, die zur Gerbung führen, heißen Tannine und sind in unterschiedlichsten Pflanzen vorhanden. So zum Beispiel in Eichenholz und -rinde (besonders von der Stieleiche), Fichtenrinde, Akazienrinde, Kastanienrinde, Birkenrinde, aber auch in Olivenblättern, Taraschoten, Rhabarberwurzel oder Quebachoholz. Jede Gerberei hat ihre eigene, oft sogar geheim gehaltene Rezeptur für die Gerblohe.

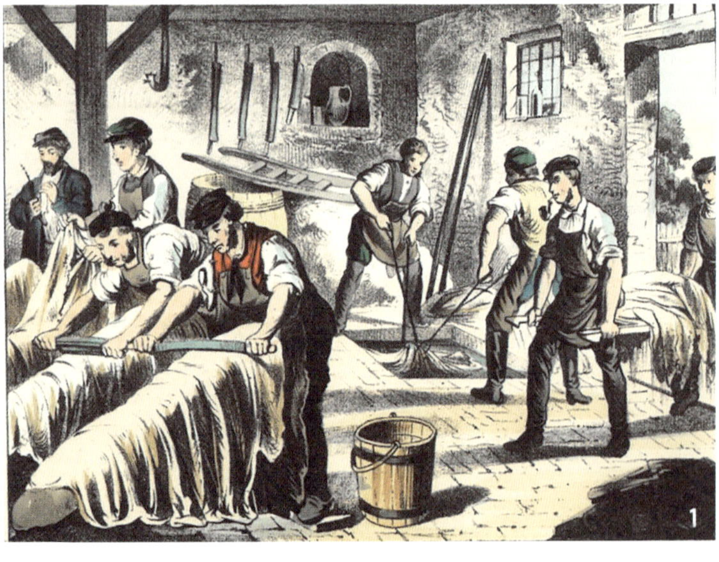
1

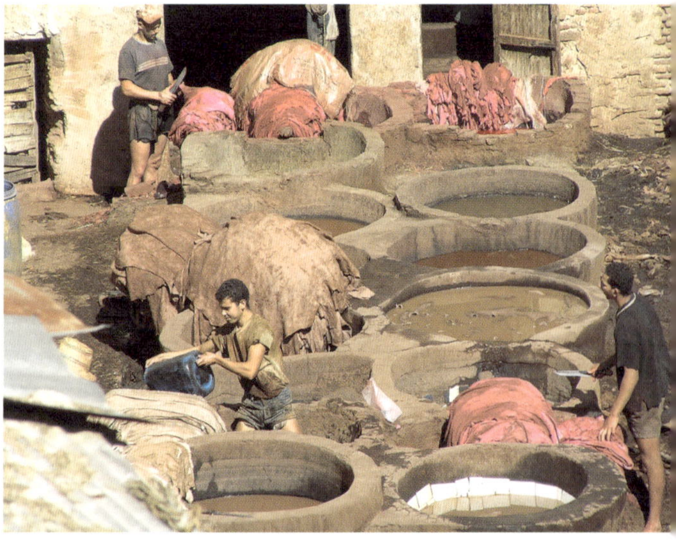

Tannine sind Stoffe, die Säuren enthalten; diese schützen die Pflanzen vor Schädlingsbefall und wirken deshalb auch im Leder konservierend. Im Mittelalter hat es sogenannte Lohwälder gegeben, in denen besonders die Stieleiche für Gerbzwecke kultiviert wurde. Die Rinde wurde mit sogenannten Lohlöffeln geschält und dann in Lohmühlen zermahlen. Viele Ortsnamen und sogar Familiennamen zeugen heute noch von dieser Zeit, in der das Gerben mit Lohe üblich war (Lohmüller, Lohmann, Lohe, Löhr, Lohmar). Je nachdem, welche Tannine zur Anwendung kommen, entstehen ganz spezielle Eigenschaften des Leders. Genaueres lässt man sich am besten von einem Fachmann bei Bedarf erläutern.

Fettgerbung

Die Fettgerbung ist ebenfalls eine sehr alte Gerbungsart. Dabei werden tierische Fette aus Hirn, Fischtran, Talg oder Mark benutzt. Auch Kernseife, Klauenöl, Türkisch-Rotöl, Yaköl und sogar Eigelb können laut Lederlexikon (siehe www.lederlexikon.de) zum Einsatz kommen. Der Vorteil der Fettgerbung liegt darin, dass die zur Gerbung benötigten Stoffe beim toten Tier – dessen Fell man zum Leder weiterverarbeitet – schon vorhanden sind. Unangenehm kann der später auftretende Geruch sein. Fettgegerbtes Leder ist ein hervorragendes Material beispielsweise für einen geschmeidigen Gürtel (siehe die Beschreibung auf S. 62f.).

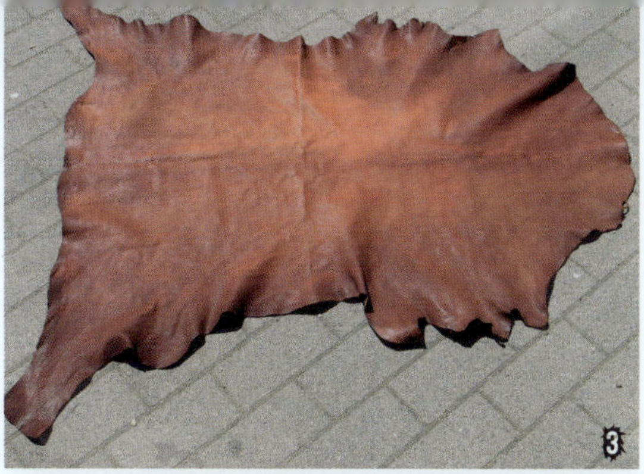
3

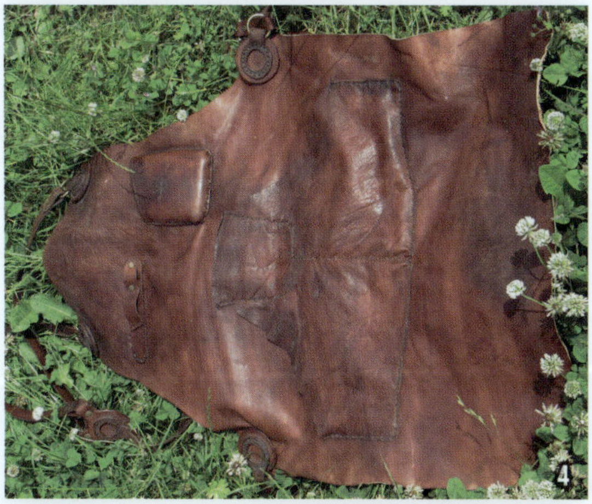
4

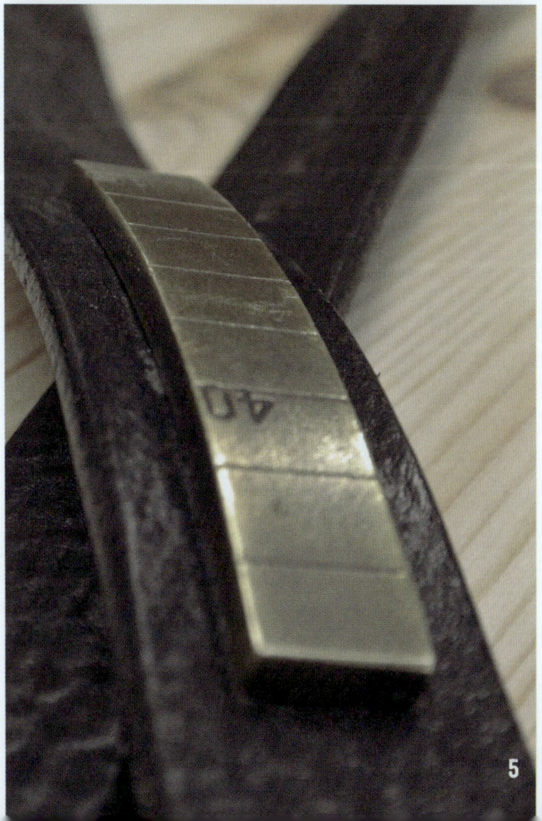
5

1: Arbeiten in einer Lohgerberei, Farbillustration um 1880
2: Traditionelles Gerben und Färben in Fes, Marokko
3: Gegerbte komplette Tierhaut
4: Arbeitsschürze aus festem Leder
5: Gürtel aus fettgegerbtem Leder

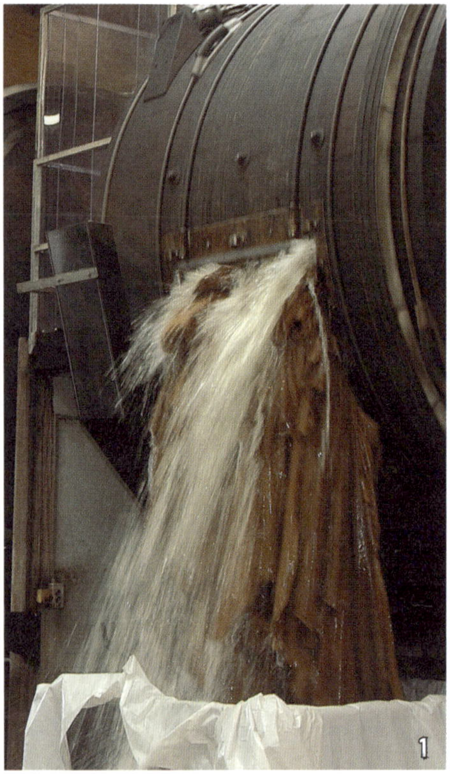

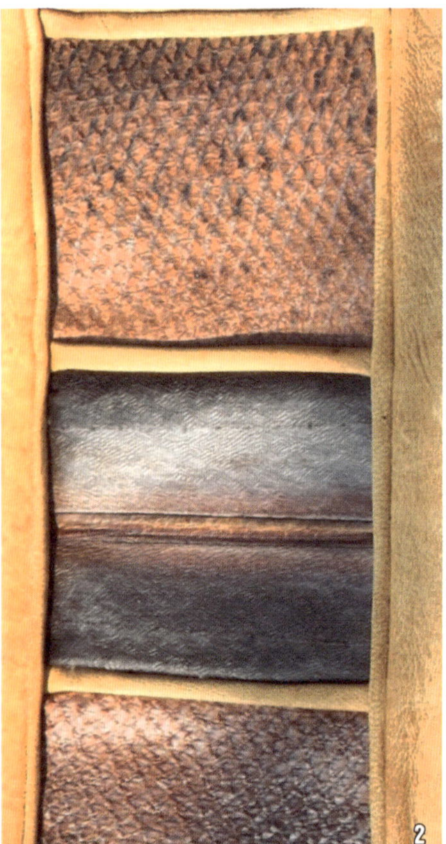

Chromgerbung

Um die Mitte des neunzehnten Jahrhunderts wurden die Chromsalze und ihre konservierende Wirkung auf Leder entdeckt. Dadurch konnte die aufwendige, über Monate dauernde Lohgerbung auf wenige Tage beschränkt und in industriellem Maßstab angewendet werden. ▸ Bild 1 Chromgegerbtes Leder hat besonders in angefeuchtetem Zustand innen eine bläuliche Färbung («wet blue»). Heute wird neunzig Prozent des Leders so gegerbt. Da Chrom-VI – auch als Chrom(VI)-oxid oder Chromtrioxid (CrO_3) bezeichnet – giftig ist, darf nur das zugelassene Chrom-III – als Chrom(III)-chlorid (CrCl3) bezeichnet – zur Anwendung kommen. Man sollte allerdings bedenken, dass auch Chrom-III letztlich umweltbelastend ist. Bei der Wahl des Leders für die folgenden Werkstücke sollten daher auch ökologische Aspekte der Gerbungsart berücksichtigt werden. Auch der Gesichtspunkt, unter welchen Produktionsbedingungen das Leder gewonnen wurde, ist wichtig. Verwenden Sie möglichst kein Leder, das in sogenannten Billiglohnländern hergestellt wurde.

Sämische Gerbung oder Trangerbung

Bei der sämischen Gerbung oder Trangerbung, einer Art der biologischen Gerbung, wird Fischtran (Lebertran) oder Fischöl benutzt. Tran und Öl oxidieren und machen das Leder so haltbar. Diese Gerbung ist eine der ältesten Gerbungsarten. Das Leder wird verhältnismäßig weich und ist gut zu reinigen. (In Schleswig gerbt beispielsweise Maike Hansen – siehe https://hautab.business.site/ – Fischleder selbst und stellt ihre Lederarbeiten aus diesem Material her.) ▸ Bild 2

Heutzutage wird kein Tier extra für die Ledergewinnung getötet, es handelt sich beim Leder im Grunde um ein Abfallprodukt der Fleischgewinnung, das sonst bestenfalls kompostiert würde. Es gibt inzwischen Leder, das aus artgerechter oder sogar biologischer Haltungsweise stammt. Es lohnt sich, mit dem Lederhändler darüber ins Gespräch zu kommen.

1: Chromgerbung im Gerbfass
2: Fischleder mit Trangerbung (Produktion von Maike Hansen, Schleswig)
3: Verschieden gefärbtes Leder
4: Tanks und Bottiche mit natürlichen Lederfarben (Marokko)

Die Färbung

Sind die Empfindungen bei dem Gedanken an die Entstehung des Leders für manche eher unangenehm oder sogar abstoßend, so kann einen das fertige Leder unabhängig davon immer wieder aufs Neue begeistern und in seinen Bann ziehen.
Die glatte Seite des Leders, auf der vorher das Fell war, die Narbenseite, kann entweder naturbelassen bleiben und dadurch eine hellbraune Färbung aufweisen oder in unterschiedlichen Farben gefärbt sein. Das Leder behält bei dem Färbprozess seine natürliche Struktur und bleibt atmungsaktiv. Man sollte kein Leder mit Deckfärbung kaufen, weil es in dieser Form zwar schmutzabweisend und unempfindlicher ist, jedoch viel von seiner Natürlichkeit einbüßt. Außerdem werden durch Deckfärbung gerne Bisswunden oder Narben überdeckt.

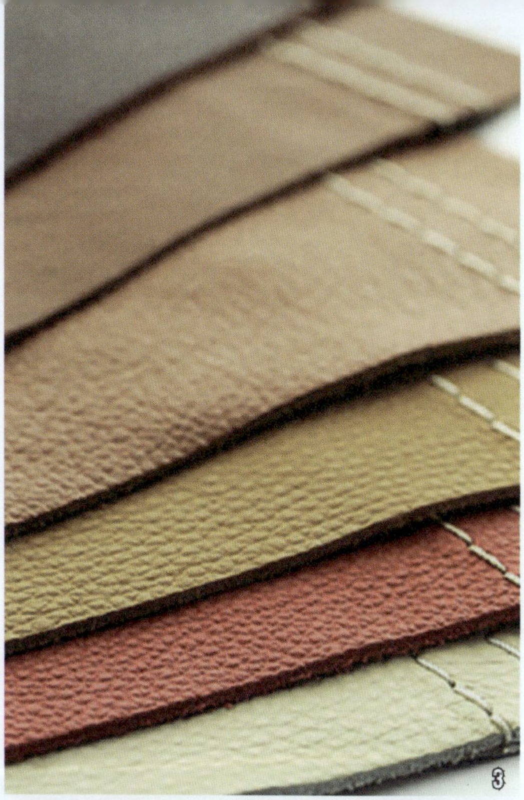

3

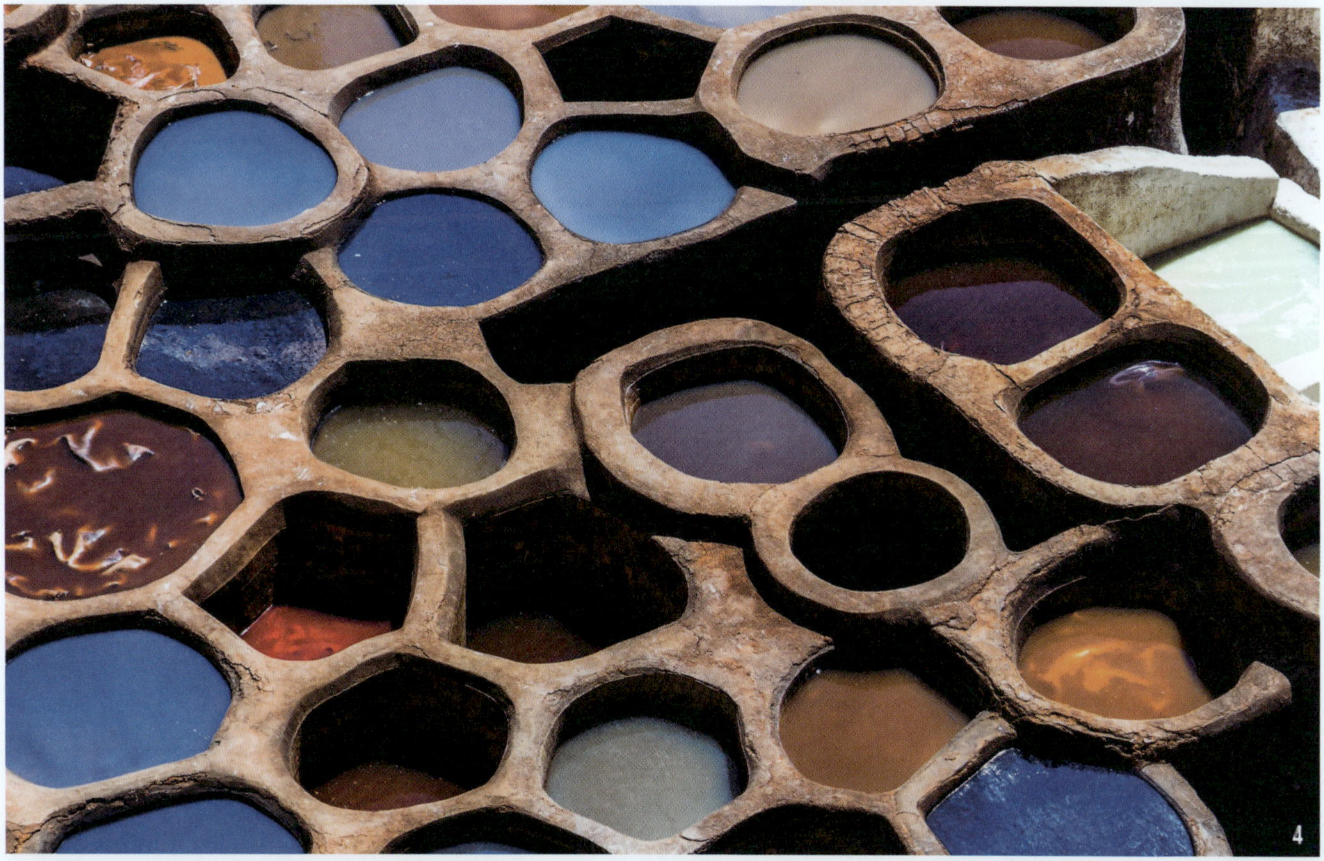

4

1

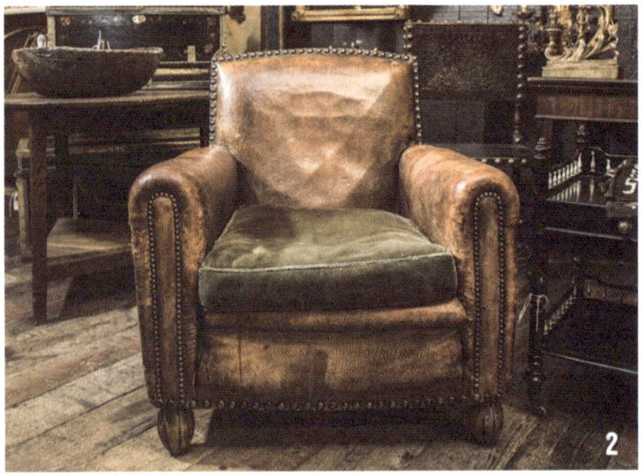

2

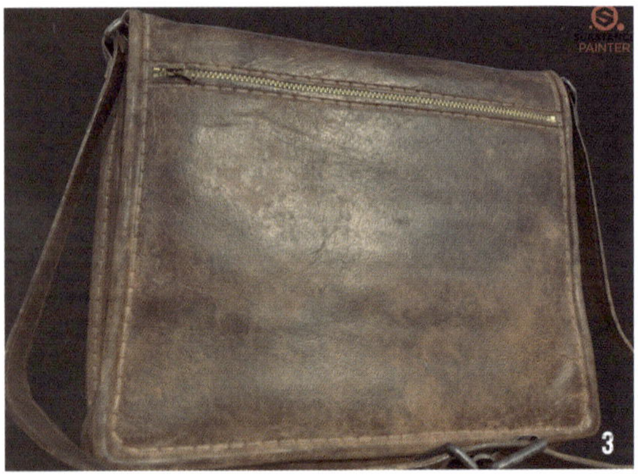

3

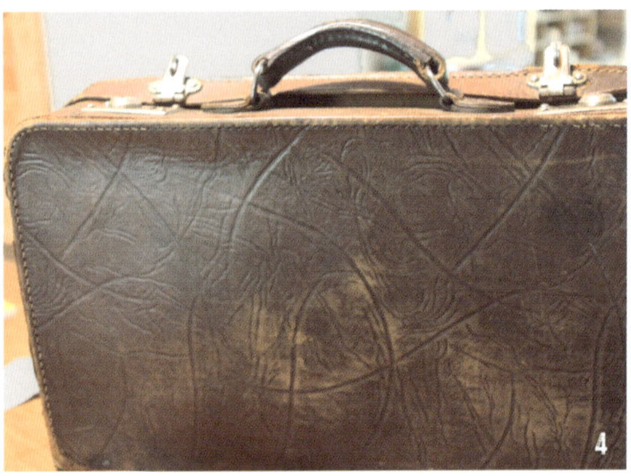

4

Struktur und Qualität des Leders

Das Leder vom Rücken und der Schwanzwurzel eines Tieres wird als Croupon bezeichnet. Es besitzt eine stabile und gleichförmige Struktur und ist der kostbarste Teil der ganzen Haut. Hals- und Flankenleder sind dagegen dehnbarer, weniger formstabil und oft sogar faltig. Bei vielen kleineren Arbeiten ist das nicht so wichtig, und man kann durch ein vorheriges Prüfen und Dehnen feststellen, ob einem die Qualität des Lederstücks ausreicht. Andere Objekte benötigen jedoch unbedingt die stabile Struktur, um ihre Aufgabe zu erfüllen, zum Beispiel Gürtel oder Zaumzeug.
Dickes Leder wird in vielen Gerbereien in Lagen geschnitten. Das innere Stück davon, das **Spaltleder**, hat auf beiden Seiten eine faserige Struktur. ▸ Bild 1
Es wird für grobe Schürzen und Arbeitshandschuhe verwendet, ist für die in diesem Buch vorgestellten Arbeiten jedoch nicht geeignet.

Im Handel wird unterschiedlichstes Leder angeboten, und es ist gut, sich vom Händler für das gerade angestrebte Projekt beraten zu lassen.
Wenn man das mag, kann man auf Flohmärkten nach gebrauchtem Leder oder sogar an Sperrmülltagen nach Ledermöbeln Ausschau halten. Dadurch bekommt man Leder mit einer ganz besonderen Patina und Ausstrahlung und rettet es gleichzeitig vor der Vernichtung. Aus solchem alten Leder lassen sich interessante «neue» Objekte fertigen. ▸ Bild 2-4

Ersatzmaterialien

Viele Arbeiten lassen sich auch mit lederähnlichen Ersatzmaterialien, beispielsweise mit Kork, Filz oder Papierleder, ausführen. Wenn man sich erst mal ein Gefühl für die jeweilige Qualität des Materials entwickelt hat, kann man ungewöhnliche Alternativobjekte daraus herstellen.
Bei einigen Anleitungen zu Lederobjekten, die wir im Folgenden vorstellen, werden auch Beispiele für die Ersatzmaterialien Filz, Kork-, Papier- und Kunstleder abgebildet.

Kork

Die besonders in Portugal lebende Korkeiche (Quercus suber) produziert in der Wachstumsschicht (Kambium) nach außen eine dicke, korkhaltige Rinde. Diese Rinde kann ohne Schaden für die Bäume geerntet werden und bildet so ein wertvolles Naturmaterial mit ganz besonderer Ausstrahlung. ▸Bild 5
Die erste Schälung wird hauptsächlich zur Wärmedämmung benutzt. Danach kann etwa alle acht Jahre eine neue Schicht geerntet werden, die für feinere Verwendung geeignet ist. Diese Schicht ist viel gleichförmiger und harzärmer. Der entsprechende Kork ist weich, warm, widerstandsfähig und recyclebar. Geliefert wird er in unterschiedlichen Dicken, Farben und Steifheitsgraden. ▸Bild 6
Aus Korkleder lässt sich zum Beispiel eine schöne Laptoptasche herstellen. ▸Bild 7
In Deutschland kann man Korkleder im Versandhandel unter anderem bei www.cork-shop.com oder bei www.korkundkuloer.de kaufen.

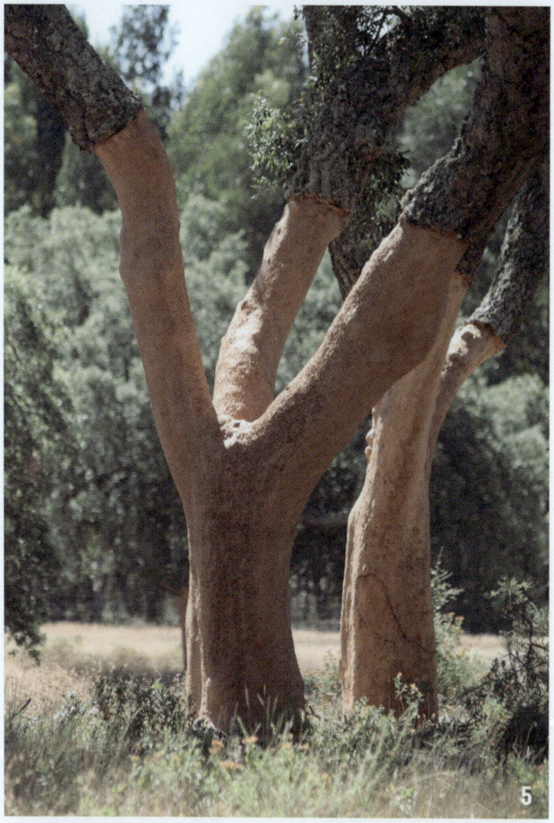
5

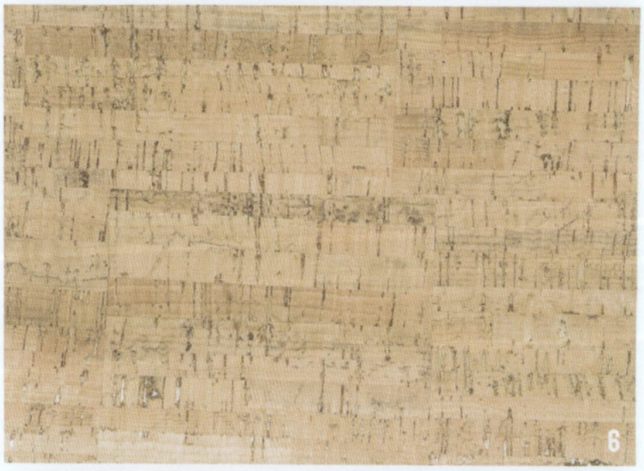
6

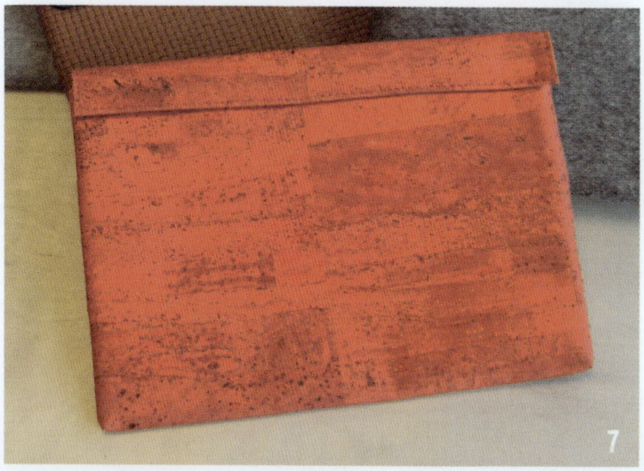
7

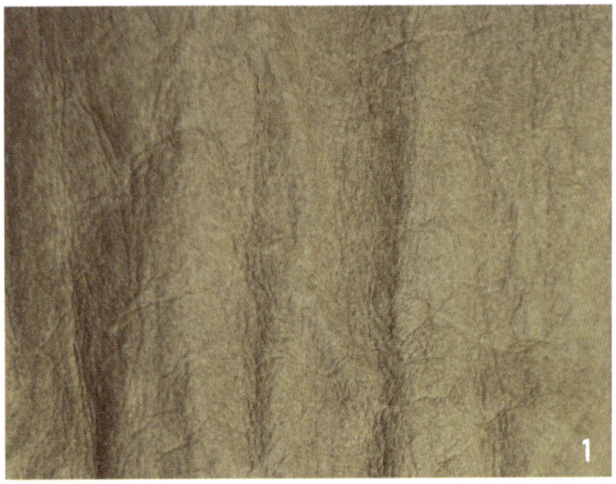

1

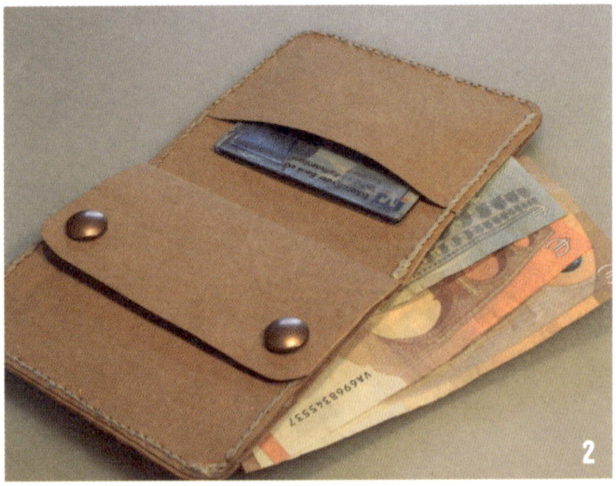

2

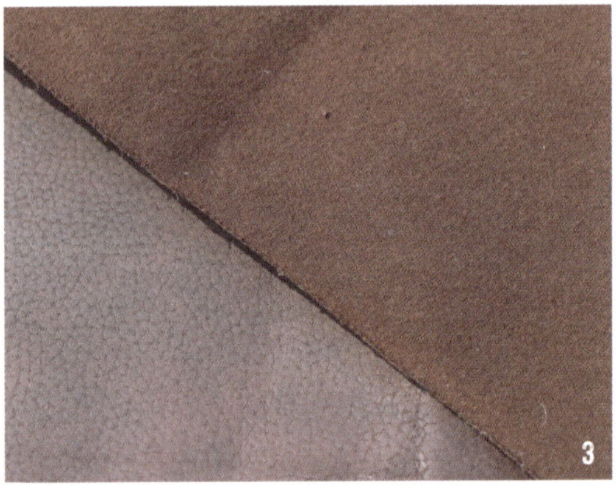

3

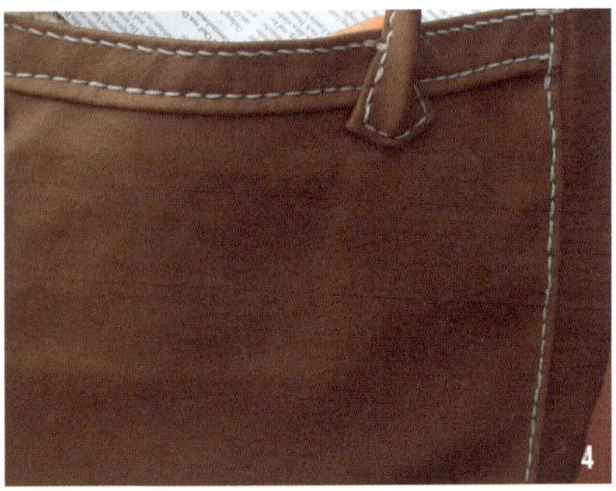

4

Papierleder

Auch das sogenannte Papierleder (auch als Waschpapier oder SnapPap bezeichnet) ist eine spannende Alternative zu tierischen Produkten. Es wird wie normales Papier aus rein pflanzlichen Stoffen hergestellt, ist aber viel stabiler und sogar waschbar. Vom äußeren Erscheinungsbild hat es tatsächlich Ähnlichkeit mit tierischem Leder. ▸ Bild 1-2
Kaufen kann man es im Internet unter www.snaply.de

Kunstleder

Kunstleder ist ein Lederimitat, das aus einem textilen Gewebe (Natur- oder Chemiefaser) und einer Kunststoffdeckschicht besteht; oft werden die Gewebe mit Weich-PVC beschichtet. Die Oberfläche wird häufig noch mit einer Narbenprägung versehen; auf diese Weise ähnelt Kunstleder in seinem Aussehen echtem Leder. ▸ Bild 3
Aus solchem Material werden zahlreiche Kleidungsstücke (Schuhe – vor allem Sportschuhe – Jacken, Gürtel), Taschen, Möbel, Sportbälle, Sitzbezüge für Autos und viele weitere Produkte gefertigt. Kunstleder ist robust und lässt sich in der Regel in der Waschmaschine waschen. In der industriellen Produktion ist Kunstleder vergleichsweise günstig, da der Herstellungsprozess kürzer ist, der Gerbprozess entfällt und auch der Zuschnitt wesentlich einfacher als bei Leder ist; außerdem kann immer eine gleiche Produktqualität garantiert werden.
In Deutschland wird beispielsweise das vielseitig verwendbare Skai-Kunstleder hergestellt. ▸ Bild 4

Filz

Filz besteht aus reiner Wolle, deren Fasern mithilfe von Seife zu festem Material verfilzt sind. Es ist ein textiles Gewebe und darum eher eine Art Stoff. Dennoch kann Filz für verschieden Arbeiten auf die gleiche Art und Weise oder auch in Kombination mit Leder, Kork oder Papierleder verarbeitet werden. ▸ Bild 5-8
Filz kann in vielen Stoffläden in schönen Färbungen oder im Internet von unterschiedlichsten Anbietern gekauft werden (zum Beispiel bei «Trolle und Wolle», www.trolle-und-wolle.de, oder bei der Firma «Wollknoll», www.wollknoll.de).

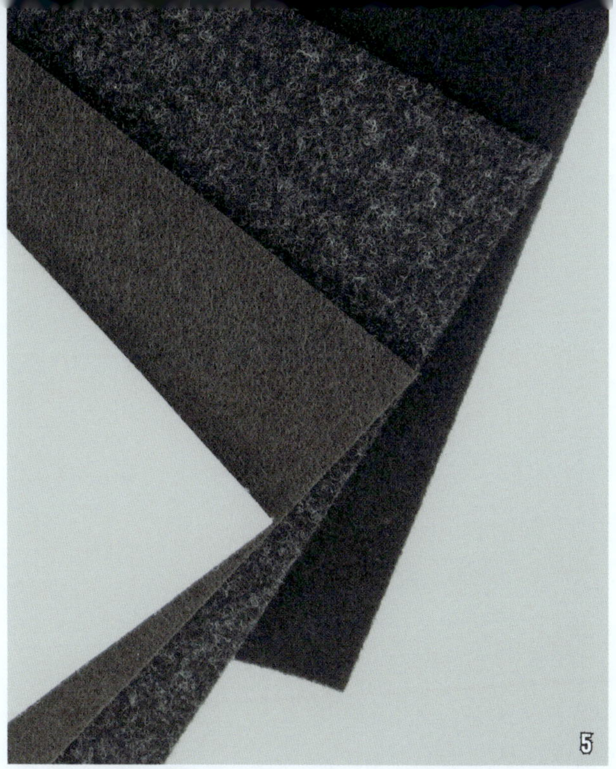

5

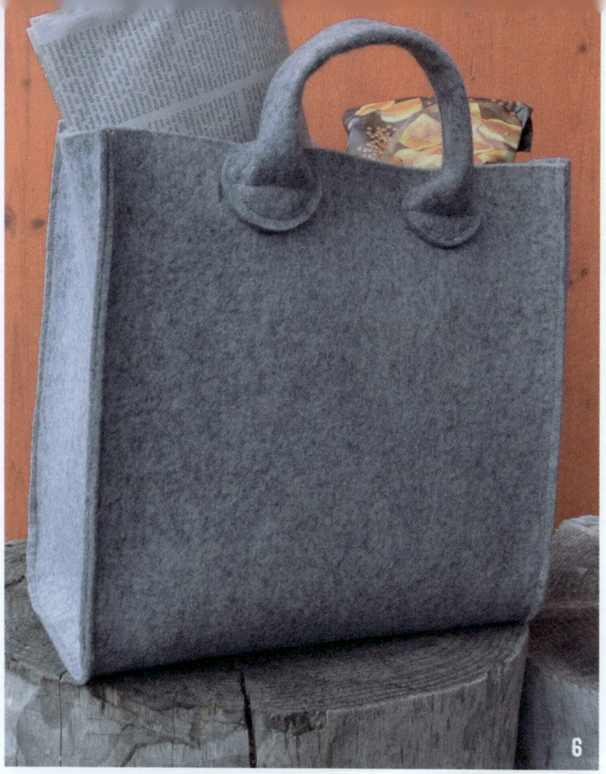

6

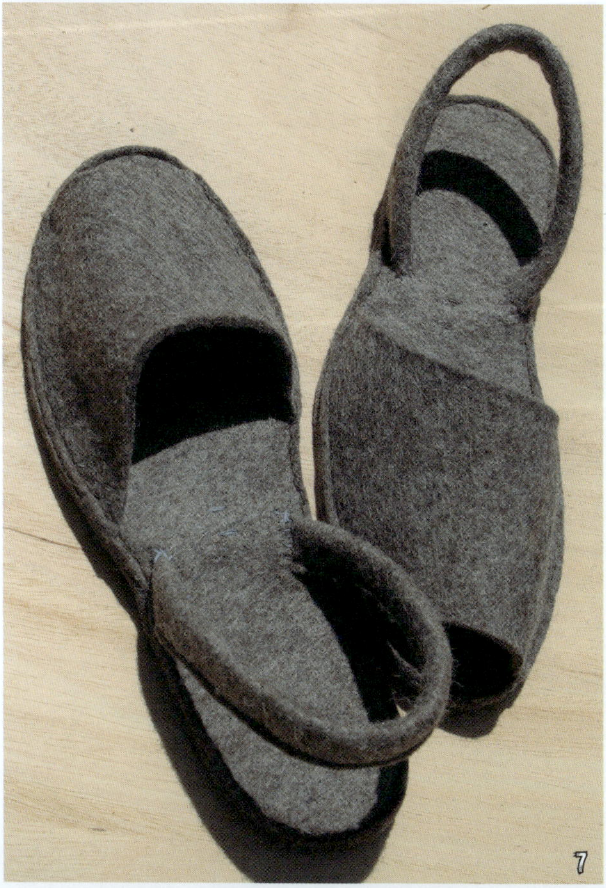

7

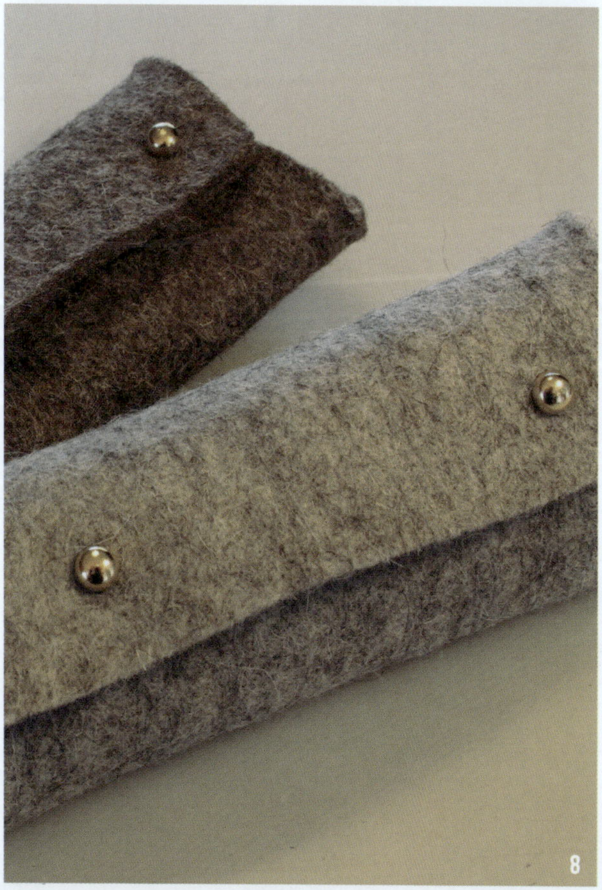

8

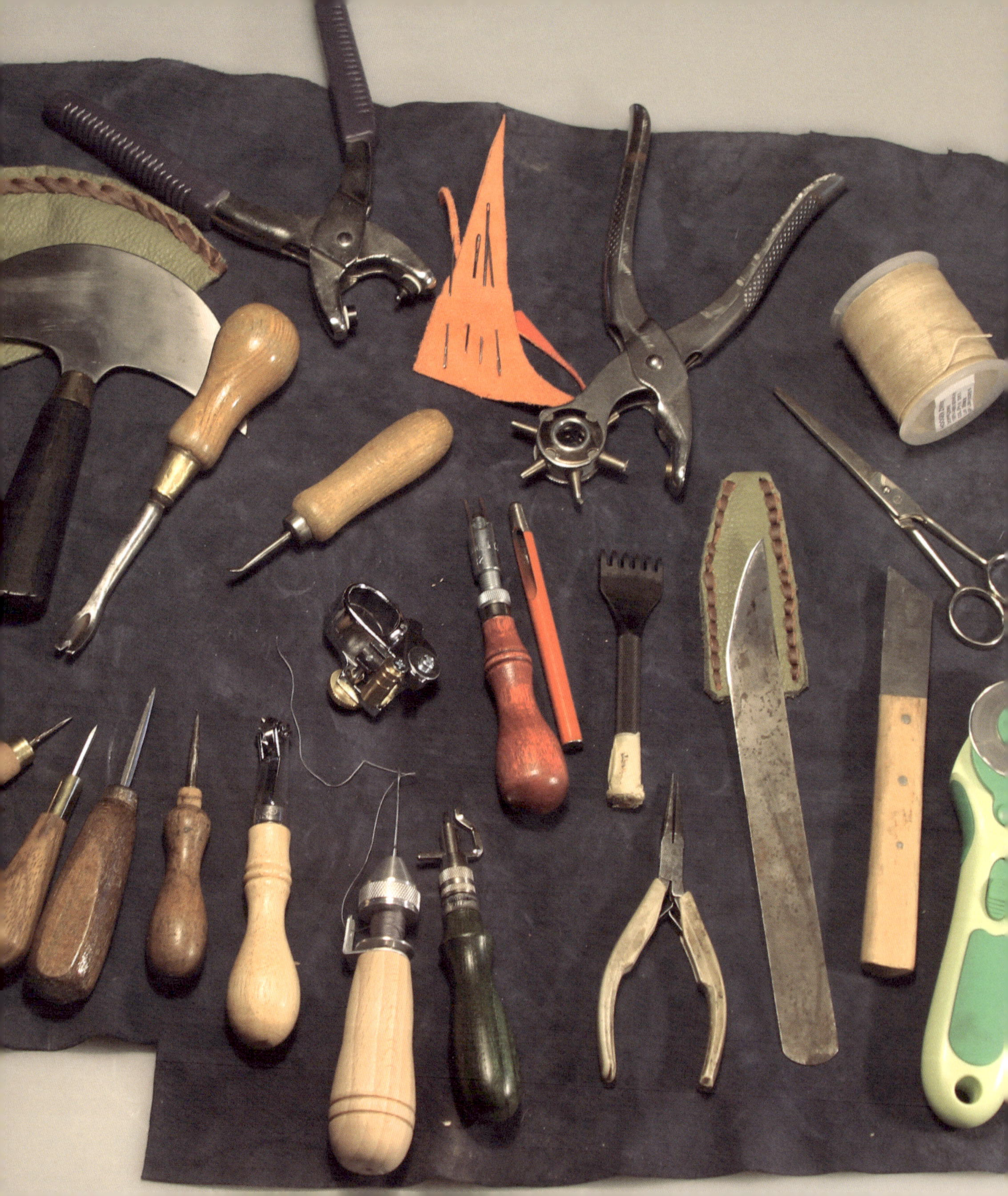

Werkzeuge

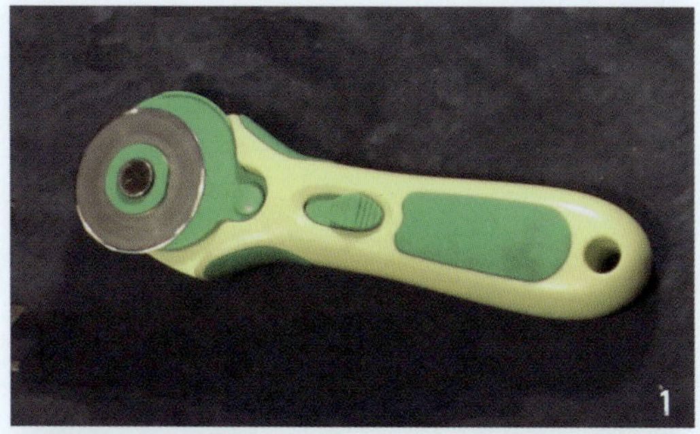

1

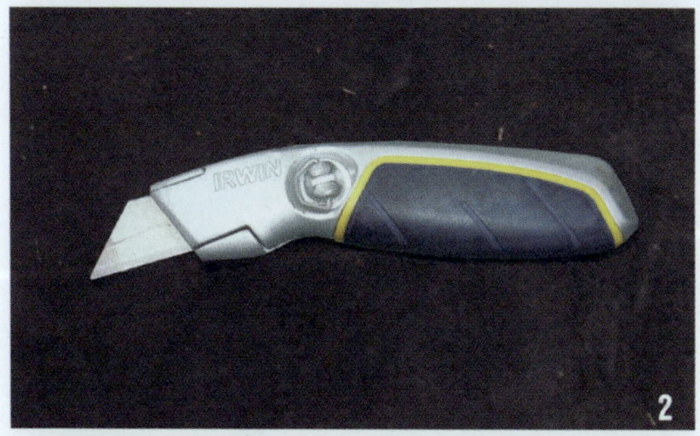

2

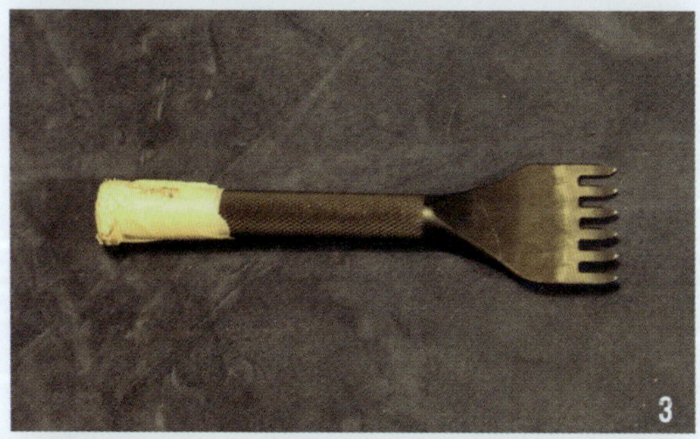

3

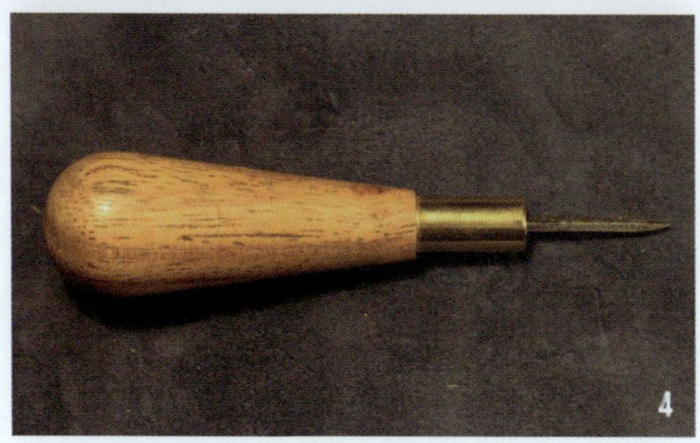

4

Gutes Werkzeug ist die Voraussetzung für gutes Arbeiten. Zu Anfang kann man mit einer einfachen Ausstattung beginnen und die Werkzeuge im Bedarfsfall jeweils ergänzen. Im Handel werden brauchbare Sätze für Einsteiger kostengünstig angeboten (siehe S. 188). Richtige Profiwerkzeuge sind bedeutend teurer, halten dafür aber ein ganzes Leben und werden nicht so schnell stumpf.
Für eine Grundausstattung benötigt man die folgenden Werkzeuge.

Rollschneider

Der Rollschneider wird an einem Lineal, das auf dem Lederstück liegt, entlanggerollt. Dadurch entsteht ein exakter Schnitt, weil das Leder beim Schnitt nicht verrutscht. ▸ Bild 1

Universalmesser

Bei dieser Art von Messer wird die Klinge ausgewechselt, wenn sie stumpf geworden ist. Dadurch steht immer eine scharfe Klinge zur Verfügung. Nur mit einem scharfen Messer können exakte Schnitte ausgeführt werden. Der Schnitt kann an einer Metallschiene entlang oder auch frei durch das Leder geführt werden. ▸ Bild 2

Vorstecheisen (Lochgabel/Zinkeisen)

Diese Eisen haben mehrere Zinken in gleichem Abstand. So lassen sich immer mehrere Löcher gleichzeitig herstellen, und ein schönes Nahtbild entsteht. Für einen bestimmten Abstand der Löcher benötigt man das jeweils dafür angefertigte Eisen. ▸ Bild 3

Schwertahle

In Rundungen kann man mit dem Vorstecheisen nicht vorstechen. In diesem Fall benötigt man eine Schwertahle. ▸ Bild 4
Sie entspricht einem einzigen Zinken des Vorstecheisens. Mit dieser Ahle lassen sich Löcher an jeder beliebigen Stelle anfertigen. Man

muss allerdings selbst für einen gleichmäßigen Abstand der Löcher sorgen. Das kann mit Lineal und Stift oder mit einem Nahtmarkierer geschehen. ▸ Bild 8

Die Schwertahle schneidet ein schräg geschlitztes Loch in das Leder. So lässt sich ein gleichmäßiges Nahtbild erzeugen.

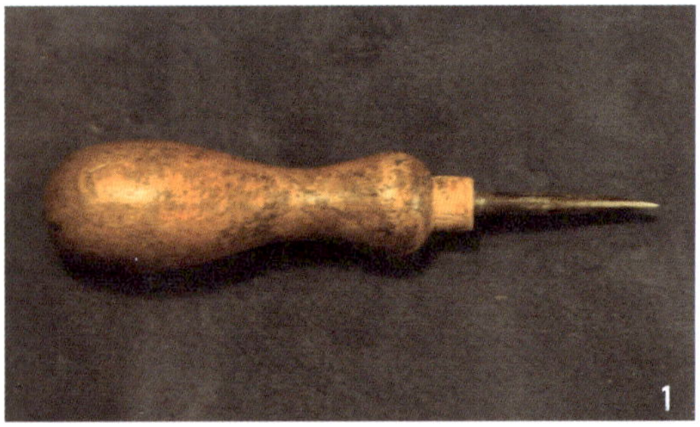
1

Rundahle

Die Rundahle ist dornförmig und wird in die Lederfasern hineingepresst, ohne sie zu durchschneiden. Sie kann anstelle der Schwertahle zum Einsatz kommen. Allerdings ist die gleichmäßige Nahtführung dann nicht so einfach. An empfindlichen Randstellen ist es sinnvoll, eine Rundahle zu benutzen, damit der Rand nicht einreißt. ▸ Bild 1

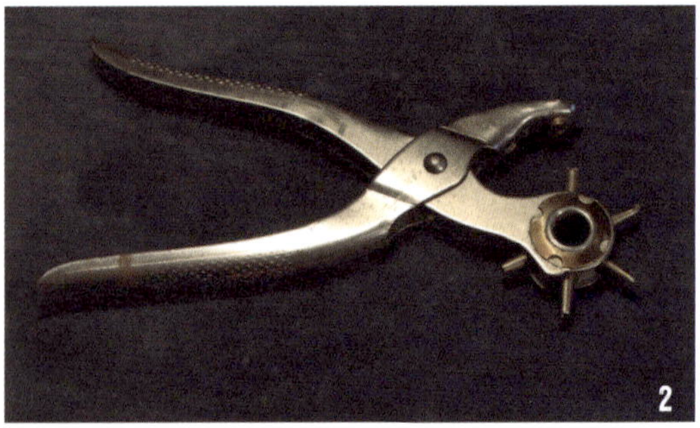
2

Lochzange

An einer Lochzange sind kleine Locheisenpfeifen mit unterschiedlichem Durchmesser angebracht. Man kann mit ihnen recht einfach gleichmäßige Löcher herstellen. ▸ Bild 2

Ist das Leder jedoch dicker, erfordert das Lochen sehr viel Kraft, und es ist besser, ein Locheisen statt einer Lochzange zu verwenden.

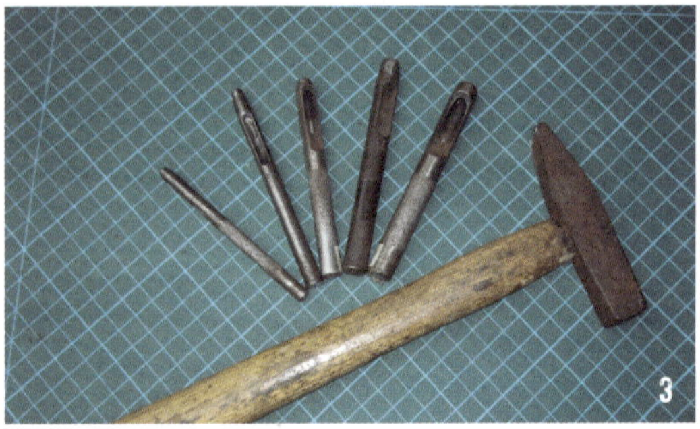
3

Locheisen

Es gibt Locheisen in unterschiedlichsten Größen und Lochformen. Das Leder wird auf eine harte Unterlage gelegt. Mit einem Hammer schlägt man das Eisen an der gewünschten Stelle durch das Leder. Für jede Größe und Form braucht man das geeignete Locheisen. ▸ Bild 3

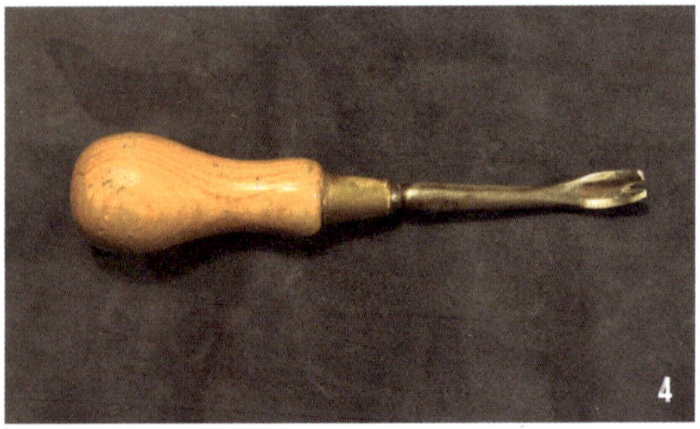
4

Kantenhobel

Mit dem Kantenhobel lässt sich der Rand eines dickeren Werkstückes abrunden, beispielsweise bei einem Gürtel.

Kantenhobel gibt es in unterschiedlichen Größen. Dementsprechend wird auch die Kantenrundung unterschiedlich. ▸ Bild 4

Schere

Werkstücke aus dünnem Leder lassen sich gut mit einer scharfen Schere zuschneiden. Sie sollte stabil sein und gut in der Hand liegen. Das ist für Linkshänder allerdings nicht bei jeder Schere gegeben. ▸Bild 5

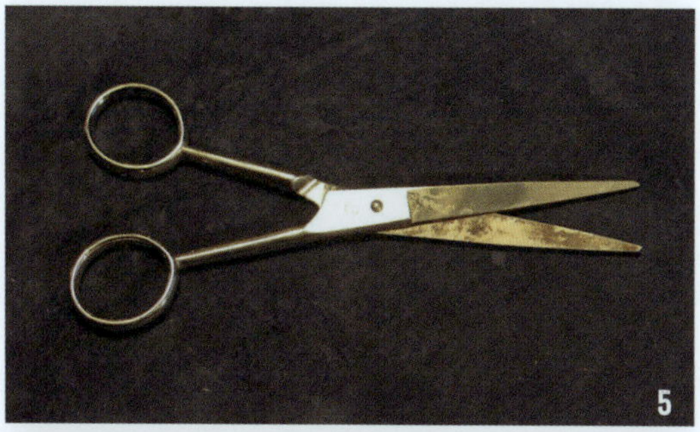
5

Schärfmesser

Das Schärfmesser dient dem Anschärfen von Lederrändern. Damit ist das «Dünner-Schneiden» des Leders gemeint. So sind sanfte, kantenfreie Übergänge an Stoßstellen möglich. ▸Bild 6
Das bei uns typische Schärfmesser besteht komplett aus Stahl und hat eine geschwungene Klinge (▸Bild 6, unten). Dadurch können auch kleinere Stellen gut ausgeschärft werden.
Die japanischen Schärfmesser (▸Bild 6, oben) sehen wie ein breites Stemmeisen aus und eignen sich gut für das Ausschärfen an Gürtelschnallen.

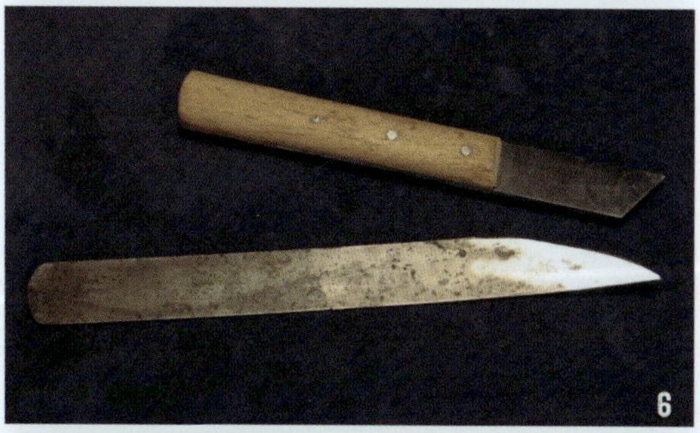
6

Halbmondmesser

Mit diesem speziellen Ledermesser lassen sich Streifen, zum Beispiel für Gürtel, auch aus dickem Leder gut ausschneiden. Auch ungewöhnliche Formen, wie bei den Schuhen, können mit dem Halbmondmesser geschnitten werden. Die Anwendung erfordert einige Übung, weil das Messer beim Schneiden geschwenkt wird. ▸Bild 7

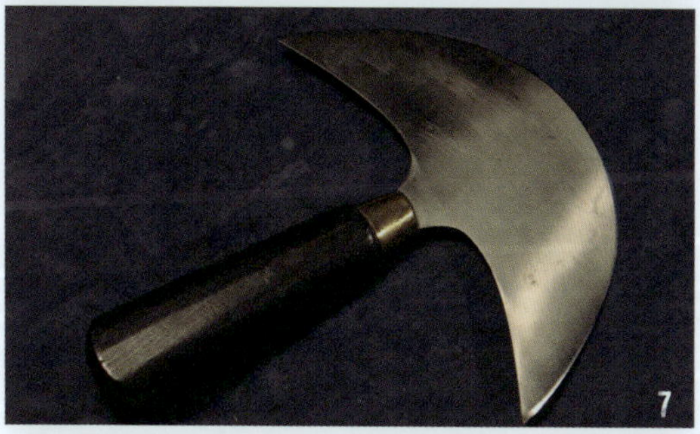
7

Nahtmarkierer

Um gleichmäßige Lochabstände mit der Ahle stechen zu können, benutzt man einen Nahtmarkierer. Rädchen in unterschiedlicher Größe drücken Markierungen ins Leder, mit deren Hilfe leicht nachgestochen werden kann. ▸Bild 8

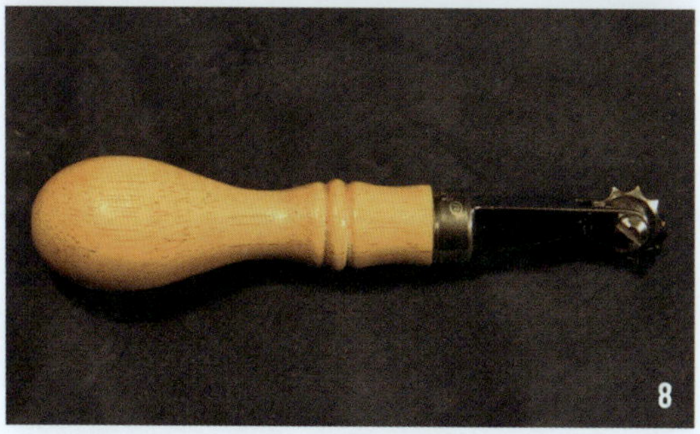
8

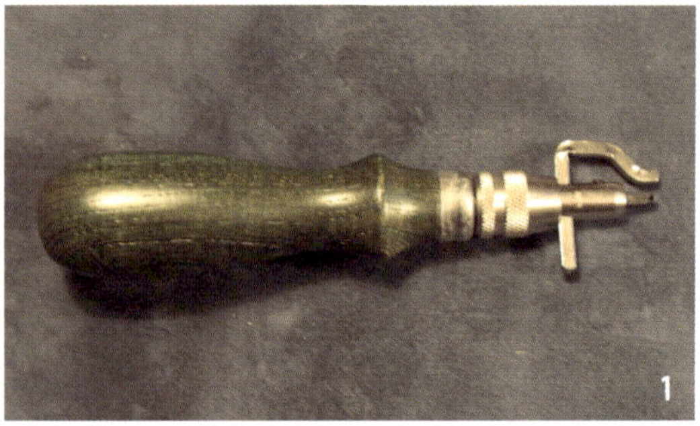

1

Nahtversenker

Mit diesem Werkzeug kann im richtigen Abstand zum Rand eine kleine Rille in das Leder geschnitten werden. Wenn der Faden in dieser Rille liegt, ist er besser vor Abrieb geschützt und die Naht hält länger. ▸ Bild 1

Wenn man einen scharfkantigen Schraubendreher an einem Lineal entlang ins Leder drückt, kann man eine ähnliche Wirkung erzielen, ohne dass man das Leder anschneidet. ▸ Bild 2

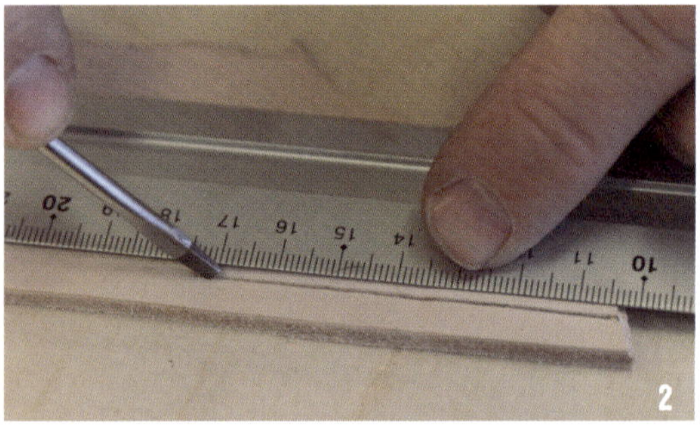

2

Lineal

Ein 50 cm langes stabiles Lineal hilft beim Ausmessen und Anzeichnen. Auch eignet sich ein Metalllineal oder eine Metallschiene gut zum Führen des Messers beim Ausschneiden. ▸ Bild 2

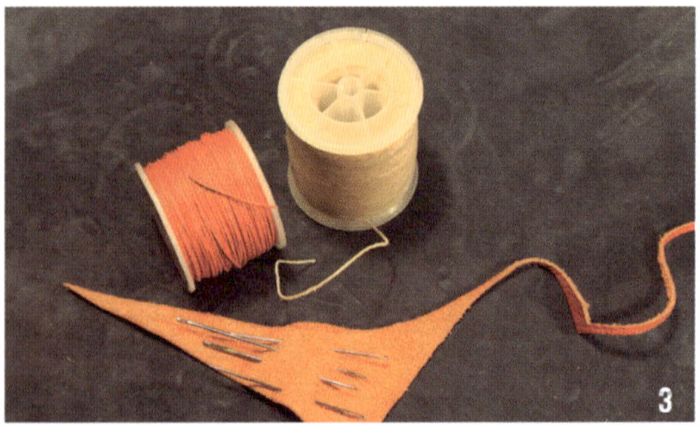

3

Garn

Das traditionelle Garn ist aus Leinen. Meist wurde es gewachst und für Schuhe auch noch «gepicht» (d.h. mit Teer getränkt). Ungewachste Garne kann man selbst wachsen, indem man sie durch Bienenwachs zieht. Dadurch gleiten sie besser durch das Leder und sind auch besser geschützt.

Heute bekommt man nur noch schwer Leinenfäden. Kunststofffasern haben allerdings den Vorteil, dass sie länger halten. ▸ Bild 3

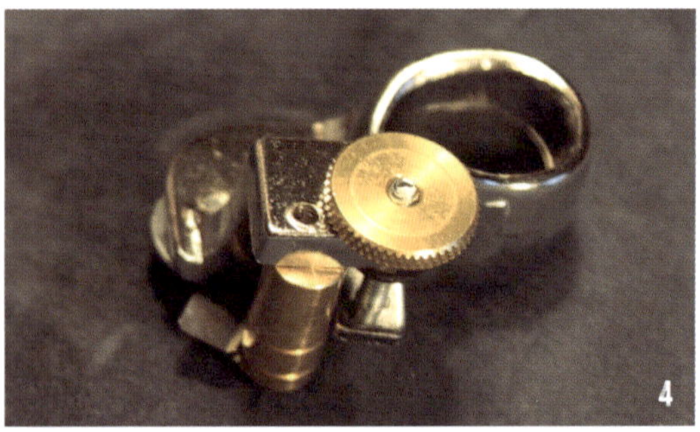

4

Riemenschneider

Mit einem Riemenschneider lassen sich Lederstreifen exakt schneiden. Er lässt sich einstellen für verschiedene Lederstärken und für eine Streifenbreite bis ca. 12 mm. ▸ Bild 4

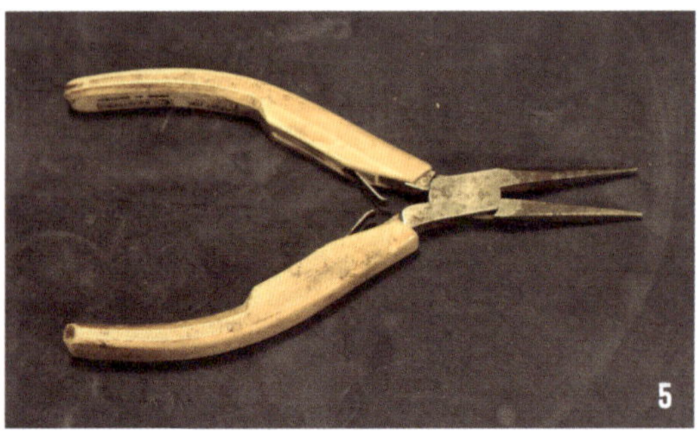

5

Spitzzange

Besonders beim Abnähen des Fadens am Nahtende geht die Nadel manchmal schwer durch das Loch. In diesem Fall ist eine Spitzzange hilfreich. ▸ Bild 5

Fingerling

Die meisten Arbeiten in diesem Buch sind mit der Hand genäht. Das ist schon eine große Anstrengung, besonders für den Daumen. Hierfür hat sich ein Fingerling, ein abgeschnittener Finger von einem einfachen Arbeitshandschuh, als Entlastung sehr bewährt. ▸ Bild 6

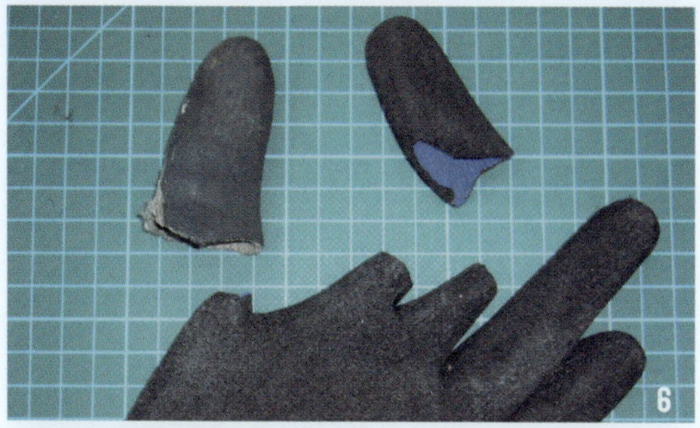

6

Falzbein

Zum Glattpolieren der Lederränder ist ein Falzbein sehr hilfreich. ▸ Bild 7

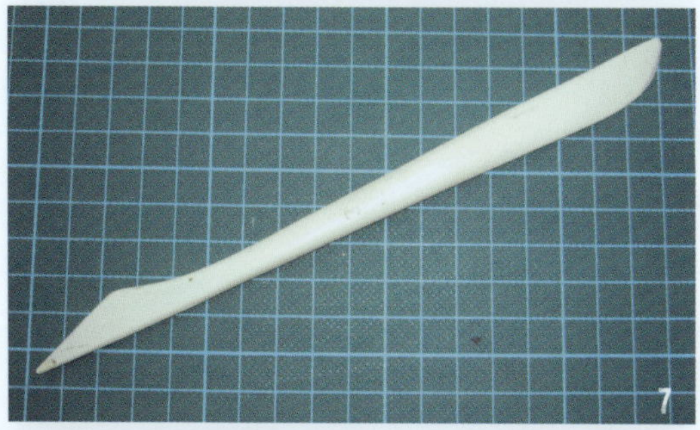

7

Kleber und Klebeband

Ein guter Textilkleber bringt gute Klebeergebnisse. Für viele Arbeiten in dem Buch ist aber auch nur ein einfacher Alleskleber ausreichend.
Hilfreich ist außerdem ein beidseitig klebendes Klebeband, das man im Fachhandel bekommt. ▸ Bild 8

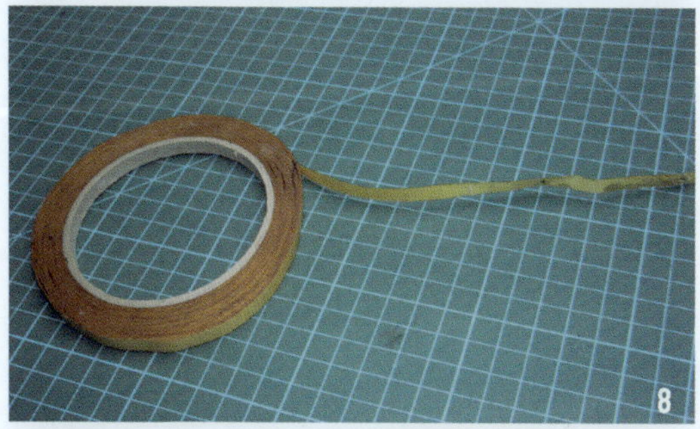

8

Vorstechholz

Mit einem Stück möglichst weichem Holz als Unterlage lassen sich die Löcher mit der Ahle oder mit dem Vorstecheisen bedeutend leichter stechen. Am günstigsten ist es, wenn man dabei in das Hirnholz sticht, das heißt in Richtung der Holzfasern im Holzstück. ▸ Bild 9

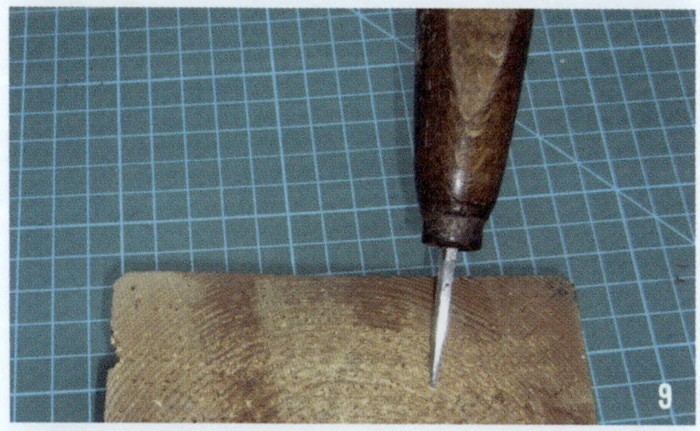

9

Sattlernadeln

Sattlernadeln haben keine Spitze und sind auch am Öhr ziemlich schlank. Es gibt sie in unterschiedlichen Größen. Bei den Arbeiten in diesem Buch wurden nur Nadeln der Größe 4/0 verwendet. ▸ Bild 10

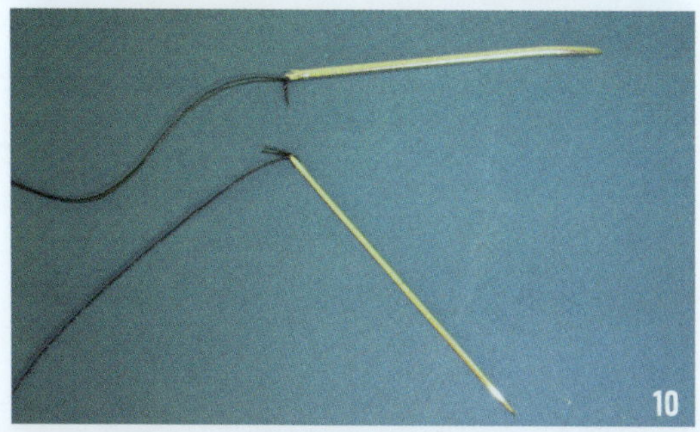

10

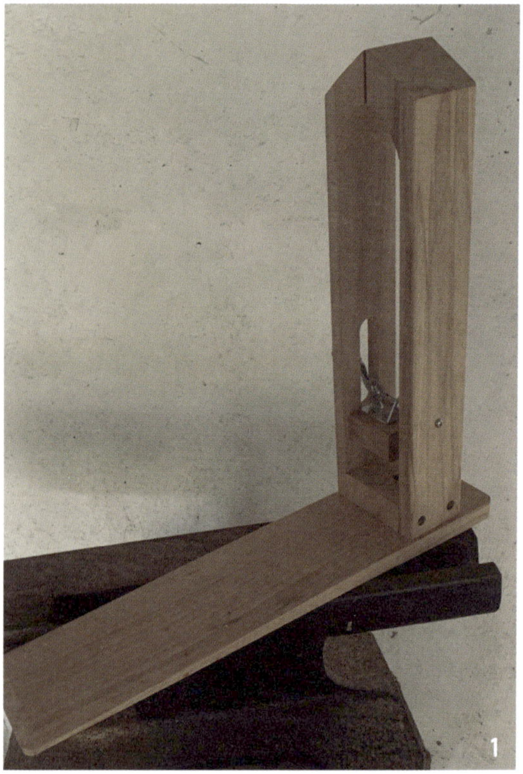

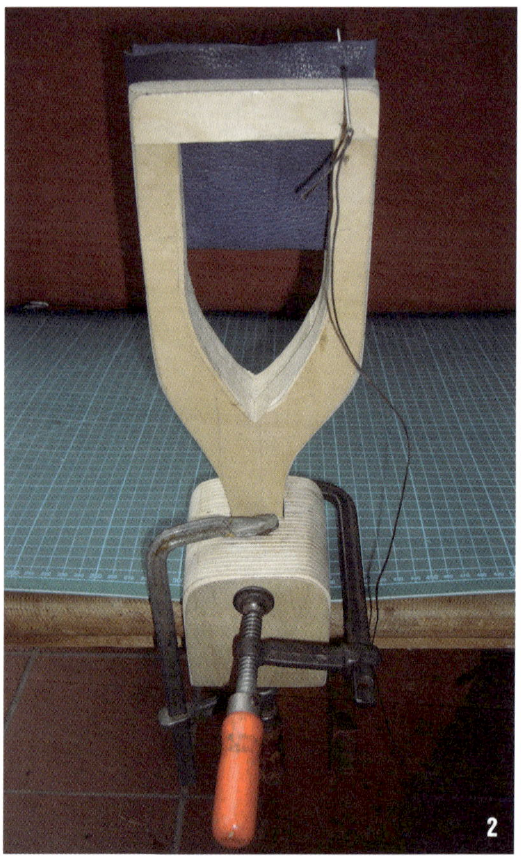

Nähkloben

Wenn Sie viel mit Leder arbeiten, ist ein Nähkloben sehr praktisch. Mit ihm können Sie das Leder festspannen; folglich haben Sie beide Hände frei zur Verfügung und können sicher und ungestört mit dem entsprechenden Werkzeug (Sattlernadeln, Scheren usw.) hantieren. ▸ Bild 1-2

Bei den Arbeiten, die in diesem Buch gezeigt und beschrieben werden, kam kein traditioneller Nähkloben zum Einsatz. Die meisten Arbeiten wurden «frei Hand» auf dem Schoß genäht. Das hatte den Vorteil, dass die Arbeiten überall mit hingenommen werden konnten. Lange Wartezeiten, zum Beispiel beim Arzt oder während einer Zugfahrt, verwandelten sich dadurch in eine produktive Tätigkeit.

Mithilfe von zwei schmalen Brettern und zwei Schraubzwingen lässt sich aber ein Ersatzkloben improvisieren. Das kann die Arbeit beschleunigen und auch erleichtern. ▸ Bild 3

Arbeitsunterlage

Man sollte für Lederarbeiten zumindest eine stabile Holzplatte als Unterlage haben, wenn man den Küchentisch nicht zu sehr strapazieren möchte. Es gibt im Fachhandel auch stabile Kunststoffunterlagen in unterschiedlichen Größen. ▸ Bild 4-5

Werkzeugkoffer

In einem tragbaren Werkzeugkoffer können Sie alle wichtigen Lederwerkzeuge unterbringen. ▸ Bild 6-8

Und mit einer festen Arbeitsunterlage haben Sie schon eine mobile Lederwerkstatt. Damit können Sie alle Arbeiten ausführen, die wir im Folgenden vorstellen werden.

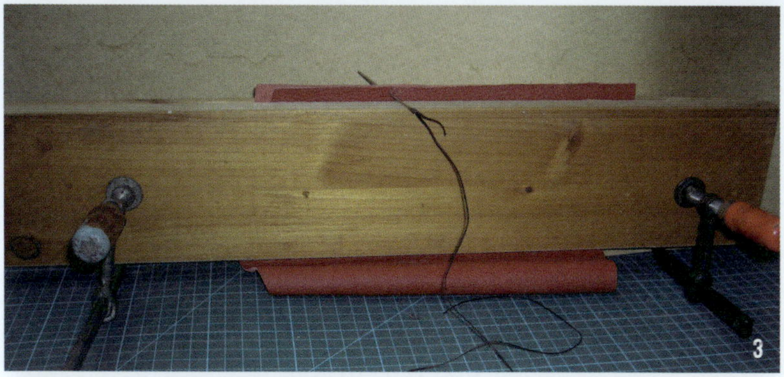
3

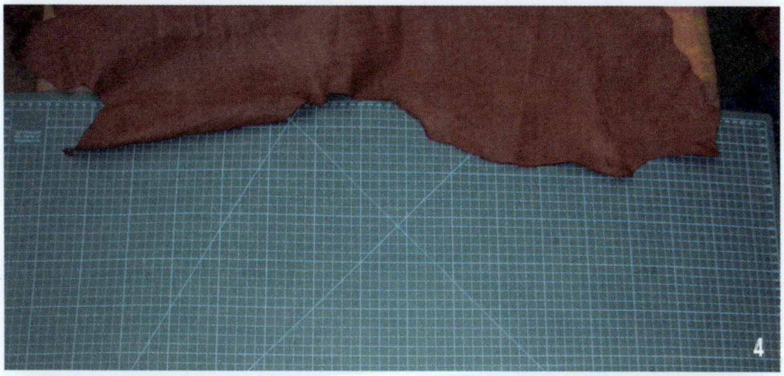
4

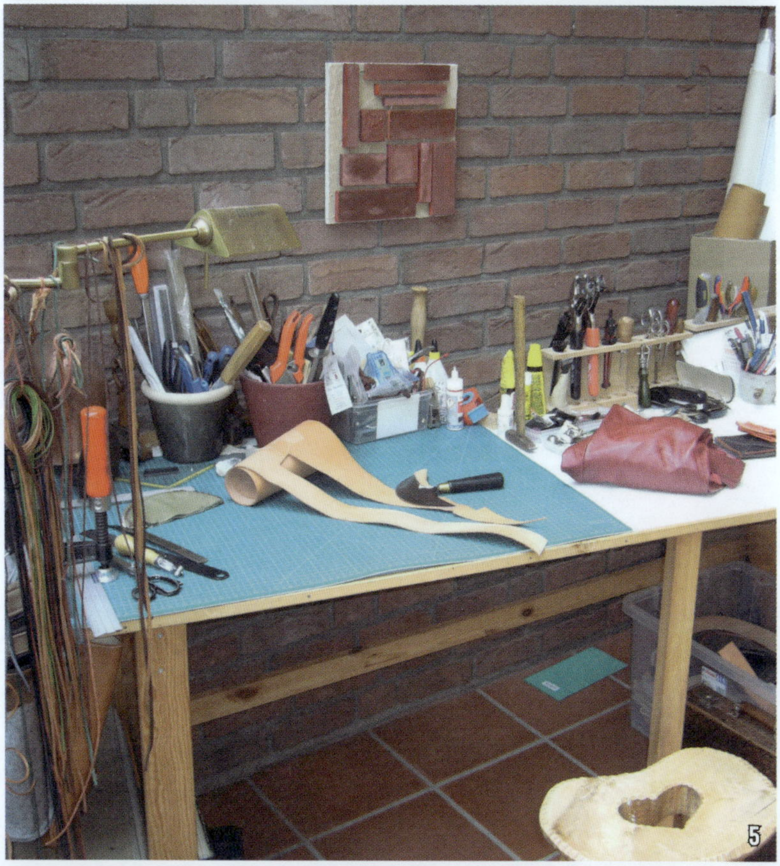
5

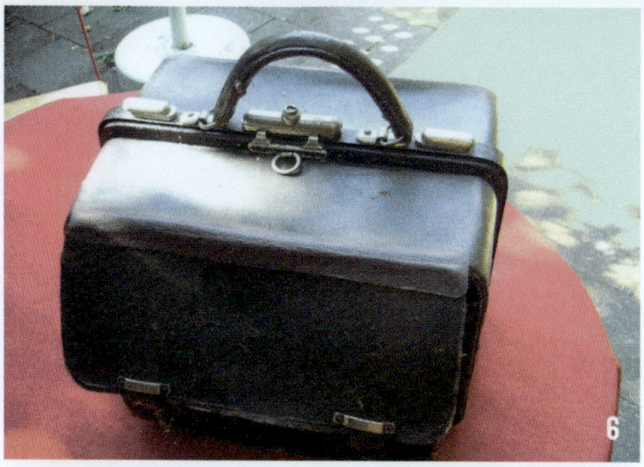
6

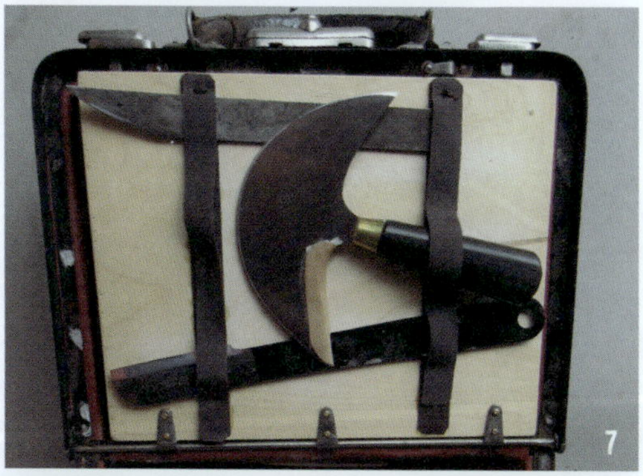
7

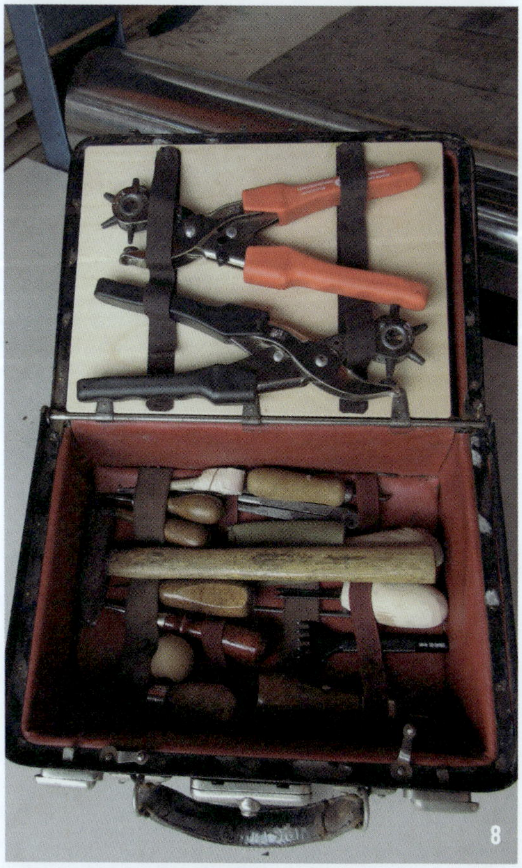
8

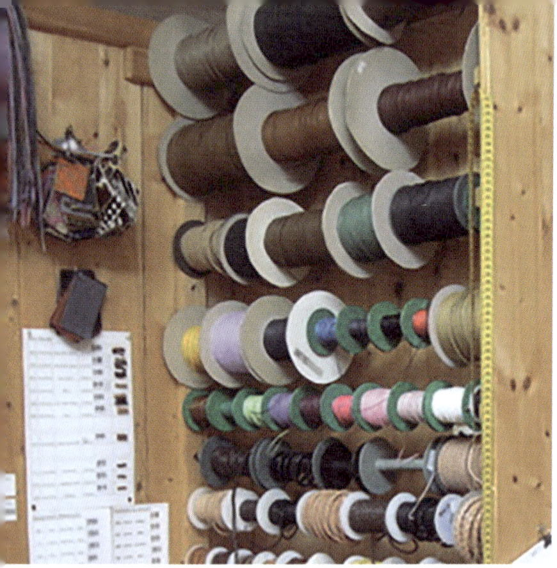

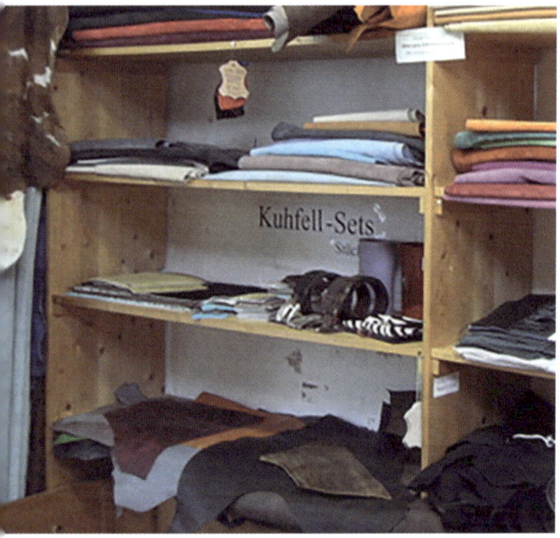

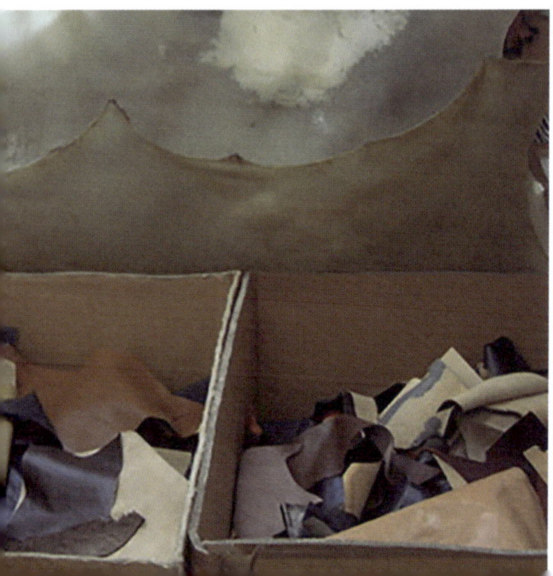

Werkstatt

Die in diesem Buch gefertigten Arbeiten benötigen keine spezielle Werkstatt. Eine stabile Arbeitsplatte, die beispielsweise im Keller oder im Wintergarten steht, und mehrere größere Plastiktruhen oder andere größere Behältnisse für die Ledervorräte genügen durchaus.

Falls man sich jedoch länger mit Leder beschäftigen will, ist es sicherlich von Vorteil, sich eine gut ausgestattete Werkstatt einzurichten. Zum einen hat Leder einen starken Eigengeruch, und nicht jeder möchte ihn in den eigenen vier Wänden haben. Zum anderen ist eine richtig eingerichtete Werkstatt für das kontinuierliche Arbeiten unter optimalen Bedingungen natürlich sehr wünschenswert.

Am wichtigsten sind gute Lichtverhältnisse. Am besten lässt sich bei hellem Tageslicht arbeiten. Ebenso wichtig ist es, dass einem beim Arbeiten nicht kalt wird. Eine stabile Arbeitsfläche von 80 x 200 cm reicht aus. Wenn noch einige Regale für das Leder Platz finden, ist die Werkstatt komplett.

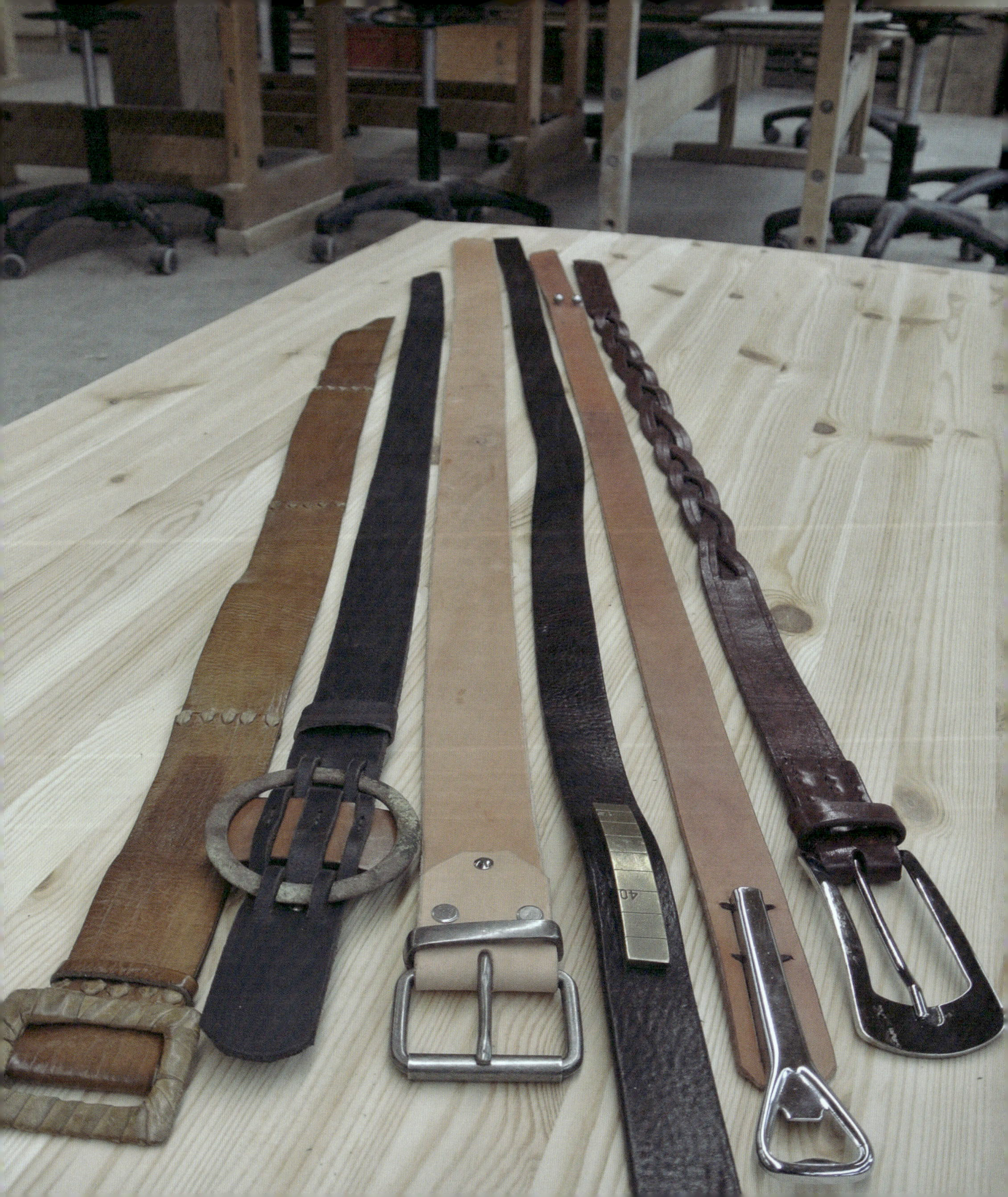

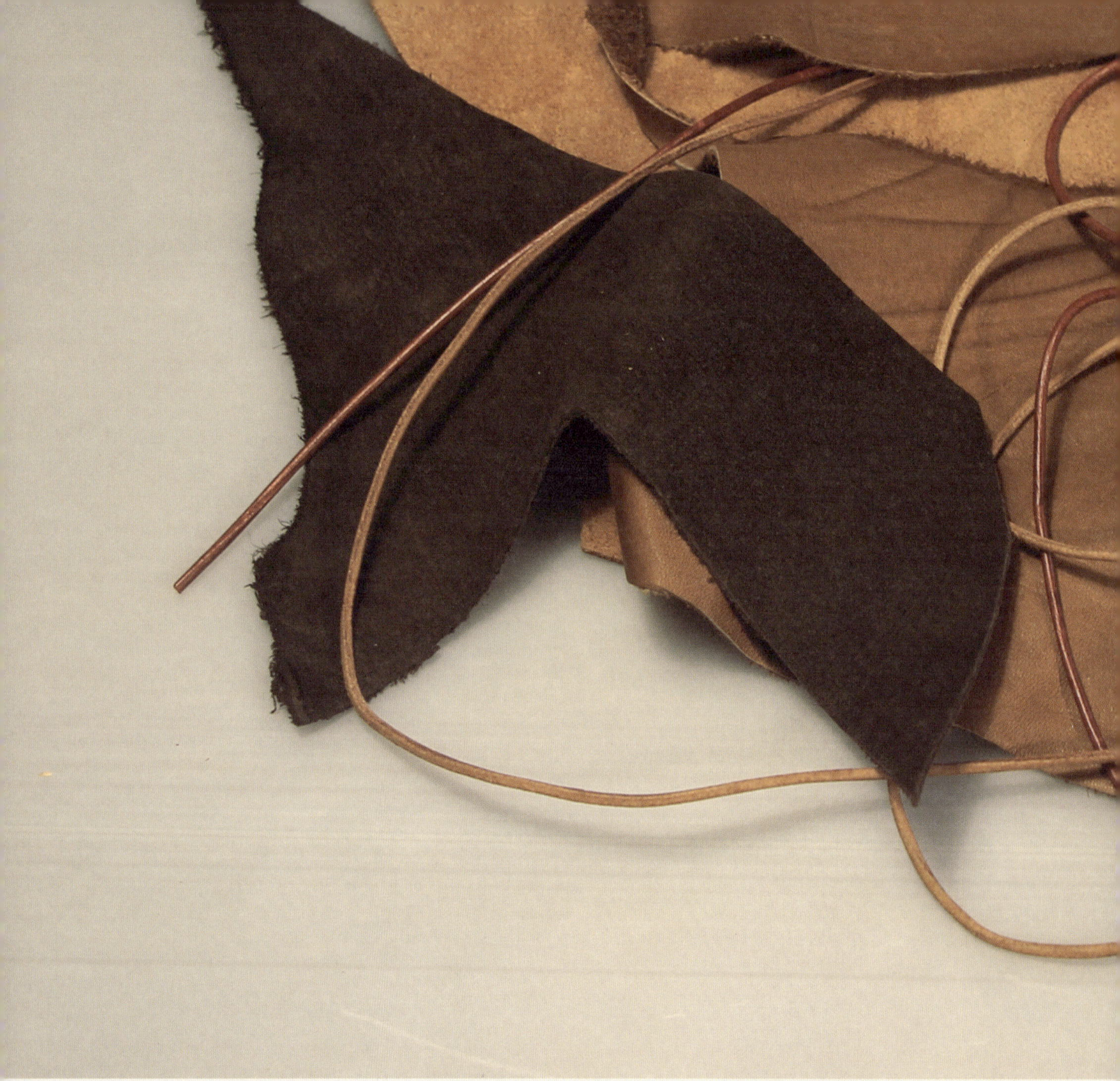

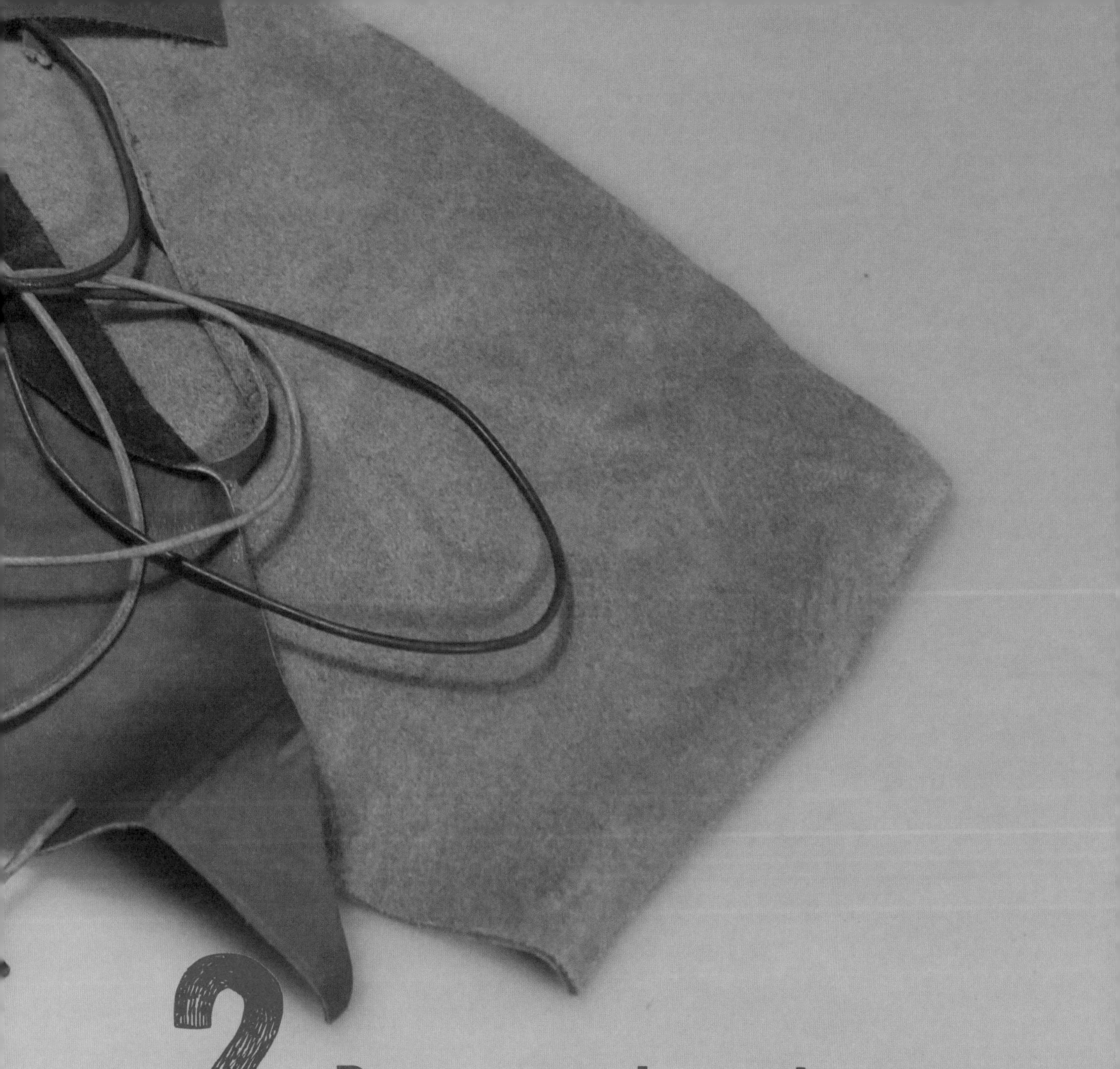

2 Bevor es losgeht …

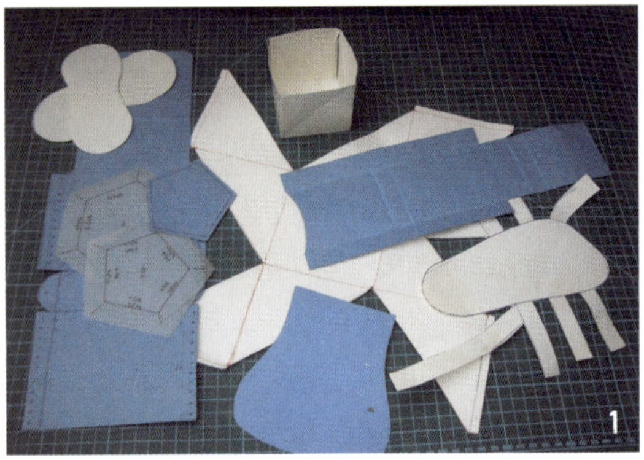

1

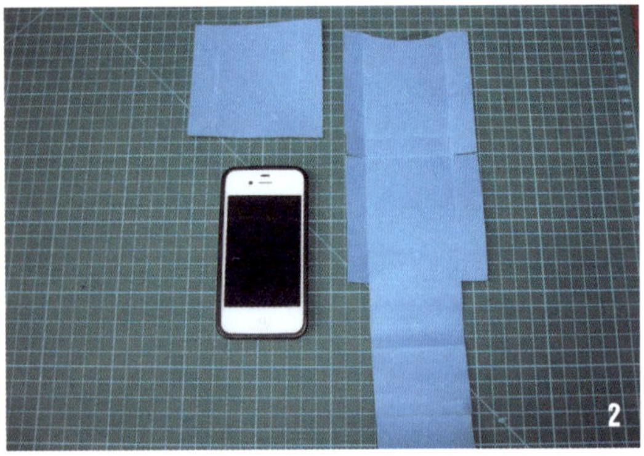

2

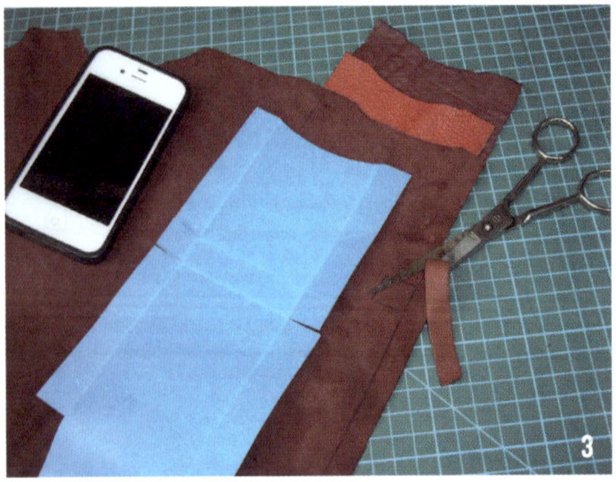

3

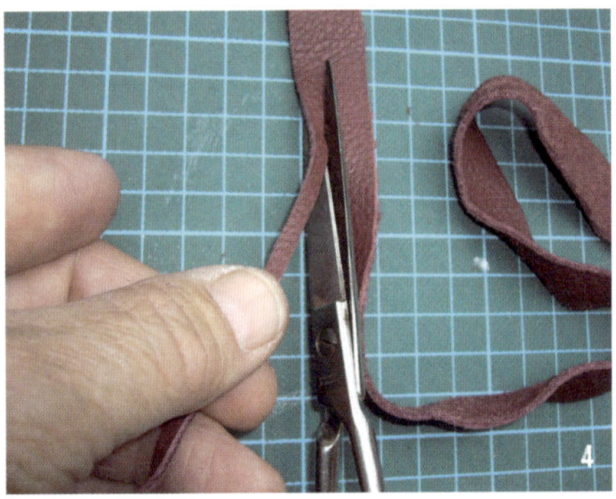

4

Die verschiedenen Arbeitsschritte

Für ein neues Projekt ist es immer sinnvoll, zuerst einen **Modellentwurf aus kräftigem Papier** anzufertigen. Ohne große Schwierigkeiten lassen sich daran so lange Verbesserungen anbringen, bis Form und Ausmaß der eigenen Vorstellung entsprechen. ▸ Bild 1

Dieser Entwurf sollte nun mit spitzem Bleistift, Lineal, Zirkel und Kurvenlineal möglichst exakt auf eine **Pappschablone** übertragen werden. ▸ Bild 2

Spätestens jetzt ist es sinnvoll, sich Gedanken über die jeweilige Nahtführung zu machen. An den entsprechenden Stellen muss dafür die erforderliche Nahtzugabe mit eingeplant werden.

Übertragen: Mithilfe dieser Schablone lässt sich der Entwurf auf das Leder übertragen. Das Leder ist ein kostbares Material. Daher ist es gut, wenn man die Fläche möglichst optimal ausnutzt. ▸ Bild 3

Dabei ist zu bedenken, welche Stellen eines größeren Lederstücks sich für das Objekt, das man fertigen will, am besten eignen. Das Rückenleder (Croupon) ist der stabilste Teil einer Haut und stellt zum Beispiel für einen Gürtel das ideale Ausgangsmaterial dar. Das Halsstück ist der dickste Teil einer Haut, während die Flanken und die Beine ungleichmäßig dick sind und sich dementsprechend auch unterschiedlich stark ausdehnen. Es gilt also, für jedes Projekt sorgfältig abzuwägen, welches Stück Leder genommen werden soll.

Ist die Wahl getroffen, legt man auf die entsprechende Stelle die Schablone und zeichnet mit einem Kugelschreiber um die Schablone herum. Man kann die Schablone auf die glatte Narbenseite des Fells legen. Das hat den Vorteil, dass der Strich gut sichtbar ist und so mehr Genauigkeit

zulässt. Der Nachteil ist allerdings, dass der Strich auf dem Objekt sichtbar bleibt, wenn man nicht genau daneben schneidet.
Legt man die Schablone auf die Spaltseite des Leders (wie bei den meisten Arbeiten in diesem Buch), riskiert man durch die faserige, raue Oberfläche eine gewisse Ungenauigkeit. Aber der Markierungsstrich kann auf jeden Fall das Erscheinungsbild nicht stören.

Das **Ausschneiden** erfordert besondere Konzentration. Je exakter ausgeschnitten wird, desto einfacher ist später das Zusammenfügen. Auch sieht ein schön geschnittener Rand besser aus. Benutzen kann man eine einfache, aber scharfe Schere zumindest bei dünnem Leder. (Das ist bei den meisten Arbeiten mit dünnem Leder in diesem Buch geschehen.) ▸ Bild 4
Eine Schneiderolle (Rollschneider) oder das Halbmondmesser ergeben sehr schöne Ränder und sind für dickes Leder die beste Möglichkeit. ▸ Bild 5

Am fertig geschnittenen Stück werden im nächsten Schritt die **Nähte** mit einem Nahtversenker vorgeschnitten. Das ist sinnvoll, weil dann der Faden in einer Rille liegt und so vor Verschleiß besser geschützt ist. Eine solche Naht hält darum wesentlich länger. ▸ Bild 6
Wenn man keinen Nahtversenker hat, kann man sich auch mit einem Lineal und einem Schraubendreher behelfen, um in das Leder eine Rille zu ziehen. ▸ Bild 7
Mithilfe eines Nahtmarkierers kann in dieser Vertiefung der Abstand der Löcher markiert werden. ▸ Bild 8
Wenn man ein Vorstecheisen verwendet, kann man auf das Markieren verzichten, weil dieses Werkzeug mehrere Löcher auf einmal im gleichen Abstand sticht. ▸ Bild 9-10
Der Abstand kann auch mithilfe eines einfachen Lineals markiert werden. ▸ Bild 11

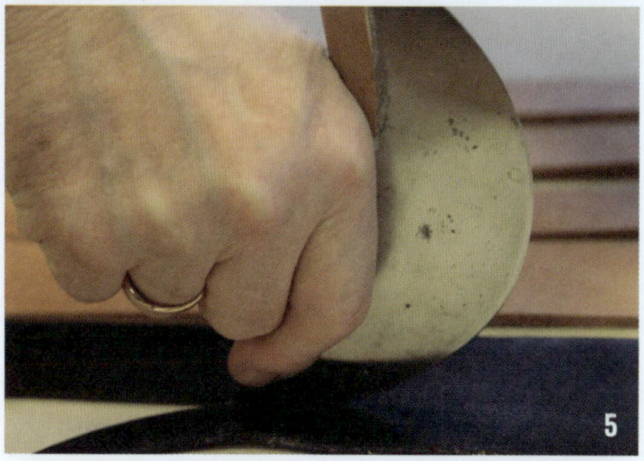
5

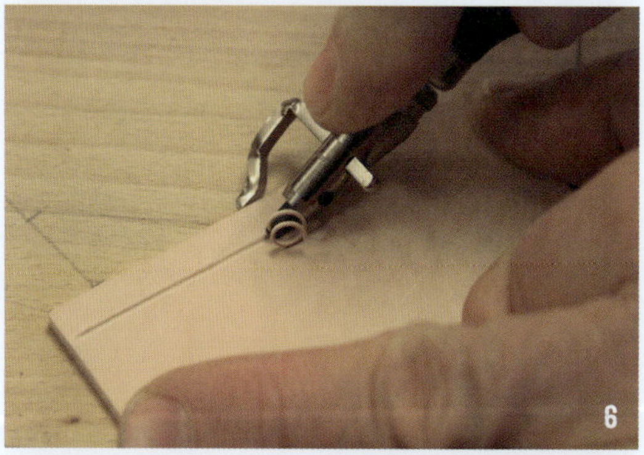
6

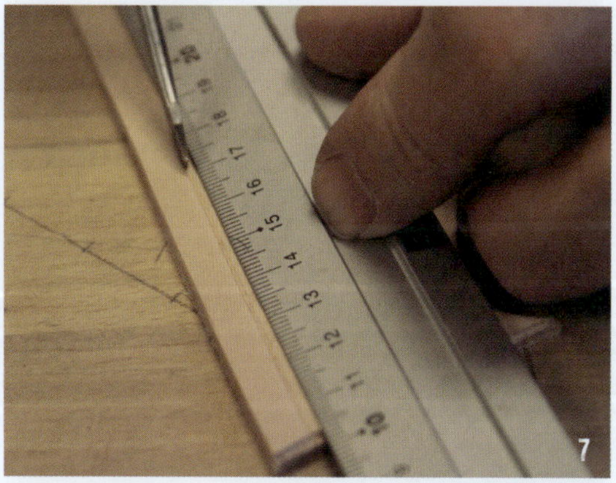

7

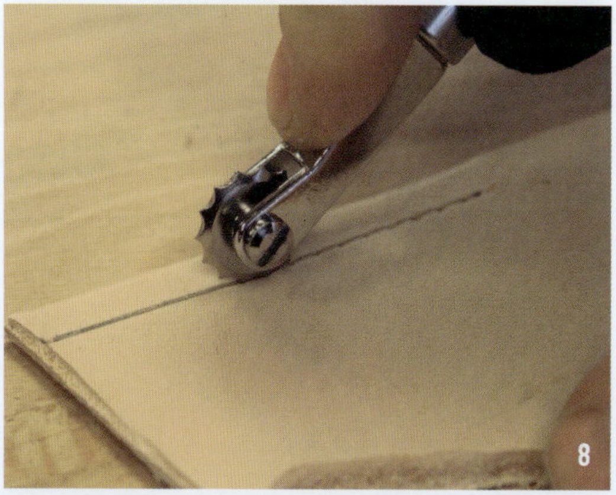
8

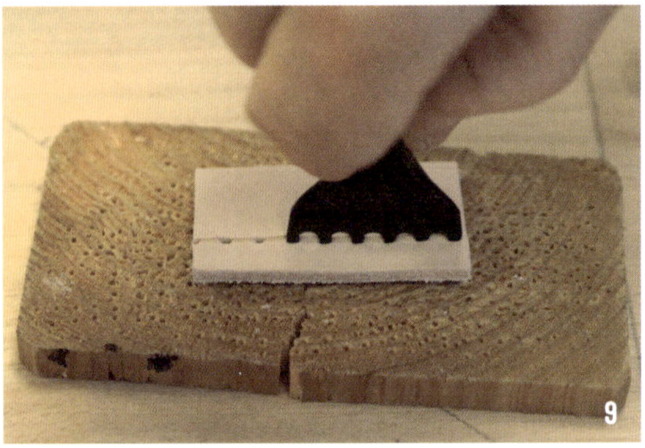
9

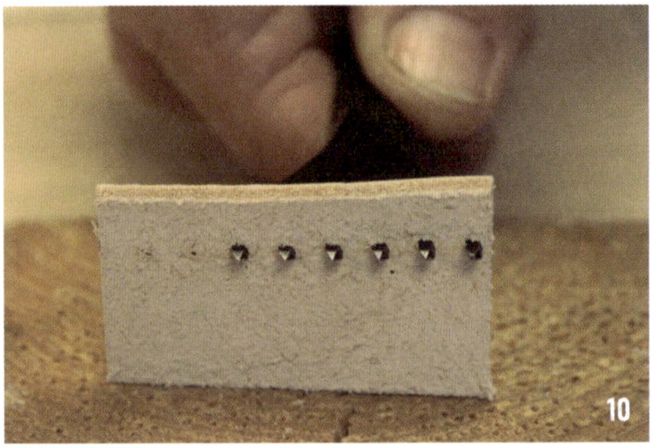
10

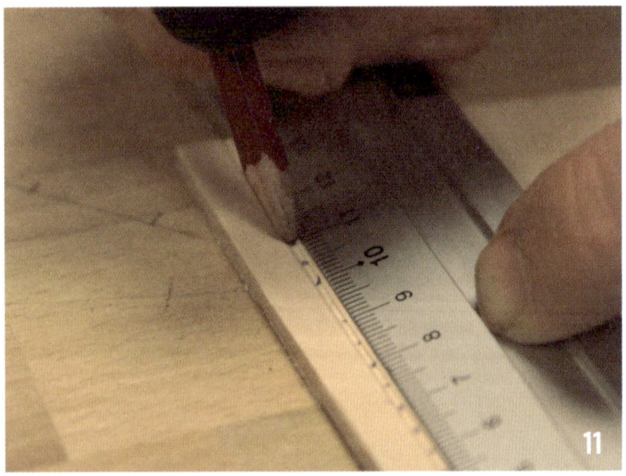
11

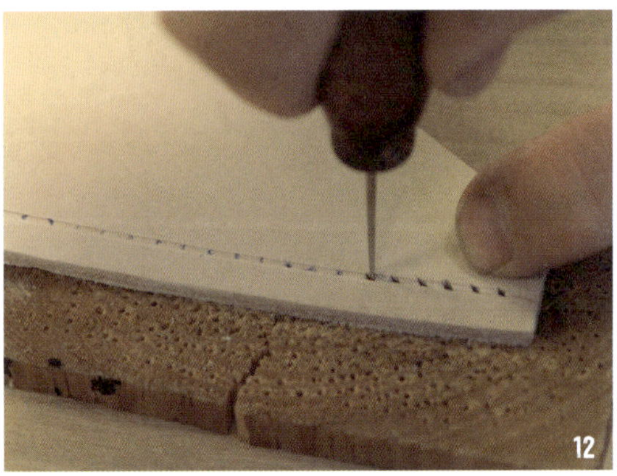
12

Beim Vorstechen mit der Ahle sollte man ein Brett unterlegen, dann geht das Leder leichter zu stechen. Man kann eine Rundahle oder besser eine Schwertahle benutzen. ▸ Bild 12

Plant man eine Naht mit einem Lederstreifen (siehe S. 41), wird nicht mit dem Nahtversenker gearbeitet, weil der Lederstreifen oben auf dem Leder liegt. Stattdessen werden die Löcher mit einer Lochzange gelocht oder mit dem Locheisen geschlagen; in letzterem Fall muss man eine Holzunterlage verwenden. ▸ Bild 13-14

An vielen Stellen ist es sinnvoll, die Teile vorher zusammenzukleben und dann erst zu lochen. So kann man sicher sein, dass die Löcher auf den Teilen auch genau übereinanderliegen. Ein einfacher Alleskleber reicht dafür aus. Es wird im Fachhandel auch ein schmales Doppelklebeband angeboten, das sich für diesen Zweck eignet. ▸ Bild 15

An den Stellen, an denen ein vorheriges Zusammenkleben nicht möglich ist, muss man darauf achten, dass die Löcher immer gegenseitig übereinstimmen. Hat man zum Beispiel einen runden Boden, so ist der Abstand der Löcher auf dem Innenstück geringer, bei der Außenwand ist der Durchmesser größer und dementsprechend der Abstand der Löcher weiter. ▸ Bild 16

Um den Rand geschmeidiger und ansehnlicher zu machen, wird er mit dem Kantenhobel gerundet. ▸ Bild 17

Jetzt kann endlich mit dem Nähen der geplanten Naht begonnen werden (siehe S. 38 ff.).

Beim Nähen mit dem Lederstreifen wird der Anfang und später auch das Ende leicht angeschärft und auf der Innenseite verklebt. Ist der Lederstreifen aufgebraucht, schärft man ebenfalls ein kleines Stück auf der Innenseite an und am Ergänzungsstück ein gleich langes Stück auf der Außenseite. Diese Stoßstellen können dann aufeinandergeklebt werden, und es entsteht eine beinahe unsichtbare, aber stabile Verlängerung. ▸ Bild 18-21

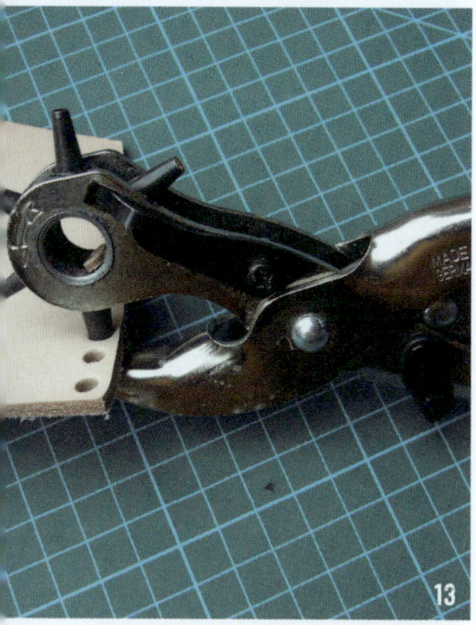
13

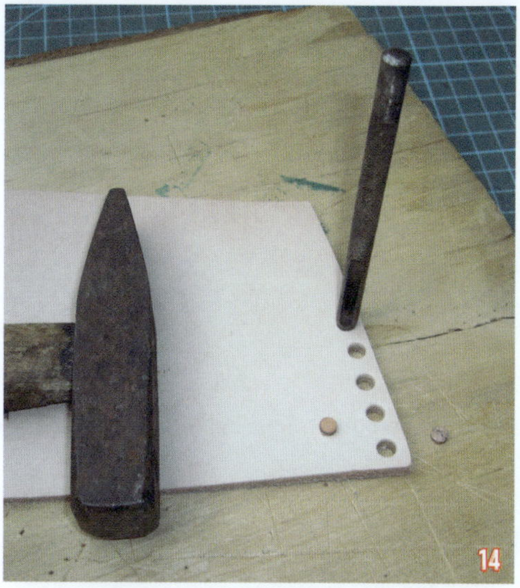
14

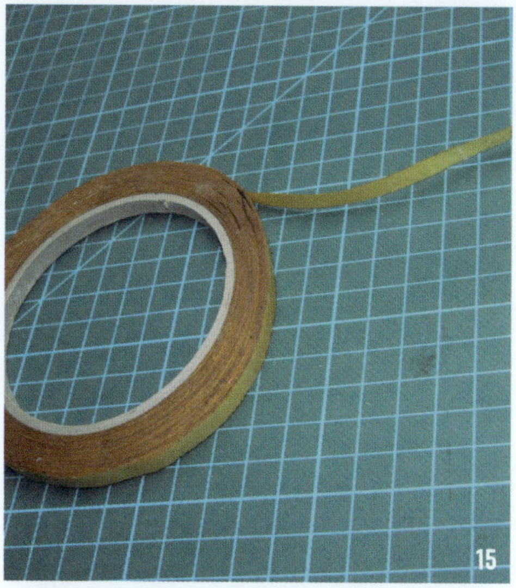
15

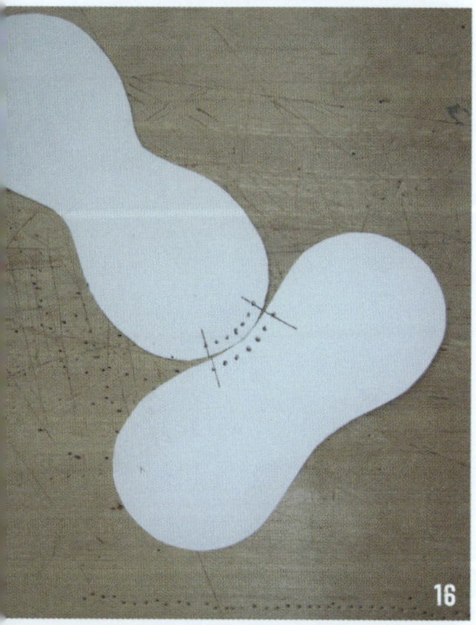
16

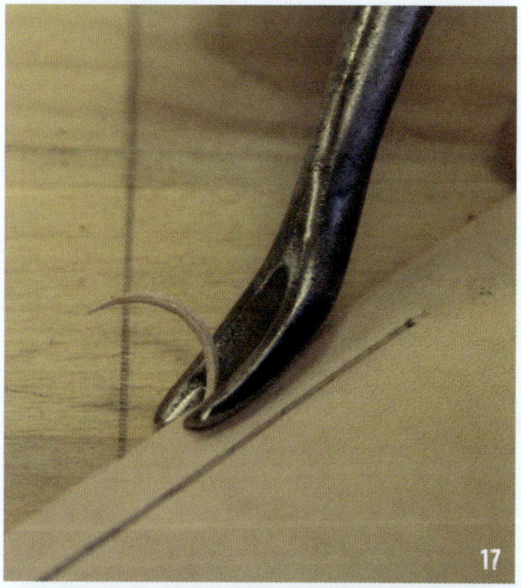
17

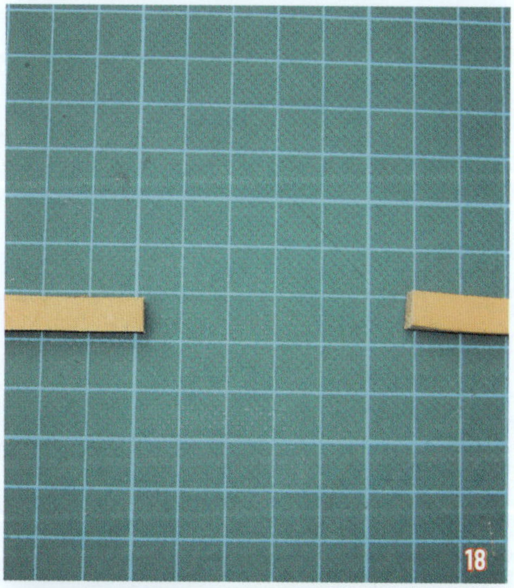
18

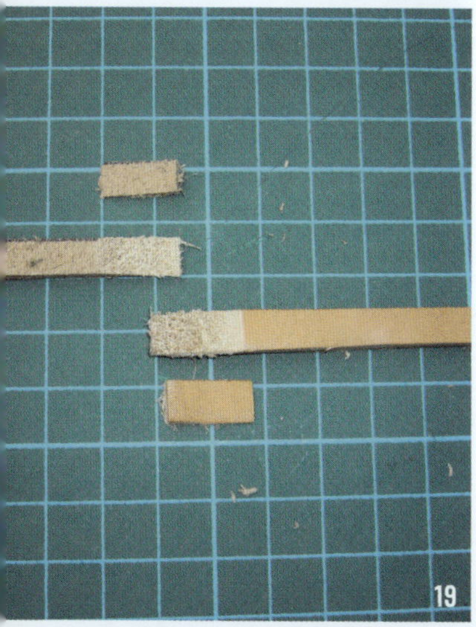
19

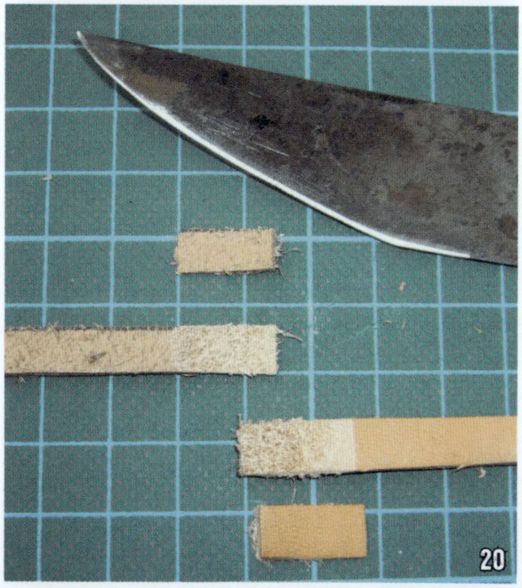
20

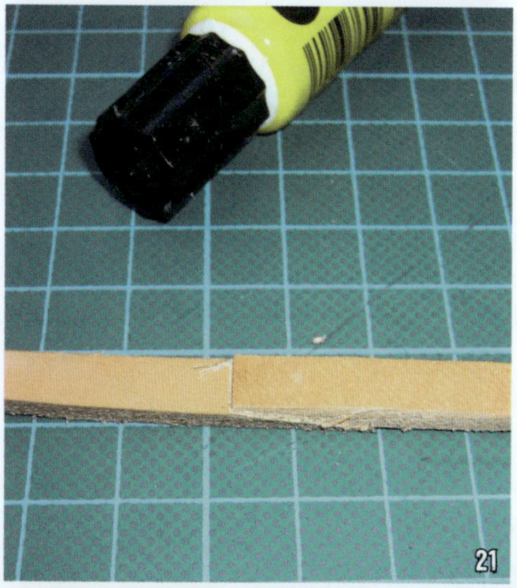
21

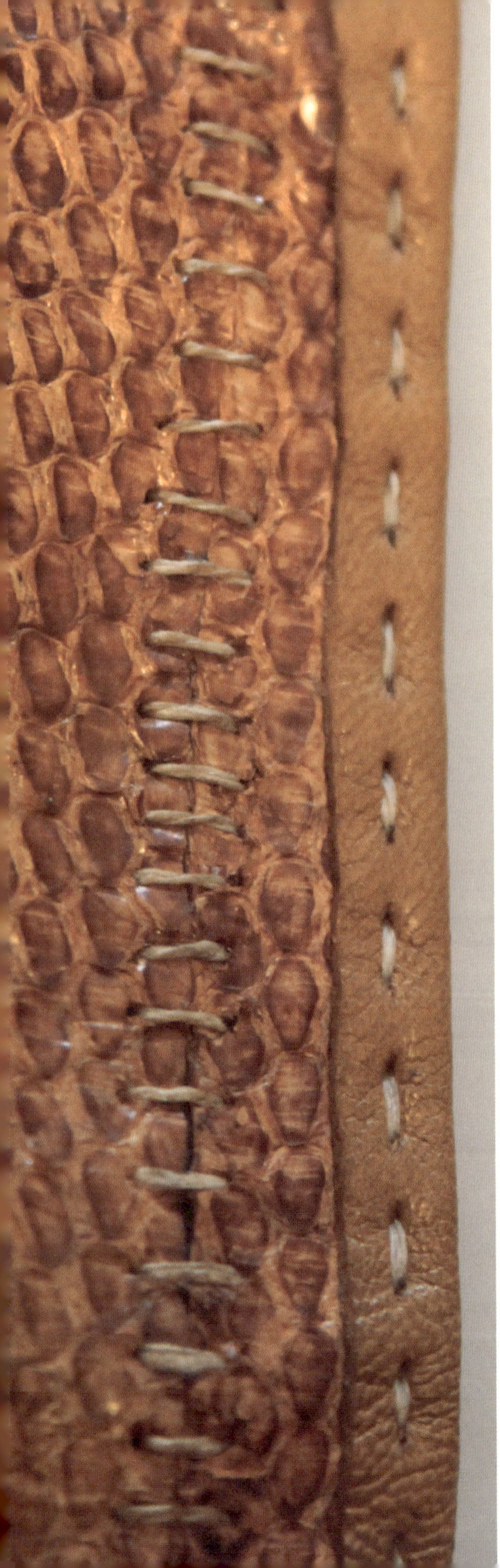

Nähte

Mit einer Nadel genähte Naht

Generell ist es gut, wenn der Faden nicht über der Lederoberfläche liegt, weil er dadurch nicht so schnell verschleißt. Man kann daher im gleichmäßigen Abstand vom Rand mit einem Messerrücken oder einem Schraubendreher oder Ähnlichem an einem Lineal entlang eine Vertiefung in das Leder drücken. ▸ Bild 1
Besser geht es mit einem Nahtversenker, bei dem der gewünschte Abstand vom Rand einstellbar ist. ▸ Bild 2
In diese Vertiefung hinein wird mit einer Ahle vorgestochen. Der Abstand der Löcher wird mit einem Lineal markiert. ▸ Bild 3
Auch hier gibt es ein spezielles Werkzeug, das die Arbeit erleichtert, der Nahtmarkierer. ▸ Bild 4
Am besten benutzt man eine Schwertahle zum Lochstechen, weil dadurch diagonale Löcher entstehen und die Naht eine gleichmäßigere Struktur bekommt. ▸ Bild 5
Wenn man ein Vorstecheisen verwendet, entstehen immer gleich mehrere Löcher im gleichen Abstand auf einmal. ▸ Bild 6
Wenn nur *ein* Faden benutzt wird, führt man den Stich erst einmal komplett an der Naht entlang. Anschließend näht man in denselben Löchern jeweils auf der gleichen Seite der Lochdiagonale die ganze Naht wieder zurück («Hin-und-Her-Stich»). Zur Verdeutlichung wurde auf den Fotos eine Lederkordel verwendet. ▸ Bild 7-8
Zum Schluss näht man einige Stiche doppelt und fixiert so den Anfang und das Ende. Es ist zweckmäßig, die Fadenenden im Innenraum der hergestellten Lederarbeit abzuschneiden, weil sie so später nicht auffallen. ▸ Bild 9-10
Der Stich kann auch nur außen herum geführt werden. ▸ Bild 11
Ein Beispiel dafür ist das abgebildete Portemonnaie aus Papierleder. ▸ Bild 12

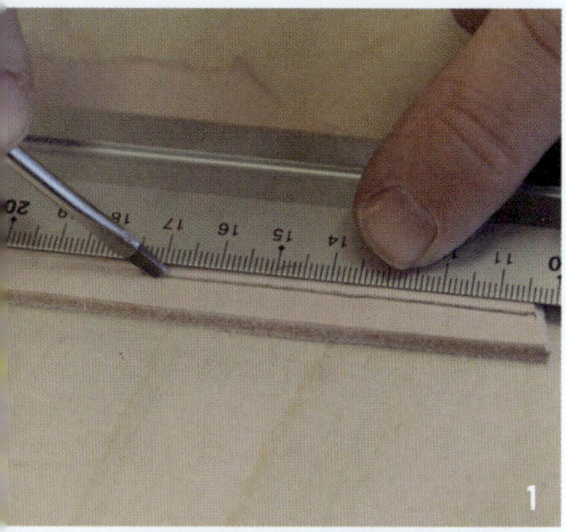
1

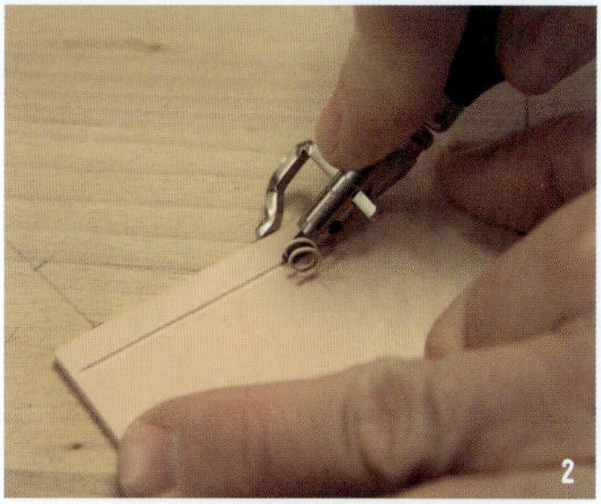
2

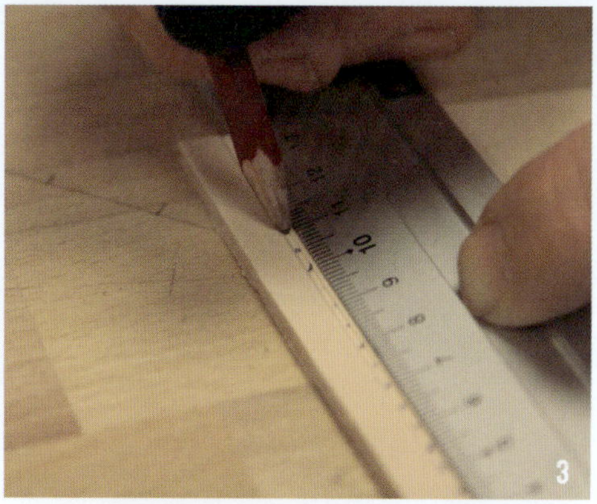
3

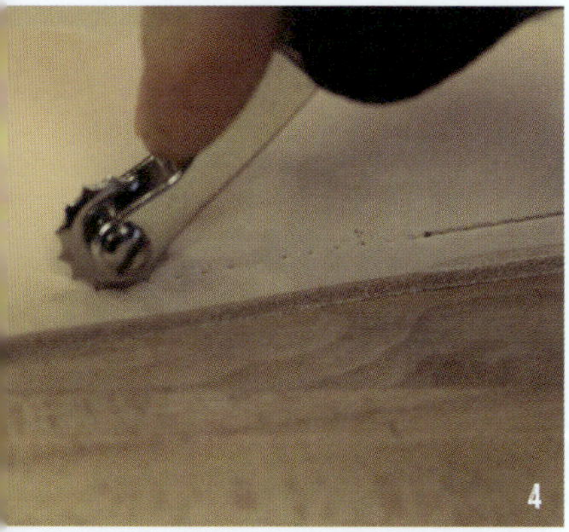
4

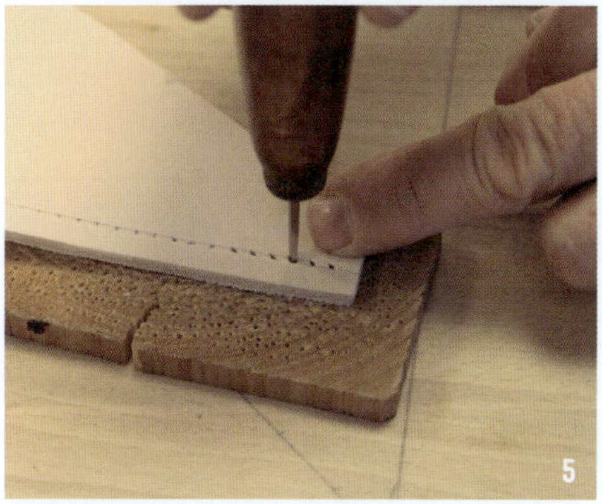
5

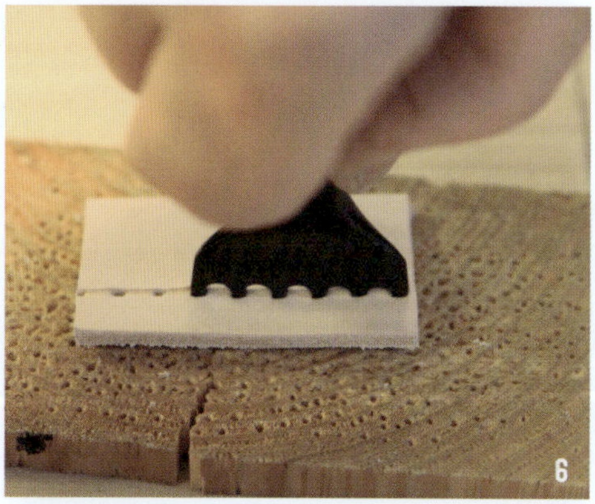
6

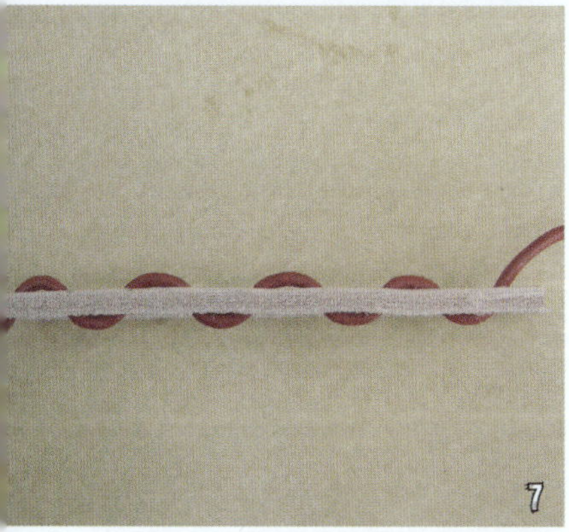
7

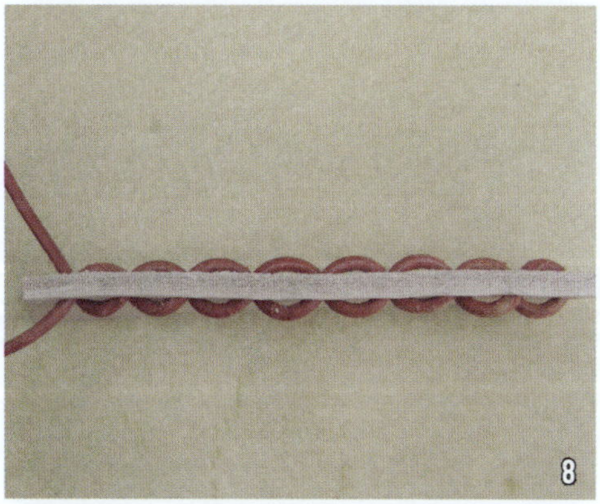
8

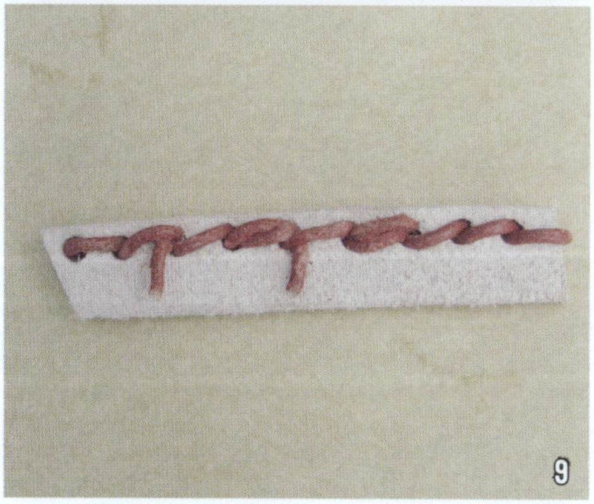
9

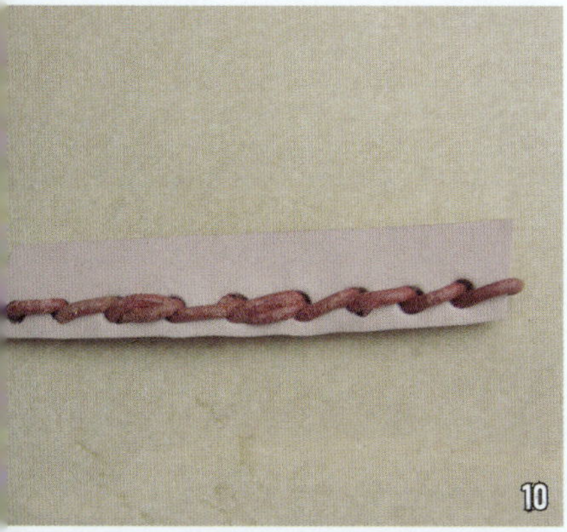
10

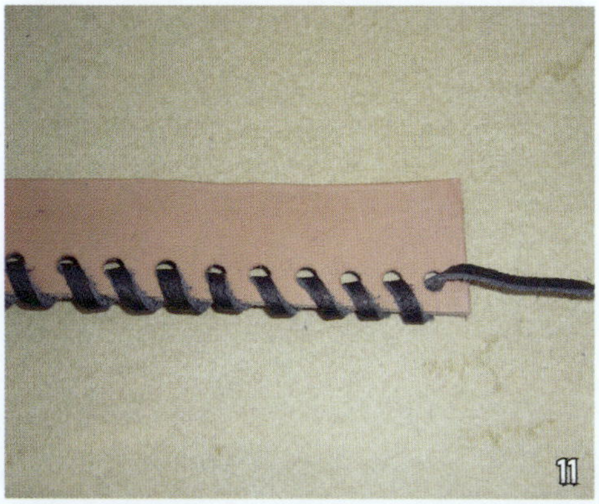
11

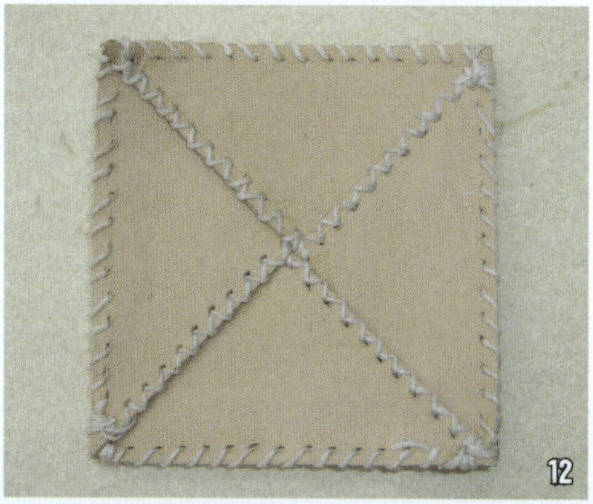
12

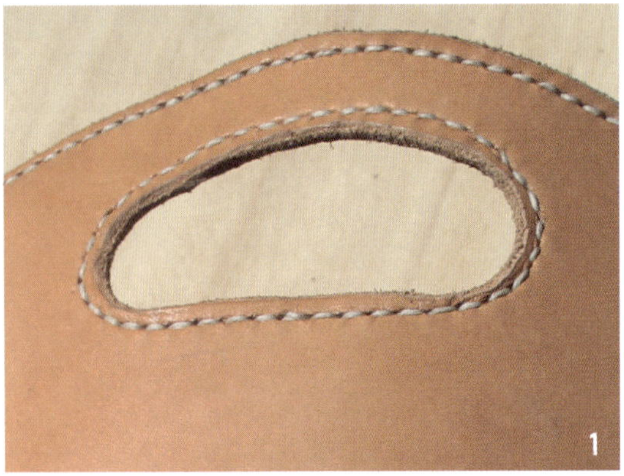
1

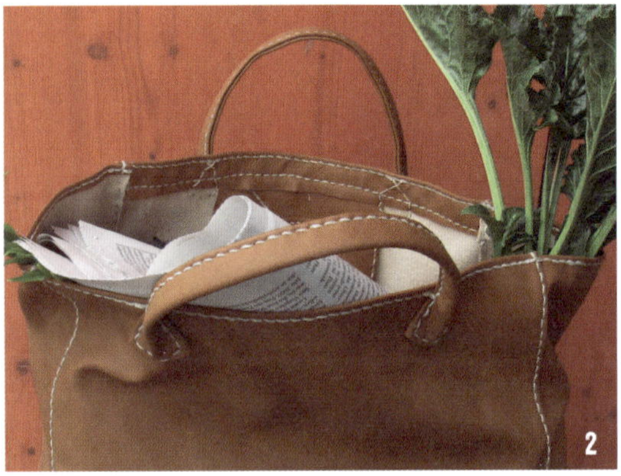
2

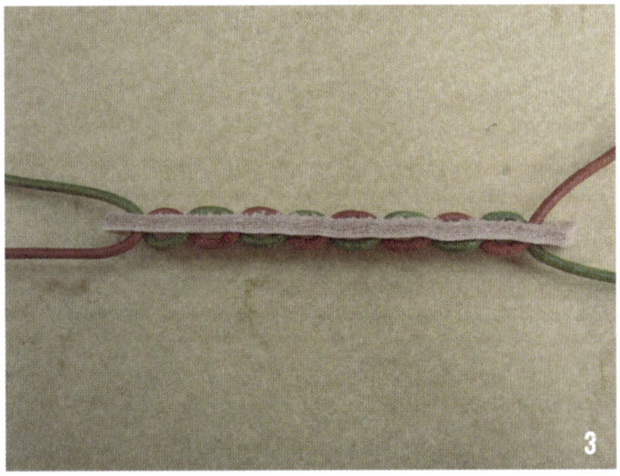
3

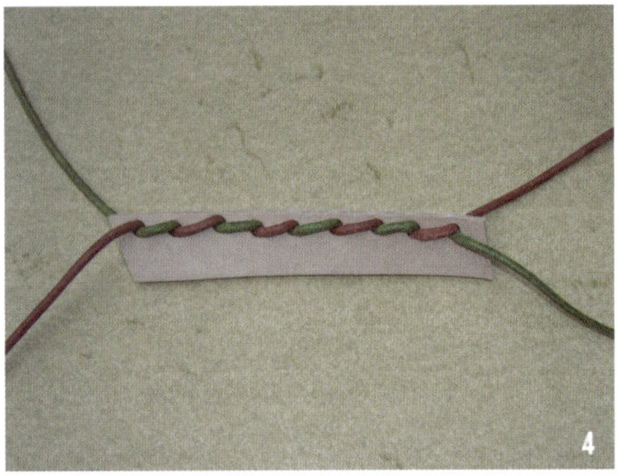
4

Mit zwei Nadeln genähte Naht

Wenn man mit zwei Nadeln arbeitet, erhält man eine sehr stabile Naht. Bei Objekten, die einem stärkeren Gebrauch ausgesetzt sind und auch größere Gewichte aushalten müssen – etwa bei dem abgebildeten Lederkorb oder der Einkaufstasche –, ist eine solche feste Verarbeitung auf jeden Fall empfehlenswert. ▸ Bild 1-2

Um die Fäden vor unnötigem Verschleiß zu schützen, ist es auch bei dieser Naht sinnvoll, dass die Fäden in einer Vertiefung liegen und die Löcher vorgestochen werden (siehe die Beschreibung der Arbeitsschritte oben, S. 38). Jetzt ist darauf zu achten, dass bei jedem Stich jeder Faden auch in der gleichen Ecke des mit der Schwertahle gestochenen Diagonallochs liegt, weil nur so ein gleichmäßiges Nahtbild entsteht. Nach jedem Stich müssen die beiden Fäden gegeneinander strammgezogen werden. Zur Verdeutlichung wird der Stich hier mit einer dicken Lederschnur gezeigt. Bild 3 zeigt die Seitenansicht, Bild 4 die Draufsicht. ▸ Bild 3-4

Am Ende werden zwei Stiche übereinander genäht, und der Restfaden wird innen kurz abgeschnitten (siehe S. 39, Bild 9-10).

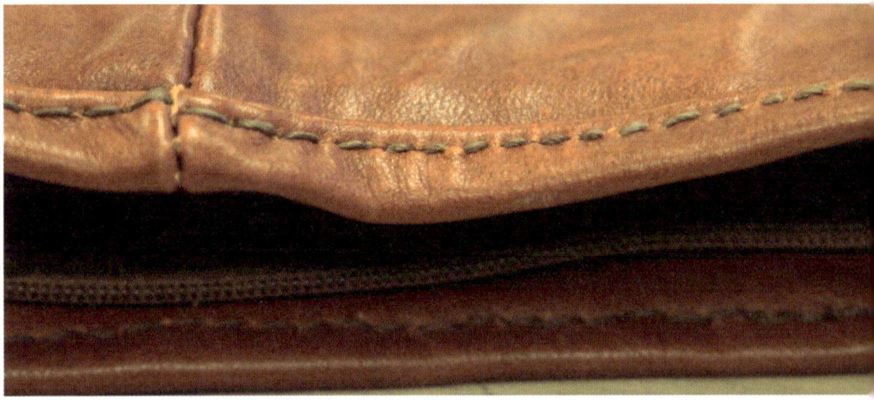

Mit Lederstreifen genähte Naht

Eine Naht aus Lederstreifen ist eine ganz einfache Naht, die sich für Anfängerarbeiten gut eignet. Hierbei wird ein Lederstreifen außen herum durch vorgefertigte Löcher geführt. ▸Bild 1-2
Nähte mit Lederstreifen sind wirkungsvoll und eignen sich für viele Objekte, beispielsweise für Schuhe, Etuis, Taschen oder für ein schönes Hundehalsband. Sehr dekorativ sind auch mit Lederkordeln gestaltete einfache Nähte, z.B. für Sandalen. ▸Bild 3-5
Solche Nähte sehen interessant aus, sind aber nicht so stabil. Haltbarer und noch eindrucksvoller ist die nachfolgend beschriebene Lohelandnaht.

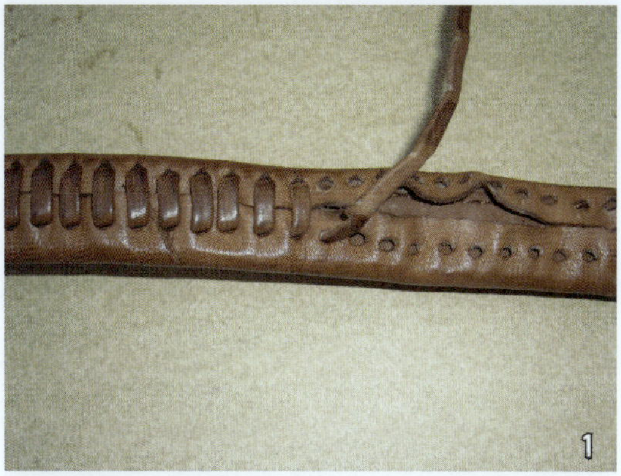
1

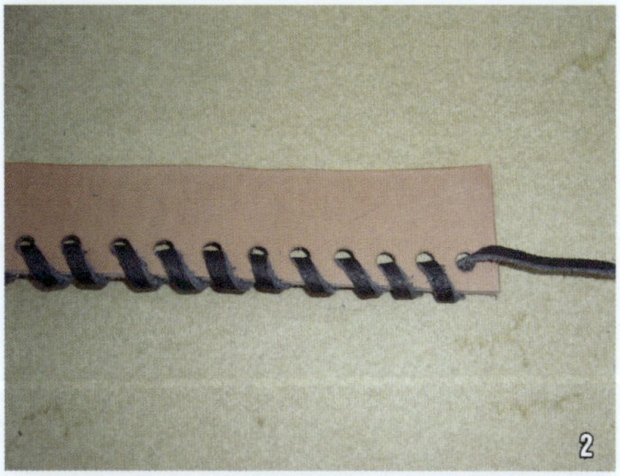
2

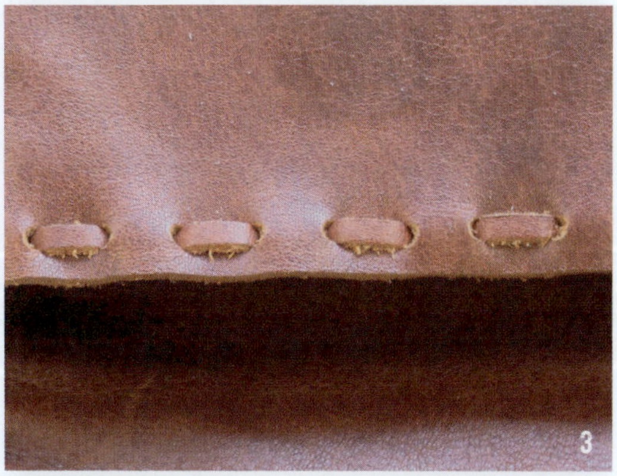
3

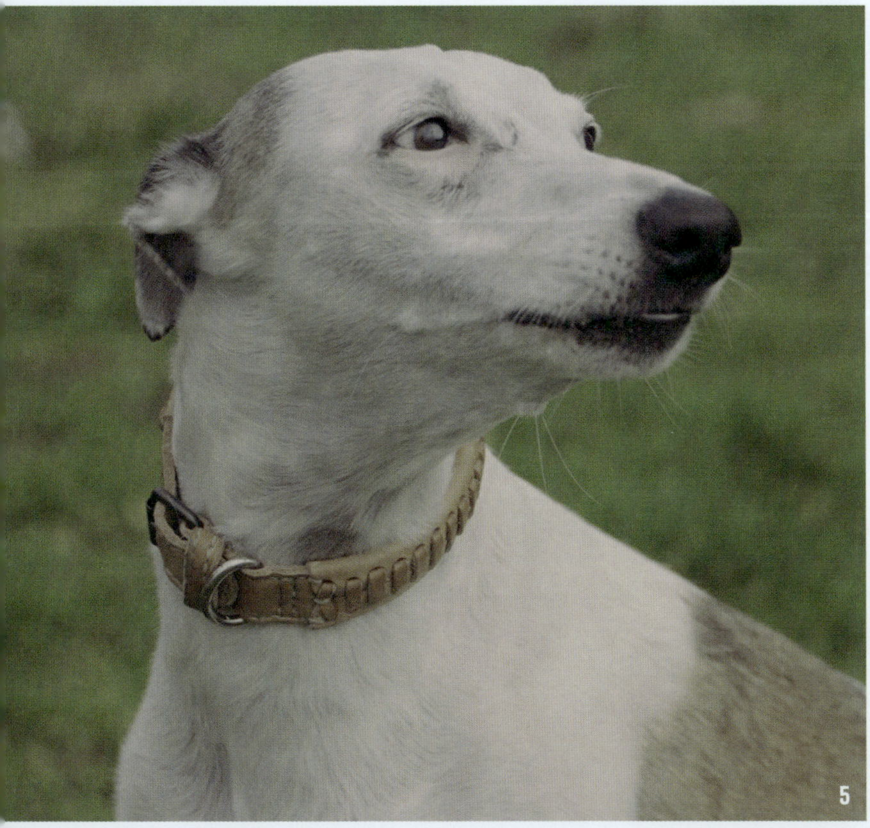
5

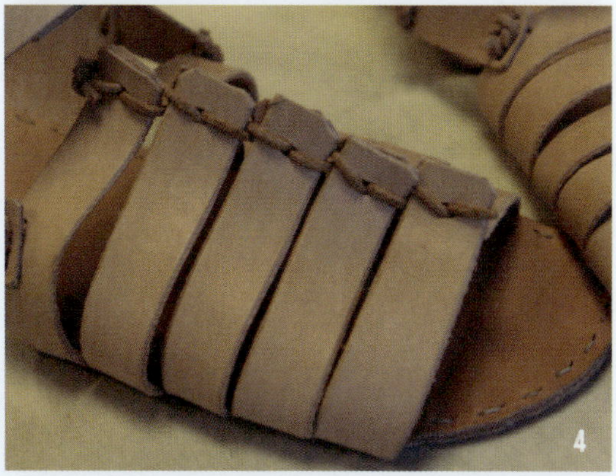
4

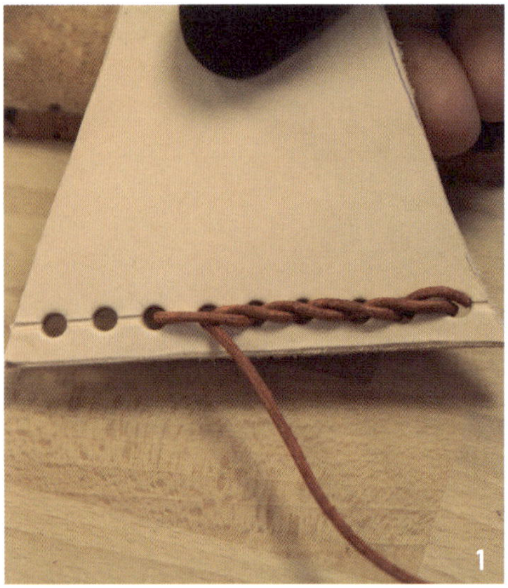
1

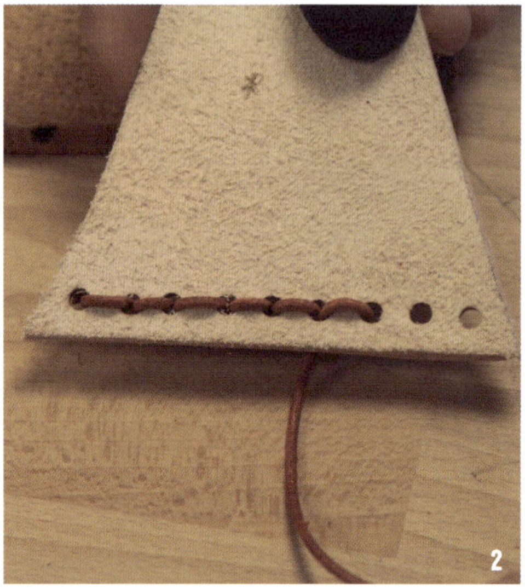
2

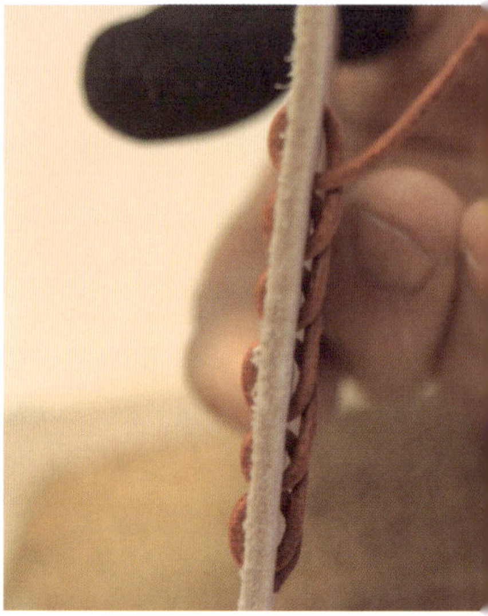

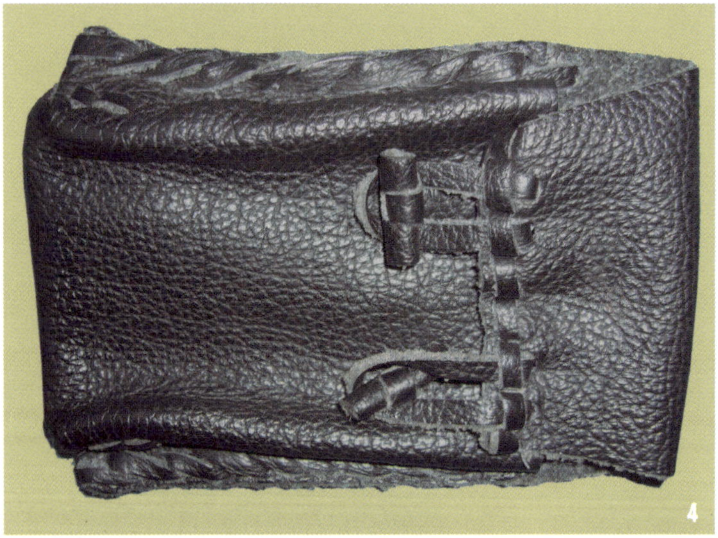
4

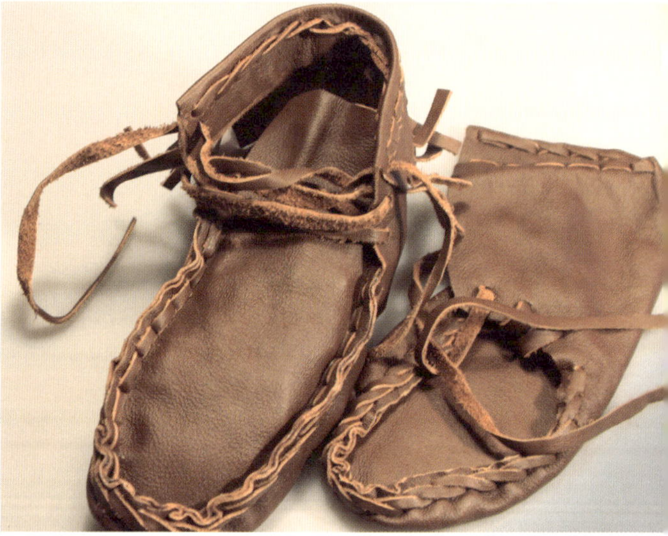

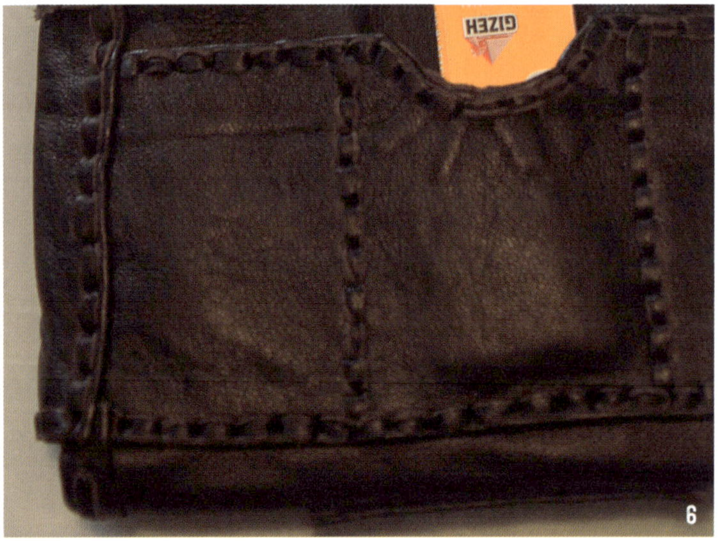
6

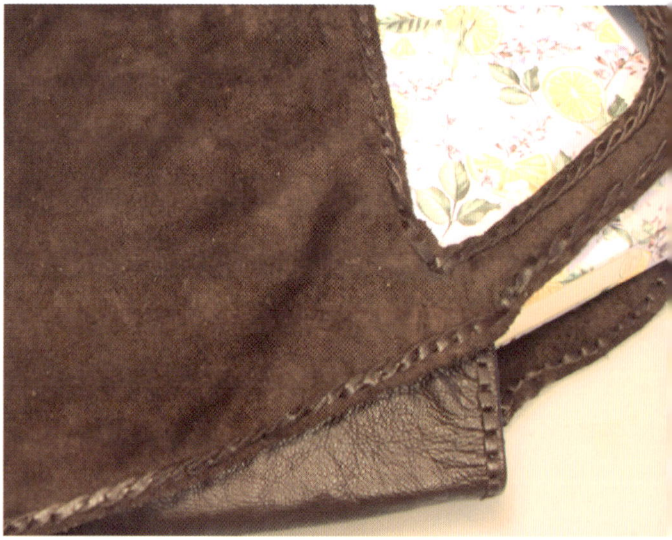

Lohelandnaht mit Leder genäht

Die sogenannte Lohelandnaht wurde im Zweiten Weltkrieg in Loheland bei Fulda von Lotte Heschel entwickelt. Nur ein schmaler, selbst geschnittener Lederstreifen wird hierbei durch vorgelochte Löcher geführt.
Auf der einen Seite wird jedes Loch genutzt, auf der anderen Seite nur jedes zweite. Man muss darauf achten, dass immer der gleiche Ein- und Austritt benutzt wird und der Lederstreifen sich dabei nicht verdreht. Zur Verdeutlichung dieser Technik wird hier ein Musterstück mit einer farbigen Lederkordel gezeigt (Bild 1: Innenseite, Bild 2: Außenseite, Bild 3: Draufsicht). ▸Bild 1-3
So entstehen zwei unterschiedliche Nahtansichten. Man kann sich entscheiden, welche man für die sichtbare Seite nutzen möchte. Werden beispielsweise bei Etuis, Taschen oder Schuhen die Nähte mit Lederstreifen und in Lohelandtechnik hergestellt, verleiht das den Objekten eine zusätzliche dekorative Note. ▸Bild 4-7

Zickzacknaht

Wenn man zwei Lederstücke stumpf aneinanderfügen will, kann man sie mithilfe einer Zickzacknaht miteinander verbinden. Hierbei ist darauf zu achten, dass das Garn im ersten Schritt immer von der gleichen Seite von unten durch das Lederloch geführt wird. Dadurch liegt das zweite Garn immer oben darüber. ▸Bild 8
Diese Technik wenden wir beispielsweise an, wenn wir Jonglierbälle herstellen. ▸Bild 9

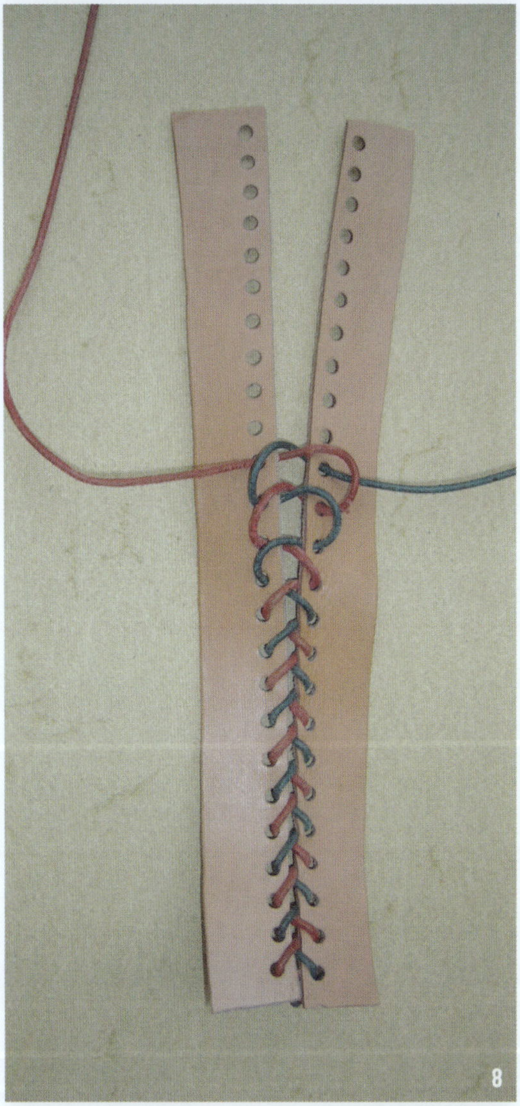

8

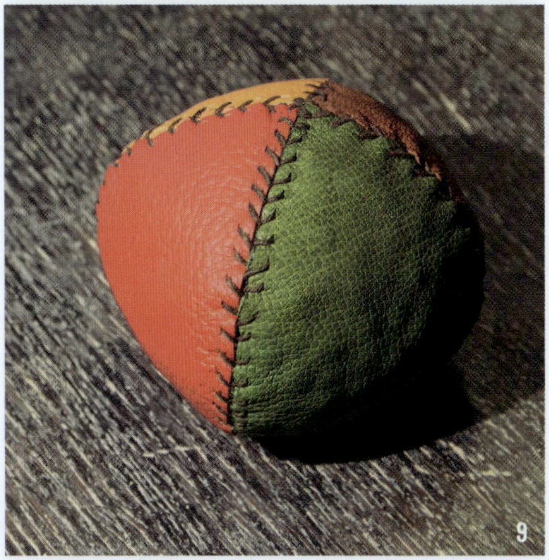

9

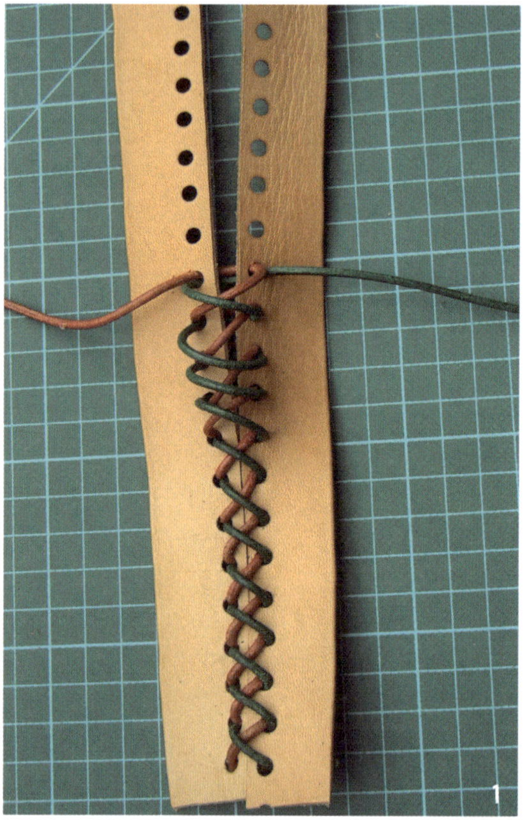

Doppelzickzacknaht

Auch bei dieser Naht werden zwei Lederstücke stumpf aneinandergefügt. Hierbei überschneiden sich jedoch die beiden Fäden auf der einen Seite (siehe Bild 1) und liegen auf der anderen Seite parallel (siehe Bild 2). ▸ Bild 1-2

Dadurch entsteht eine interessante Variante. Diese dekorative Naht wurde beispielsweise bei der Reparatur einer Gürteltasche angewandt (siehe S. 161). ▸ Bild 3

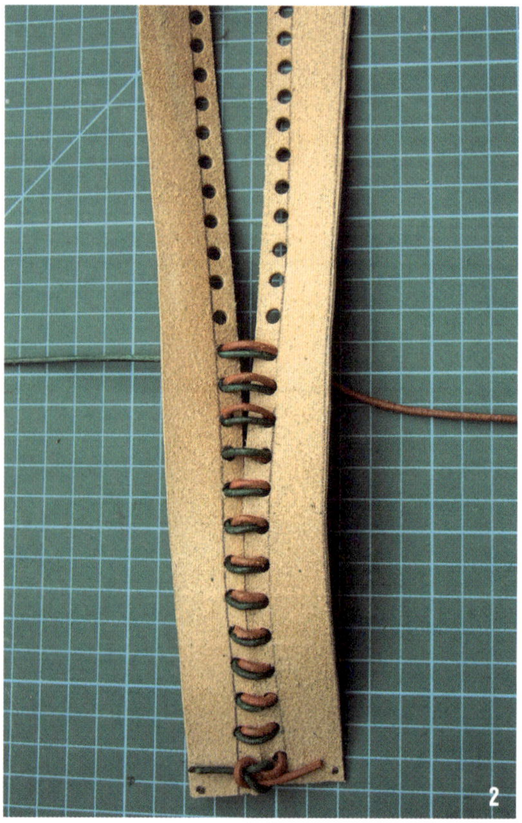

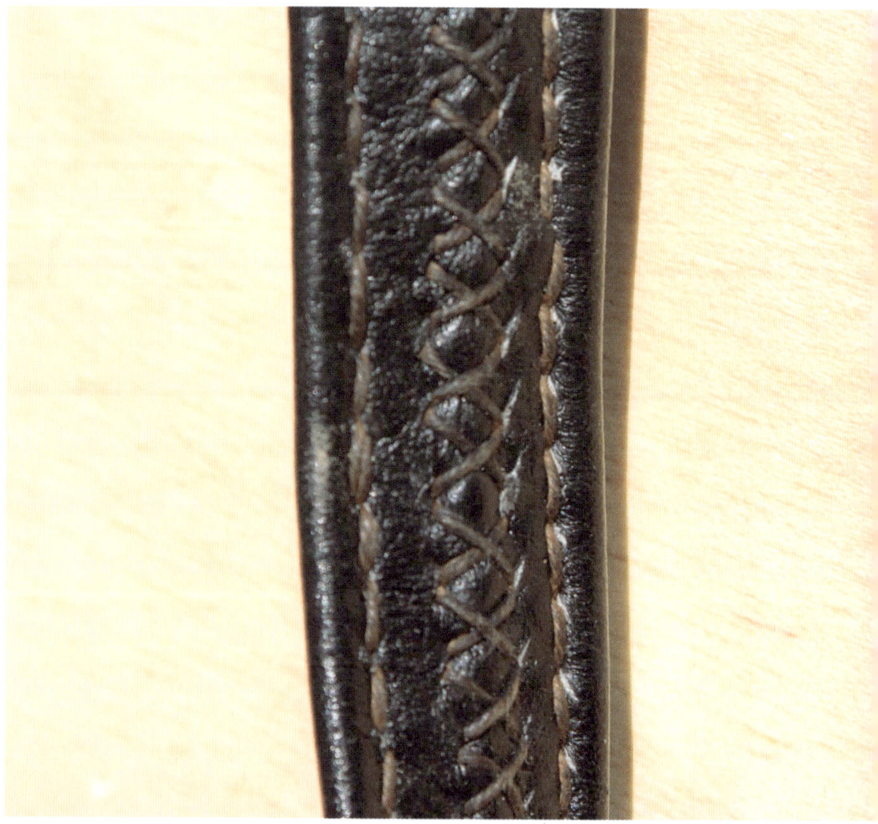

45-Grad-Naht

Wenn dickes Leder über Eck vernäht werden soll, müssen die Kanten auf 45 Grad angeschrägt werden. So kann das Garn ebenfalls in 45 Grad über Eck genäht werden, und es entsteht eine saubere und stabile Ecke. ▸ Bild 4-7
Bei Fahrrad- oder Motorradtaschen und bei stabilen Körben beispielsweise ist eine 45-Grad-Naht angebracht. ▸ Bild 8-9

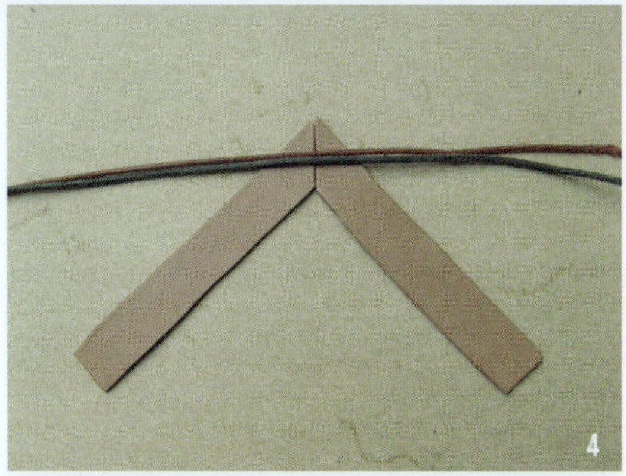
4

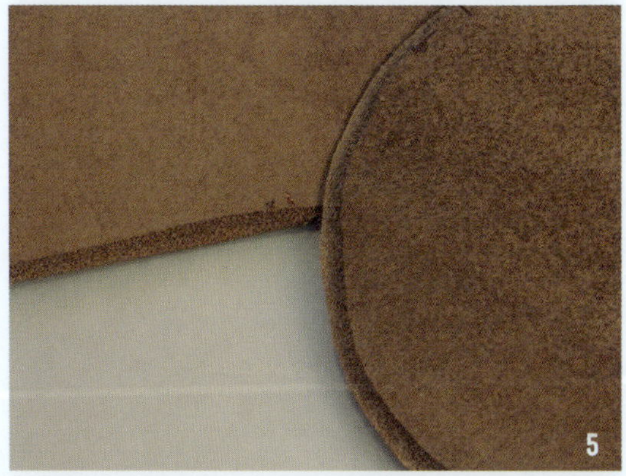
5

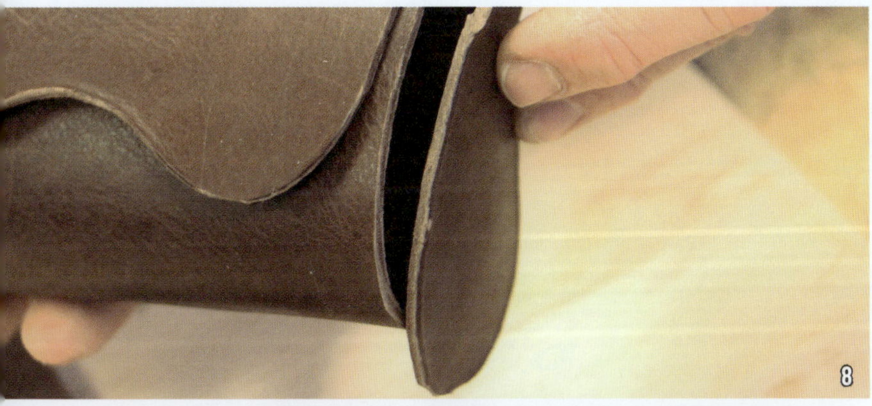
8

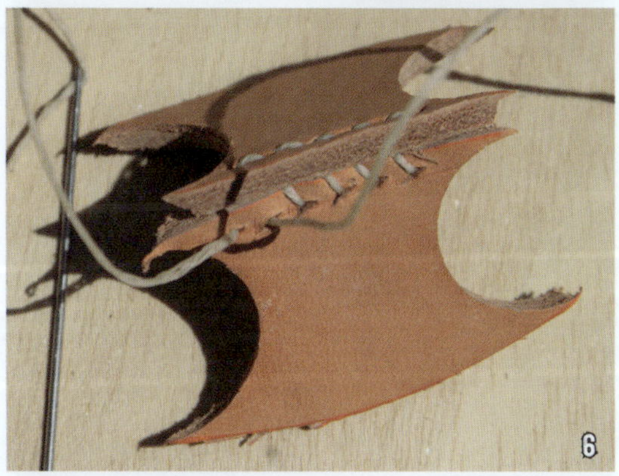
6

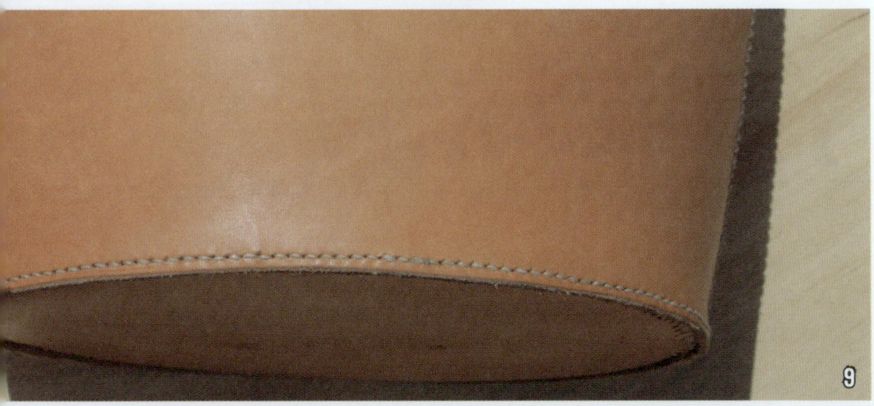
9

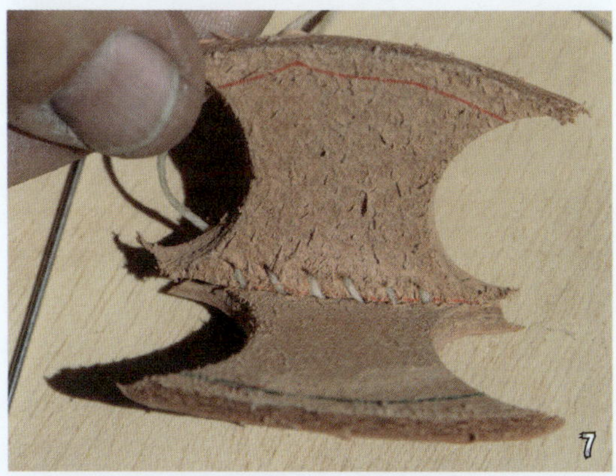
7

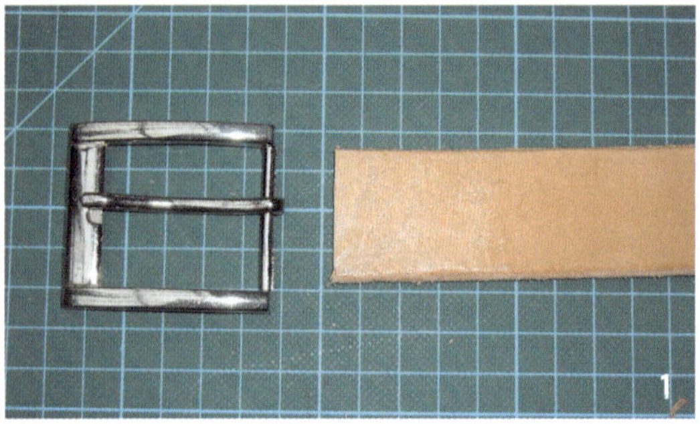

Schnallen nähen

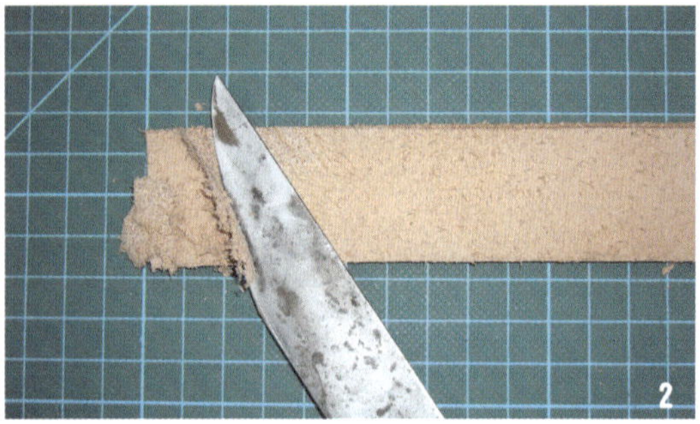

Es werden zwei Arten vorgestellt, eine Schnalle zu nähen.

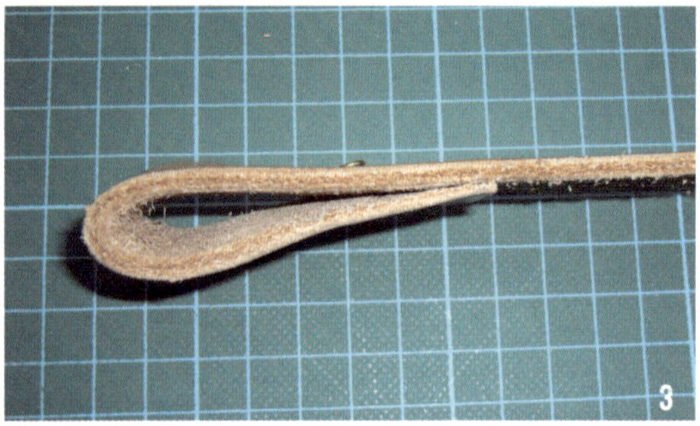

1. Schnalle aus einem Stück

Die Lederbreite richtet sich nach der Größe der Schnalle. ▸ Bild 1
Das Ende des Lederstreifens wird von der Spaltseite keilförmig ausgeschärft (angeschrägt). ▸ Bild 2
Beim Umklappen liegt der Keil flach an. ▸ Bild 3
An der entsprechenden Stelle wird für den Dorn ein längliches Loch gestanzt. Beim Zusammennähen wird eine Lasche eingenäht, die den durchgezogenen Teil an der Schnalle festhält. ▸ Bild 4-5

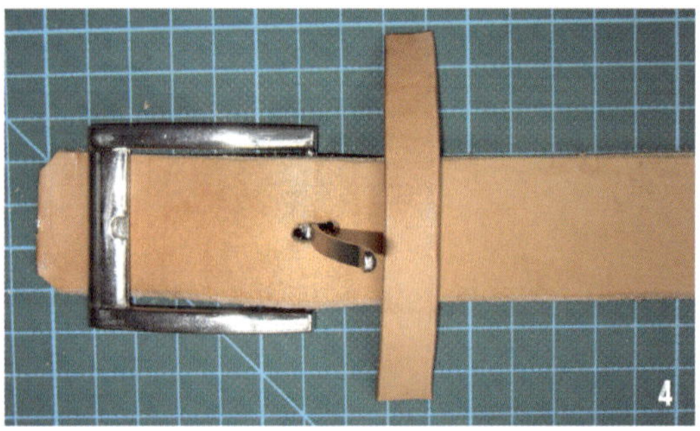

2. Schnalle aus zwei Stücken

Die Schnallenhalterung wird aus dem gleichen Leder in gleicher Breite wie der Gurt zugeschnitten. Sie wird mit dem Gurt vernäht und darf nicht zu kurz sein (ca. 10-12 cm). ▸ Bild 6, 8, 9
Die beiden Enden der Halterung und das Ende des Gurtes werden mit dem Schärfmesser angeschärft (keilförmig angeschrägt). ▸ Bild 7
Die Halterung wird an den Ecken 45° abgeschrägt, und in der Mitte wird für den Dorn ein längliches Loch gestanzt. ▸ Bild 8-9
Alle drei Lagen werden übereinandergelegt und sorgfältig vernäht, einschließlich der Lasche für den Gurt. ▸ Bild 10-13
Mit dieser Schnallennaht kann man einen klassischen Gürtel nähen. ▸ Bild 14
Schnallen, die an Taschen oder ähnlichen Gegenständen angebracht werden sollen, folgen dem gleichen Prinzip. ▸ Bild 15
Es gibt auch Schnallen, die keine Lasche brauchen, weil ihre Konstruktion den Gurt auch nach dem Durchführen hält. ▸ Bild 16-17

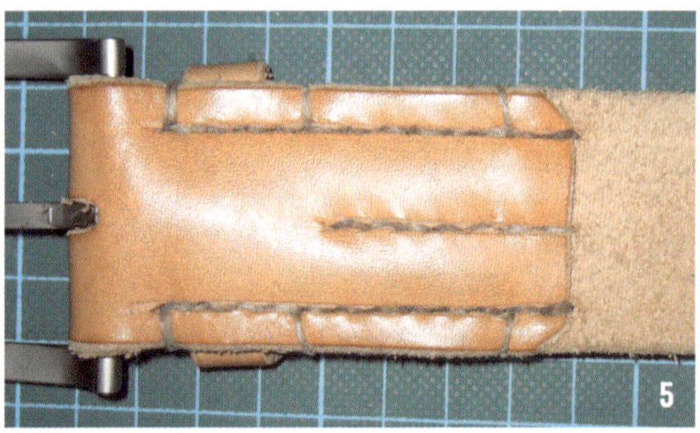

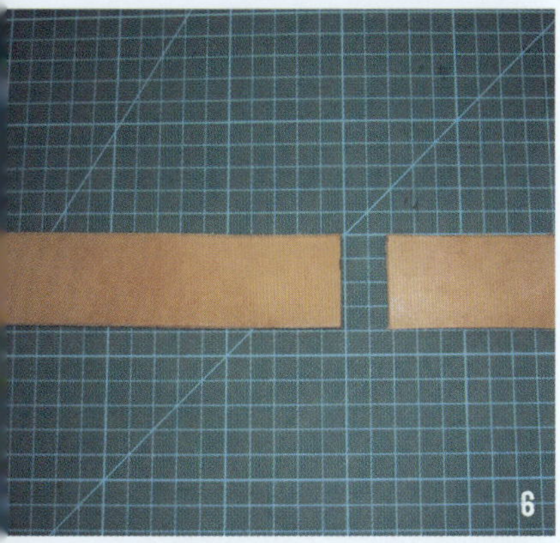
6

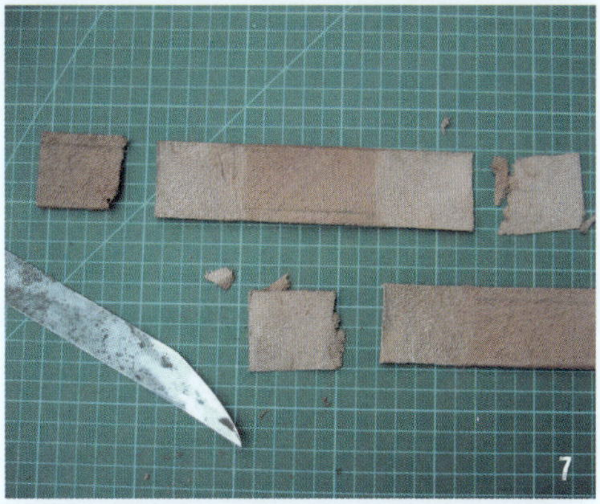
7

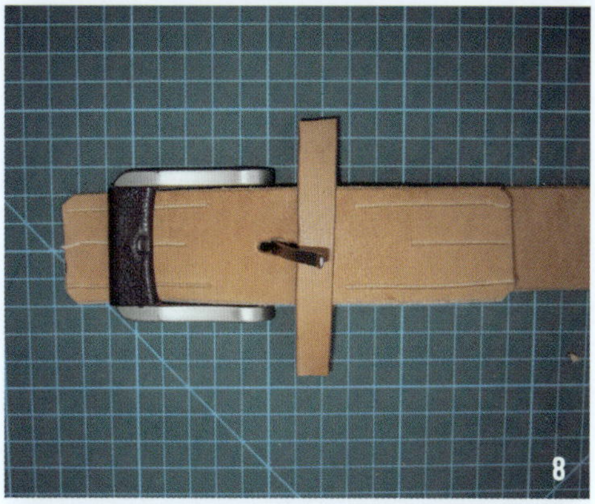
8

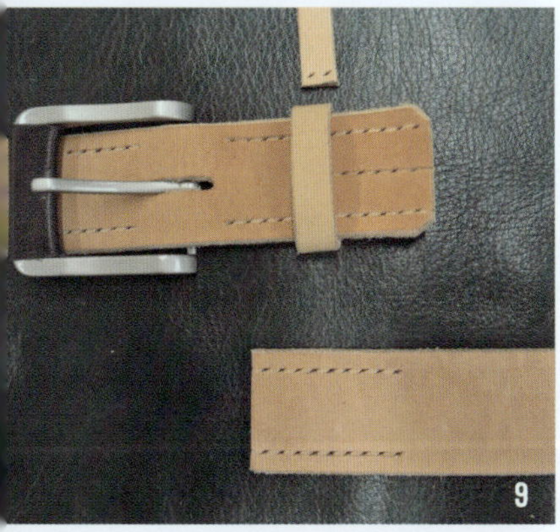
9

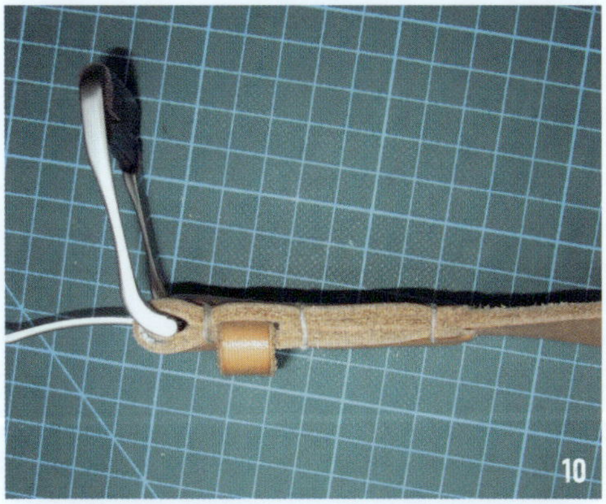
10

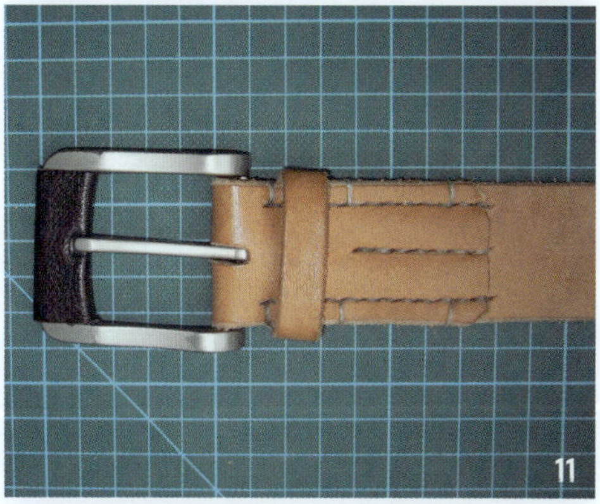
11

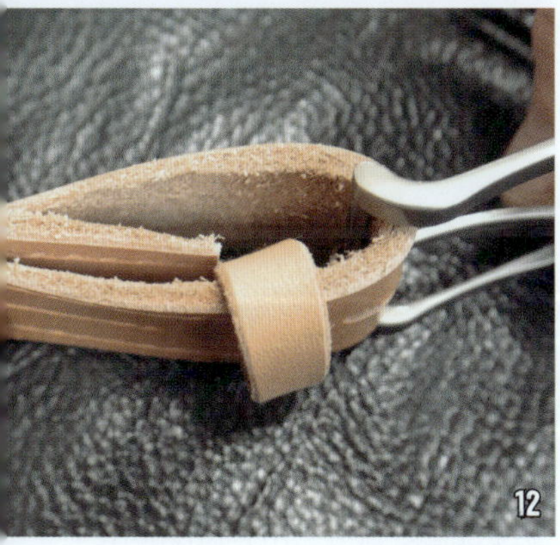
12

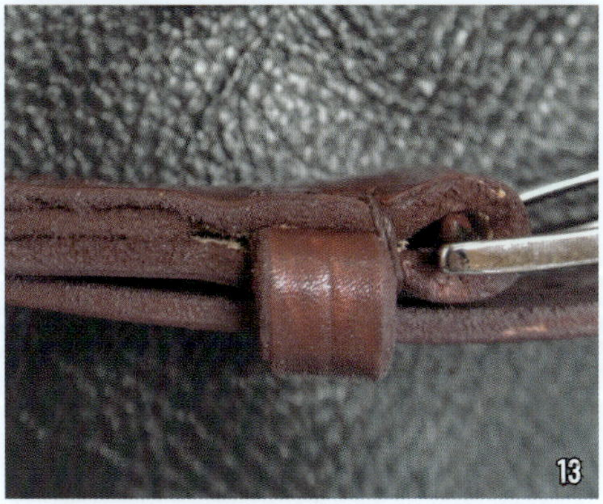
13

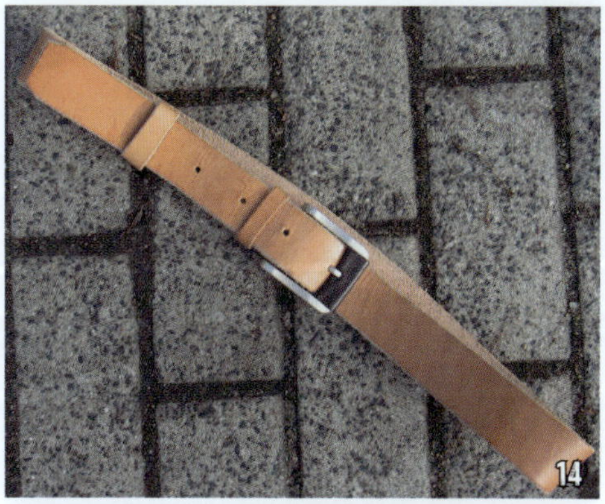
14

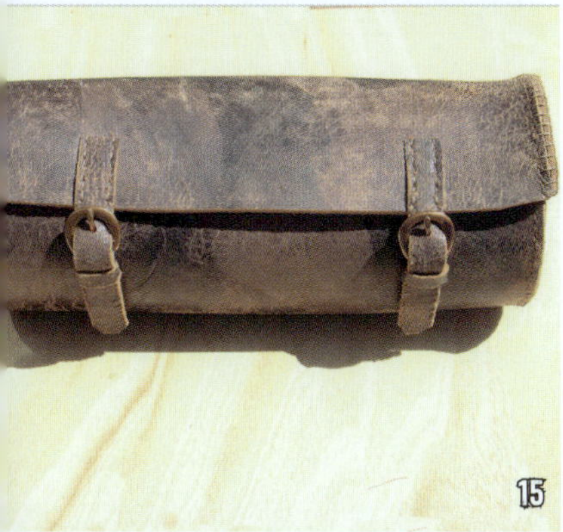
15

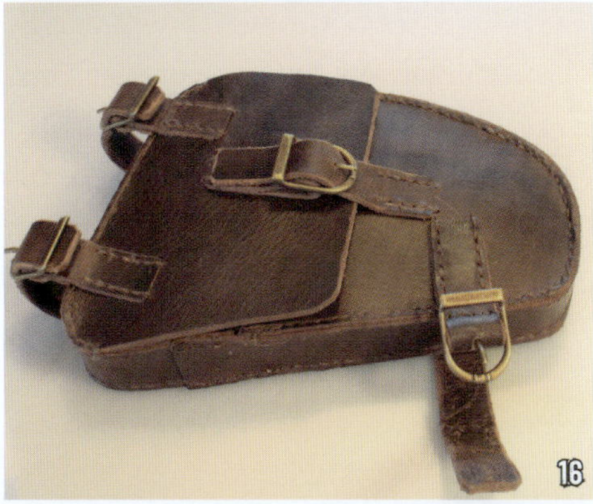
16

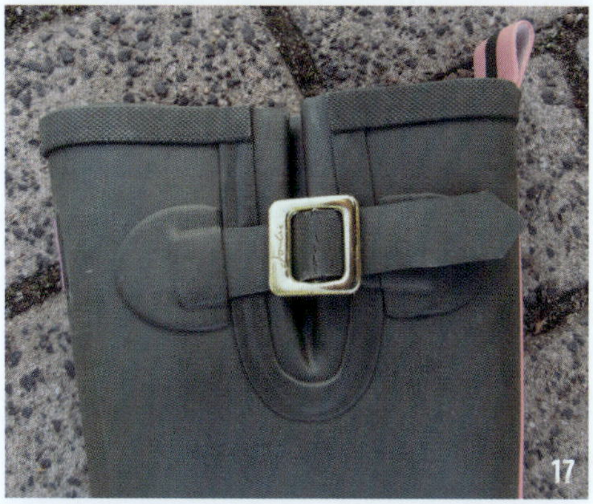
17

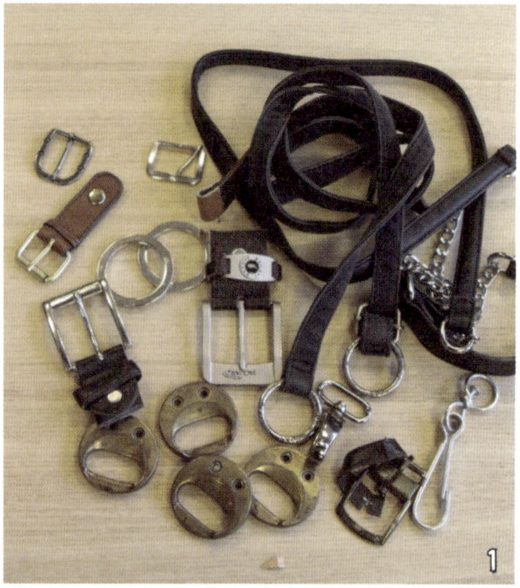

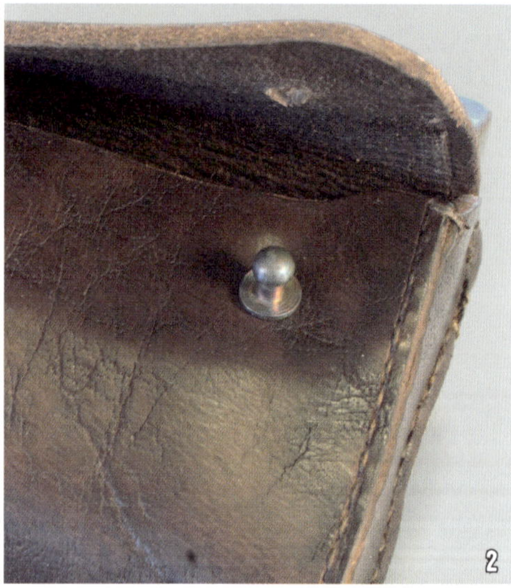

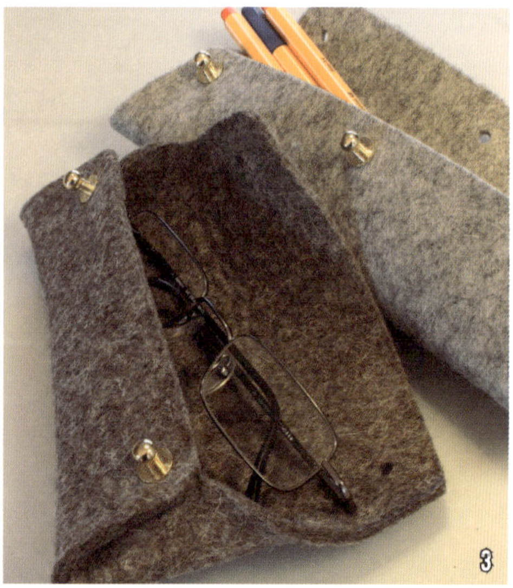

Verschlüsse und Schnallen

Für viele Lederarbeiten werden Verschlüsse benötigt. Sinnvoll ist es, sich rechtzeitig eine Sammlung gebrauchter Verschlüsse anzulegen.
So kann man im Bedarfsfall auf ein passendes Stück zurückgreifen.
Im Fachhandel (etwa für Nähmaschinenbedarf) gibt es zahlreiche Verschlüsse im Angebot. ▸ Bild 1
Man sollte sich vor dem Zuschneiden des Lederstücks über das Ausmaß des Verschlusses klar sein, weil eine Korrektur später kaum möglich ist. Spannend ist es, sich selbst einen Verschluss herzustellen. Das erfordert Kreativität, kann aber, wenn es gelingt, den Charme der Lederarbeit sehr erhöhen. Der Fantasie sind kaum Grenzen gesetzt. Die Bilder von S. 48-51 zeigen einige Beispiele von Verschlüssen.

2-3: Kugelknopfverschluss (S. 58ff., S. 136f.)
4-6: Steckverschluss mit Schlitzen bzw. Dreiecksöffnung (S. 56f.)
7-8: Kordel mit Lederstück bzw. mit Knopf als Verschluss (S. 66ff.)
9: Kordel mit Lochführung (S. 75)
10: Druckknopf (S. 76, S. 120ff.)
11-12: Münzenverschlüsse (S. 106ff.)
13-14: Gürtelschnalle zum Anschrauben und Wechseln
15: Gürtelschnalle zum Durchschieben ohne Riegel
16-17: Gürtelschnalle aus einem Flaschenöffner
18: Gürtel mit Wechselverschluss (S. 62f.)
19-20: Gürtel mit selbst gemachtem Verschluss
21: Gürtel mit Kugelkopfverschluss (S. 62f.)
22: Handyetui mit Lederknopf und Schlaufe (S. 74f.)
23: Kombihülle mit Verschluss aus Rehgehörn (S. 74f.)
24-25: Klettverschluss für Handyetui und Laptoptasche (S. 72f., S. 109ff.)
26: Karabinerhaken und Reißverschluss (S. 123ff.)
27: Filzknopf für Laptoptasche (S. 112f.)
28: Schuhriemen mit Kugelknopfverschluss (S. 104)
29-30: Leder- bzw. Filzknopf als Schuhverschluss (S. 96f., S. 104)

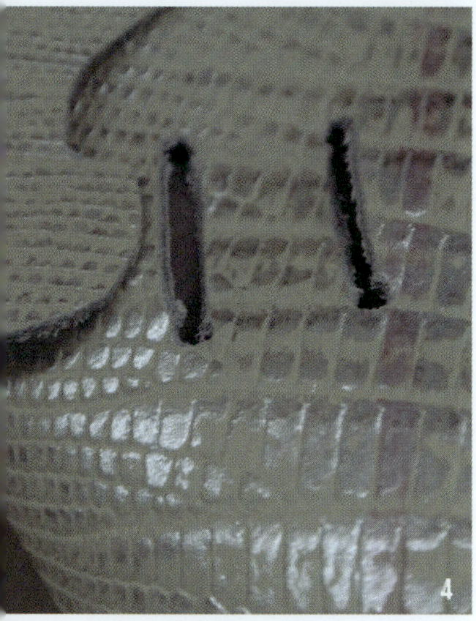
4

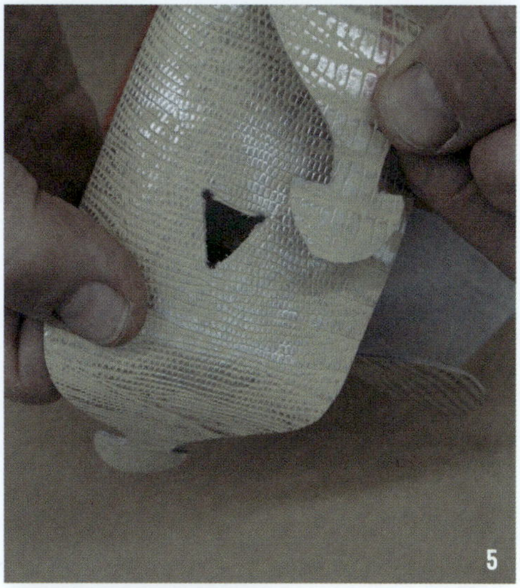
5

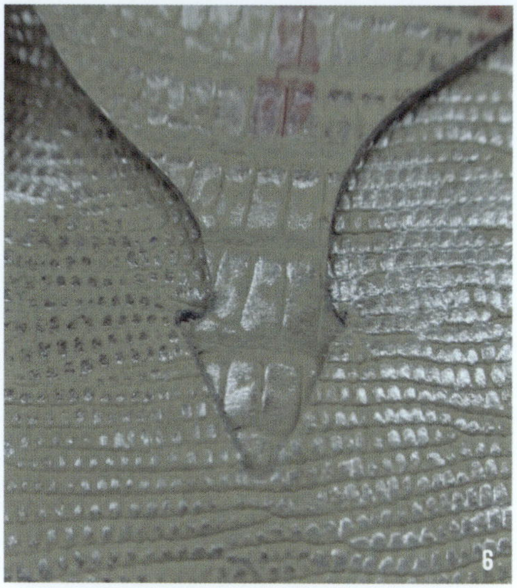
6

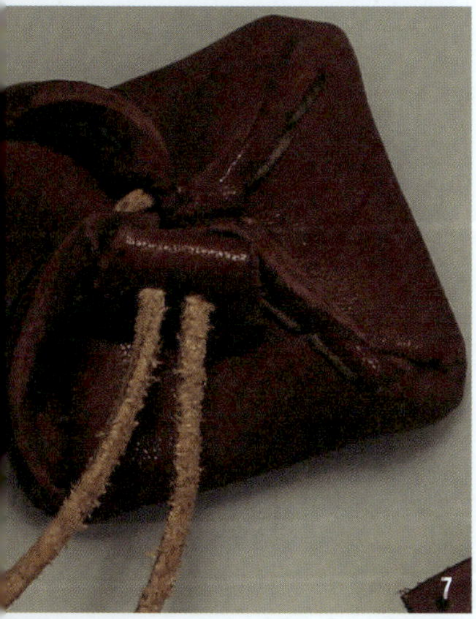
7

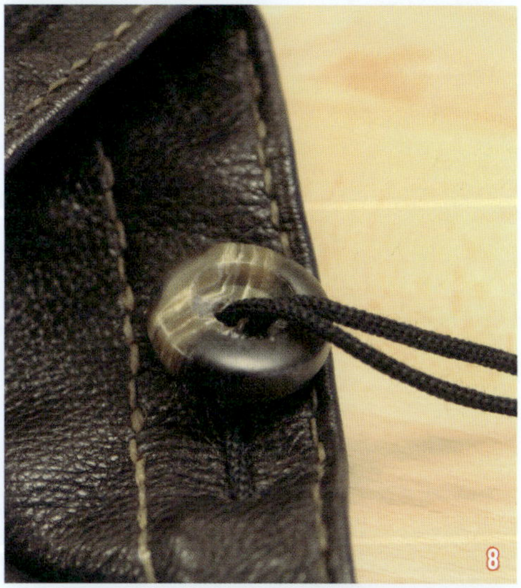
8

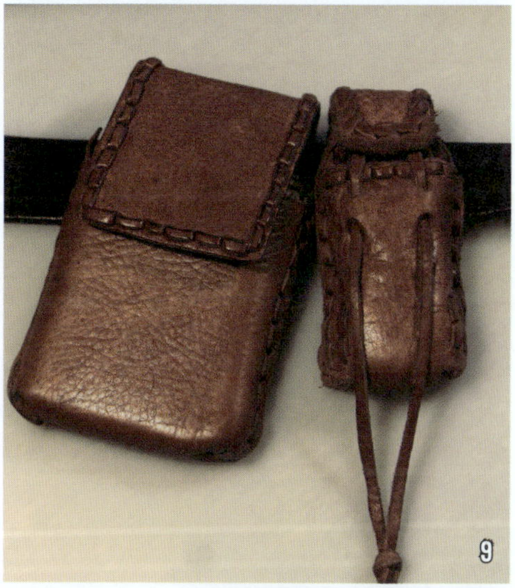
9

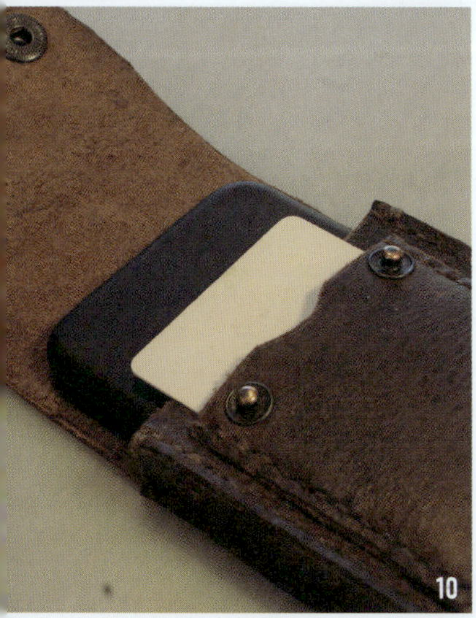
10

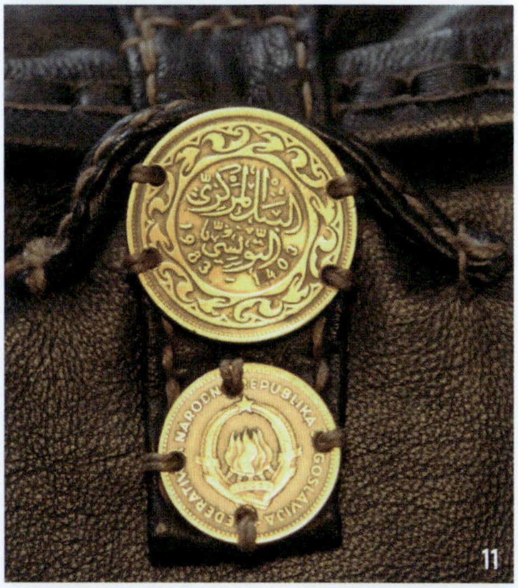
11

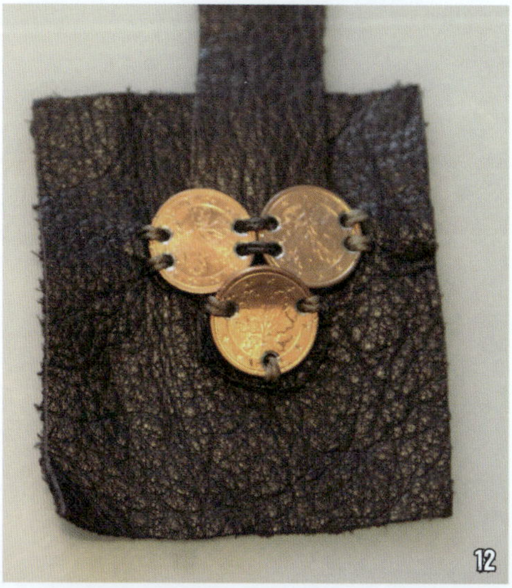
12

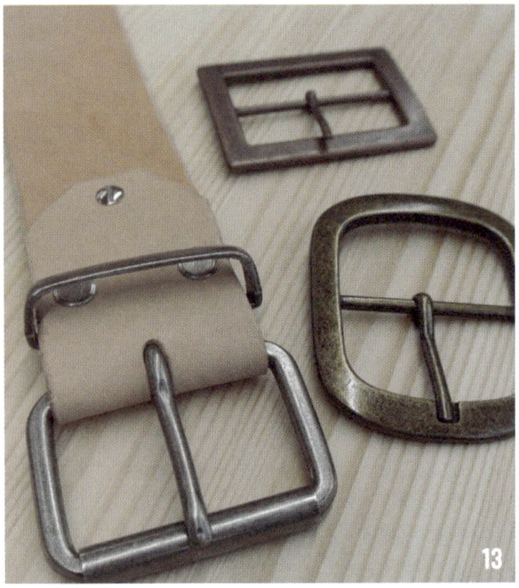
13

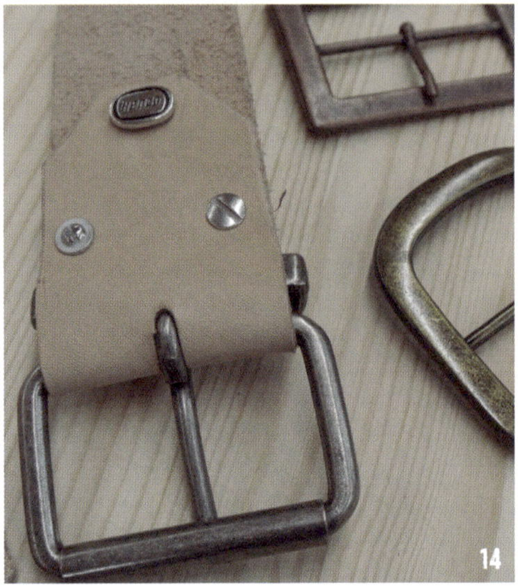
14

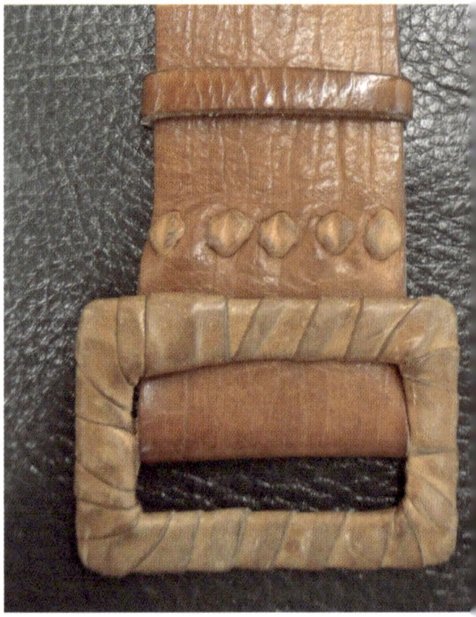

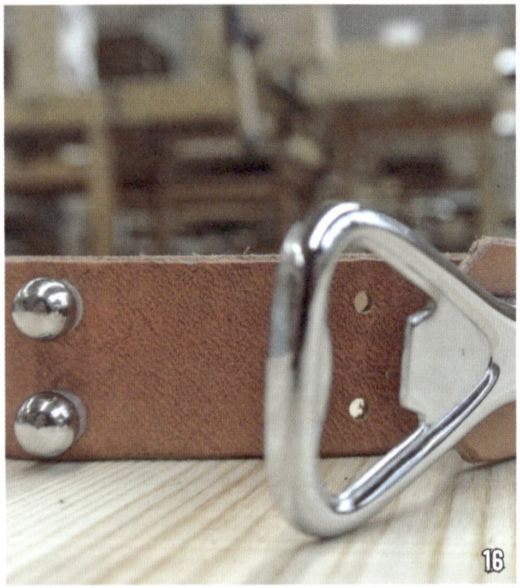
16

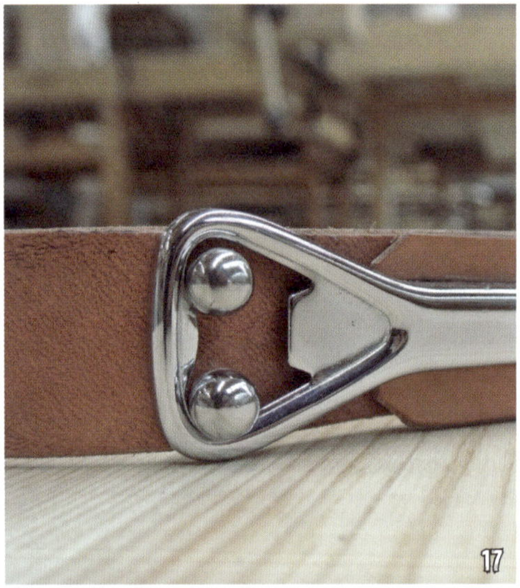
17

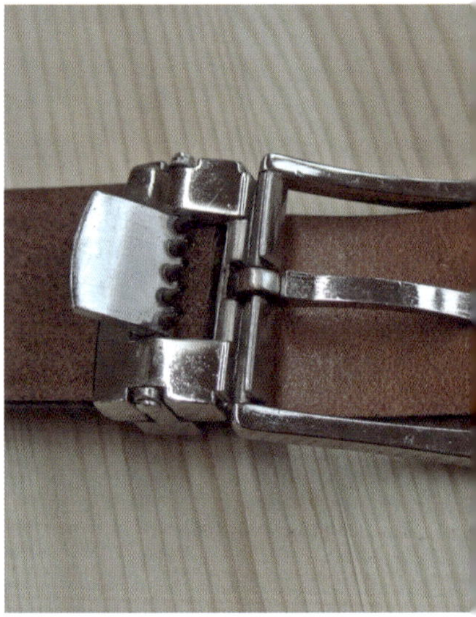

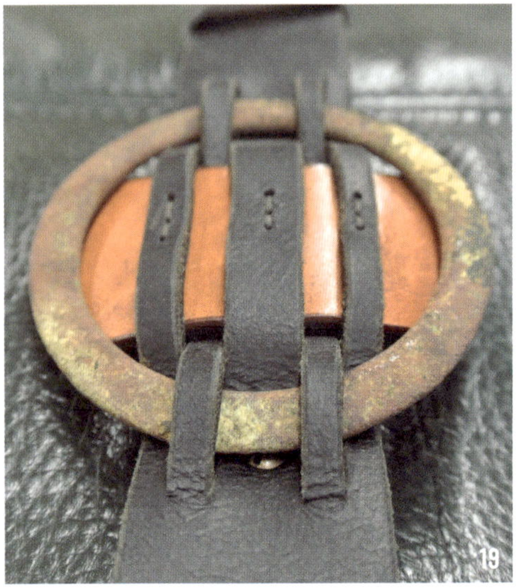
19

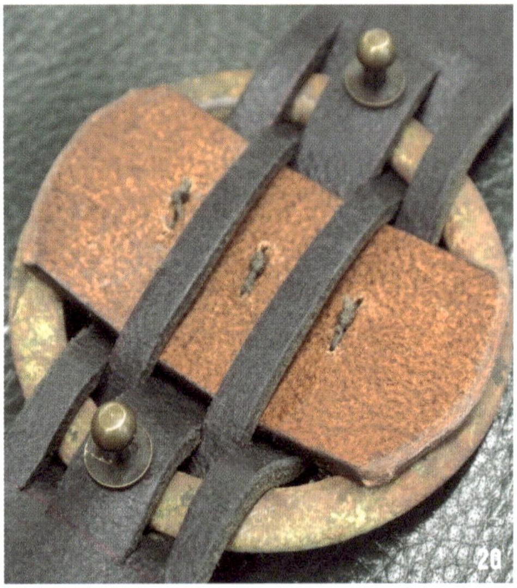
20

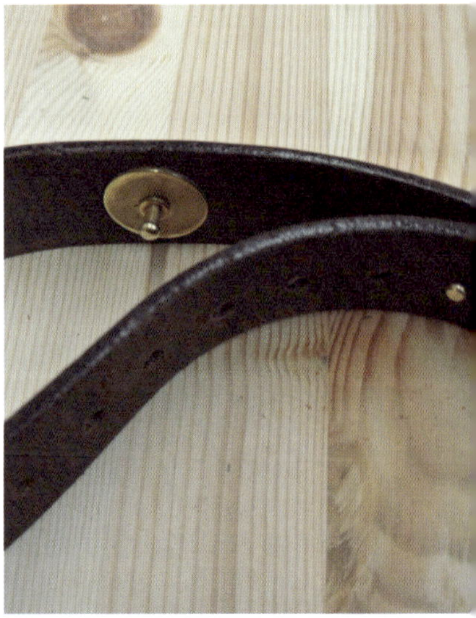

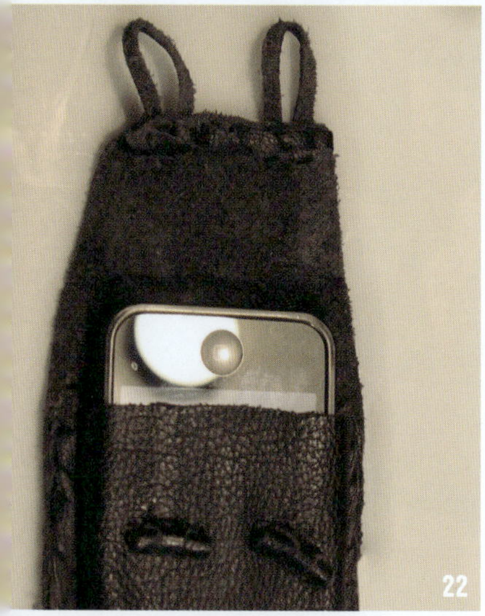
22

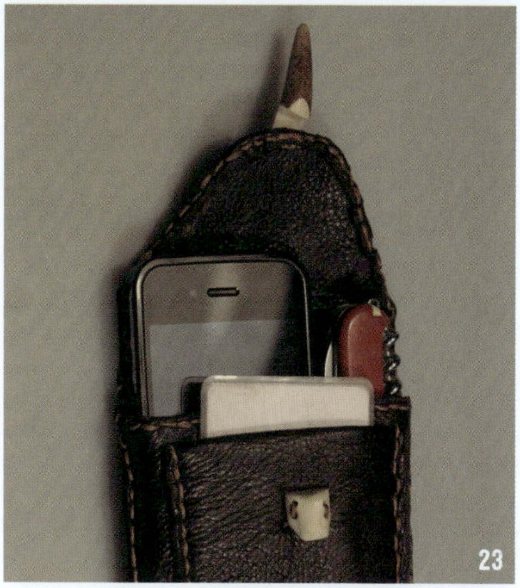
23

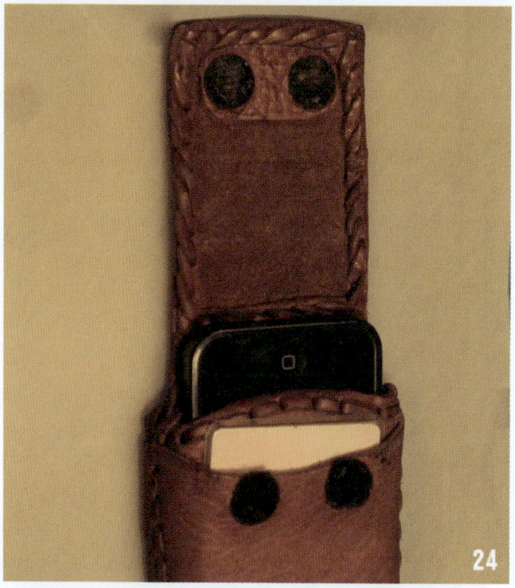
24

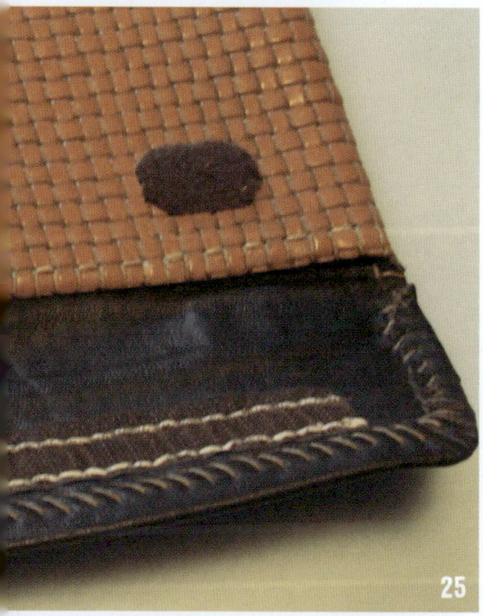
25

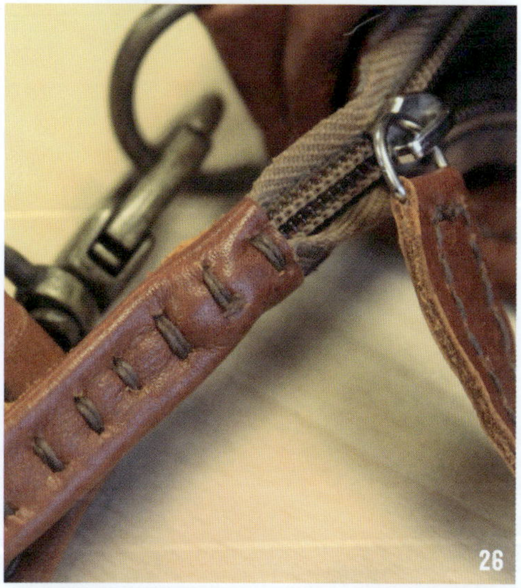
26

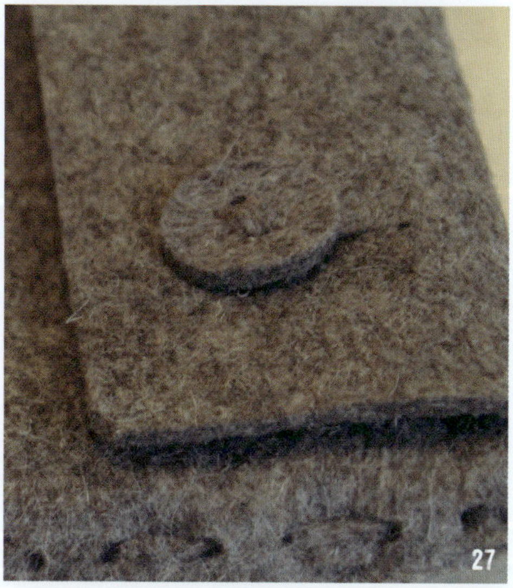
27

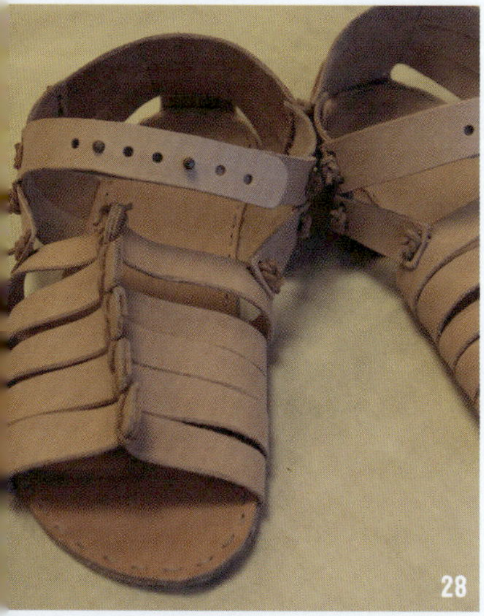
28

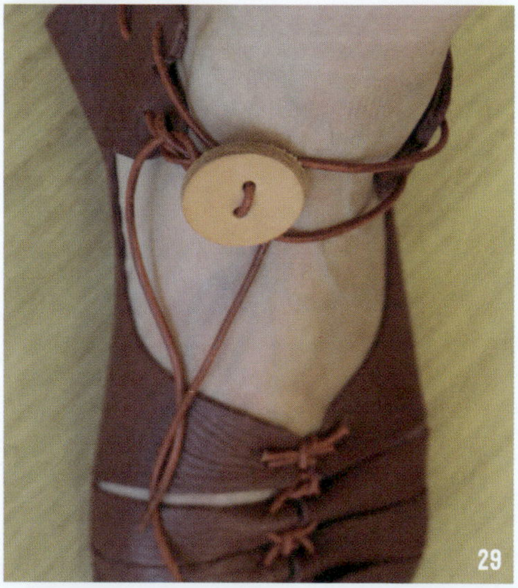
29

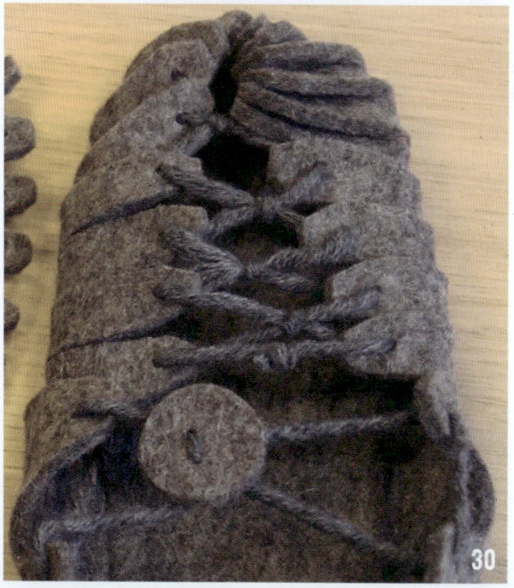
30

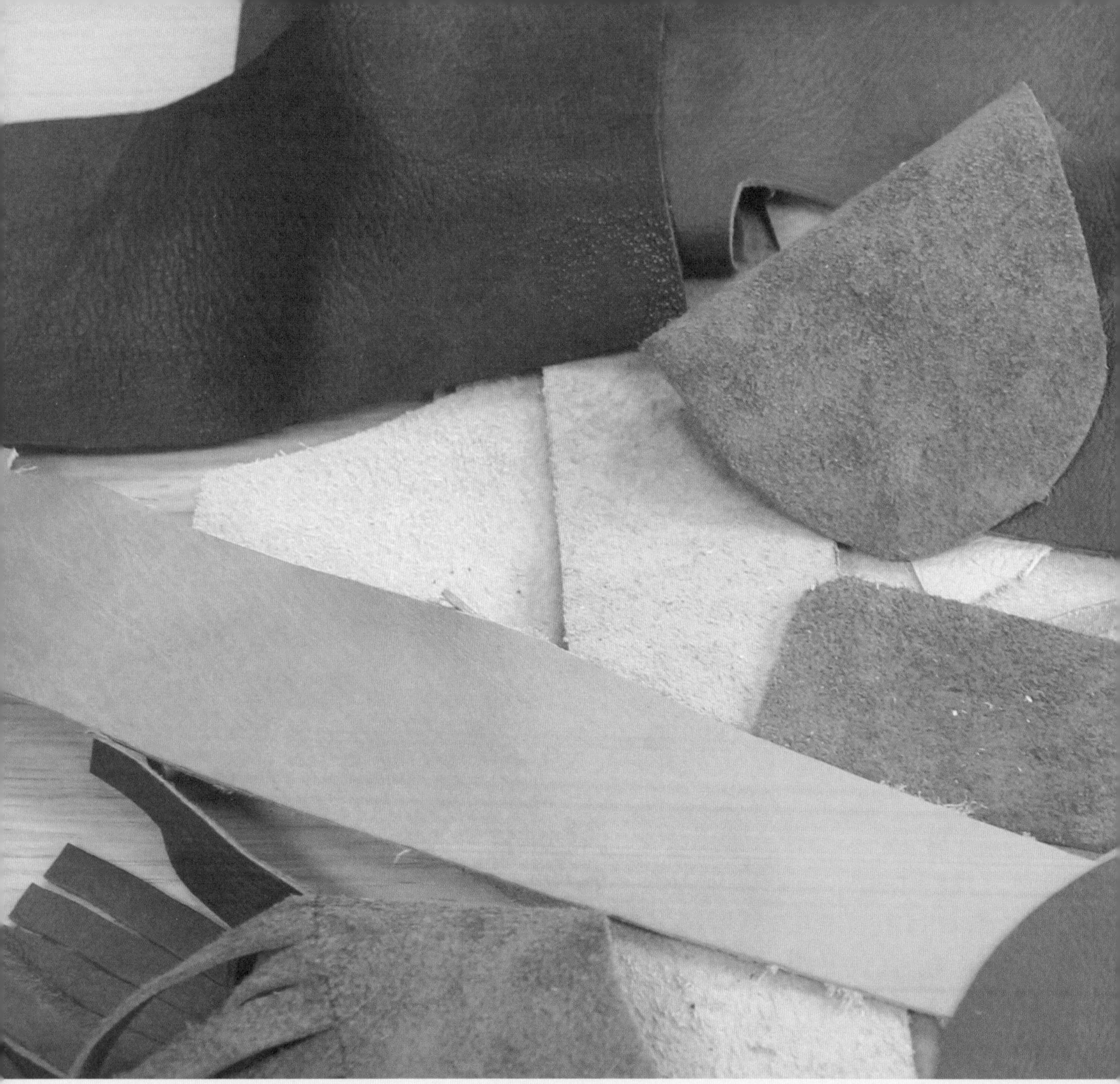

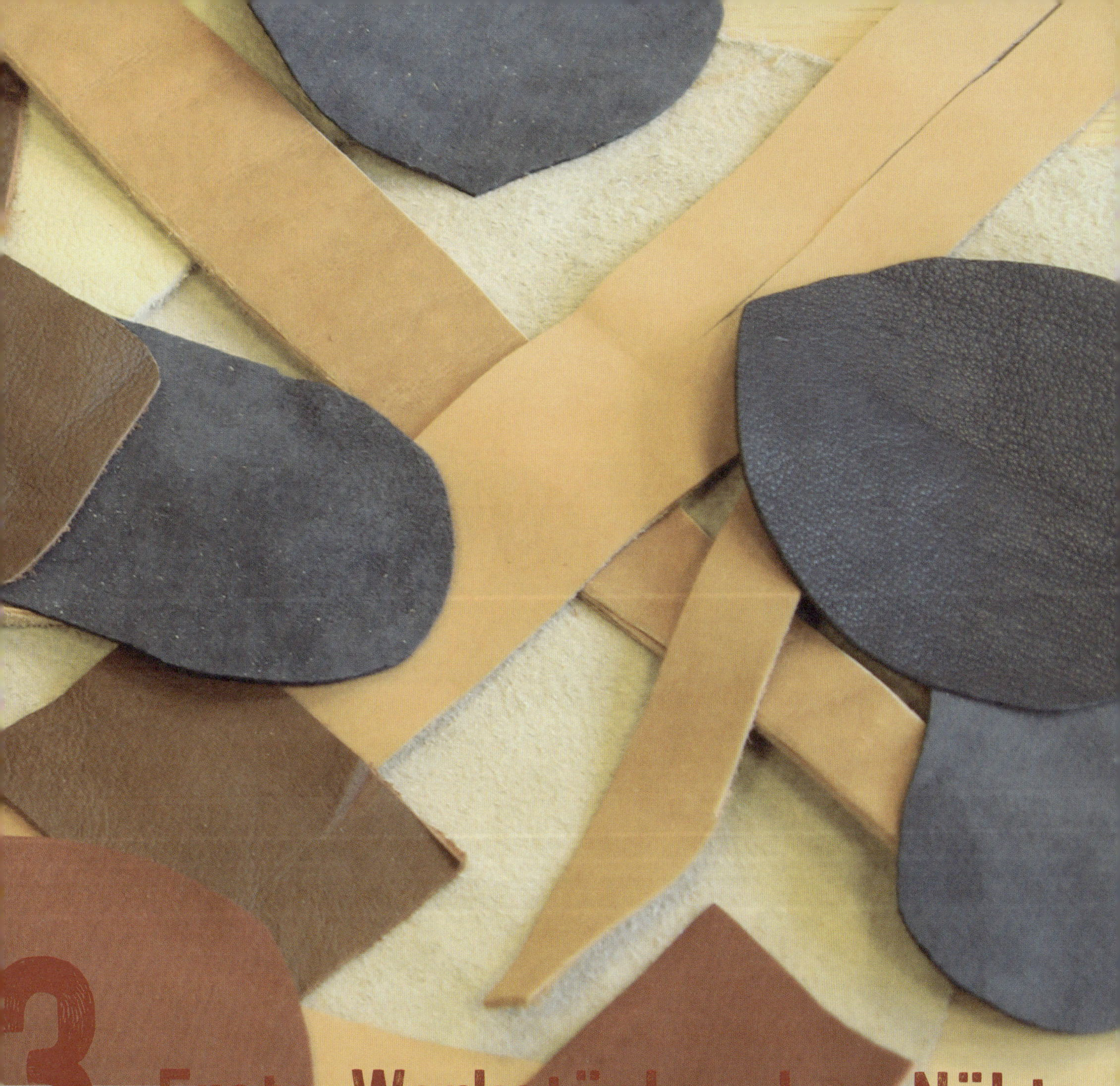

3 Erste Werkstücke ohne Nähte

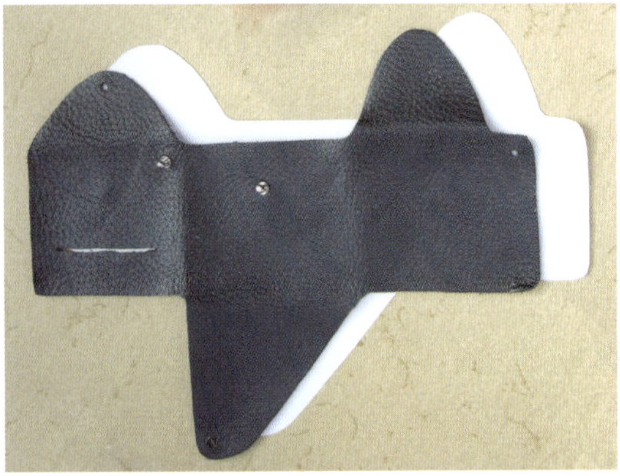

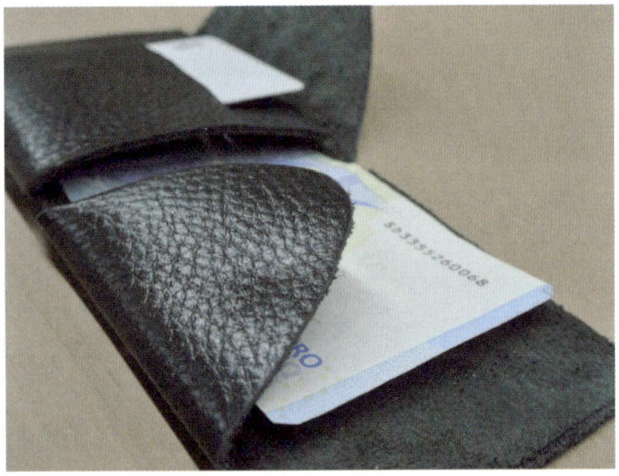

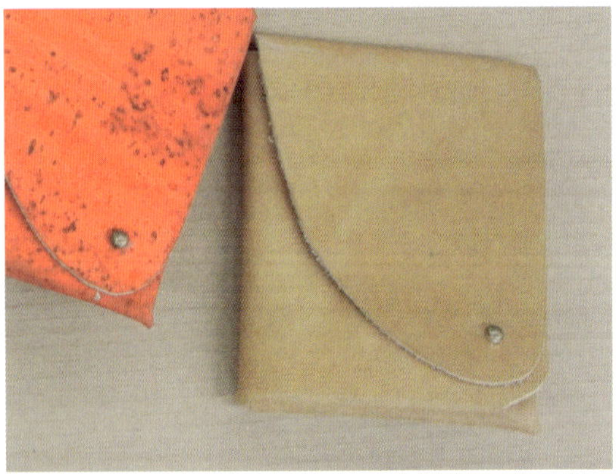

Einfache Lederarbeiten

Wenn man sich mit Lederarbeiten neu vertraut machen will, ist es sinnvoll, zu Anfang einfache Projekte zu wählen.
Die in diesem Kapitel vorgestellten Arbeiten kommen noch ganz ohne Nähen aus. Man lernt das Material kennen und kann dabei dennoch sehr schöne Objekte herstellen. Möglich sind beispielsweise Armbänder, Geldbörsen mit Lederverschluss, Brillenetuis, Federtaschen oder Gürtel mit Klemmverschluss.
Am Anfang steht immer der Entwurf mithilfe eines Papiermodells. Größe, Form und Design können so ohne große Probleme entwickelt oder abgewandelt werden. Am schönsten ist es, wenn man sich durch die in diesem Kapitel vorgestellten Gegenstände animieren lässt, eigene «Kompositionen» zu probieren.
Steht der Entwurf, kann man eine stabilere Schablone anfertigen. Sie hilft beim Übertragen des Modells auf das Leder. Es ist besser, die Schablone auf die Innenseite des Leders zu legen, weil dann der Markierungsstrich später nicht zu sehen ist. Für das Anzeichnen und für das anschließende Ausschneiden ist größtmögliche Genauigkeit erforderlich, damit die Teile später auch gut zusammenpassen.

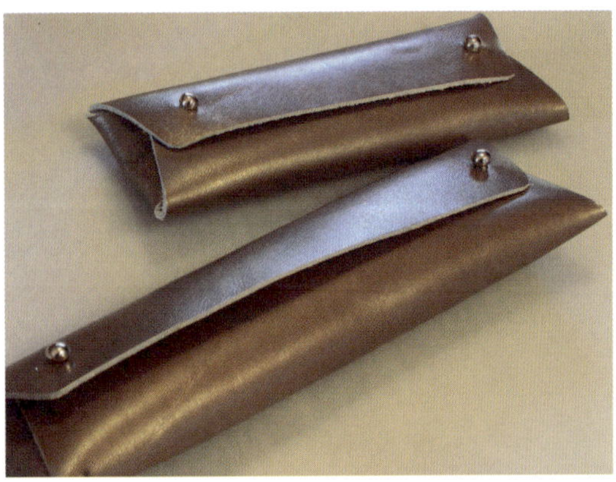

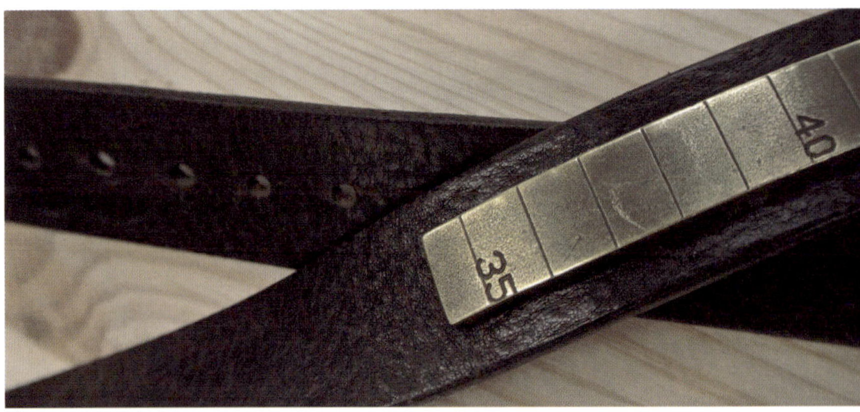

Lederarmband

Die einfachste Arbeit ist das Herstellen eines Lederarmbandes. Hier sind der Fantasie und den Gestaltungsmöglichkeiten noch keine unmittelbaren Grenzen gesetzt. Man kann nach Herzenslust zum Beispiel aus kleinsten Lederresten die verschiedensten Techniken ausprobieren.
Aus schönen Lederresten schneidet man sich einen Streifen im Umfang des Armes aus und locht mit der Lochzange in gewünschten Abständen Löcher in das Leder. Ein langes, schmales Lederband wird durch die Löcher hin- und zurückgefädelt. Die Schlaufe dient als Öse, durch die die beiden Enden verknotet werden können. ■

Material
Lederreste

Werkzeug
Schere | Lochzange

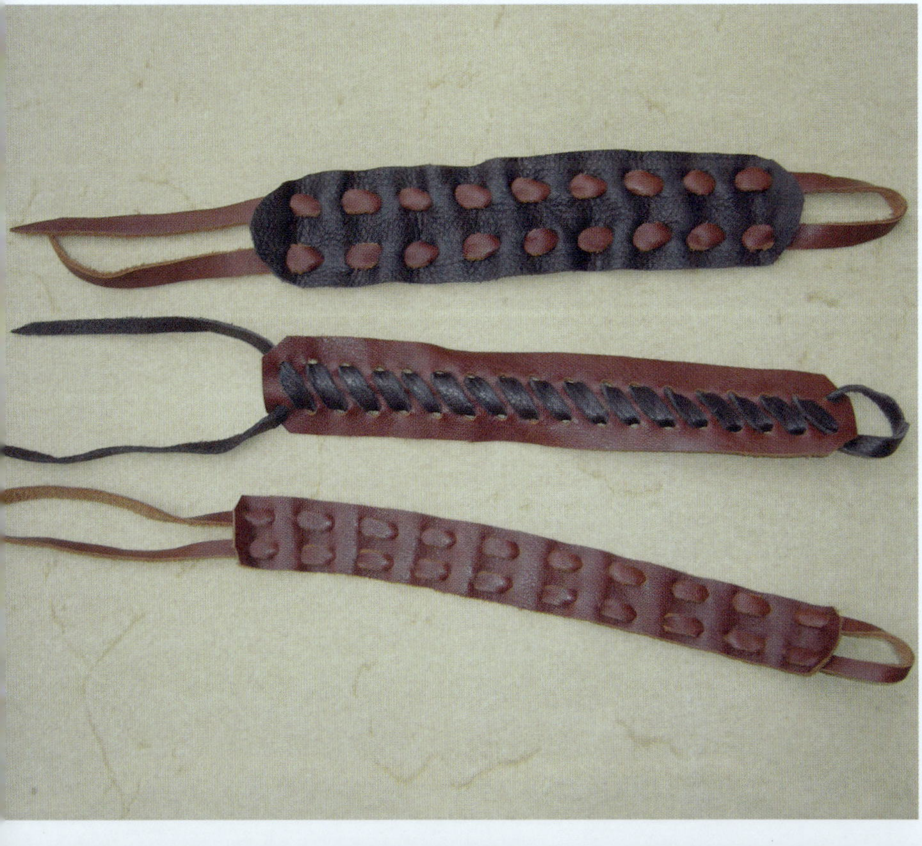

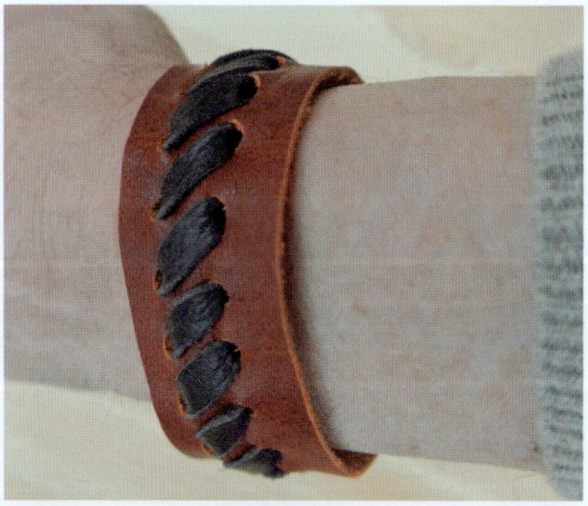

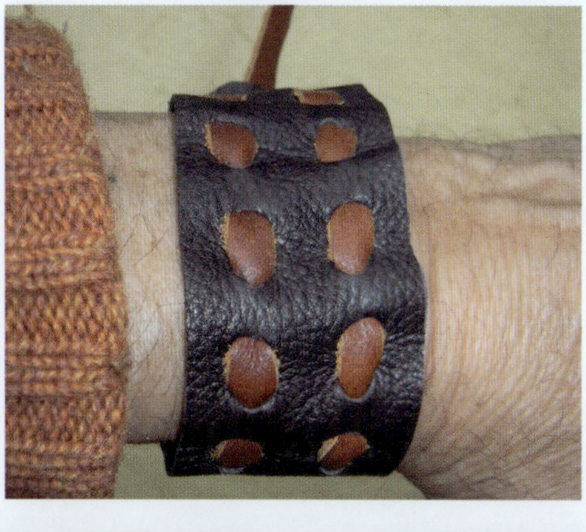

Material
Lederreste in passender Größe (ca. 22 x 29 cm), hier in Schlangenmuster geprägt | Papier | Pappe

Werkzeug
Schere | Lochzange | Kugelschreiber

Faltgeldbörse mit Lederverschluss

Ohne Naht kommt auch diese Faltgeldbörse mit Lederverschluss aus. Die Arbeit ist schon etwas anspruchsvoller. Man kann das genaueste Anzeichnen und Ausschneiden daran gut üben. Das Entwickeln eines Papierentwurfs steht auch hier am Anfang.
Die Ausgestaltung der vorgeschlagenen Verschlüsse sollte man an einem Abfallstück vorher erproben. Erst wenn man damit zufrieden ist, kann man aus dem Papierentwurf eine passende Schablone herstellen. ▸ Bild 1
Wenn die Schablone auf das Leder übertragen worden ist, kann das Objekt passgenau ausgeschnitten werden. Besonders um den Verschluss herum ist genauestes Arbeiten erforderlich. Die Ecken der Einschnitte werden durch ein Loch mit der Lochzange gegen Einreißen geschützt. ▸ Bild 2-3
Ist das Ausschneiden gelungen, kann das Ganze zusammengefaltet werden. Die Verschlusslaschen werden in die passenden Öffnungen gesteckt. ▸ Bild 3-6
Schließlich ist das Objekt fertig, das ganz und gar aus einem einzigen Stück Leder besteht und dennoch voll benutzbar ist. ■

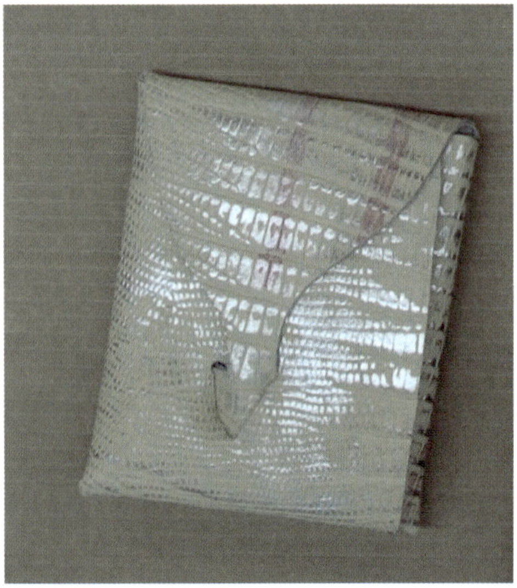

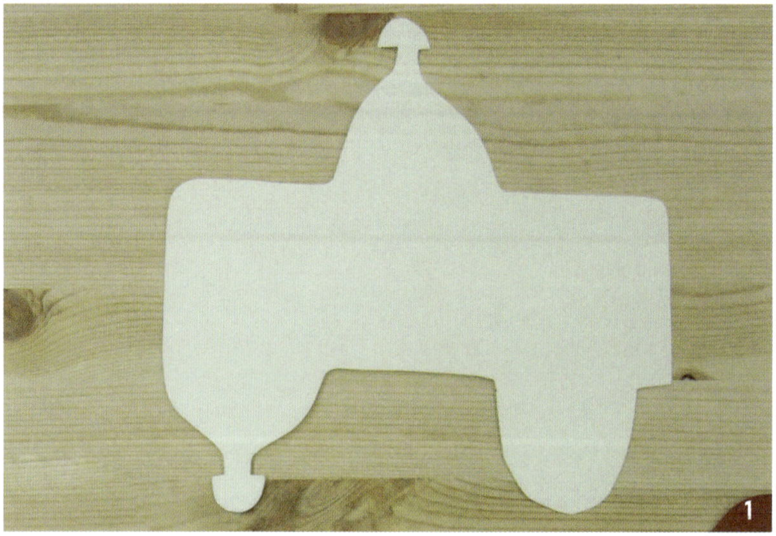

1

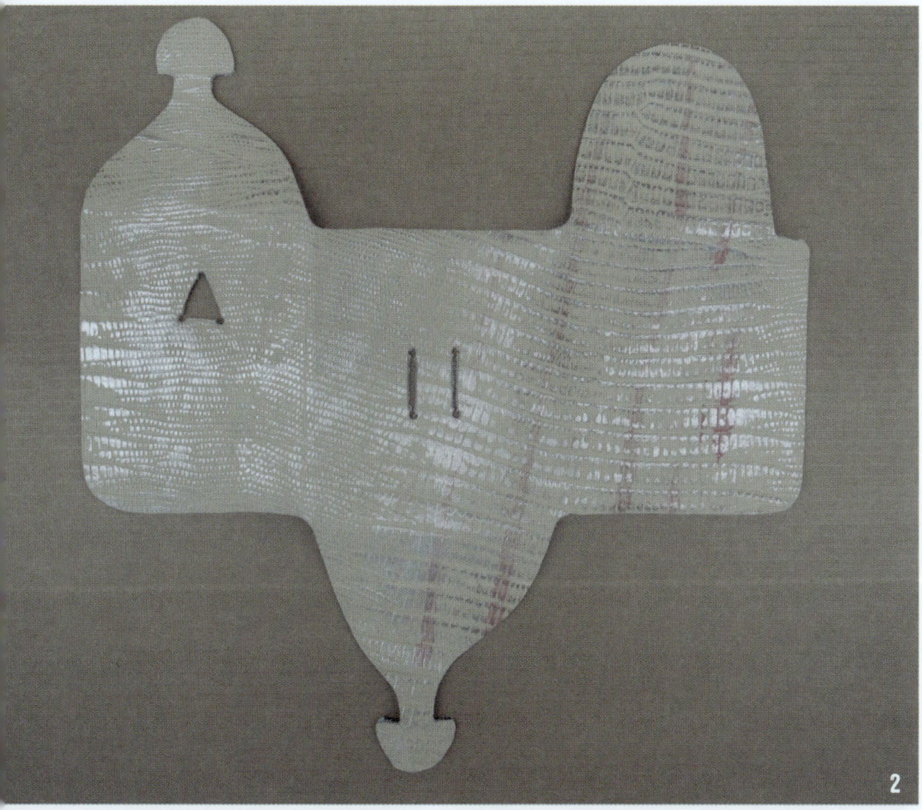
2

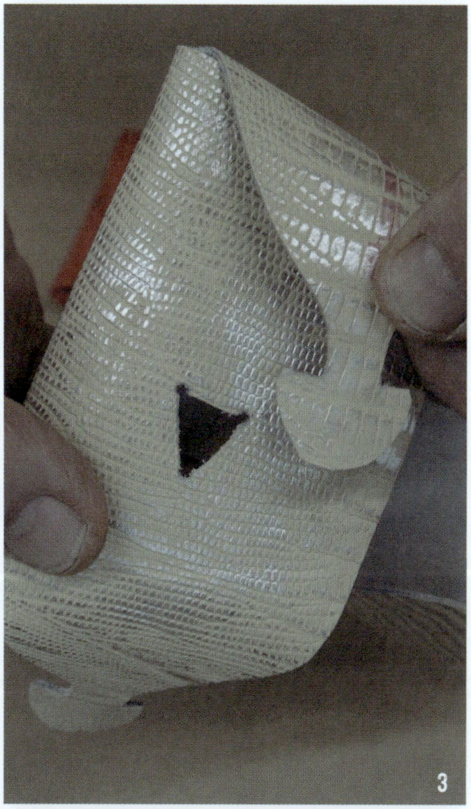
3

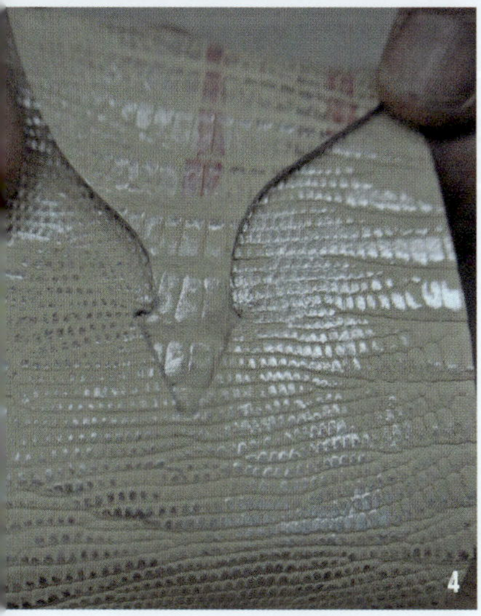
4

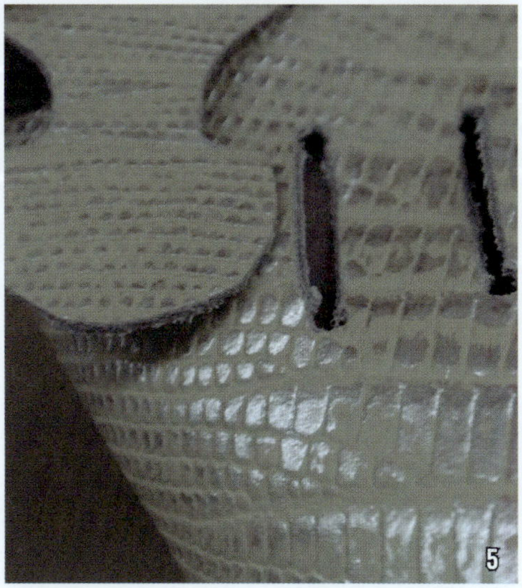
5

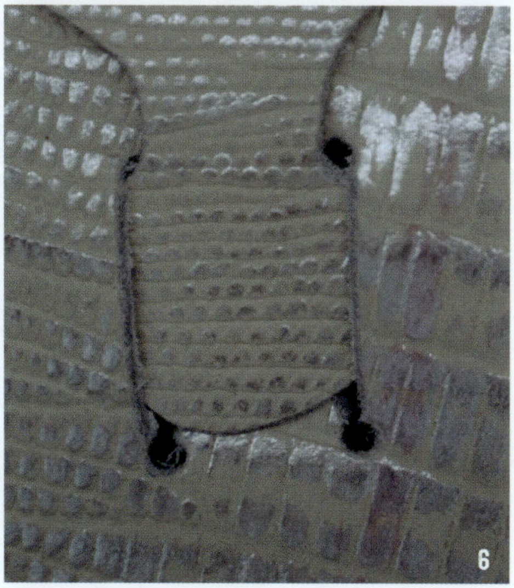
6

Brillenetui, Stiftetasche oder Geldbörse mit Kugelkopfverschluss

Material

Lederreste | Kugelkopfverschlüsse | Papier | Pappe

Werkzeug

Schere | Lochzange | Kugelschreiber | Lineal

Ebenso anspruchsvoll ist das Herstellen von Brillen- oder Stifteetuis und Geldbörsen zum Zusammenfalten mit anschraubbaren Kugelkopfverschlüssen. Diese muss man sich im Fachhandel besorgen (eventuell kann man auch bei einem Schuster oder Sattler nachfragen).

Entsprechend der abgebildeten Schablone – oder besser anhand eines selbst entwickelten Modellentwurfes – wird das Leder in der oben schon beschriebenen Weise (siehe S. 34ff.) angezeichnet und ausgeschnitten. ▸ Bild 1-2

Es werden jeweils zwei Kugelknopfverschlüsse benötigt. Sie werden von innen verschraubt. Am Verschlussloch bringt man einen kleinen Schnitt an, damit der Kopf besser hindurchpasst (siehe die kleinen Striche am Entwurf, sichtbar in Bild 2).

An den entsprechenden Stellen stanzt man ein Loch, schraubt den Kugelkopfverschluss ein und faltet das Objekt in der richtigen Weise zusammen. ▸ Bild 3-8

Die Größe der **Geldbörse** kann frei gewählt werden; hier ist sie gefaltet etwa 7 x 7 cm groß. **Brillenetuis** sollten an der benutzten Brille abgemessen werden. Die **Stiftetasche** hat zusammengefaltet etwa die Länge von 20 cm. ▷

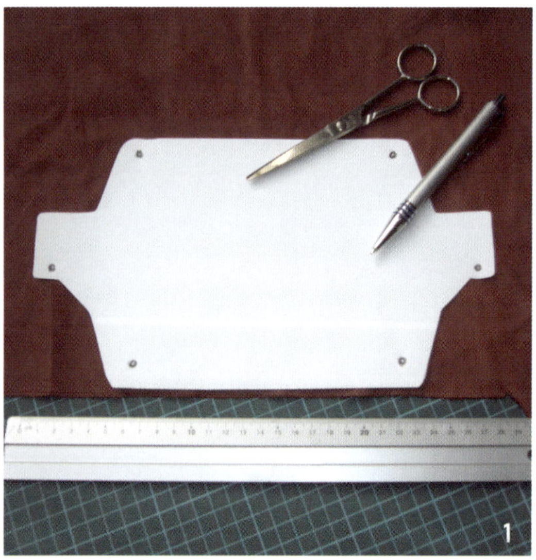
1

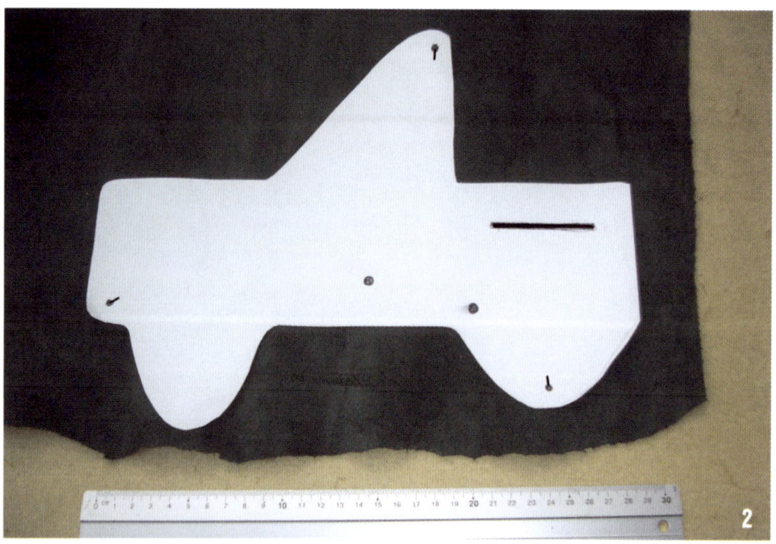
2

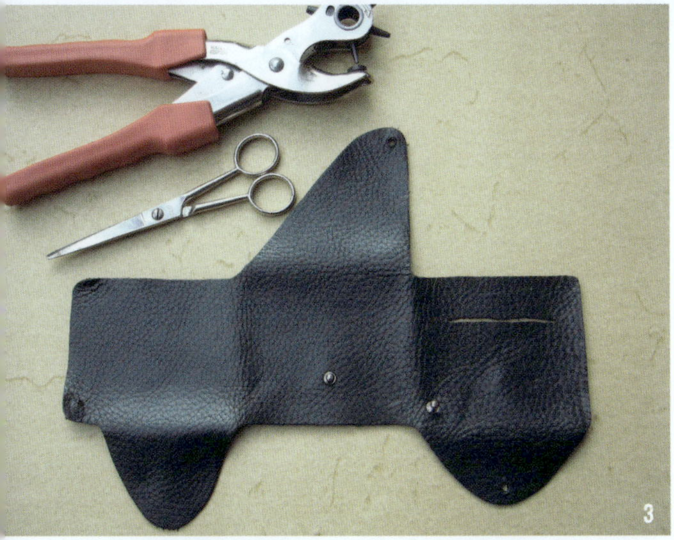

3

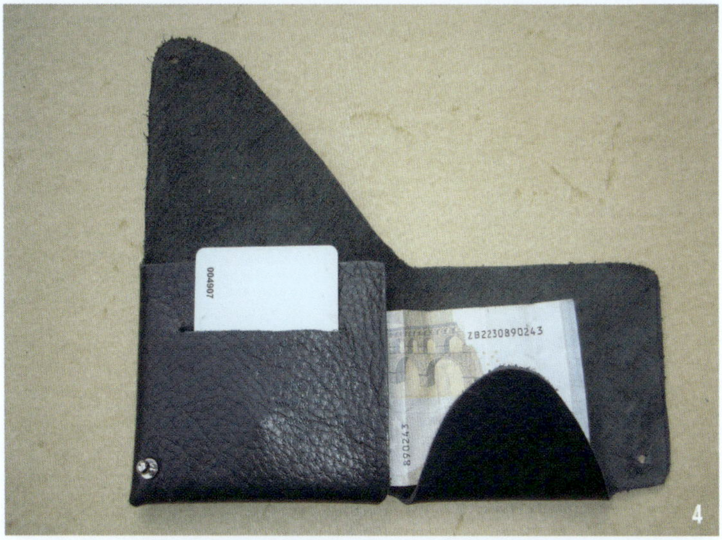

4

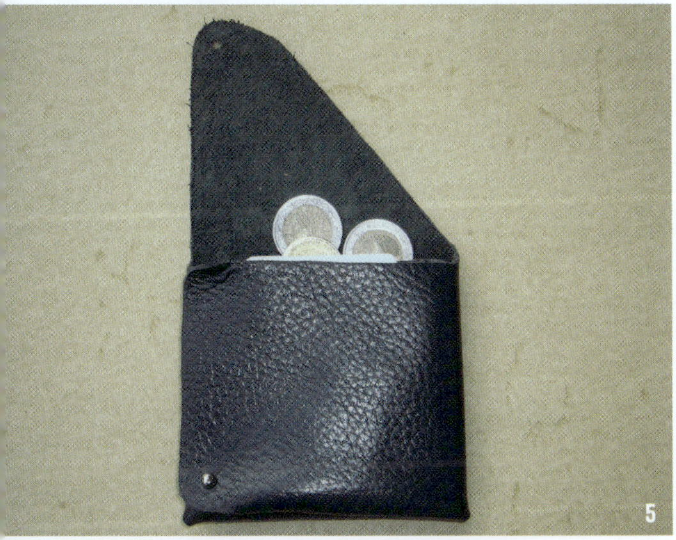

5

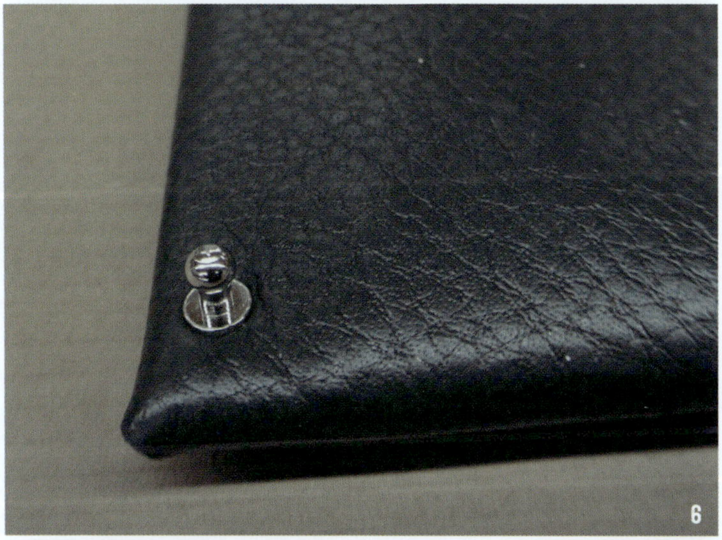

6

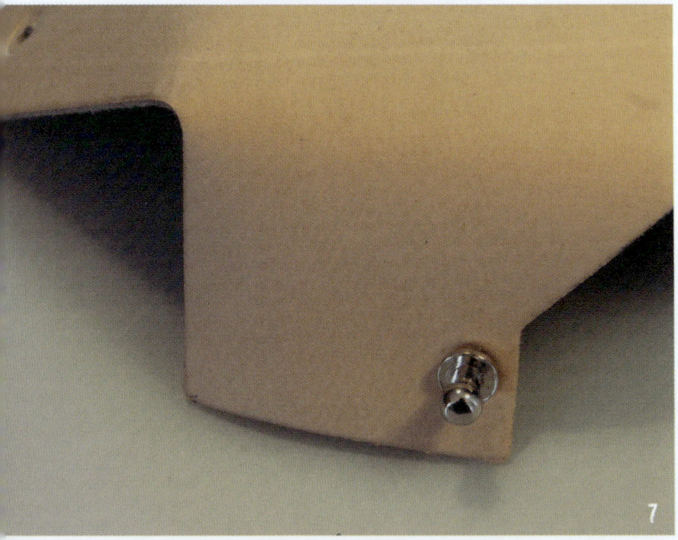

7

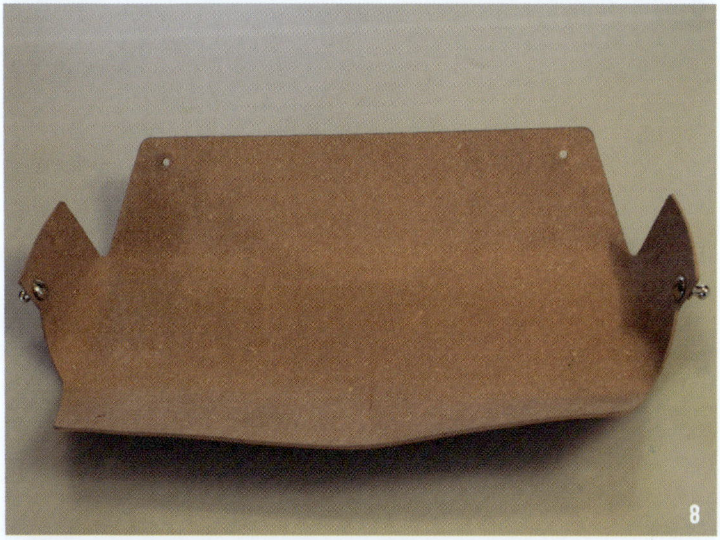

8

Anhand der vorgestellten Gegenstände lassen sich zahlreiche Alternativen entwickeln. ▸ Bild 1-3
Auch andere Materialien kann man für diese Objekte verwenden. In unserem Beispiel wurden Faltgeldbörsen auch aus Papierleder und aus Kork hergestellt. ▸ Bild 3
Brillenetuis und Stiftemäppchen kann man nach dieser Anleitung auch gut aus Filz herstellen. ▸ Bild 4
Man kann mit einer Schablone aber auch eine ganze Serie selbst gemachter Geschenke produzieren. ▸ Bild 5 ■

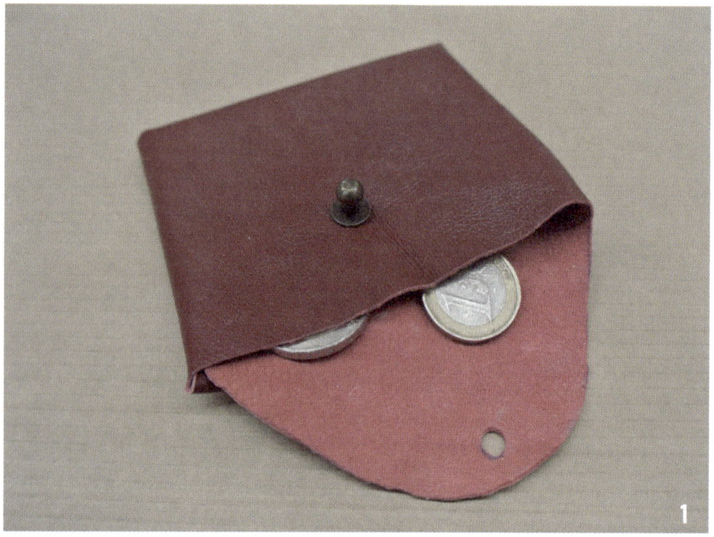

1

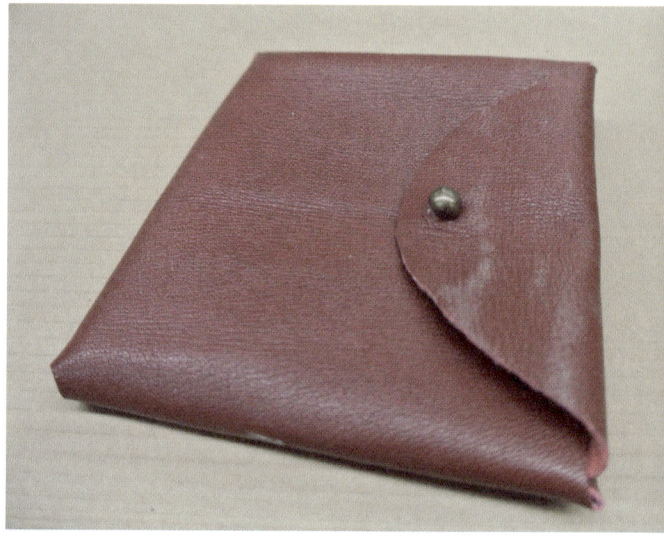

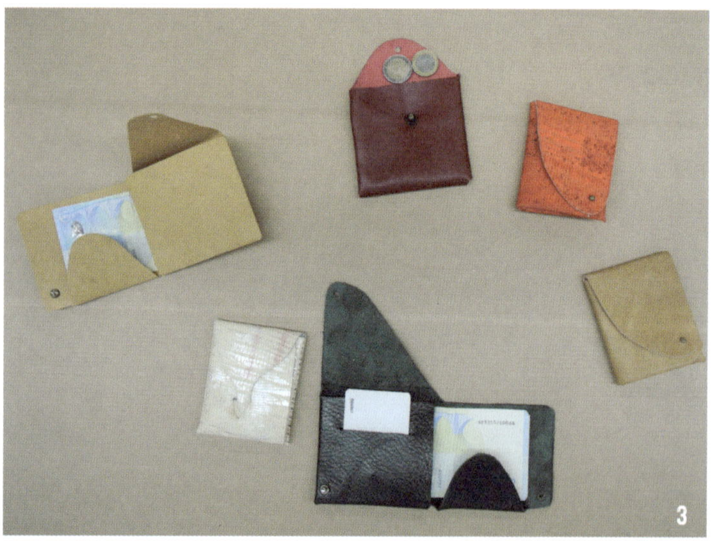

3

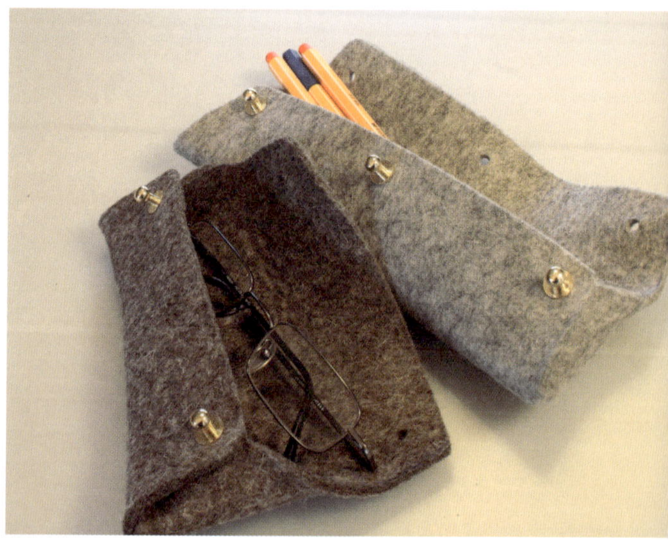

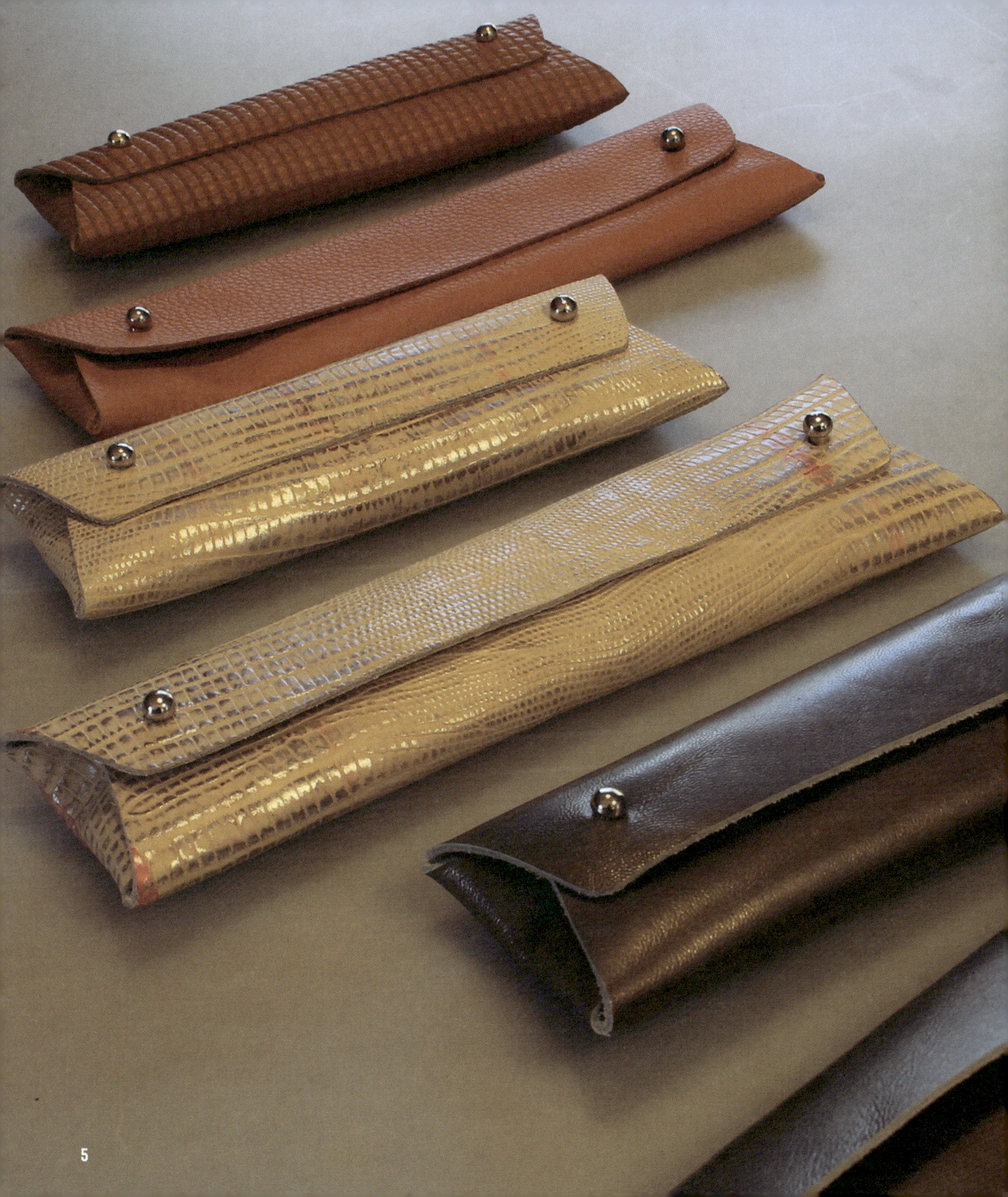

Ledergürtel ohne Naht

Material

Rückenleder vom Rind | *Variante 1:* Kugelkopfverschlüsse und Verzierung aus Messingstab oder andere Verzierung | *Variante 2:* Wechselverschluss

Werkzeug

Rollschneider oder Halbmondmesser | alternativ: Metallschiene und Universalmesser | Kantenhobel | Lochzange oder Locheisen

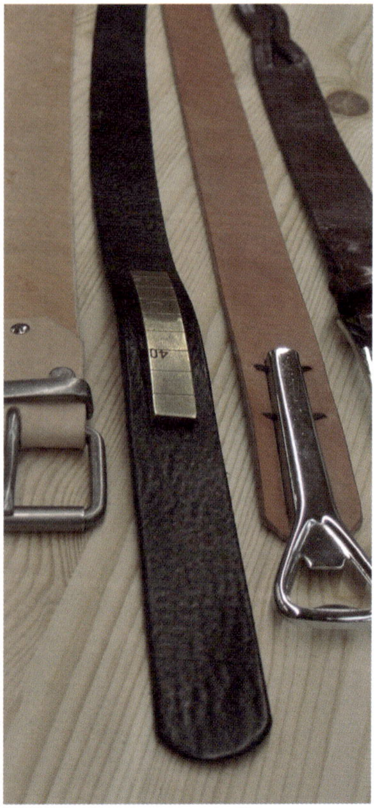

Einen einfachen Ledergürtel kann man auch ganz ohne Naht fertigen. (Kompliziertere Gürtelmodelle mit Schnallennaht werden auf S. 148ff. vorgestellt.) Wir zeigen hier zwei Varianten mit unterschiedlichen Arten von Verschlüssen.

Variante 1 (Kugelkopfverschluss):

Man benötigt einen Streifen passendes Leder in der gewünschten Stärke, etwa ein fettgegerbtes Stück Rindsleder vom Rücken. ▸ Bild 1

Das Zuschneiden eines exakten Lederstreifens ist bereits eine spannende Sache. Man braucht einen Rollschneider, ein Halbmondmesser oder aber eine Metallschiene und ein scharfes Universalmesser. ▸ Bild 2

Die Länge des Gürtels richtet sich nach dem Bauchumfang der jeweiligen Person.

Ist der Rand gelungen, kann er mit einem Kantenhobel gerundet und anschließend glatt poliert werden.

An eine Zierleiste aus Messing oder an einem anderen dekorativen Element werden zwei Kugelkopfverschlüsse (erhältlich im Fachhandel, z.B. für Nähmaschinenbedarf) befestigt. Die Zierleiste wird mit den Kugelkopfverschlüssen an dem einen Gürtelende verschraubt. ▸ Bild 3-4

In das andere Gürtelende werden die passenden Löcher gestanzt. Der Abstand der Löcher muss so gewählt werden, dass er genau dem Abstand zwischen beiden Kugelkopfverschlüssen entspricht. Man verschließt den Gürtel, indem zwei Löcher über den beiden Kugelköpfen zu liegen kommen und der Gürtel dann in die Kugelköpfe gedrückt wird. ▸ Bild 5-6

Variante 2 (Wechselverschluss):

Wenn man sich eine Schnalle mit Wechselverschluss besorgt, kann man das eine Ende des Gürtels einfach in den Verschluss klemmen (oder bei einem Schraubverschluss dort festschrauben). Am anderen Ende werden ebenfalls, wie bei Variante 1, die passenden Löcher ins Leder gestanzt.

Der Vorteil dieser Methode ist, dass man später auch andere Lederstreifen in diese Schnalle einsetzen kann und dadurch eine kleine Auswahl von Gürteln für unterschiedliche Anlässe hat. ▸ Bild 7-9 ■

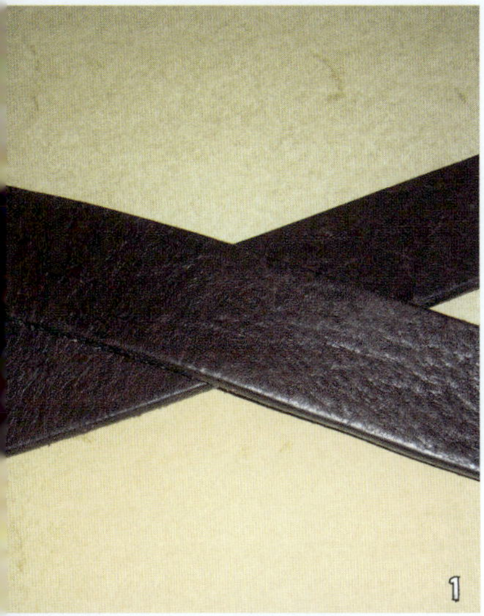
1

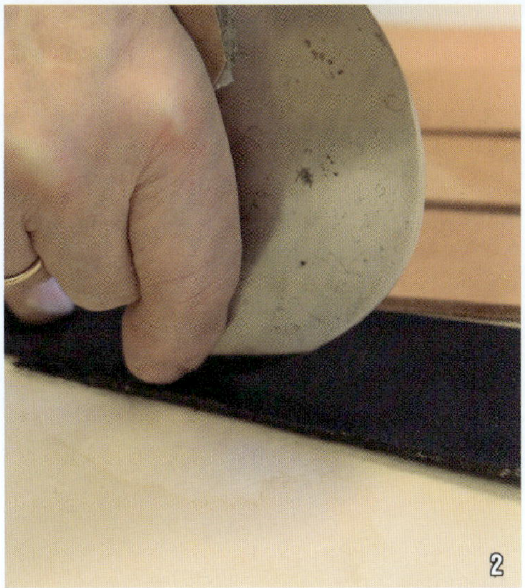
2

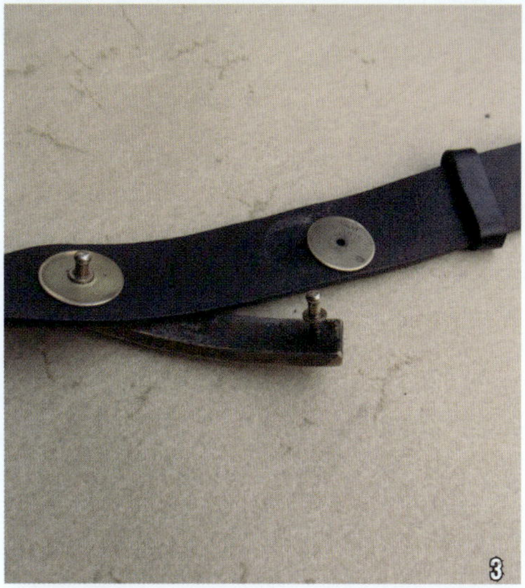
3

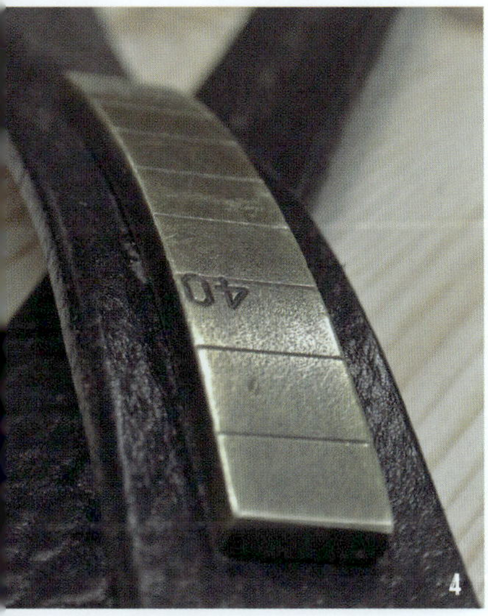

4

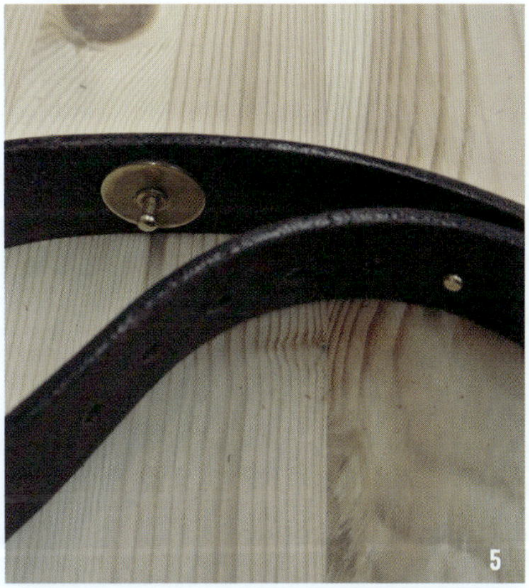
5

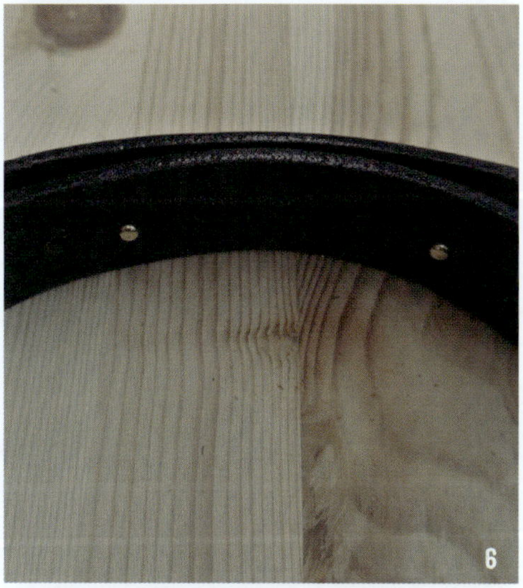
6

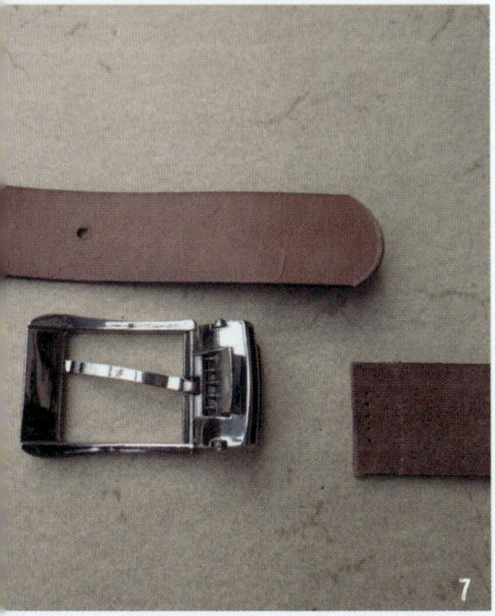
7

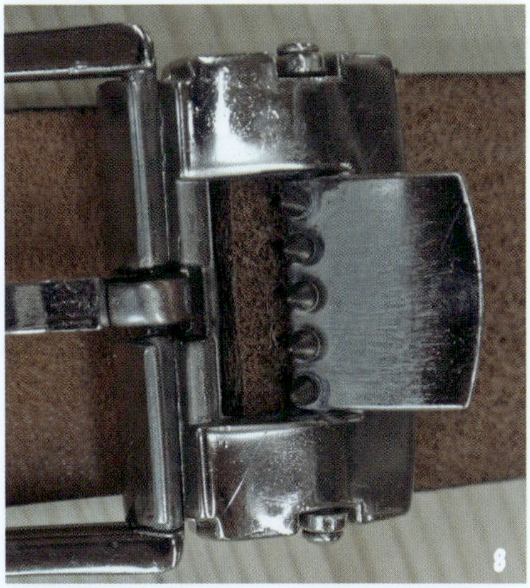
8

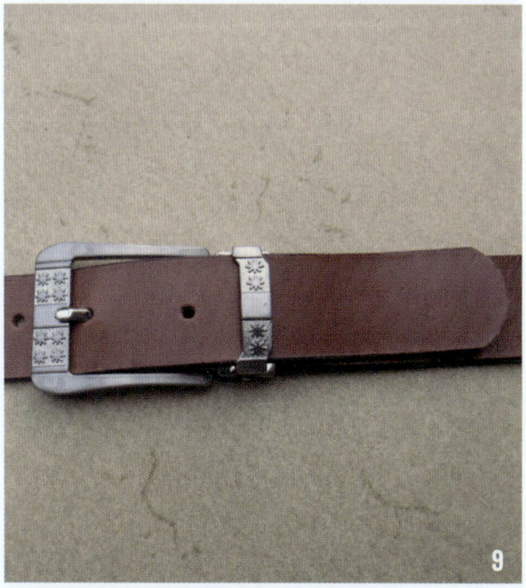
9

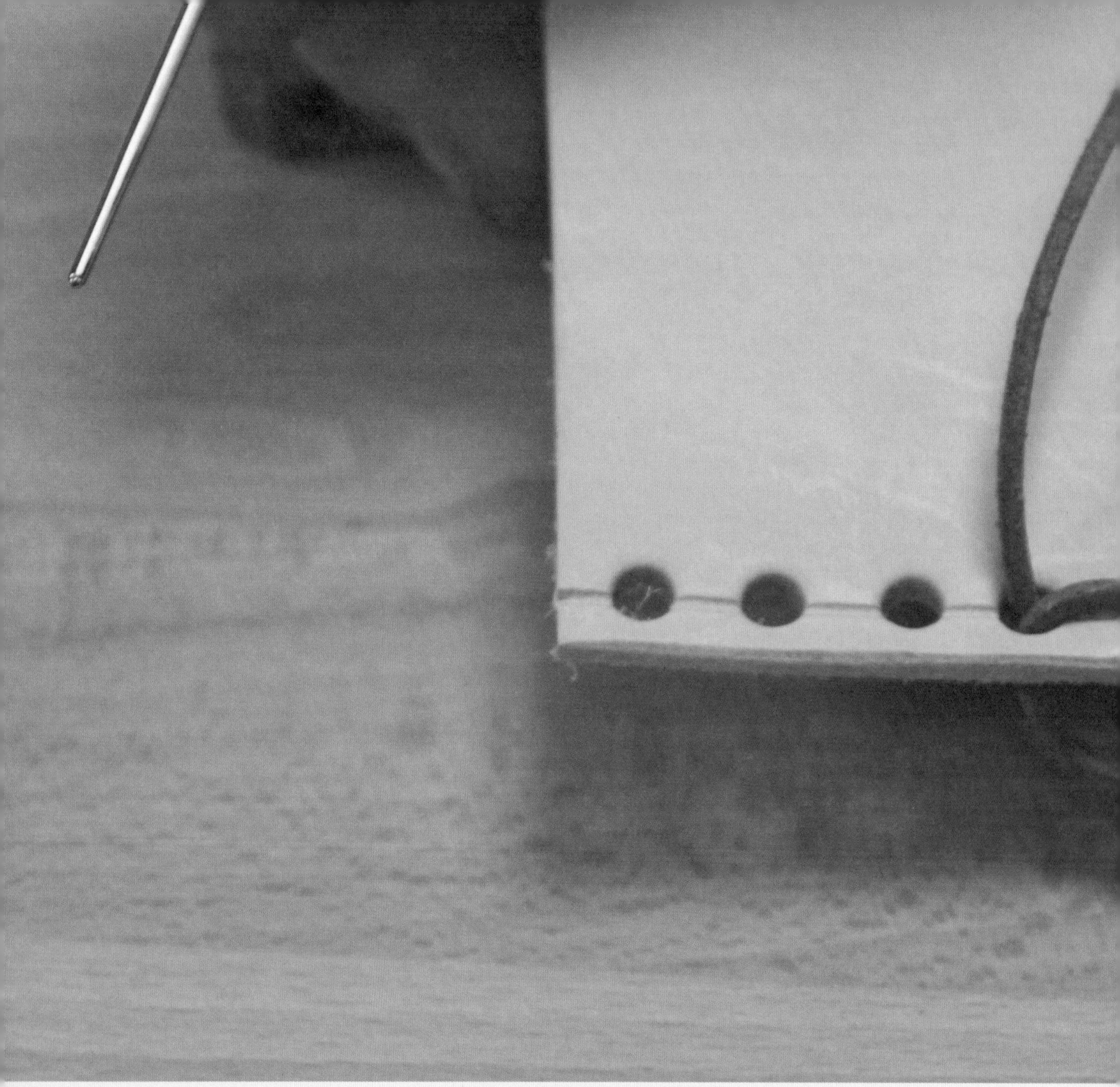

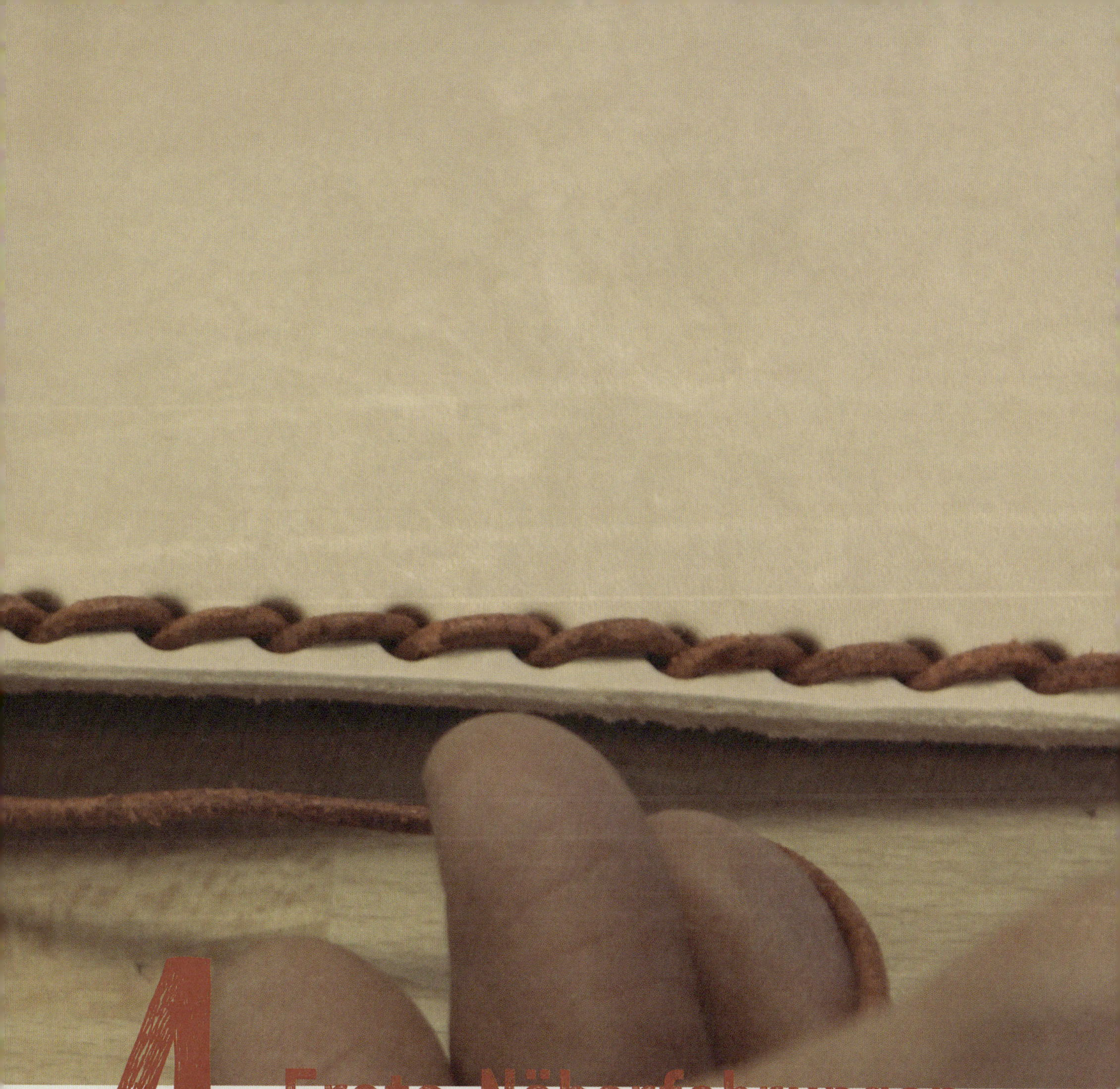

4 Erste Näherfahrungen

Beutel, Geldbörsen, Jonglierbälle

Material

geschmeidiges, elastisches Leder (z.B. Rind) | Kordel | großer Knopf | Pappe | Papier

Werkzeug

Rollschneider oder Schere | Ahle | Nadeln | Garn | Nahtmarkierer oder Vorstecheisen | Doppelklebeband | Lochzange

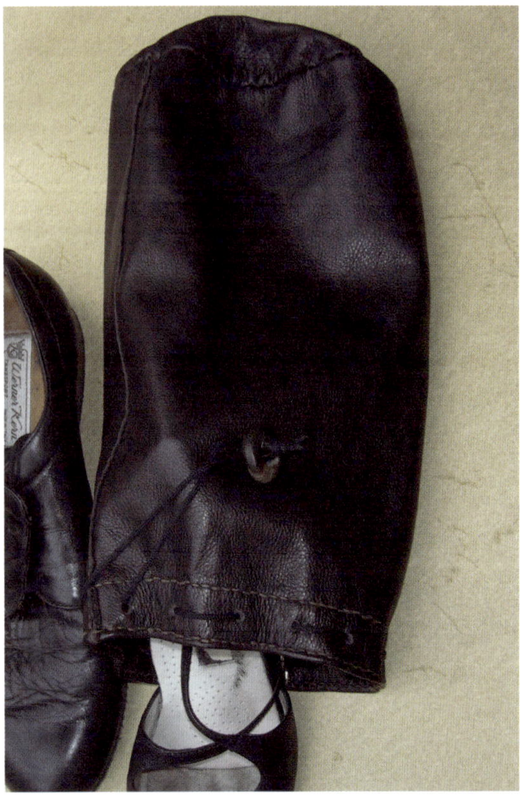

Einfacher Beutel

Ein einfacher Lederbeutel lässt sich verhältnismäßig leicht herstellen, und er ist für viele Zwecke verwendbar. Darum eignet er sich auch gut für erste Lederarbeiten.

Es ist sinnvoll, zunächst einen Entwurf aus Papier herzustellen. So lassen sich das spätere Aussehen und die Größe am besten einschätzen. Wichtig ist dabei, die Zugabe für die Nähte mit einzuplanen. ▸ Bild 1

Ist der Entwurf zufriedenstellend ausgefallen, kann er in Pappe als Schablone dienen. ▸ Bild 2

Mithilfe dieser Schablone wird die Form auf die Innenseite des Leders übertragen und mit einer scharfen Schere oder einem Rollschneider ausgeschnitten, wobei auf einen möglichst glatten Randverlauf zu achten ist.

In unserem Beispiel wurde im ersten Schritt der doppelte Umschlag am oberen Rand genäht. Er gibt dem Beutel genügend Stabilität für die Aufnahme der Kordel. Es lässt sich viel leichter arbeiten, wenn die Überlappungen mit Doppelklebeband angeklebt werden. ▸ Bild 3-4

Die Löcher werden erst markiert und dann mit einer Ahle oder einem Vorstecheisen vorgestochen. ▸ Bild 5-6

Mit zwei Nadeln kann nun die Naht gezogen werden, und anschließend werden die Fäden am Ende doppelt vernäht (siehe das Kapitel «Nähte», S. 40). ▸ Bild 7

Im nächsten Schritt wird das ganze Lederstück wie ein Zylinder zusammengelegt und durch einfaches Überlappen eine Röhre zusammengenäht. ▸ Bild 8

Anschließend wird von links, also am umgekrempelten Leder, der Boden eingeklebt, gelocht und vernäht. ▸ Bild 9 ▷

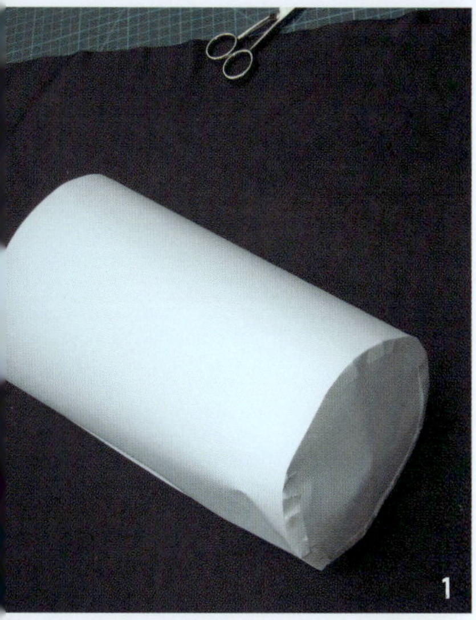
1

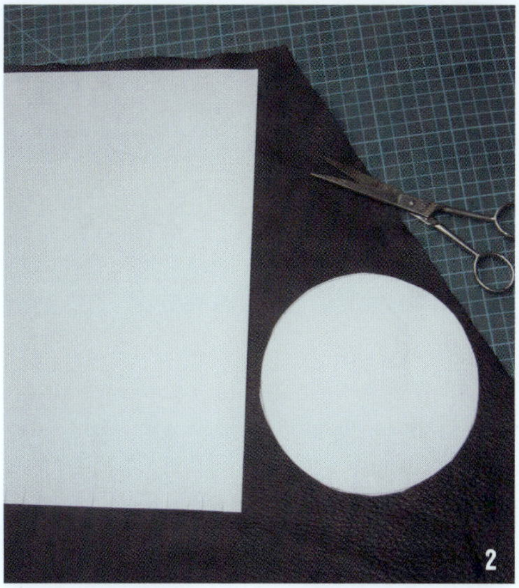
2

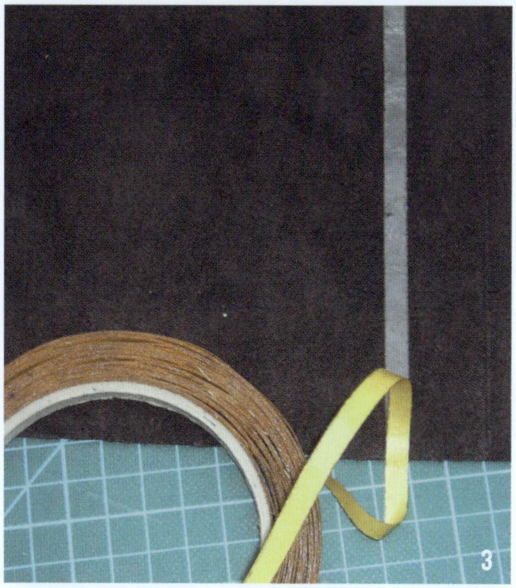
3

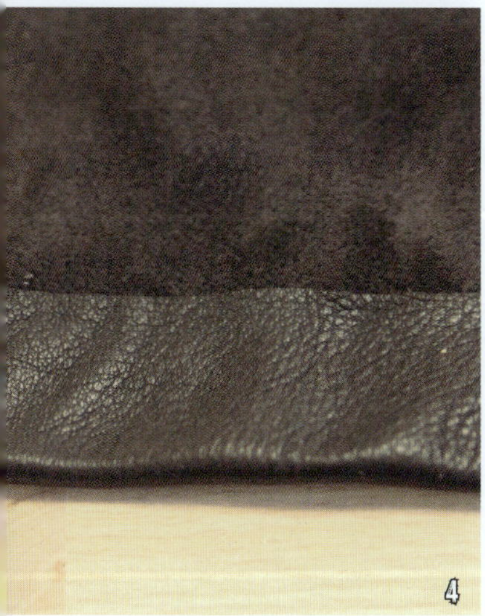
4

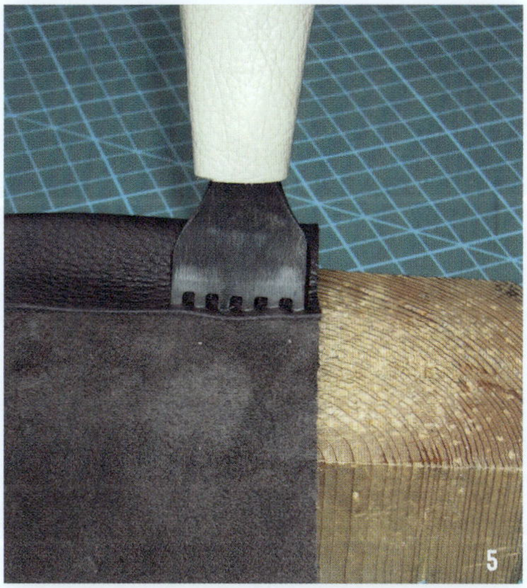
5

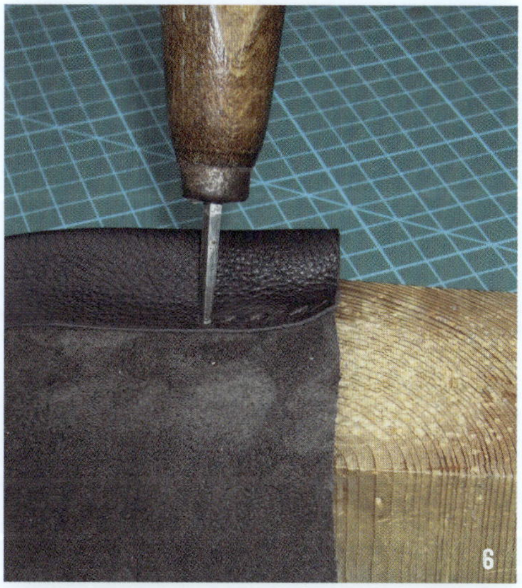
6

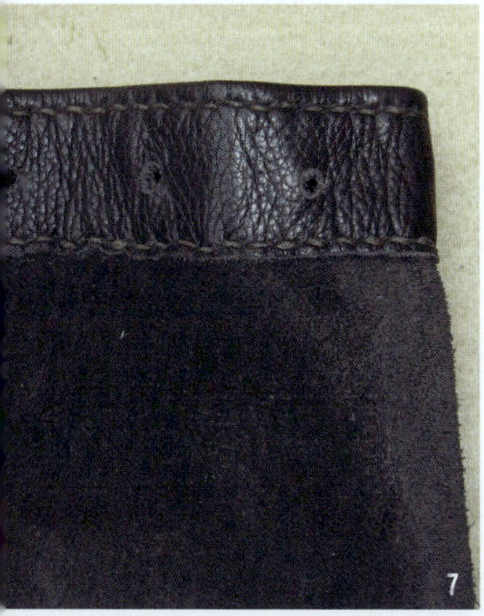
7

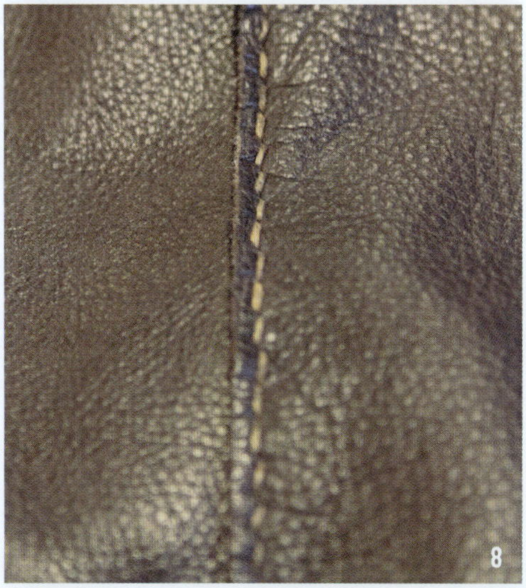
8

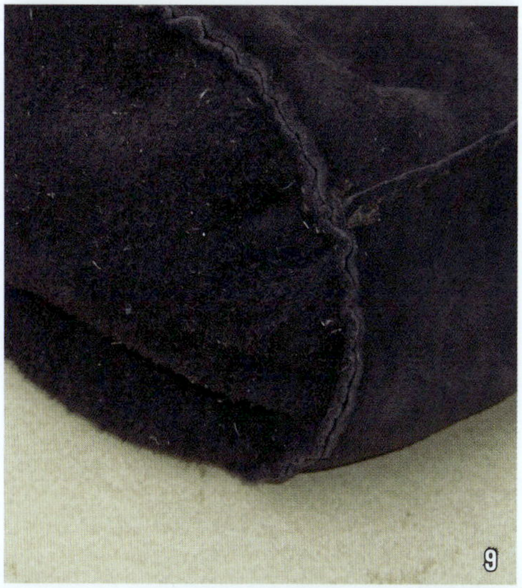
9

Als Letztes werden passende Löcher mit einer Lochzange gelocht, und eine Kordel wird eingezogen. ▸ Bild 10-11
Ein schöner Knopf ist ein zusätzliches dekoratives Element für den Beutel. ▸ Bild 11
Als Ergebnis bekommen wir schließlich einen zweckmäßigen Lederbeutel, der vielfältig verwendbar ist. In unserem Falle dient er als Beutel für Tangoschuhe. ■

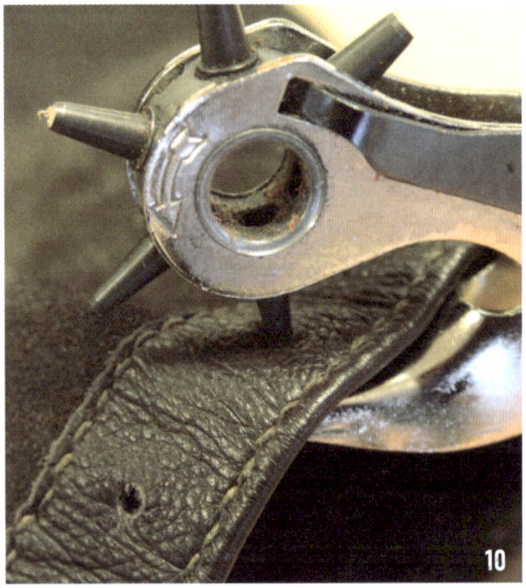

10

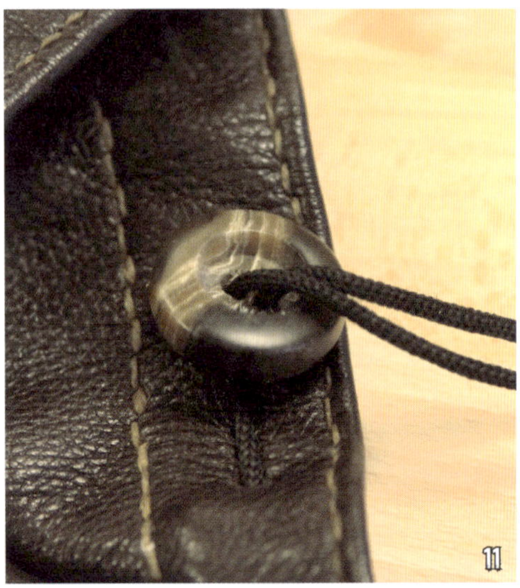

11

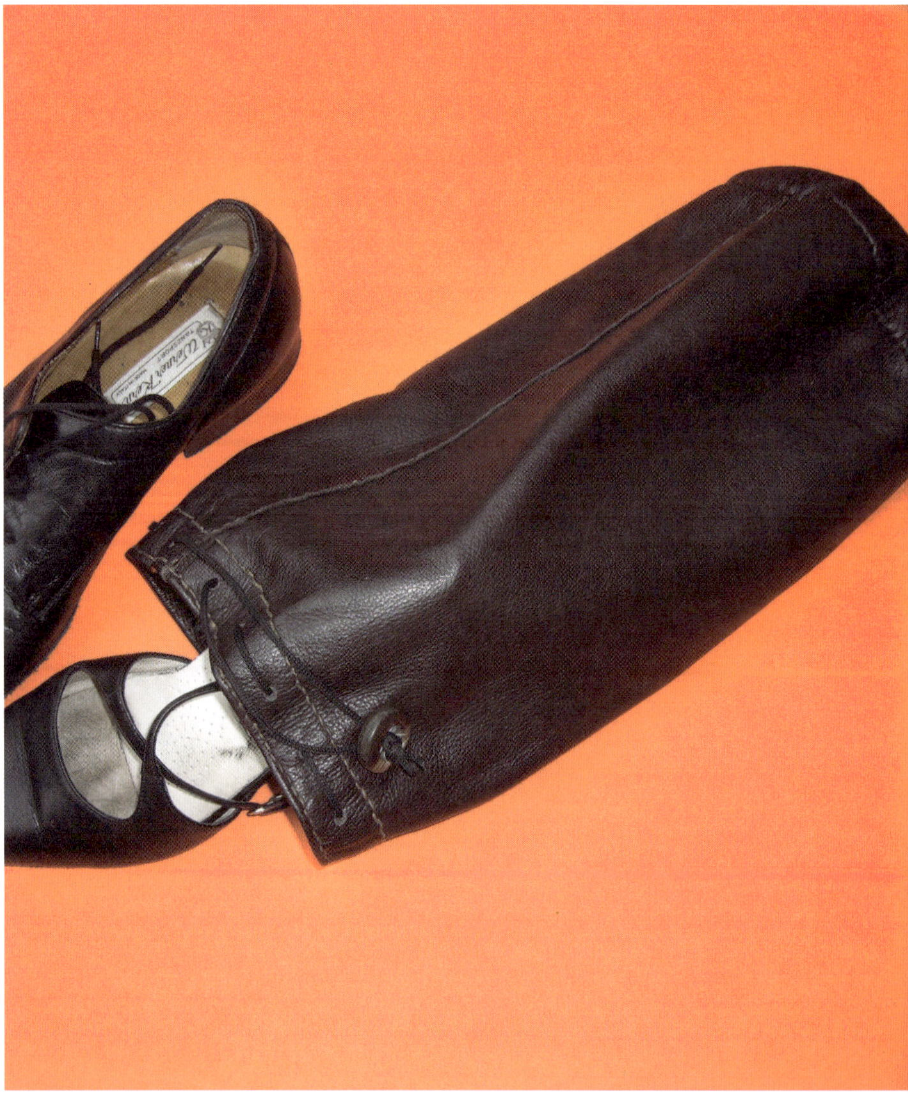

Vierecksbeutel

Dieser Beutel ist etwas aufwendiger und schwieriger herzustellen. Am Anfang sollte man sich daher zunächst einen größeren Beutel vornehmen. So gestalten sich die ersten Arbeitsschritte etwas übersichtlicher als bei einer zu kleinen Arbeit.
Wie bei allen Lederarbeiten lohnt es sich, einen Entwurf aus Papier und ein Modell aus dünner Pappe anzufertigen.

► Bild 1

Ist man mit dem Entwurf zufrieden, werden die Teile mit entsprechender Nahtzugabe aus Leder ausgeschnitten. Die einfachste Variante des Beutels besteht aus einem Stück.

► Bild 2

Interessanter ist es, wenn zwei verschiedene Farben kombiniert werden. ► Bild 3
Wenn das Leder ausgeschnitten ist, werden die Löcher in gleichmäßigem Abstand zum Nähen mit der Ahle durchgestochen. Hierbei ist es nötig, eine Unterlage aus weicherem Holz (zum Beispiel ein astfreies Fichtenholzbrett) zu benutzen, um den Arbeitstisch nicht zu beschädigen. ► Bild 4
Die Löcher an den Eckstücken müssen mit den am großen Stück vorhandenen Löchern übereinstimmen. ► Bild 5
Im abgebildeten Beispiel wurde die eine Seite der kleinen Dreiecke von innen, die andere von außen angenäht. Das bildet scharfe Kanten und sieht schöner aus.
Es kann auch das Spaltleder der Dreiecke nach außen liegen und dadurch einen interessanten Aspekt hervorrufen.

► Bild 6

Durch das Nähen der Ecken richtet sich das zunächst noch flach liegende Leder zu der angestrebten Beutelform auf. Man näht mit einer Ledernadel und einem gewachsten Leinenfaden im «Hin-und-Her-Stich» einmal die ganze ▷

Material
weiches, schön gefärbtes Leder | Lederkordel | dünne Pappe | Papier

Werkzeug
Schere oder Rollschneider | evtl. Nahtmarkierer oder Vorstecheisen | Lochzange | Nadeln | Garn | Vorstechholz | Bleistift | Kugelschreiber

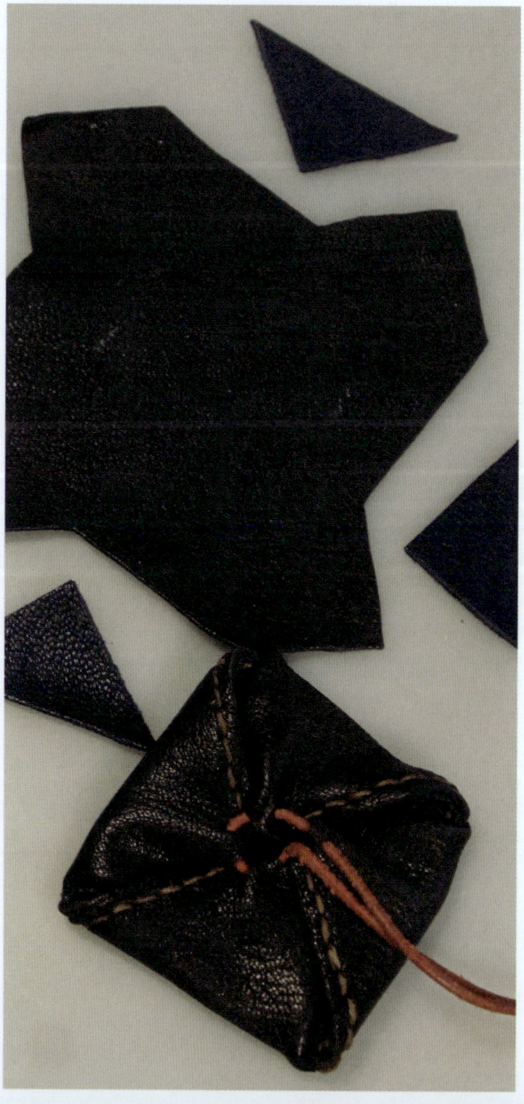

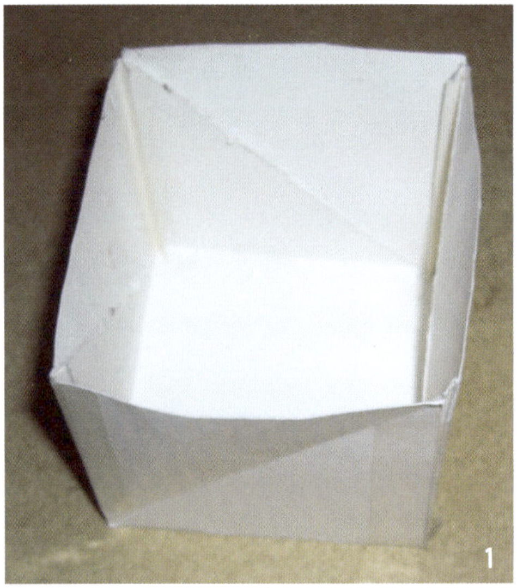
1

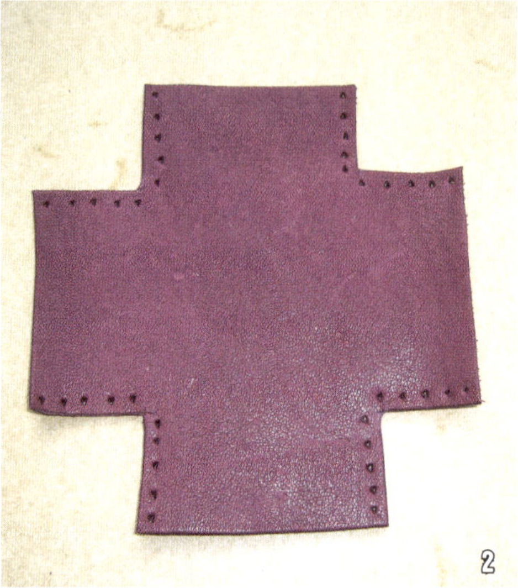
2

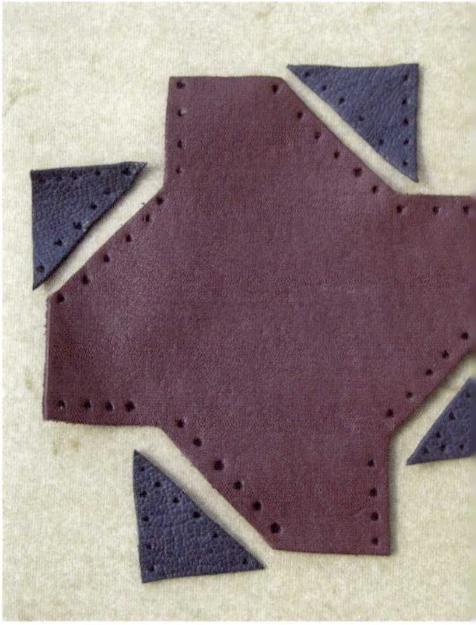

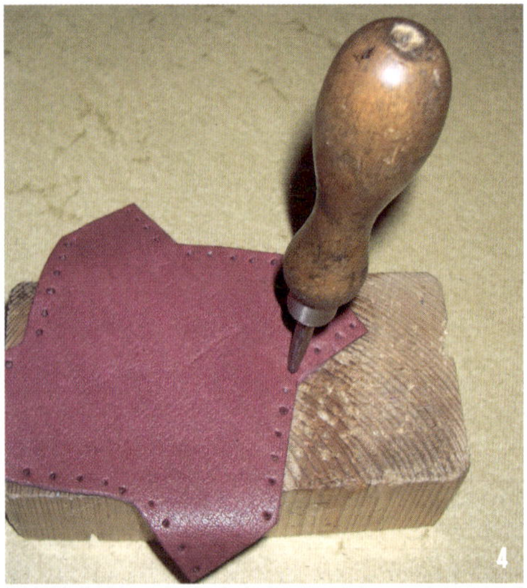
4

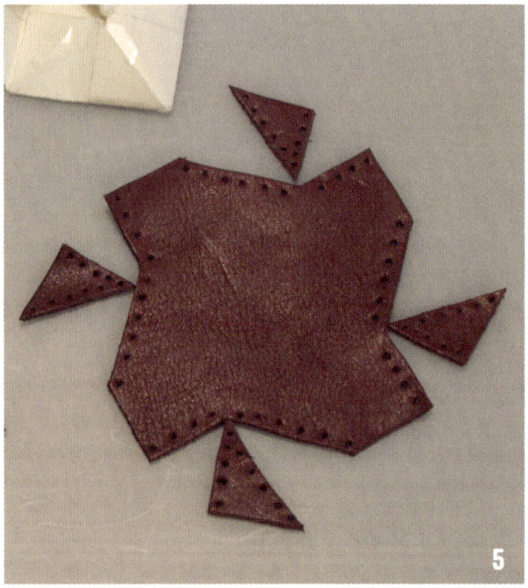
5

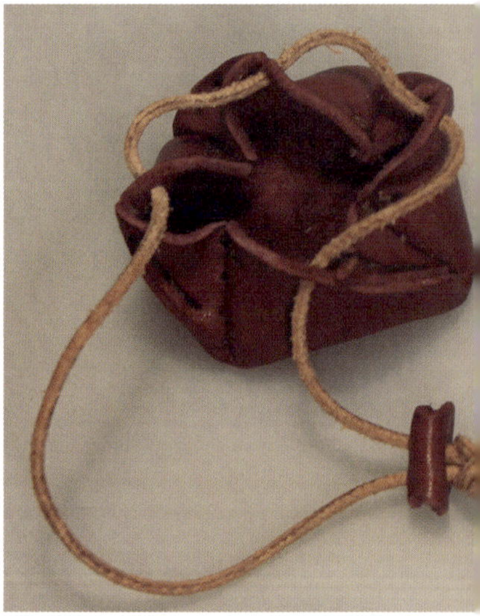

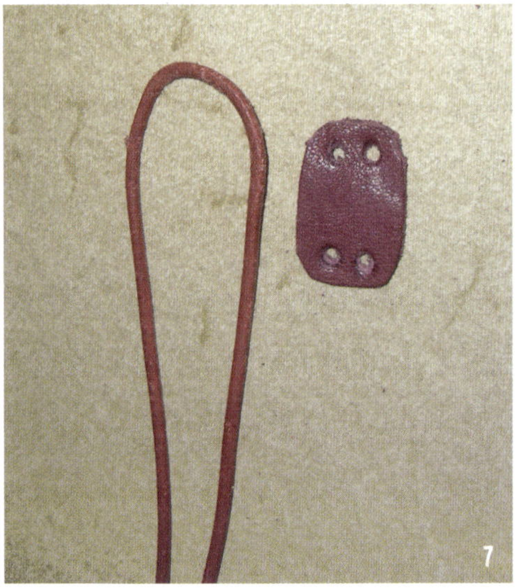
7

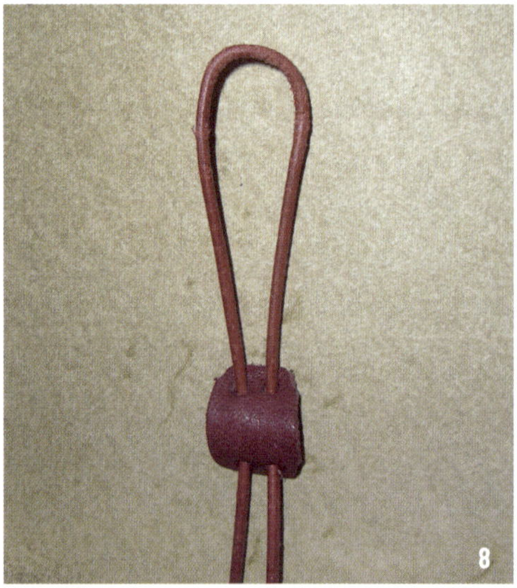
8

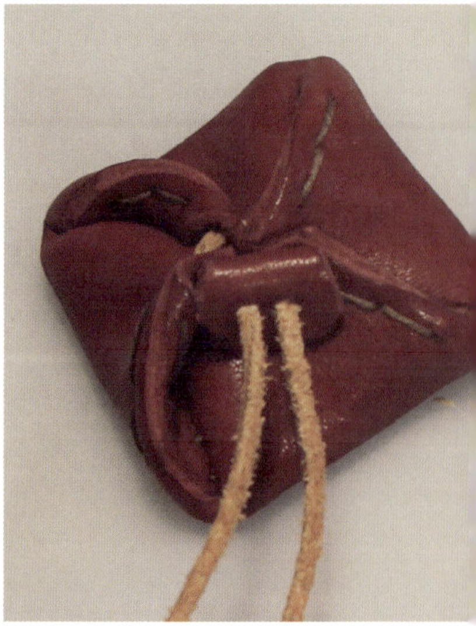

Naht entlang, sodass der Faden im Wechsel innen und außen liegt (siehe das Kapitel «Nähte», S. 38). Jetzt wiederholt man die Runde mit demselben Faden und näht im Gegenstich die noch offenen Stücke der Naht.

Es ist nun eine Naht entstanden, in der zwei durchgehende, aber entgegengesetzte Fäden für eine stabile Nahtverbindung sorgen.

Am Ende näht man noch drei Stiche über den Anfang hinweg und sichert damit den Anfangsfaden vor dem Lösen. Zum Schluss werden Anfang und Ende mit etwa einem Millimeter Abstand innen abgeschnitten.

Die anderen drei Eckstücke werden auf die gleiche Art und Weise eingefügt.

Zum Schluss bringt man mit der Lochzange am oberen Rand die Löcher für die Lederkordel an. Sie müssen so groß sein, dass die Kordel leicht durchgleiten kann. Der Abstand zwischen den Löchern sollte etwa zwei bis zweieinhalb Zentimeter betragen, und es muss eine gerade Anzahl an Löchern sein, weil sonst die Kordel nicht wieder nach außen gelangt.

Als Kordel kann man eine fertige Stoffkordel nehmen, einen gekauften, geglätteten Lederstreifen benutzen oder sich selbst einen schmalen Streifen als Kordel schneiden.

Für den Verschluss wurde in unserem Beispiel ein zusammengeklebtes Lederstückchen mit zwei Löchern gewählt. ▸ Bild 7-9 ■

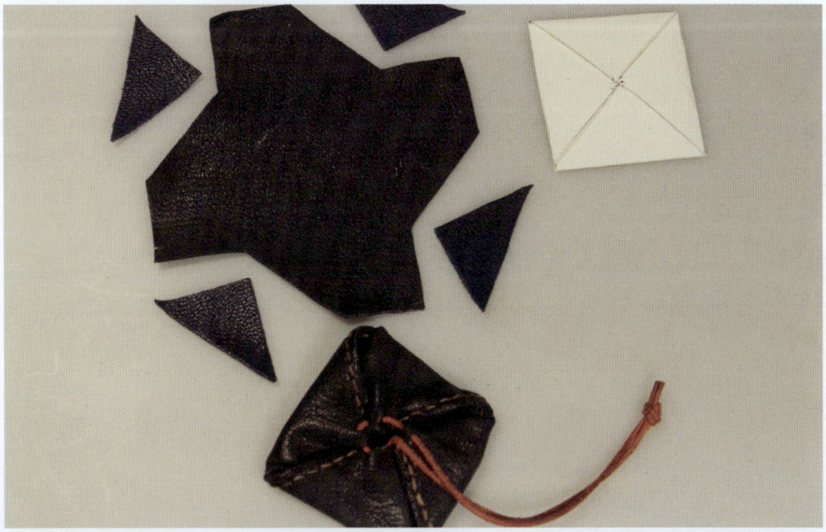

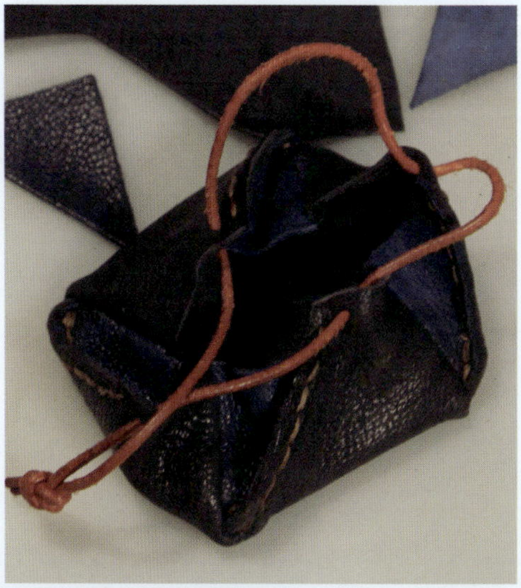

Material

weiches, nicht zu dünnes Leder | Papier | dünne Pappe | Material für Verschluss (z.B. Druckknöpfe, Klettband)

Werkzeug

Schere oder Rollschneider | Lochzange | Kleber | evtl. Nadel und Garn

Handyhüllen und andere Etuis

Das Herstellen kleinerer Taschen und Hüllen soll hier am Beispiel einer Handyhülle gezeigt werden.

Anhand der Maße des Handys wird erst ein Papierentwurf und dann eine Schablone hergestellt. ▸ Bild 1-2

Aus passendem Leder wird entsprechend der Schablone die Hülle zugeschnitten, ebenso der schmale Lederstreifen zum Vernähen. ▸ Bild 3-4

Nachdem die Löcher für die Ledernaht gleichmäßig markiert wurden, können sie mit der Lochzange ausgestanzt werden. ▸ Bild 5

Nach dem Lochen kann mit dem Nähen begonnen werden. Der an einer Seite angespitzte Lederstreifen wird im Lohelandstich (siehe S. 43) an der Seite der Hülle durch drei Lagen gleichzeitig geführt. Wenn man an der Rückseite zwei Schnitte in Gürtelbreite anbringt, kann man die Hülle später am Gürtel befestigen. ▸ Bild 6

Als Verschlüsse wurden in diesem Fall Klettknöpfe (Klettbuttons) verwendet, die an die passenden Stellen genäht wurden. ▸ Bild 7

▷

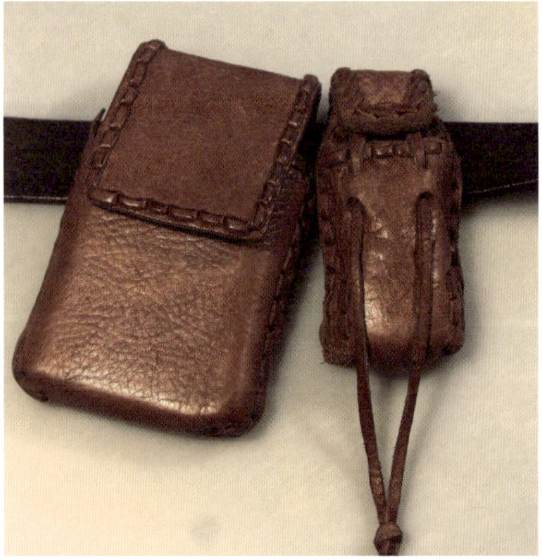

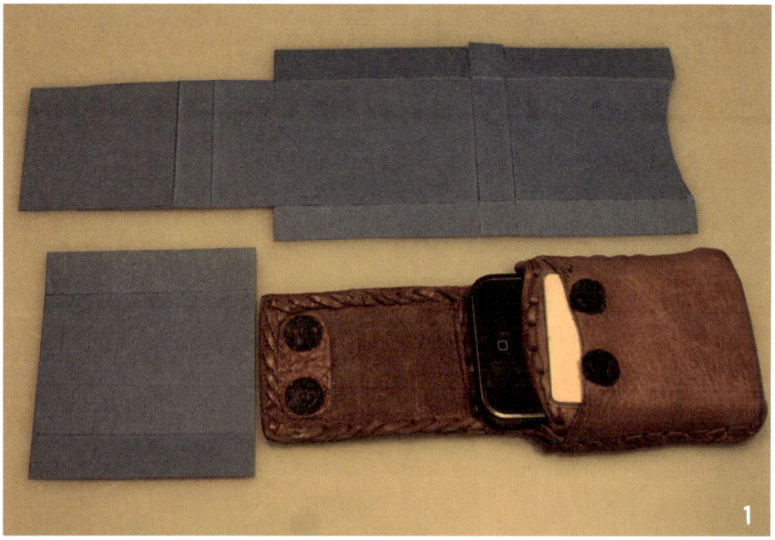

1

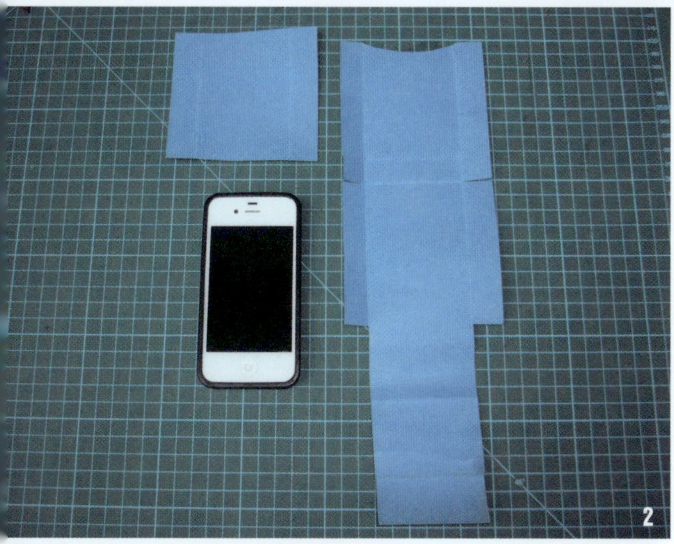
2

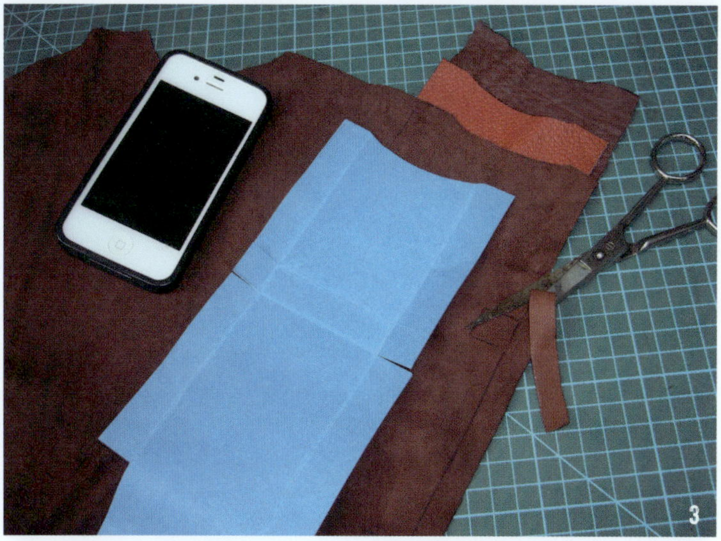
3

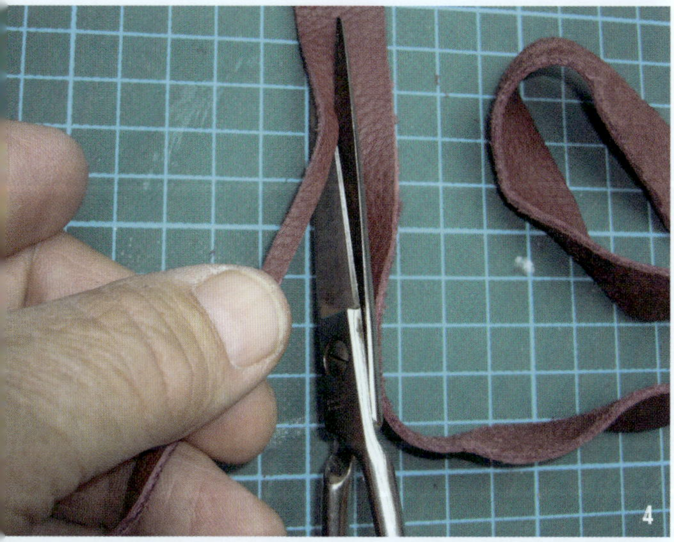
4

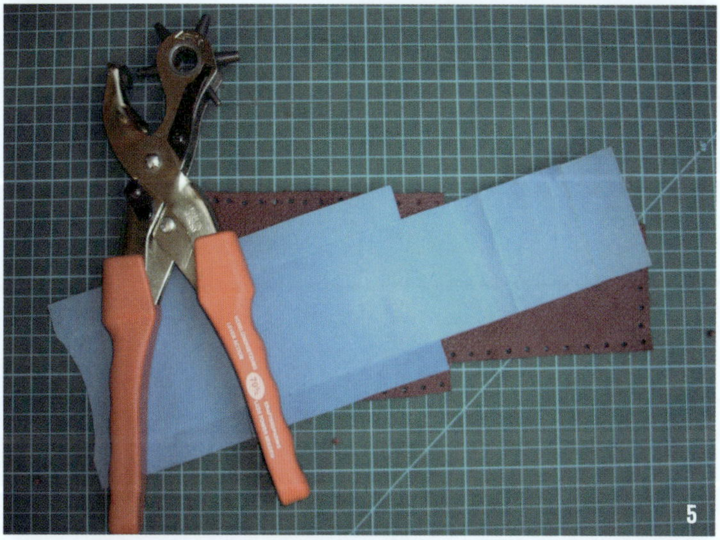
5

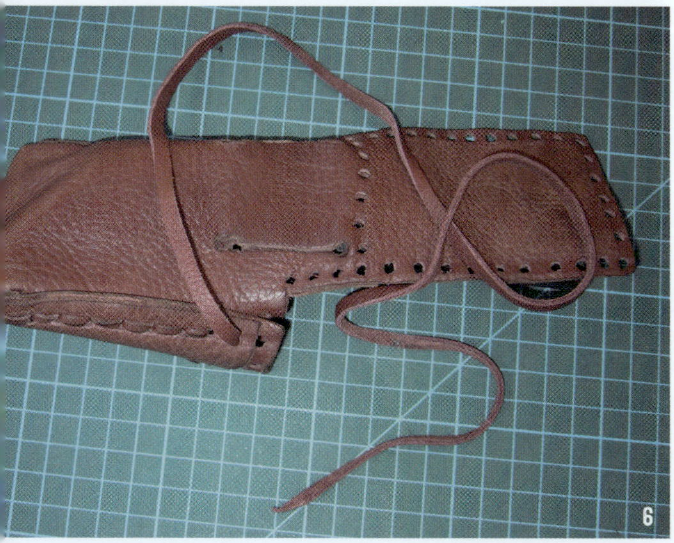
6

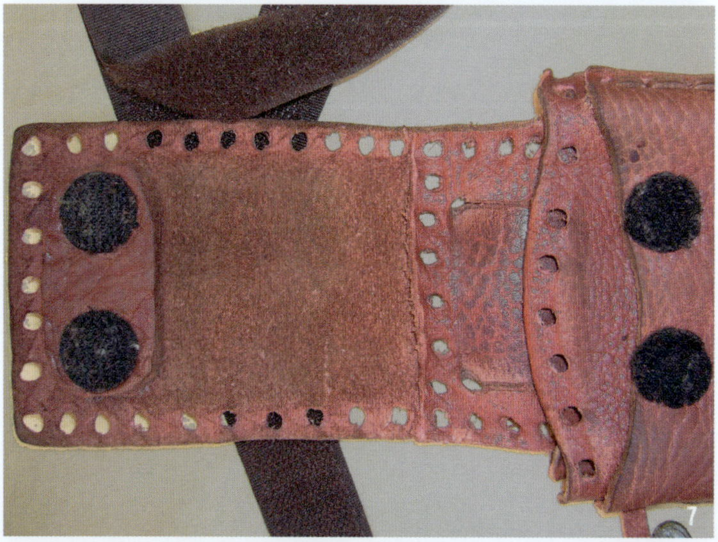
7

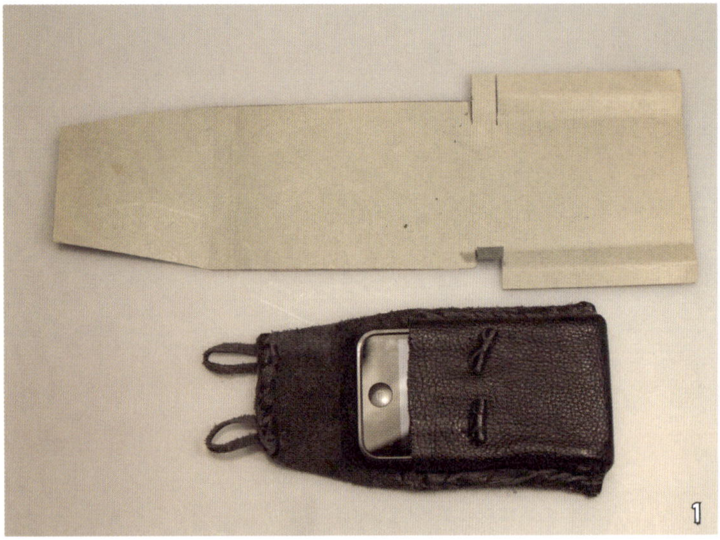
1

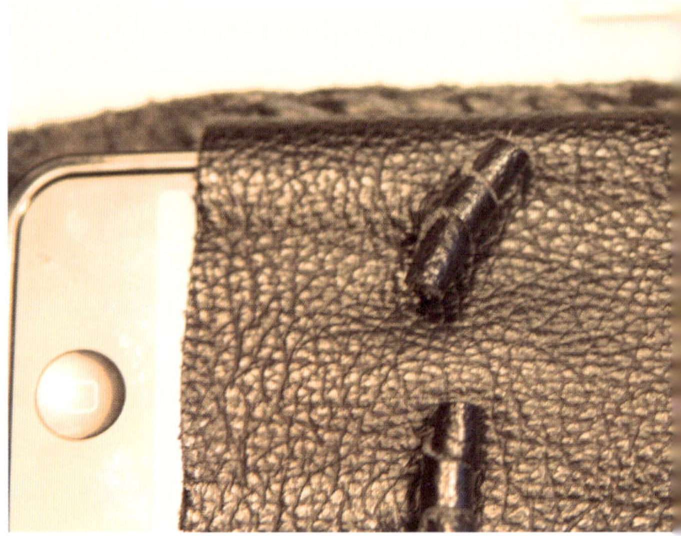

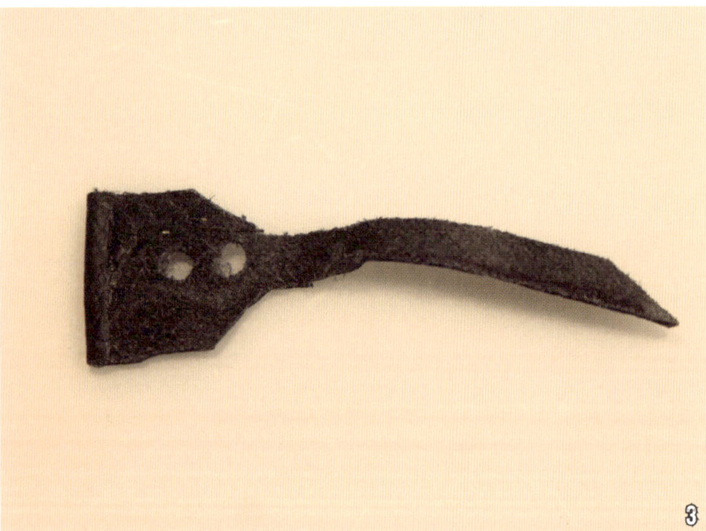
3

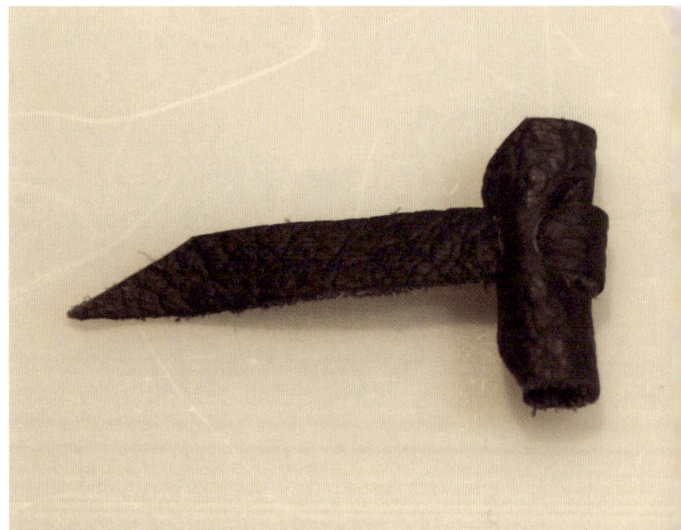

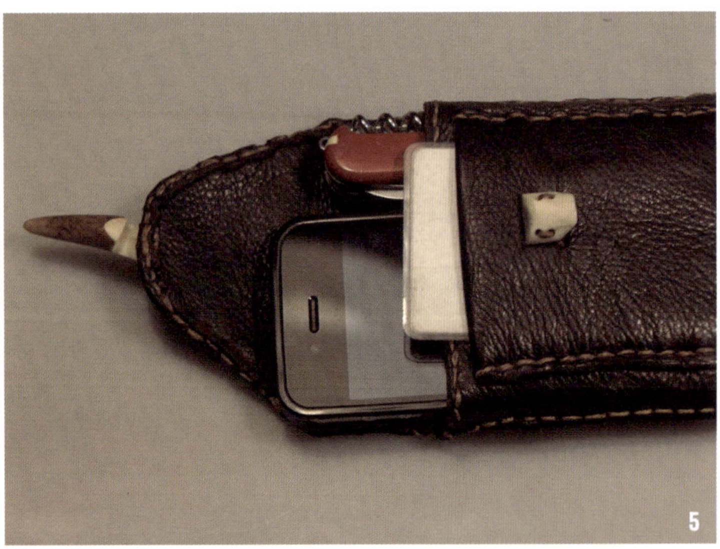
5

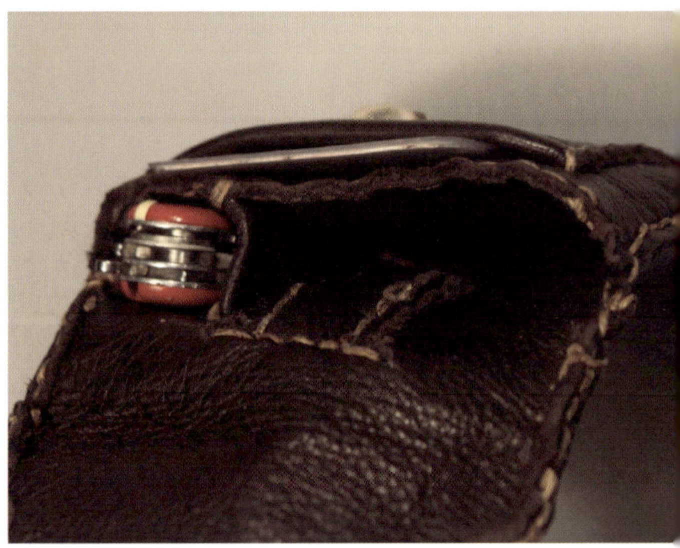

Man kann als Verschlüsse aber auch Knöpfe aus Leder sowie dazu passende Lederschlaufen zum Einhängen herstellen. ▸Bild 1-4

Bei den Verschlüssen kann man vielfältig variieren und experimentieren. So wurde beispielsweise für die unten abgebildete Kombihülle ein Verschluss aus Rehgehörn verwendet. ▸Bild 5-6

Auf diese Weise können die unterschiedlichsten Hüllen und Verschlüsse hergestellt werden. Ein weiteres Beispiel ist ein Lederetui für ein Allzweck-Taschenmesser. Als Verschluss wurde im abgebildeten Fall eine Lederkordel gewählt, die durch die vorgestanzten Löcher im Etui geführt wird. ▸Bild 7-8

Auch ein Fernglas kann ein selbst gemachtes Etui bekommen. Ein breiterer Lederstreifen, der über die Vorderseite der Hülle geführt wird, dient als Verschluss. ▸Bild 9-10

Eine sehr stabile Handyhülle kann aus dickerem Leder gefertigt werden. Sie wird mit Garn genäht und bekommt Druckknöpfe. Durch zwei Schlitze in der Rückseite kann sie am Gürtel befestigt werden. ▸Bild 11-12

▷

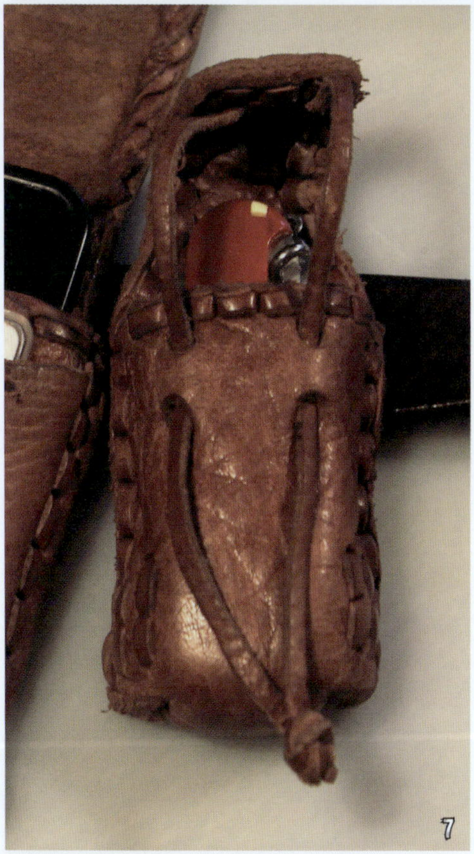

7

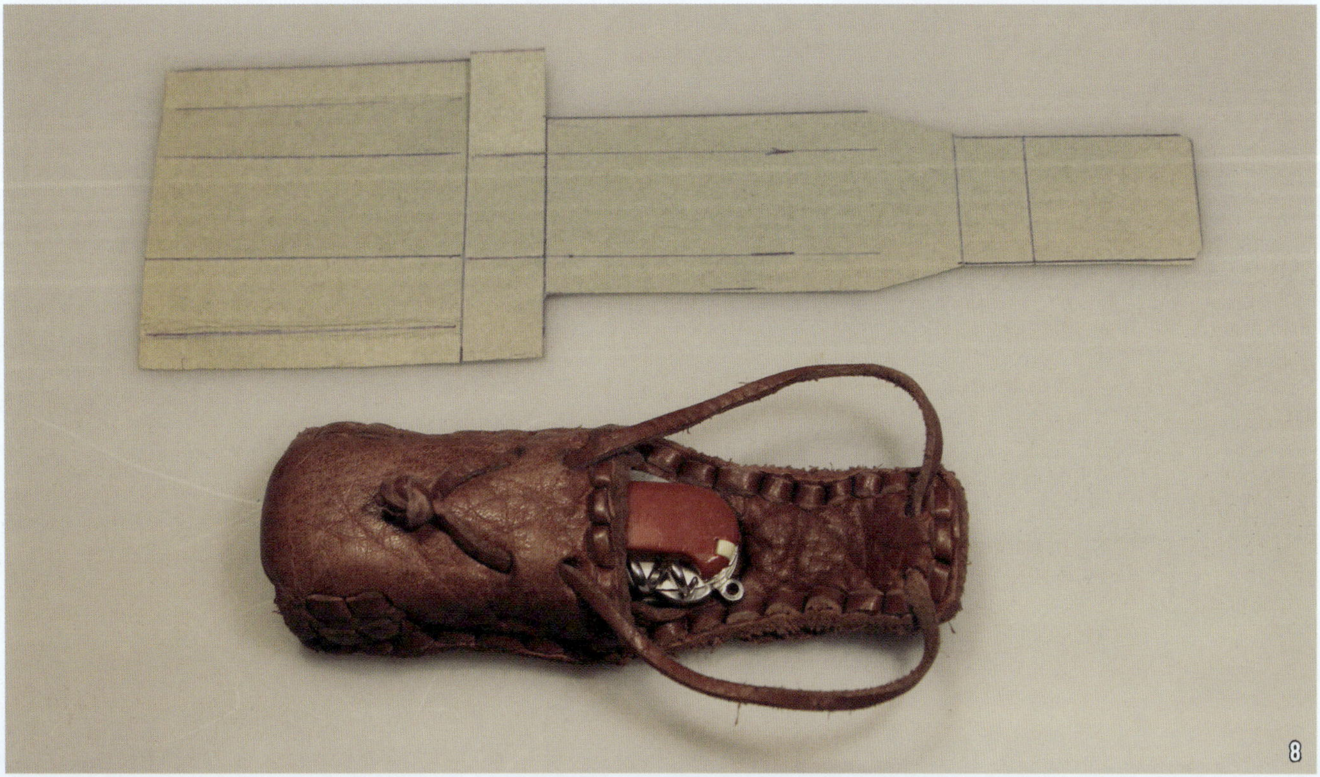

8

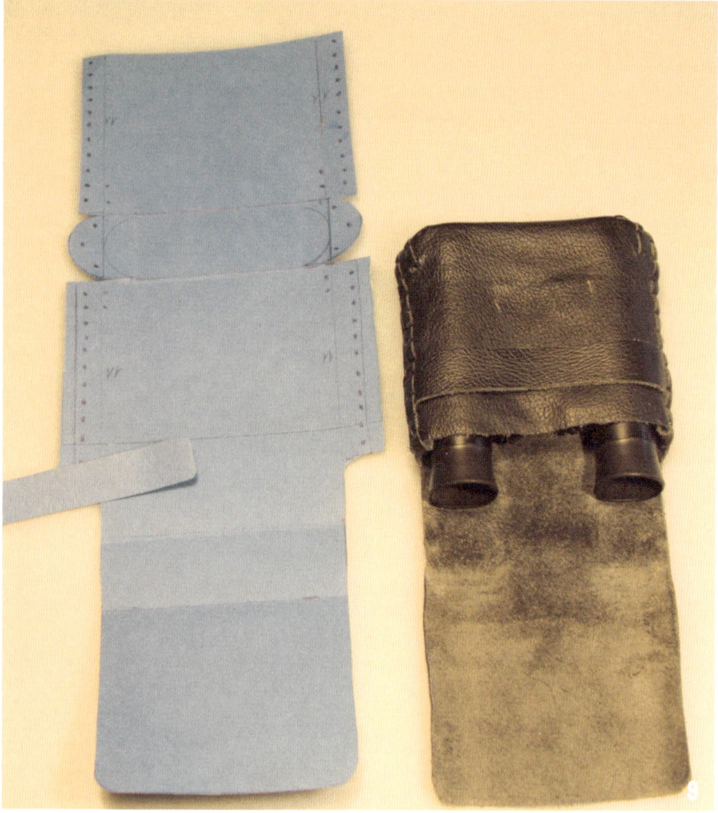

9

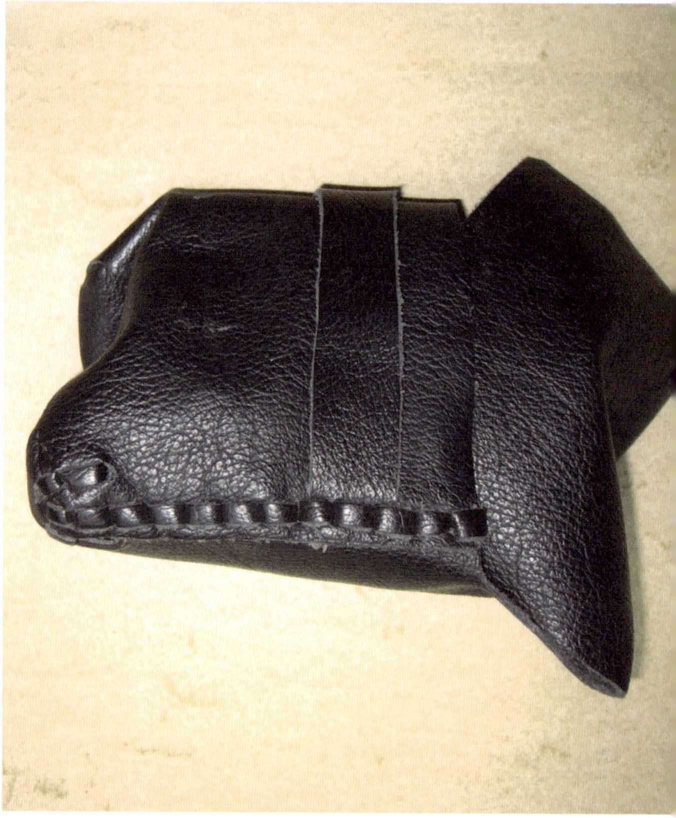

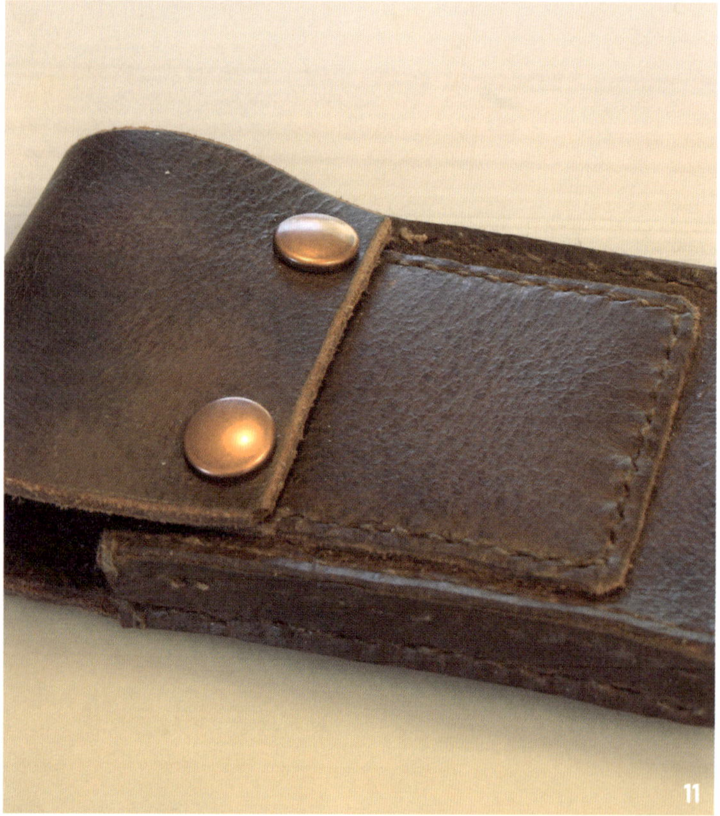

11

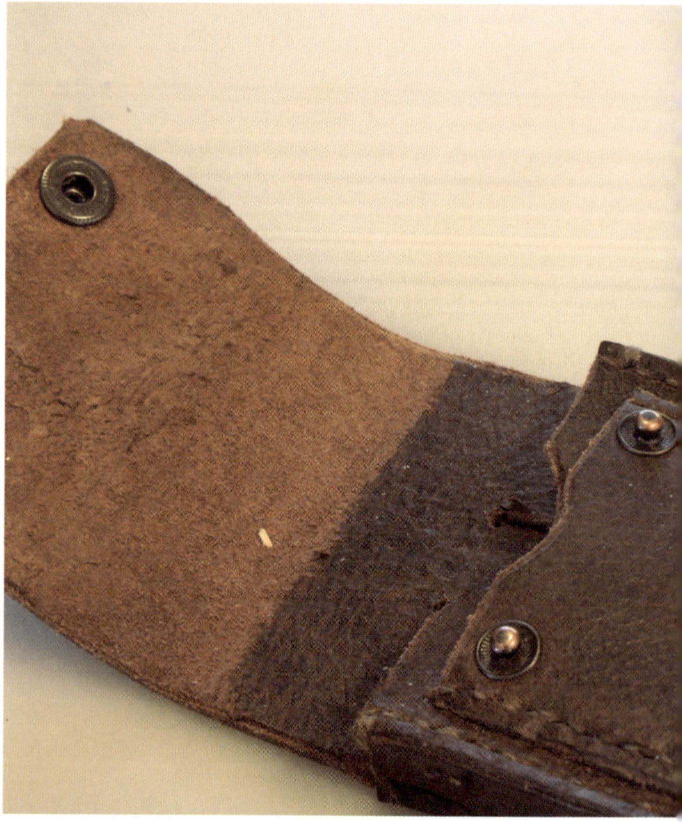

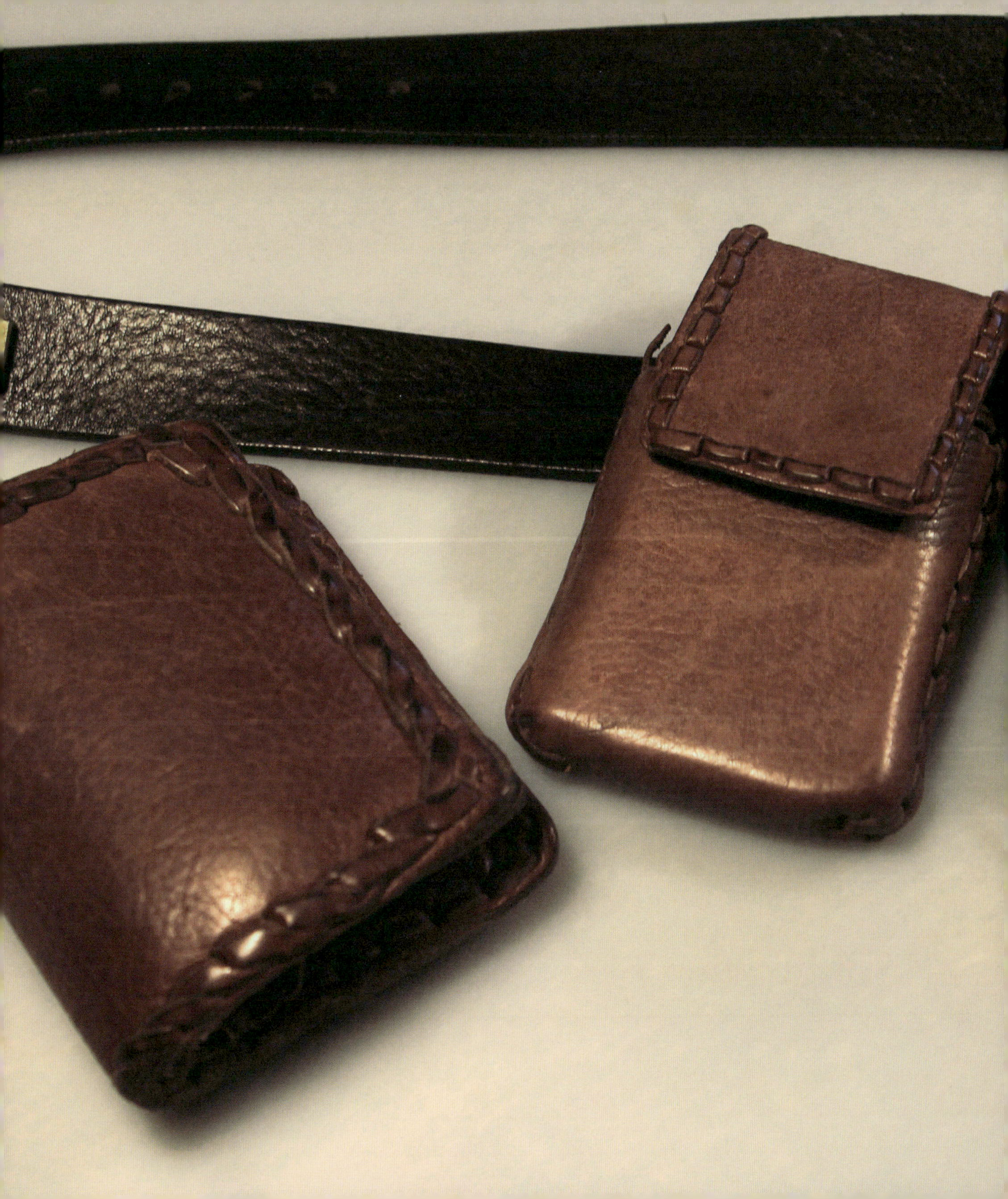

Buchhülle aus Leder

Material
dünnes Ziegenleder

Werkzeug
Schere oder Rollschneider | Garn | Nadeln | Ahle | evtl. Vorstecheisen oder Nahtmarkierer

Aus weichem und dünnem Ziegenleder wird entsprechend der Buchgröße das Leder zugeschnitten. Unten und oben wird ein etwa 1 cm breiter Streifen für den Saum eingeplant. Die Einschlagenden für den Buchdeckel sind etwa 4 cm breit plus 1 cm für den Innensaum.

Zunächst wird der Saum oben und unten sowie der Innensaum am Einschlag genäht, nachdem die Löcher mit der Ahle vorgestochen wurden.

Im nächsten Schritt vernäht man die Einschläge oben und unten. Hier treffen vier Lederschichten aufeinander, und das Nähen ist etwas mühsamer.

Am Ende ist eine Buchhülle entstanden, die sogar ein einfaches Taschenbuch kostbar erscheinen lässt. ■

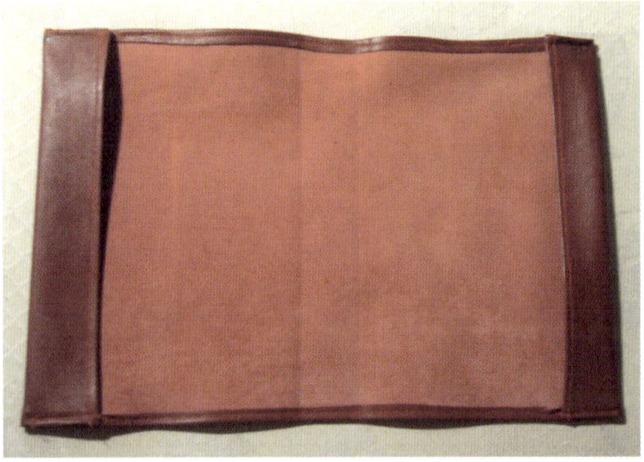

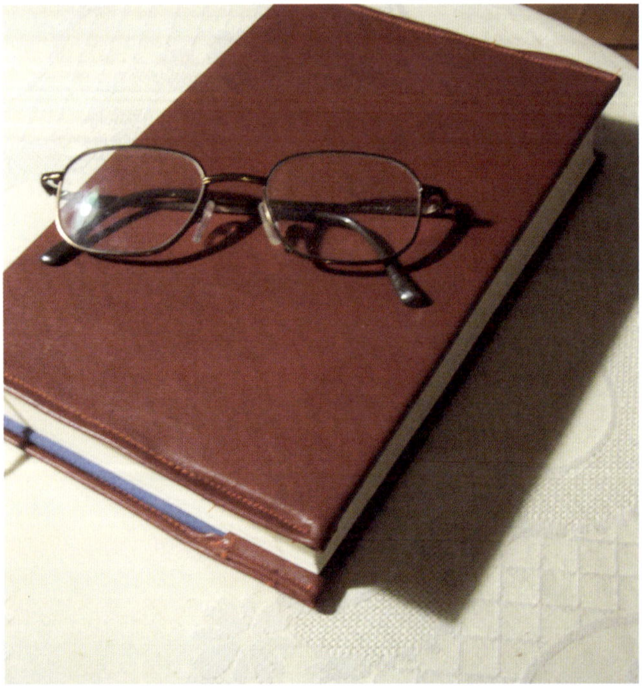

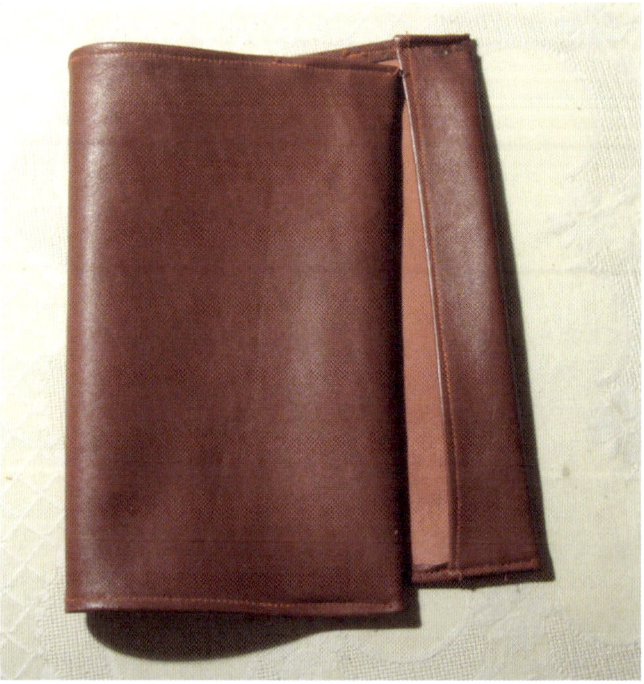

Stifteetui

Man legt sich die Stifte in der gewünschten Anzahl auf das Leder. Der Abstand der Stifte beträgt ca. 2,5 cm. Die Stifte stecken etwa 6 cm tief in der Hülle. Der Einschlag oben beträgt etwa die Hälfte der Stiftelänge.
Die Nahtstellen werden schmal mit Alleskleber geklebt oder mit schmalem Doppelklebeband verklebt.
Nach dem Lochen kann mit einem schmalen, selbst geschnittenen Lederstreifen die Naht im Lohelandstich vernäht werden.
Ein stabiler Lederstreifen an der Seite sorgt für den Verschluss. ■

Material
stabiles, möglichst weiches Rindsleder

Werkzeug
Schere oder Rollschneider | Alleskleber oder Doppelklebeband | Lochzange

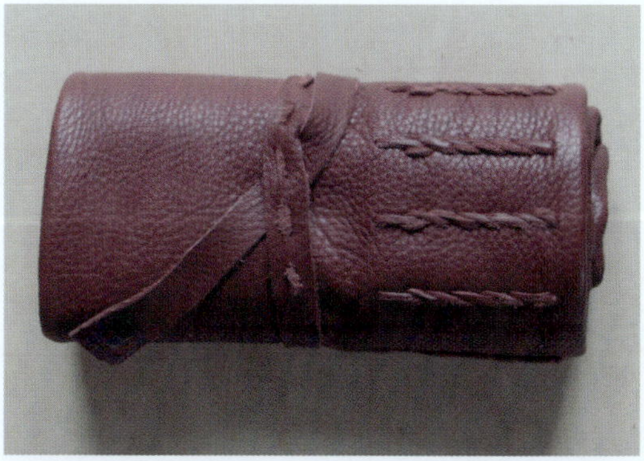

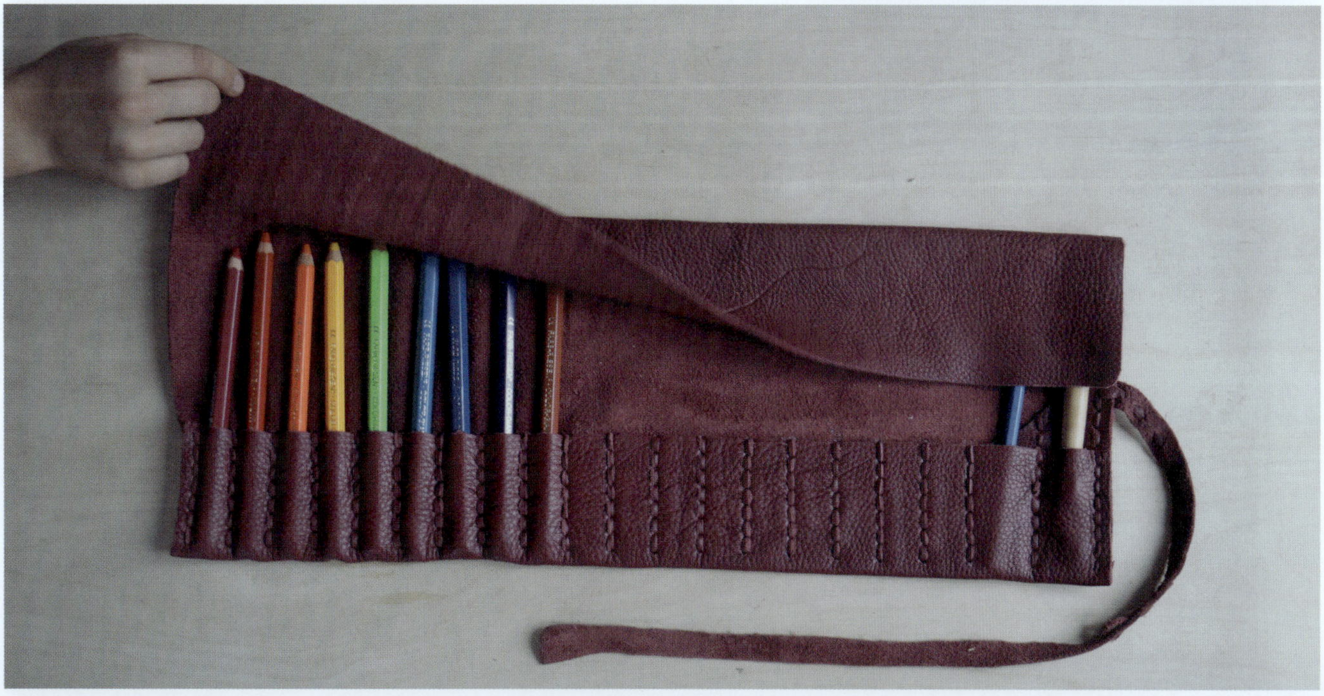

Tabaksbeutel aus Schlangenleder

Material

Schlangenleder und dünnes Ziegenleder | Pappe | Papier

Werkzeug

Schere oder Rollschneider | Ahle | Nadel | Garn

Für Raucher kann es reizvoll sein, sich selbst einen Tabaksbeutel herzustellen. In unserem Beispiel wurde auf einem Flohmarkt eine Schlangenhaut billig angeboten. Sie sollte die Außenhülle des Beutels werden. Entsprechend der Größe einer Tabakspackung wurde eine Schablone hergestellt. ▸ Bild 1

Nach Vorlage der Schablone wurde die Schlangenhaut in Streifen geschnitten und vorsichtig aneinandergenäht. Jetzt konnte sie auf ein Stück Ziegenleder geklebt werden. ▸ Bild 2

Entsprechend den Maßen der Tabakspackung und der Schablone wurde das Ganze dann zusammengenäht. ▸ Bild 3-5

Aus dem Innenleder entstand auch noch eine kleine Innentasche für das Papier und ein Streifen zum Verschließen. ▸ Bild 6

Um die Stabilität zu erhöhen, wurde alles mit einem Ledersaum aus dem Innenleder umsäumt. ■

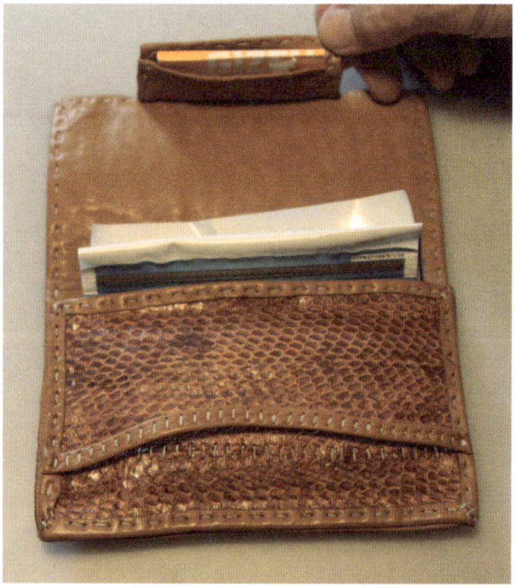

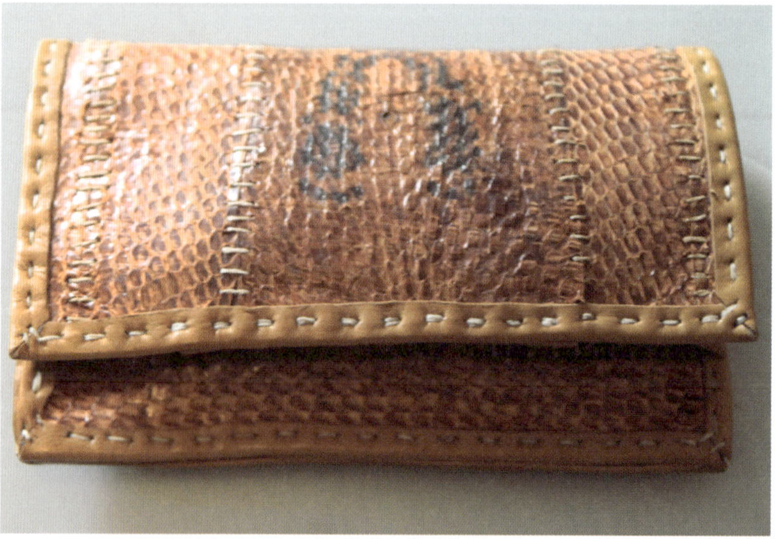

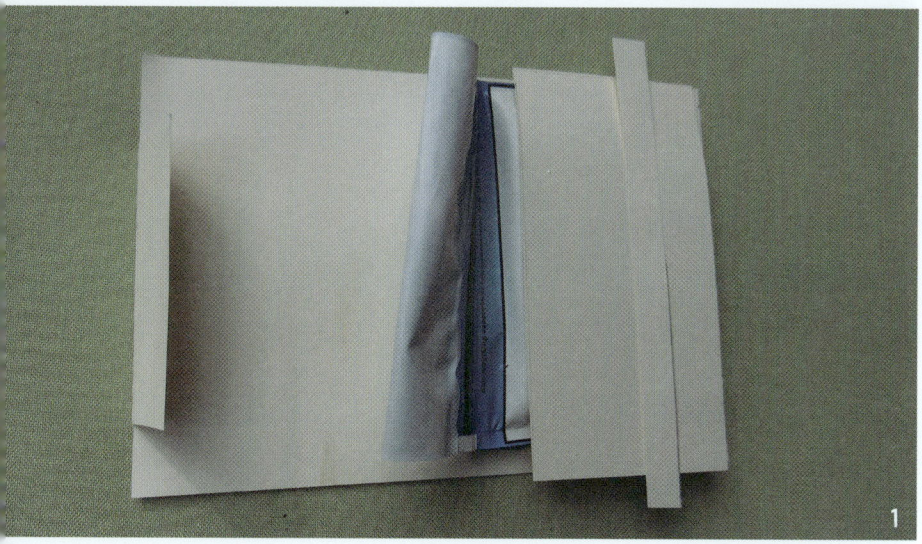
1

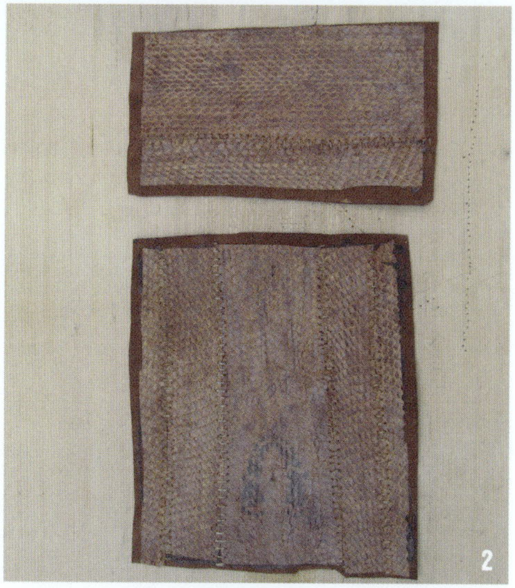
2

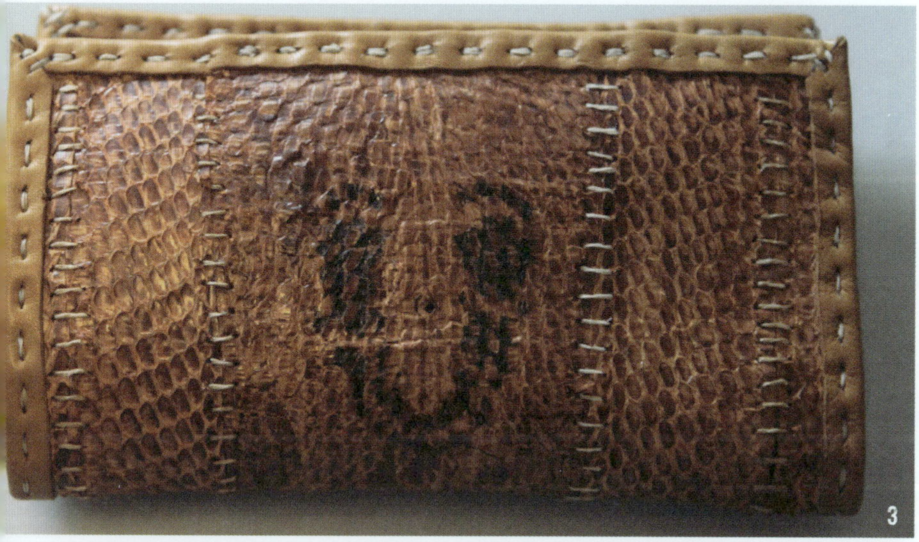
3

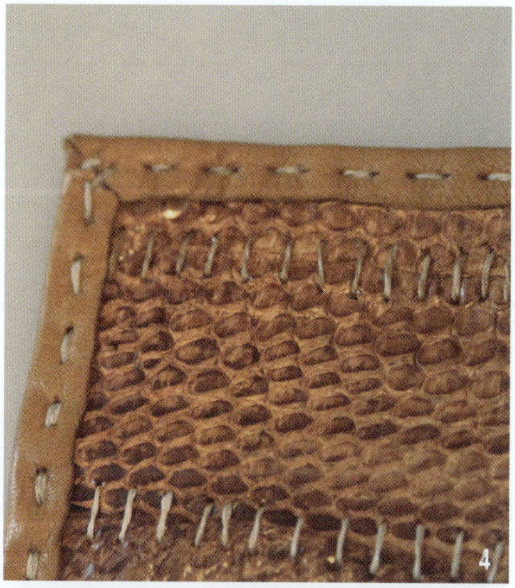
4

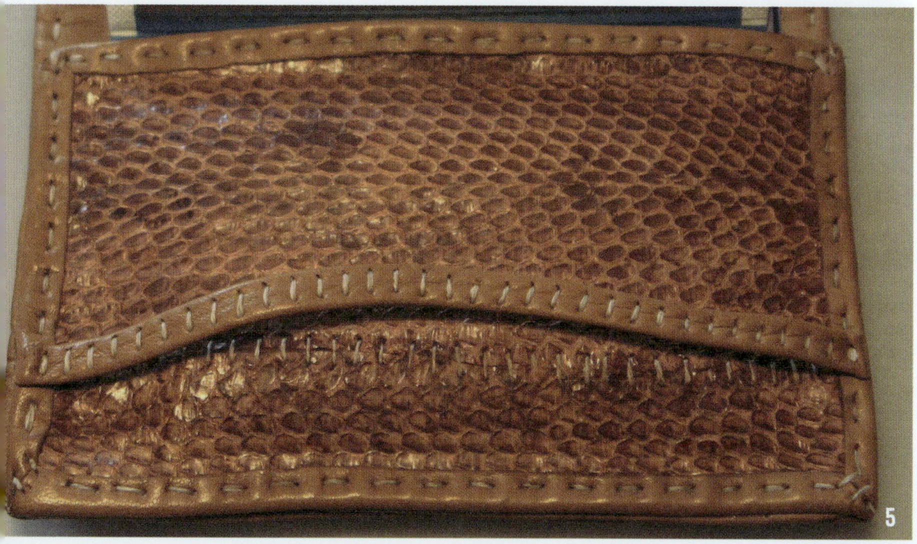
5

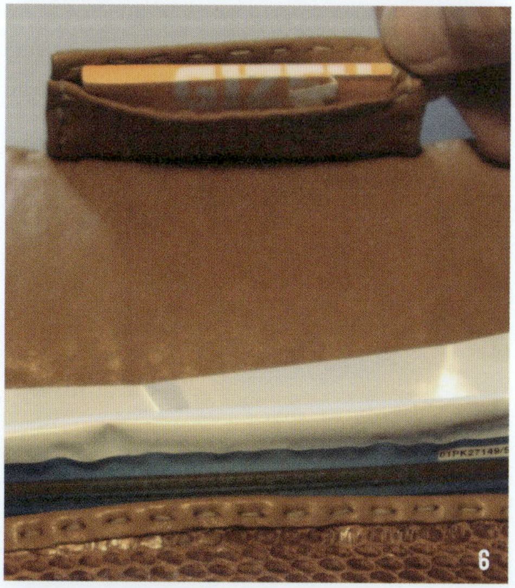
6

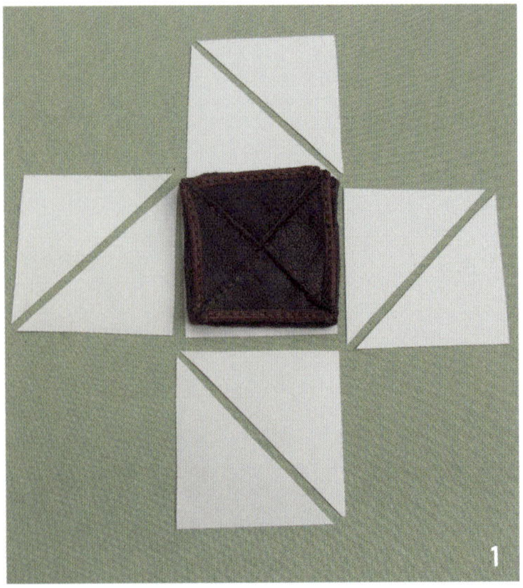
1

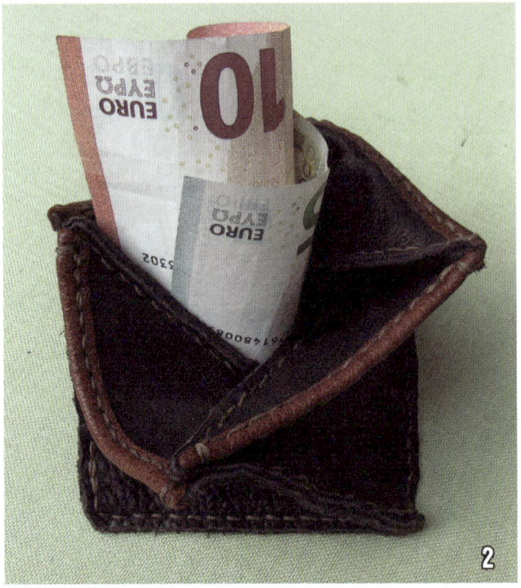

2

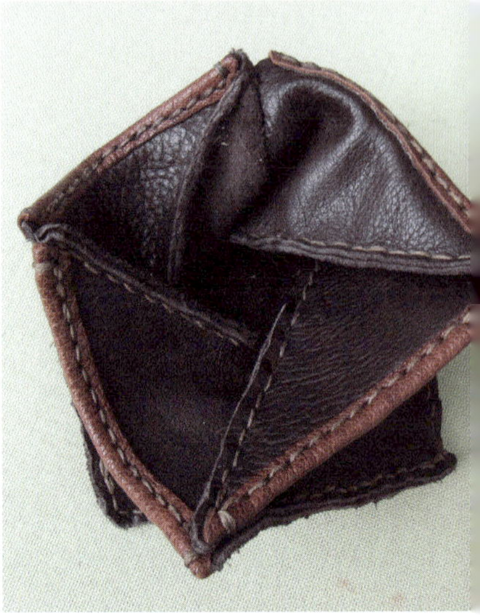

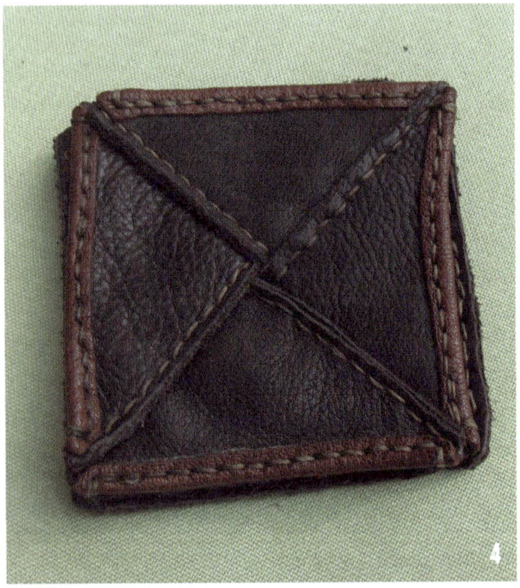
4

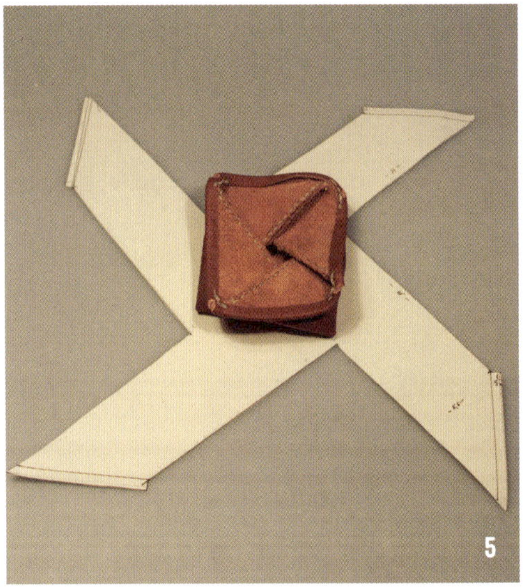
5

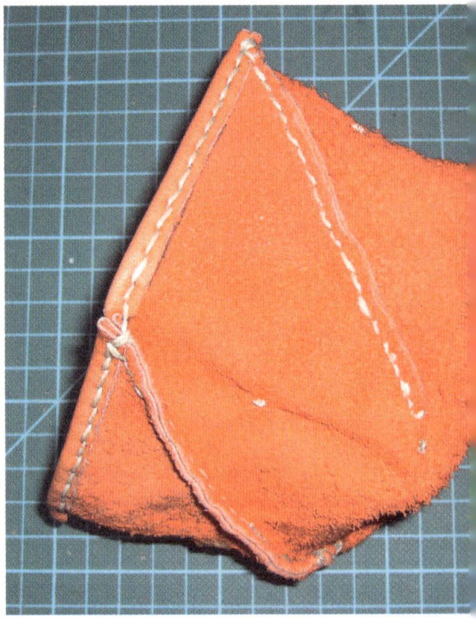

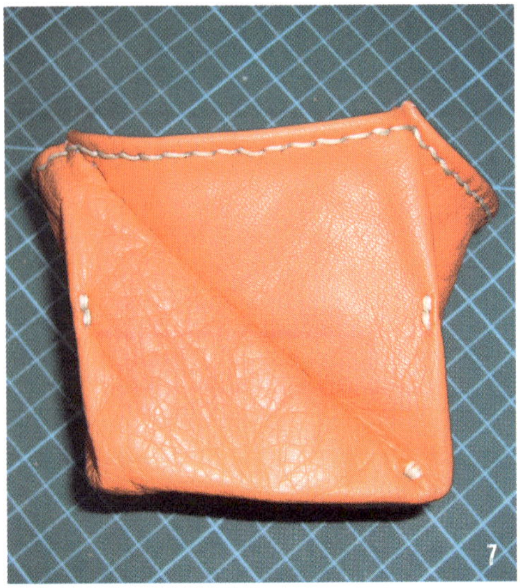
7

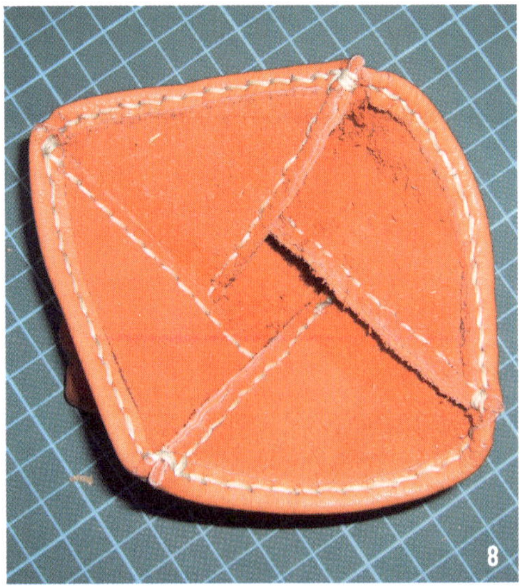
8

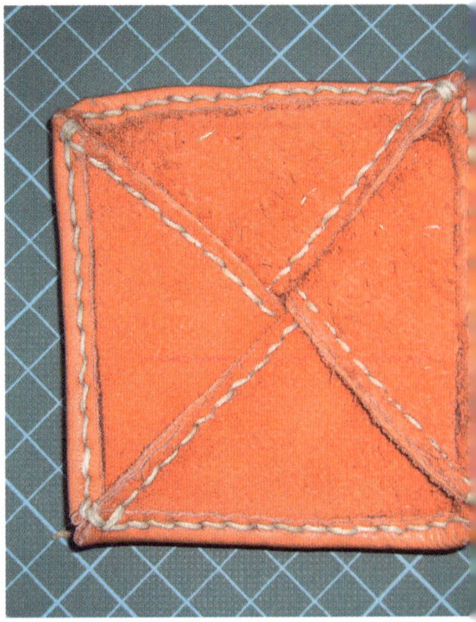

Faltgeldbörse

Ein etwas schwierigeres, aber interessantes Projekt ist das Herstellen einer Faltgeldbörse. Hierbei können die Nähte so geführt werden, dass sich die Börse mit einer Drehbewegung öffnen lässt und dann von selbst wieder zusammenfaltet. Wir stellen hier zwei mögliche Varianten vor.

Material
nicht zu dickes Rindsleder | Pappe | Papier

Werkzeug
Schere | Ahle | Nadel | Garn

1. Variante:

Man benötigt ein quadratisches Bodenstück und acht dreieckige Wandstücke mit der halben Fläche des Quadrats. ▸ Bild 1
Die vier Wanddreiecke, die am Bodenquadrat anliegen, werden, nachdem mit der Ahle vorgestochen wurde, mit der glatten Seite nach außen angenäht. Bei den oberen Dreiecken liegt die glatte Seite innen, und die Diagonalen erhalten die Naht von innen, also von der Spaltseite. Im letzten Schritt werden die rechtwinkligen Nähte wieder von außen angenäht.
Wer möchte, kann den Rand noch mit einem Lederstreifen verstärken. ▸ Bild 2-4

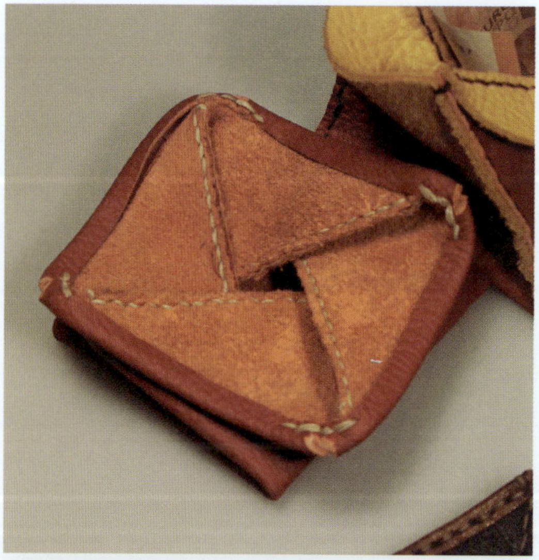

2. Variante:

Bei dieser Form besteht der Grundkörper aus einem Stück (siehe Schablone). ▸ Bild 5
Dadurch hat die Geldbörse einen mehr beutelförmigen Charakter, und es entstehen weniger Nähte. Diese Börse faltet sich allerdings nicht ganz selbständig wieder zusammen.
Es werden die offenen Winkel zusammengenäht, und zwar von innen, also der rauen Seite. Der Anfang und das Ende werden durch einige Extrastiche gesichert. ▸ Bild 6
Schließlich wird der Saum mit einer Umrandung verstärkt und rundherum vernäht. Nun kann die Faltgeldbörse umgewendet werden. ▸ Bild 7-9 ■

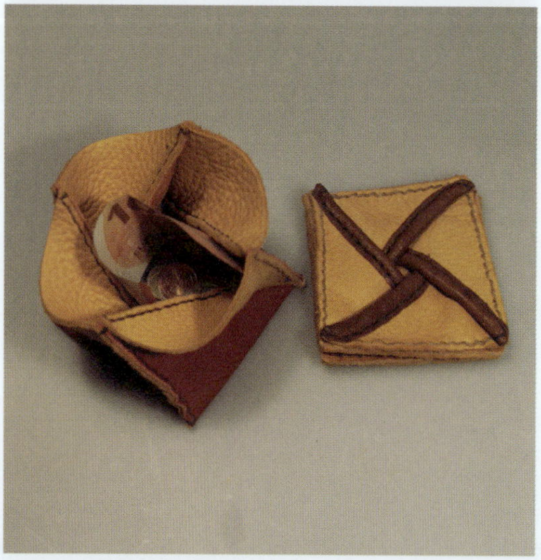

Jonglierball

Material

nicht zu festes Leder (z.B. Ziege) in zwei (oder vier) Farben | rote Linsen, Vogelsand, Reis o.Ä. als Füllung | Pappe

Werkzeug

Schere | Ahle | Nadeln | Garn

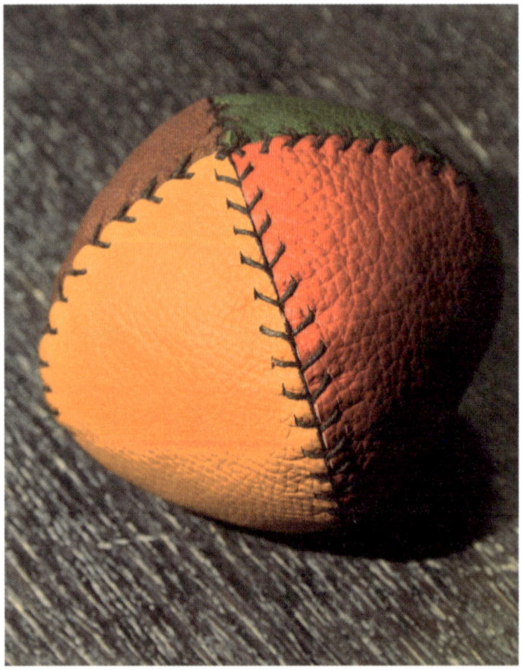

Jonglieren ist bei Jung und Alt beliebt. Im Prinzip kann mit fast jedem kleineren Gegenstand jongliert werden. Es ist eine schöne Möglichkeit, sich mit Lederarbeiten vertraut zu machen, indem man sich selbst Jonglierbälle herstellt. Das ist nicht so schwierig, und selbst wenn nicht alle Bälle gleichmäßig werden, lassen sie sich ohne Schwierigkeiten verwenden.

Für den Jonglierball sucht man sich am besten zwei (oder vier) verschiedenfarbige, weiche Lederstücke aus, weil das schöner aussieht.

Zwei Methoden sollen im Folgenden vorgestellt werden.

Variante 1:

Bei der ersten Möglichkeit für einen Jonglierball fertigt man sich entsprechend der Vorlage eine Schablone an. Die Form sieht wie ein breites Apfelsinenstück aus. ▸ Bild 1

Dann schneidet man sich aus zwei verschiedenen Lederfarben je zwei Stücke aus (bei vier verschiedenen Farben je ein Stück). ▸ Bild 2

Für die Naht gibt es zwei Möglichkeiten: 1. Man näht zunächst den Ball von innen bis auf einen kleinen Rest zusammen (siehe das Kapitel «Nähte», S. 38). Dann wendet man ihn auf die rechte Seite und füllt die gewünschte Füllung ein. Rote Linsen, Reis, Vogelsand oder Ähnliches können verwendet werden. Jetzt kann das letzte Ende der Naht mit lockerem Faden bis zum Ende von innen durchgeführt werden. Im letzten Schritt zieht man den Faden Stück für Stück von außen stramm und vernäht schließlich das Ende. ▸ Bild 3

2. Bei der anderen Möglichkeit wird die Naht ganz von außen mit zwei Nadeln genäht (siehe den Abschnitt «Zickzacknaht», S. 43). Die Fäden überkreuzen sich dabei von außen nach innen. Bei dieser Naht benötigt man keine Nahtzugabe, denn die Lederstücke werden durch die Fäden aneinandergezogen und liegen direkt nebeneinander. ▸ Bild 4

Es empfiehlt sich, Probestücke für die Größe und das Üben der Naht anzufertigen.

▷

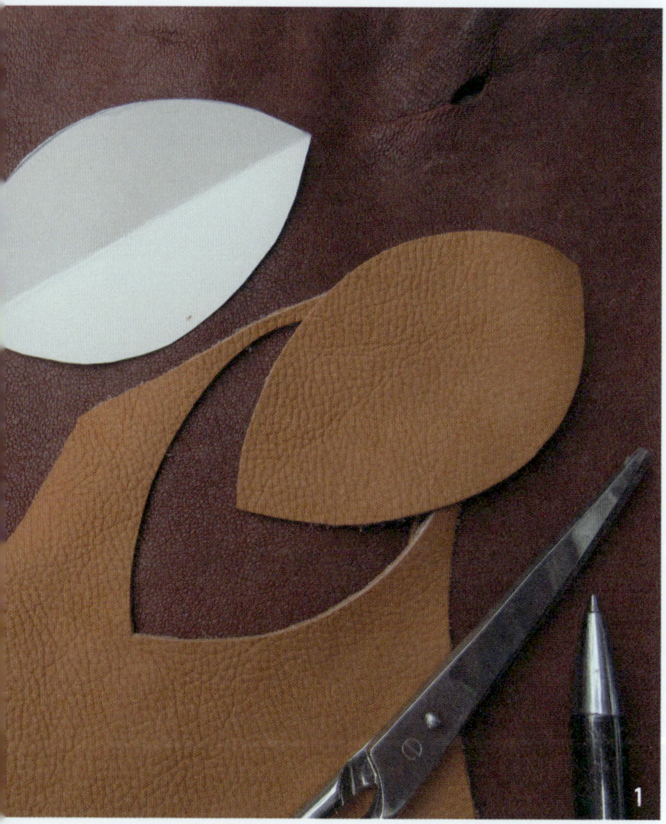
1

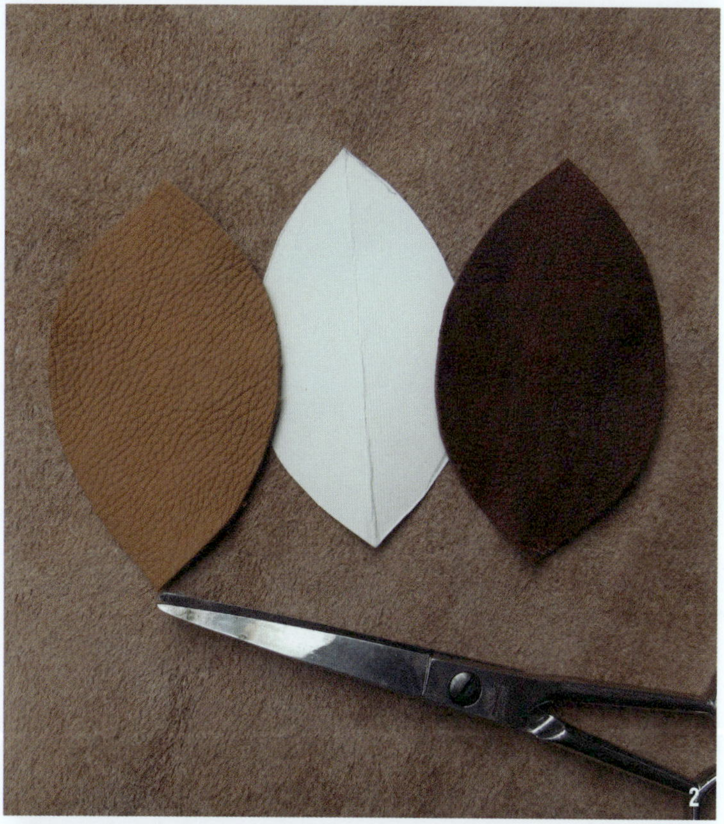
2

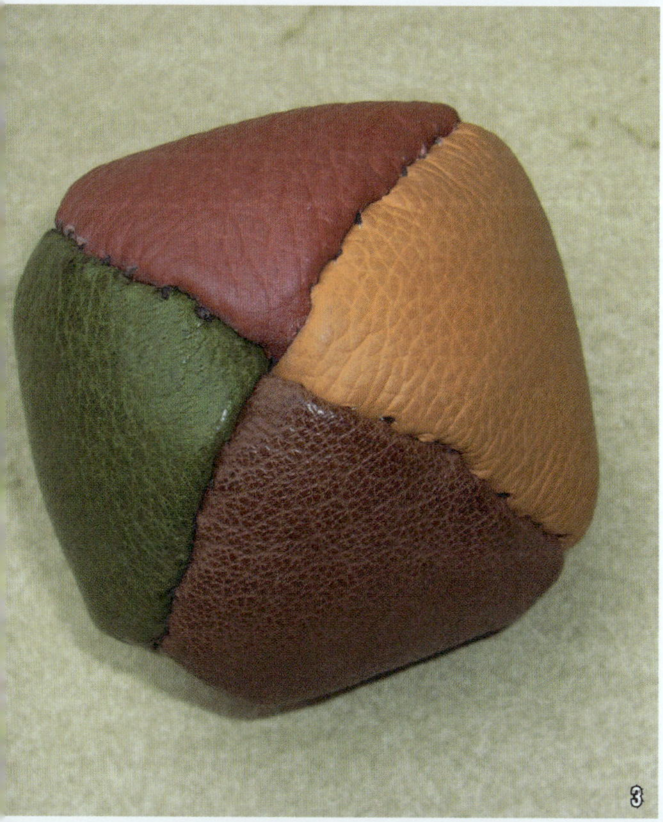
3

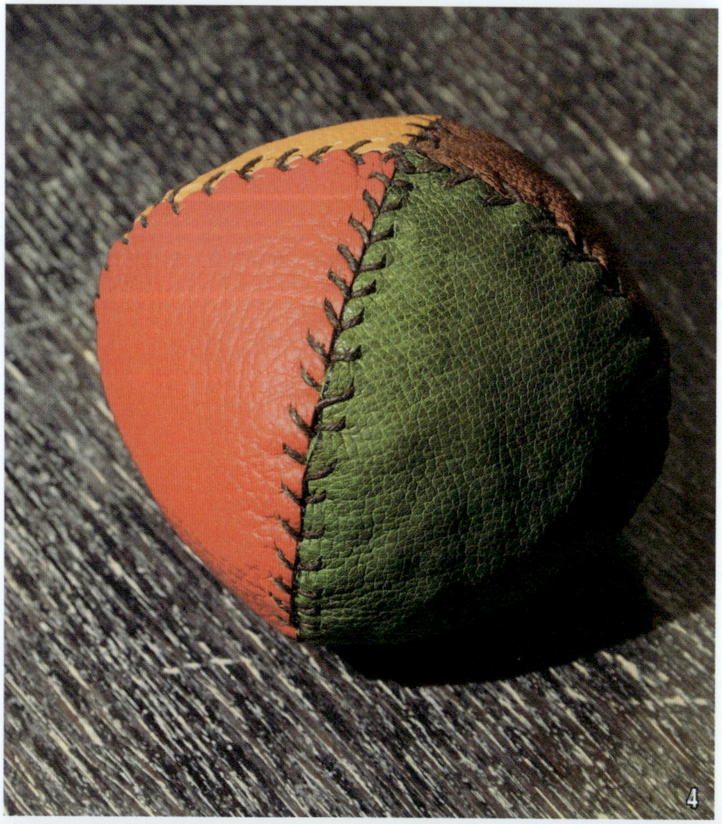
4

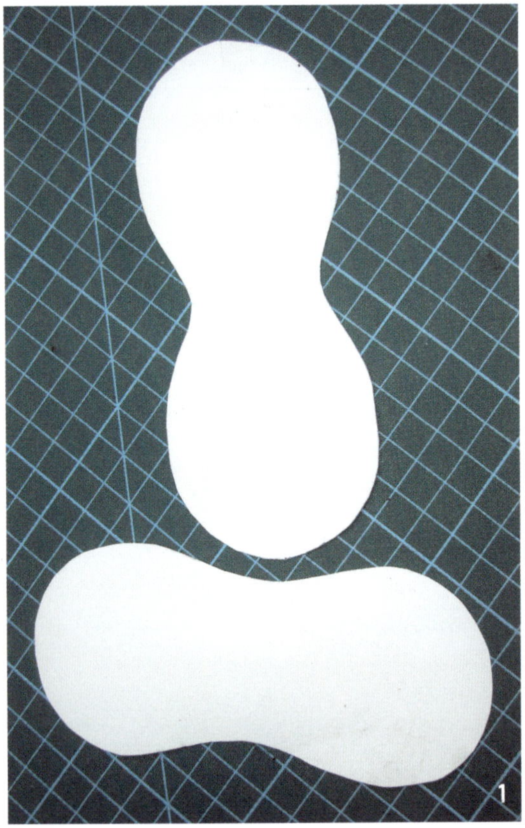

1

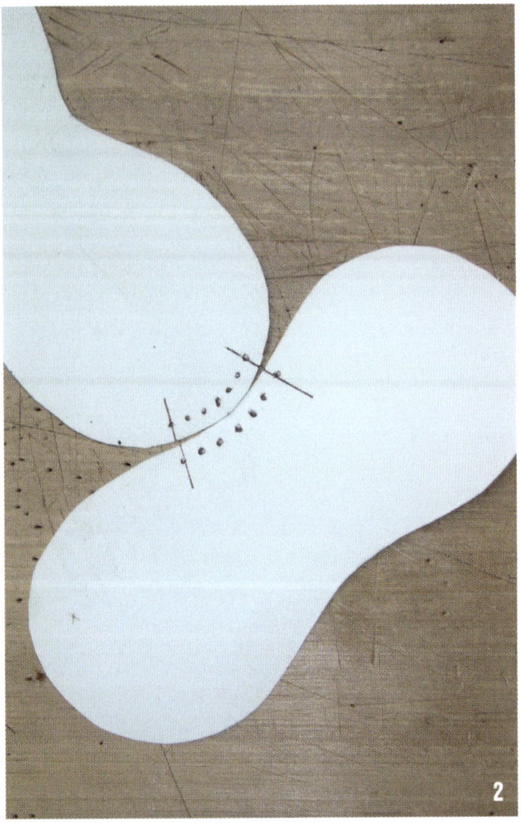

2

Variante 2:

Entsprechend dem Foto (Bild 1) fertigt man sich eine Schablone aus festem Papier an. Bei der Wahl der Größe ist eine Nahtzugabe zu berücksichtigen. Man kann die Schablone immer wieder benutzen, wenn man gleich große Bälle haben will. ▸ Bild 1

Die beiden Teile werden entsprechend der Schablone ausgeschnitten und am Rand mit einer Ahle vorgelocht. Beim Zusammennähen liegt ein runder «Kopf» des einen Lederstückes in der «Taille» des anderen. Deshalb muss schon beim Lochen darauf geachtet werden, dass die jeweils zusammengehörigen Löcher zueinanderpassen. Beim Innenstück liegen sie also näher nebeneinander, und bei dem dazugehörigen Außenstück sind sie etwas weiter auseinander. Auch auf die gleiche Anzahl an beiden Stücken muss sorgfältig geachtet werden, damit nicht beim Zusammensetzen am Schluss ein Loch fehlt. ▸ Bild 2-4

Die Teile werden von «links», also umgekrempelt, vernäht. Das letzte Stück bleibt zunächst noch offen, damit der Ball auf die rechte Seite gewendet werden und die Füllung erfolgen kann. Die letzten Stiche müssen dann von außen gemacht werden. Dazu wird mit lockerem Faden die Naht vorbereitet. Sind alle Stiche am richtigen Platz, kann der Faden Stück für Stück strammgezogen und am Ende vernäht werden. ▸ Bild 5

Die Naht kann auch von außen angebracht werden. Man näht kreuzförmig mit zwei Nadeln. Dabei stoßen die Ränder der Lederstücke stumpf gegeneinander (siehe den Abschnitt «Zickzacknaht», S. 43). ▸ Bild 6 ■

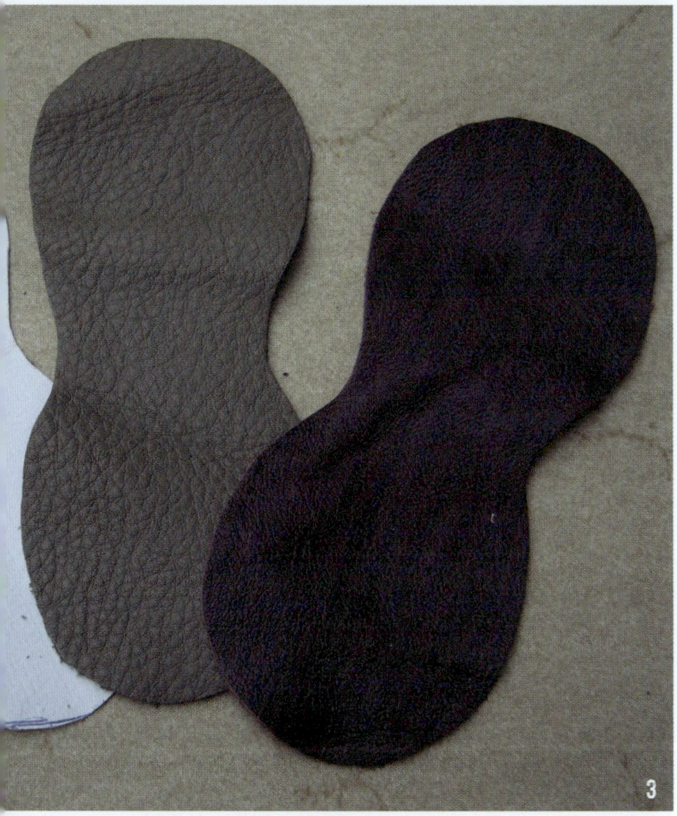
3

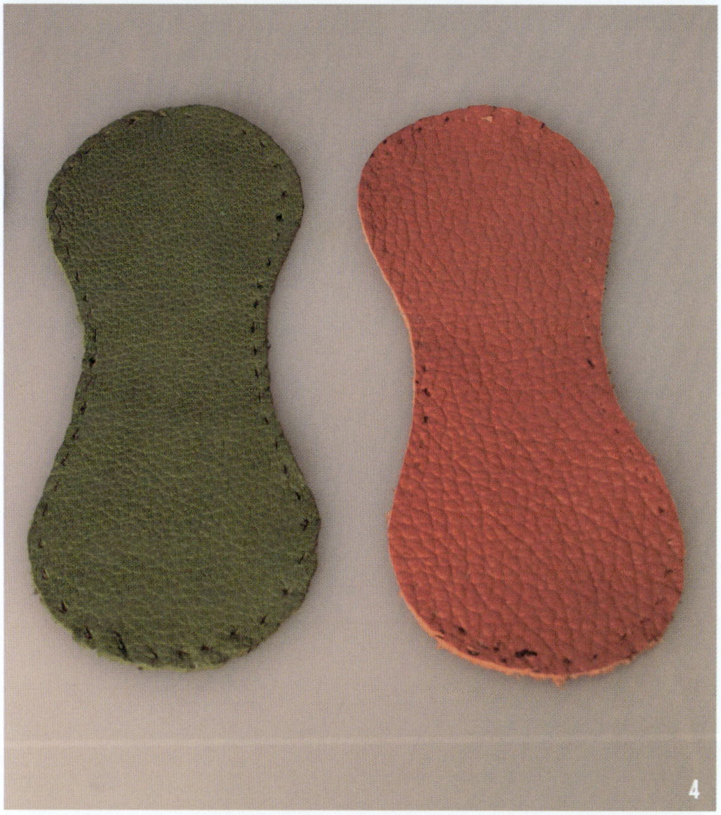
4

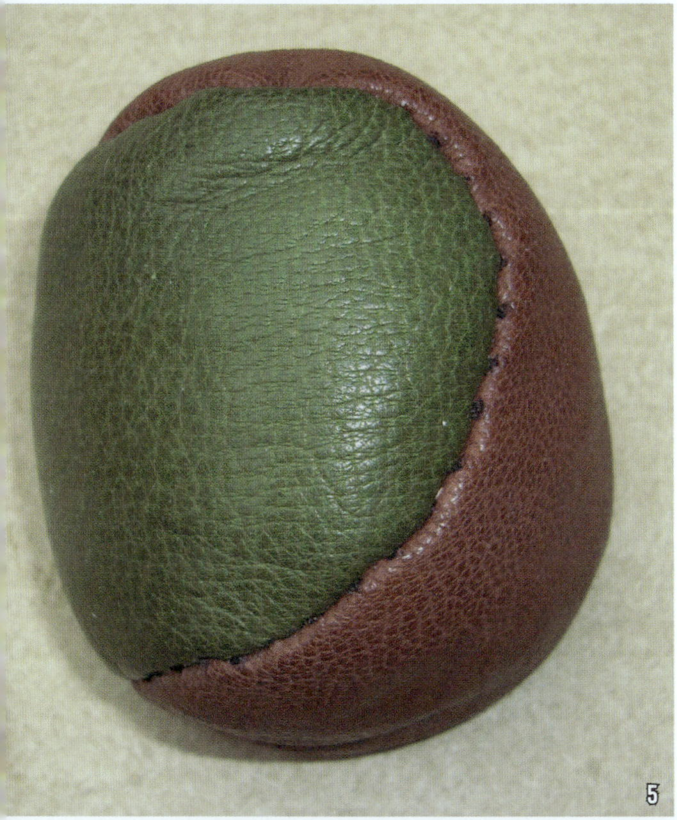
5

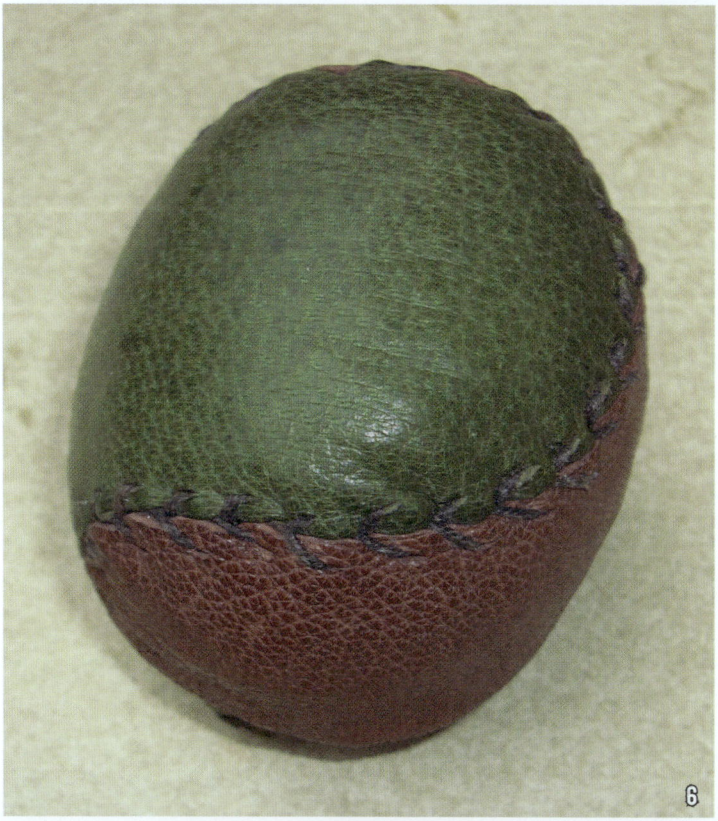
6

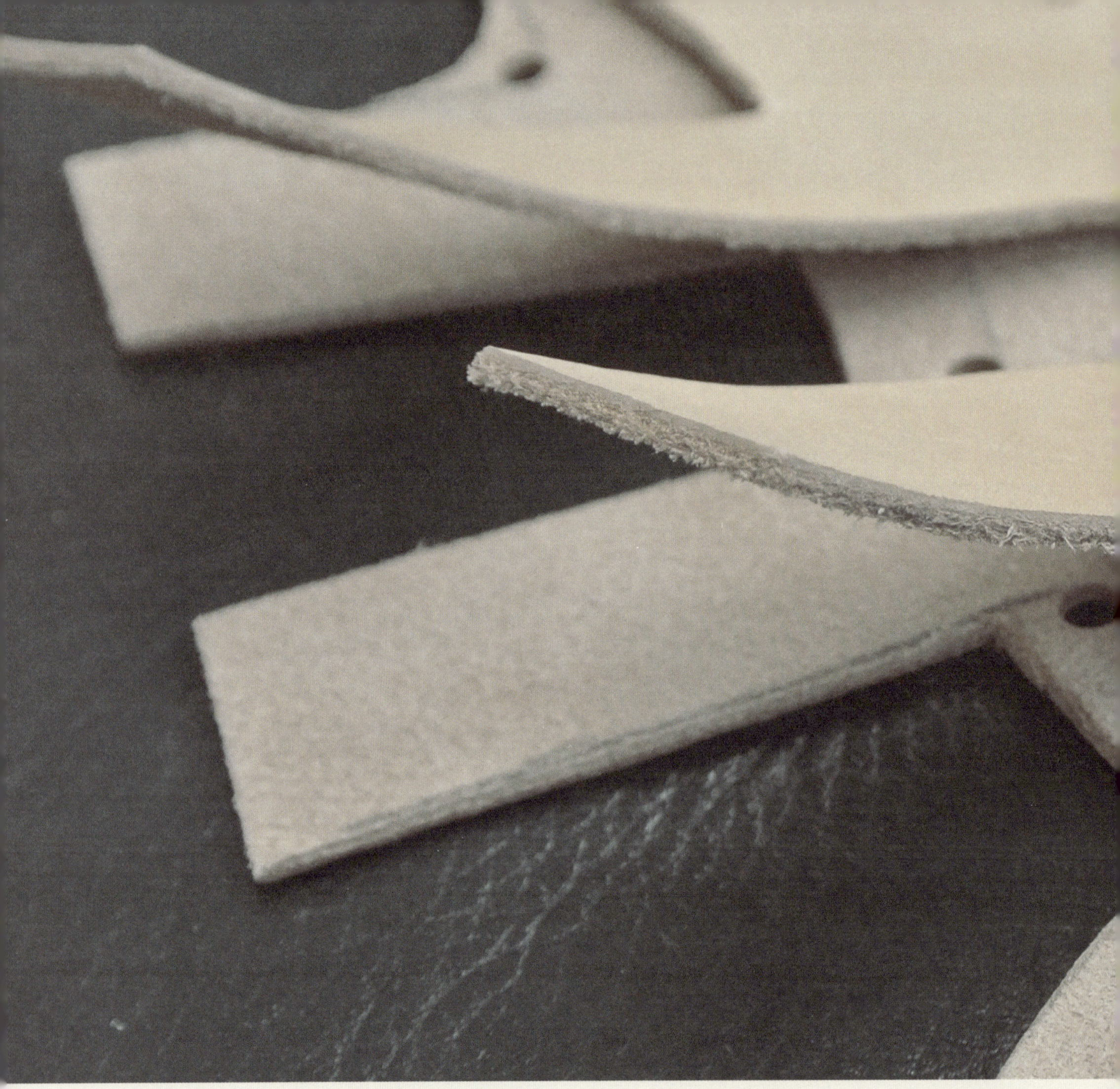

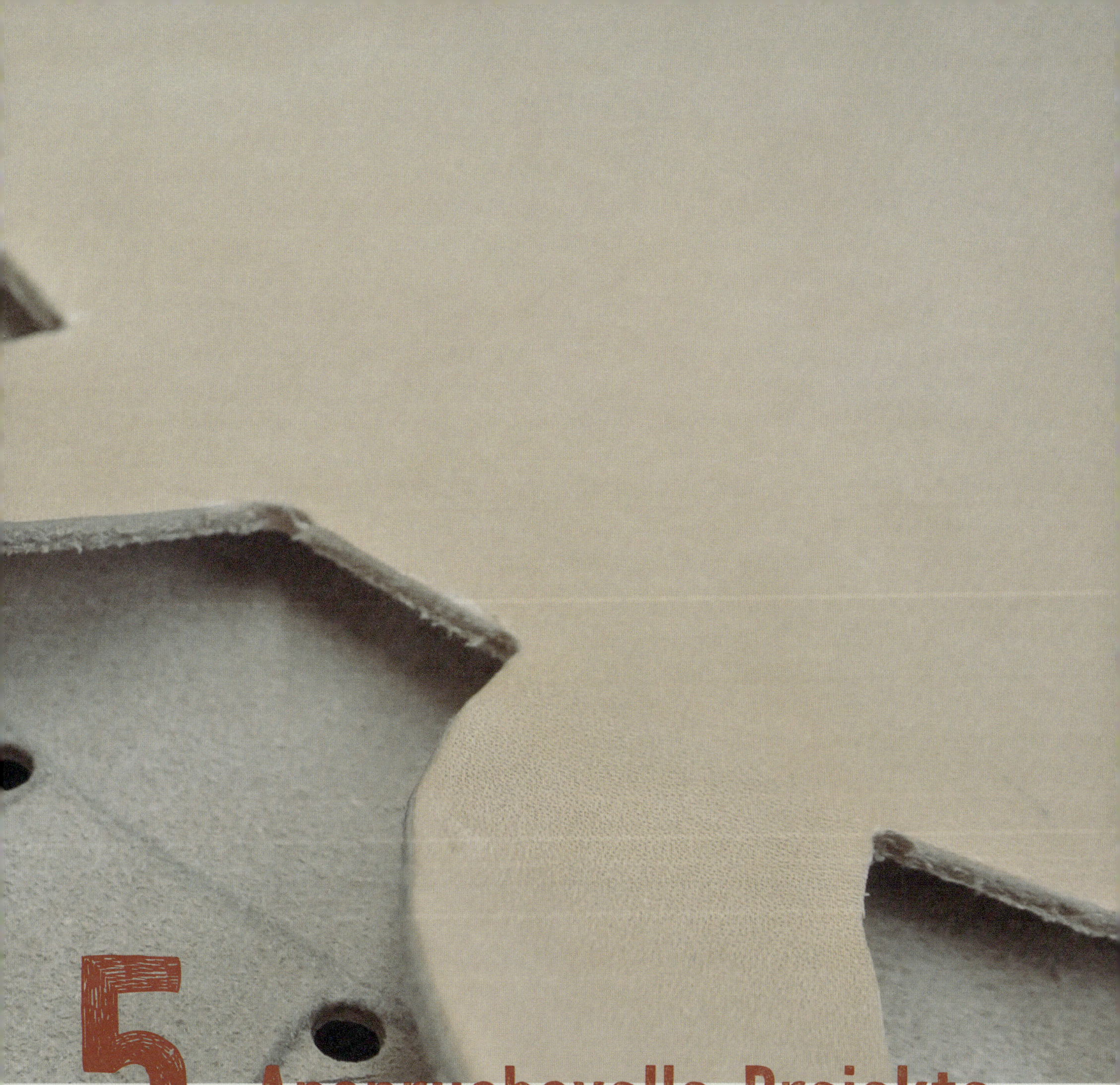

5 Anspruchsvolle Projekte

Bälle, Geldbörsen, Taschen, Schuhe

Spielball

Material

stabiles, aber elastisches Leder (hier von einem Sofa aus dem Sperrmüll) | Schafwolle als Füllung | Papier | Pappe

Werkzeug

Schere | Ahle | Nadel | Garn | evtl. Nahtmarkierer oder Vorstecheisen

Aus zwölf gleich großen, fünfeckigen Lederstücken lässt sich ein kleiner Spielball herstellen. (Die Form ist ein Pentagondodekaeder, einer der Platonischen Körper.) Die Kantenlänge des zugeschnittenen Leders beträgt incl. Saum 6 cm, die Kantenlänge der Naht 4,5 cm. ▸ Bild 1-2
Die Teile werden mit einer entsprechenden Schablone aufgezeichnet und ausgeschnitten. Nach dem Vorstechen werden sie zuerst von der Innenseite des Leders beinahe ganz vernäht (siehe das Kapitel «Nähte», S. 38). ▸ Bild 3-4
Für das letzte Nahtstück muss der Ball auf die richtige Seite gewendet und befüllt werden. In unserem Beispiel ist er mit Schafwolle gestopft. ▸ Bild 5
Das letzte Stück der Naht muss vorsichtig von außen fertiggestellt werden, indem der Faden bis zum Ende locker durch die Löcher geführt und im letzten Schritt erst strammgezogen und sorgfältig vernäht wird. Schließlich haben wir einen schönen, hochwertigen Spielball. ▸ Bild 6 ■

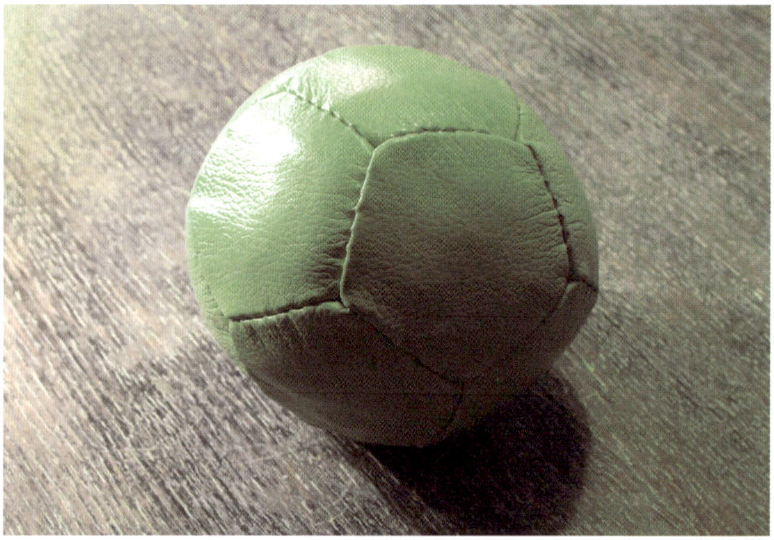

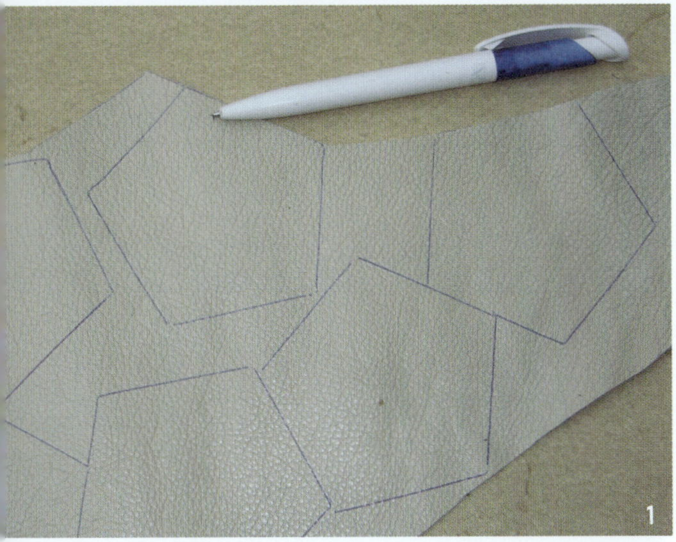

1

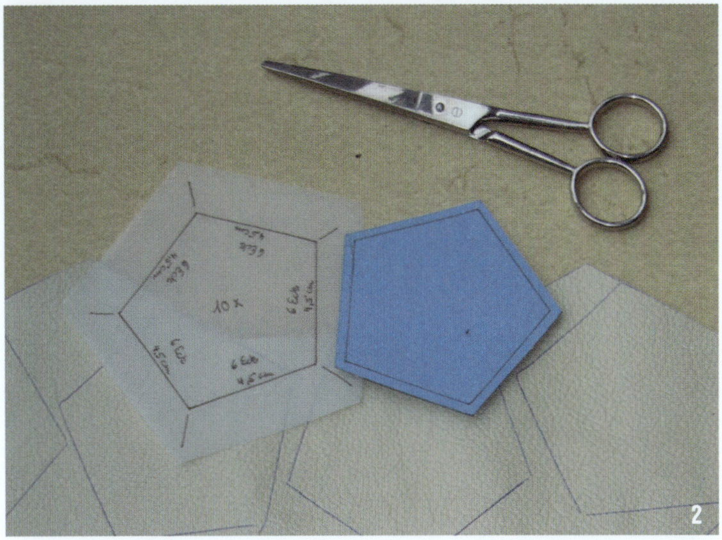

2

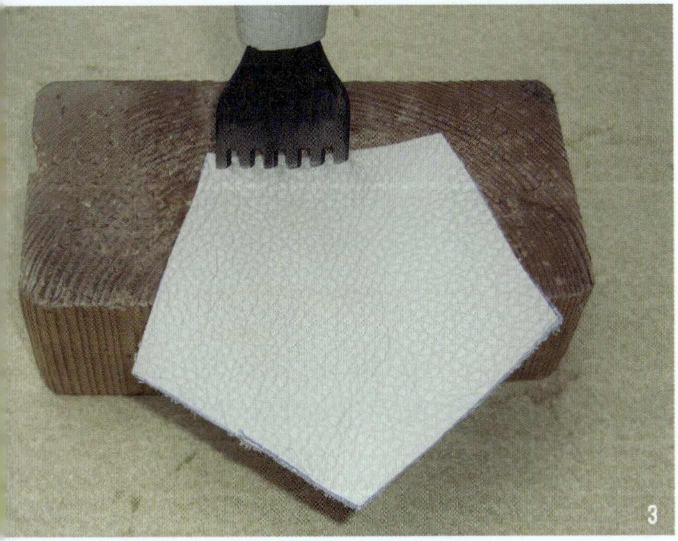

3

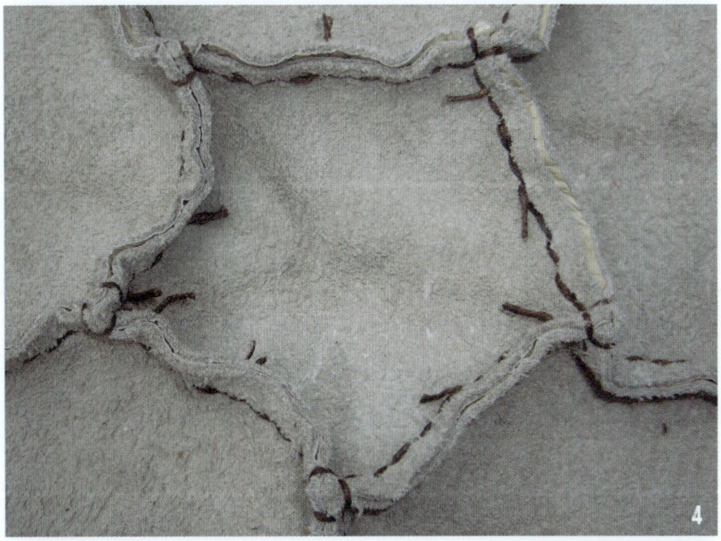

4

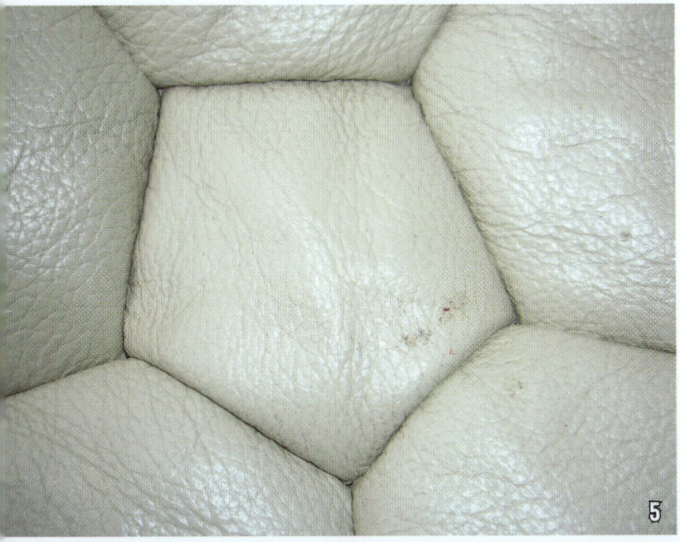

5

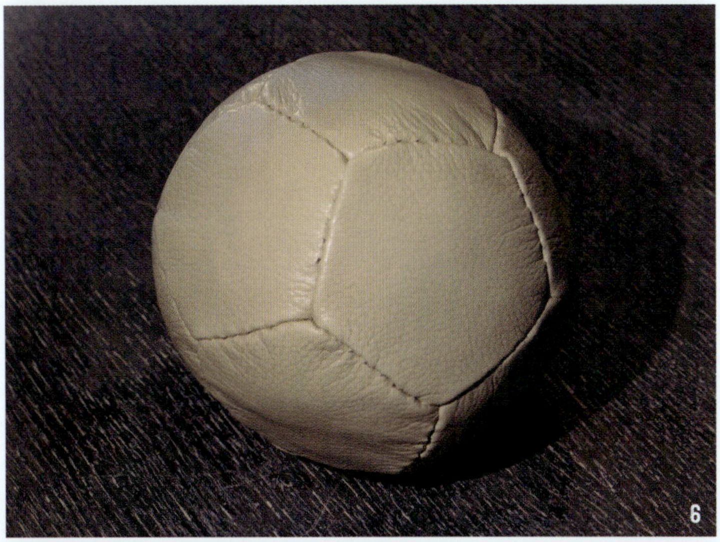

6

Fußball

Material

weiches, aber stabiles Leder, z.B. Rind (hier vom Sperrmüllsofa) | Fußballblase aus dem Internet | Papier | Pappe

Werkzeug

Schere | Ahle | Nadel | Garn | evtl. Nahtmarkierer oder Vorstecheisen

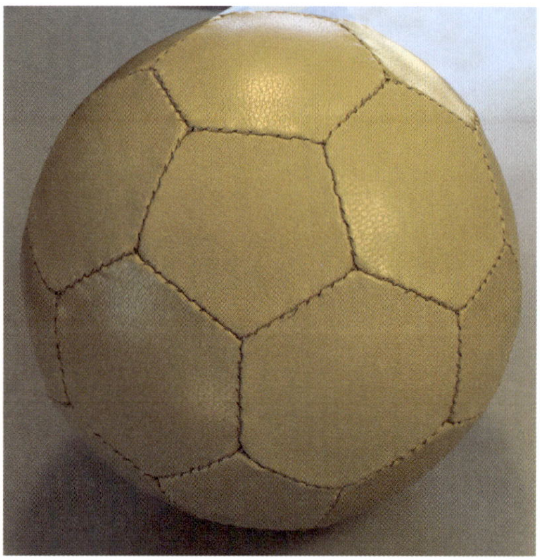

Etwas Besonderes ist es, sich einen eigenen Fußball aus echtem Leder zu nähen. Ein klassischer Fußball besteht aus fünf- und sechseckigen Flächen. Jeweils ein Fünfeck ist von fünf Sechsecken umgeben. Die Idee für diese Arbeit ging von einem im Graben gefundenen alten Lederfußball aus. Er diente hier auch als Modell. ▸ Bild 1

Die Größe der Flächen wurde von diesem alten Ball durchgepaust. Die Luftblase konnte über das Internet neu gekauft werden. ▸ Bild 2
Mit etwa vier Millimeter Maßzugabe werden die zwanzig Sechsecke und die zehn Fünfecke auf dem Leder aufgezeichnet und ausgeschnitten. Die Kantenlänge der Naht beträgt 4,5 cm. ▸ Bild 3
Alle Einzelteile werden am Rand vorgelocht und bis auf ein letztes Fünfeck von der umgekehrten Innenseite zusammengenäht. ▸ Bild 4

Jetzt kann das Ganze auf die richtige Seite gedreht und die Luftblase eingeführt werden, und zwar so, dass das Ventil genau in der Mitte des offenen Fünfecks liegt. Anschließend etwas Luft einpumpen, damit sich die Blase nicht mehr verschiebt.
In das letzte Fünfeck muss in der Mitte ein Loch gestanzt werden, damit später dort die Luft hineingepumpt werden kann. Jetzt wird dieses letzte Fünfeck von außen eingenäht, und zwar so, dass immer zwei bis drei Stiche sehr locker durchgeführt und erst anschließend strammgezogen werden. Besonders die letzten Stiche sind kompliziert und erfordern sehr viel Geduld. ▸ Bild 5-6
Nachdem der Ball prall aufgepumpt wurde und gut mit Fett eingerieben worden ist, kann das Spiel beginnen. ■

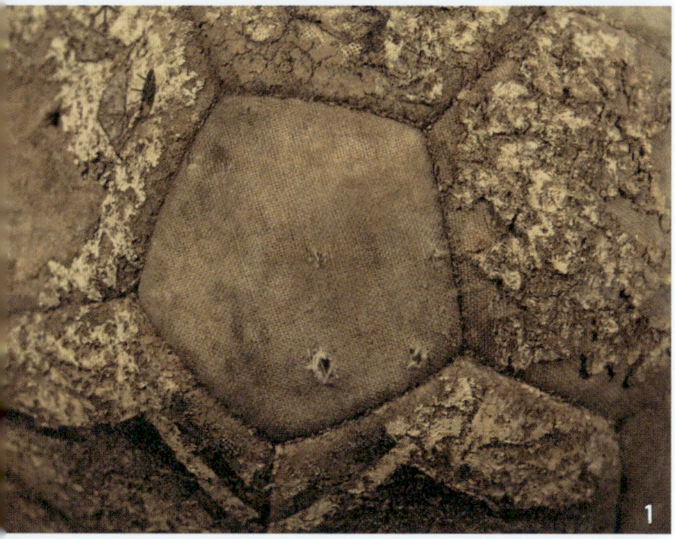

1

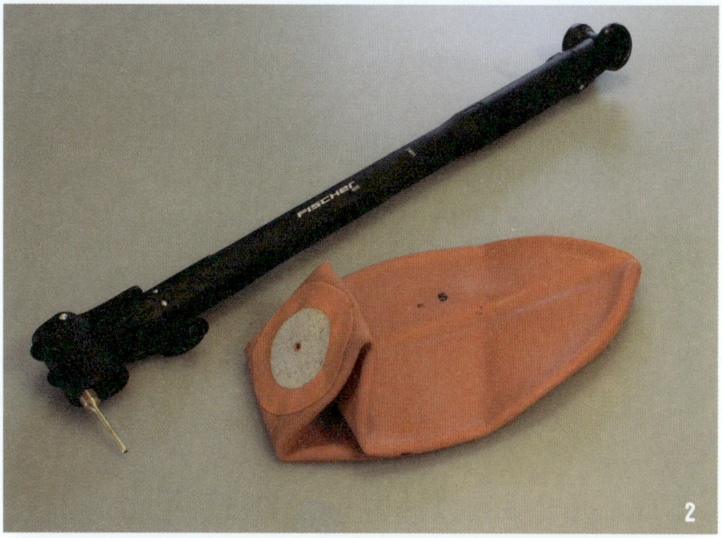

2

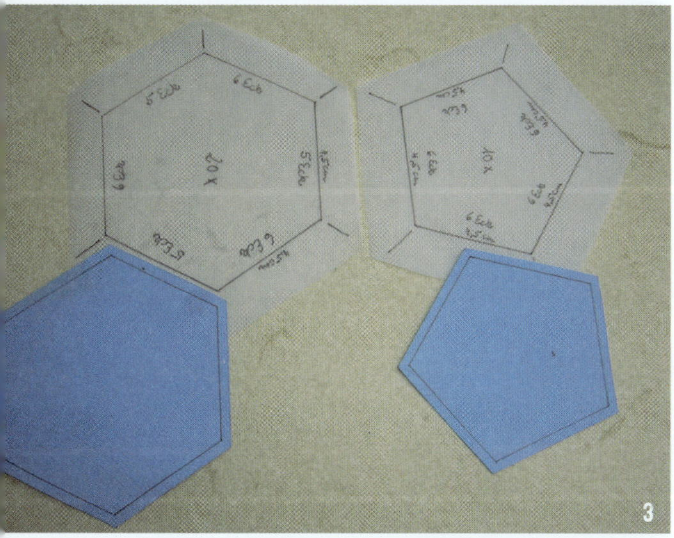

3

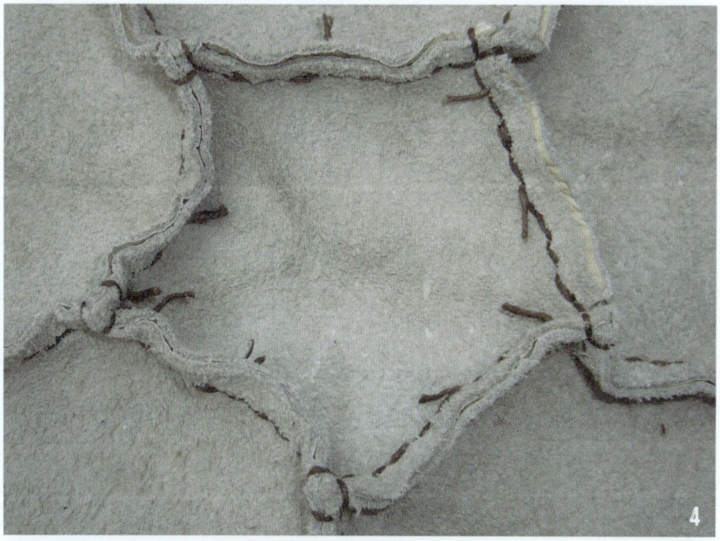

4

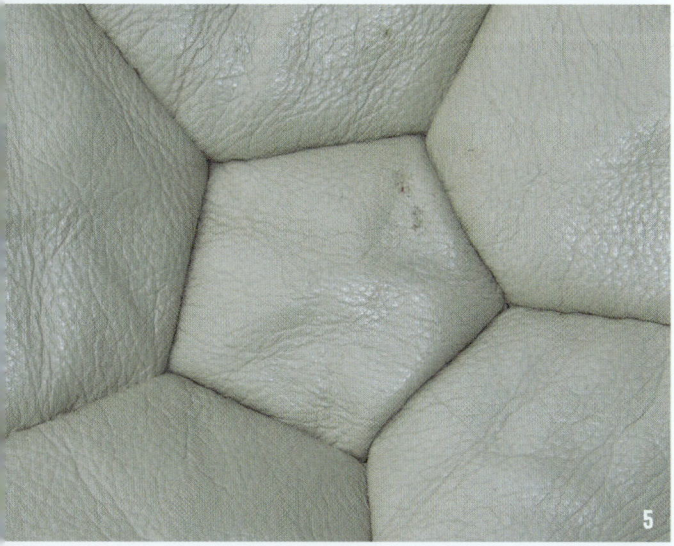

5

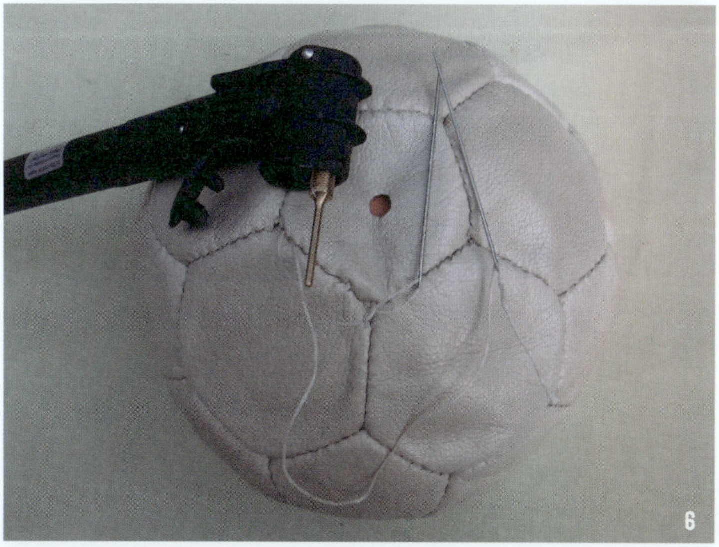

6

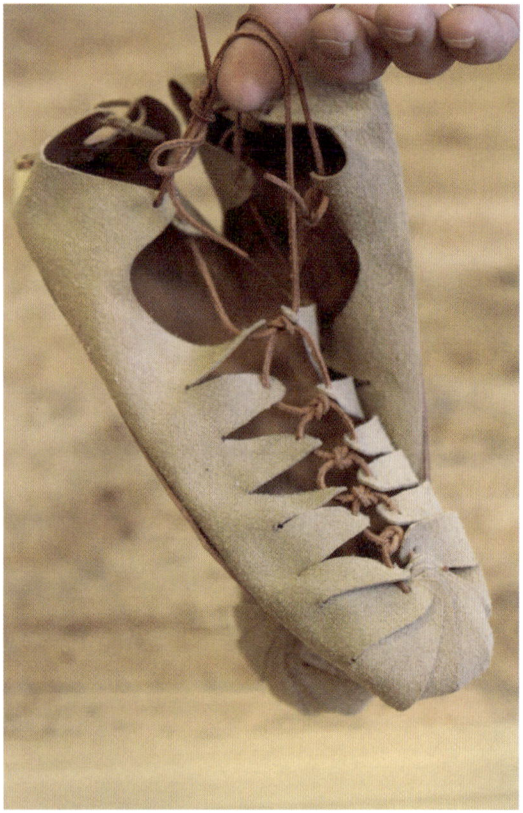

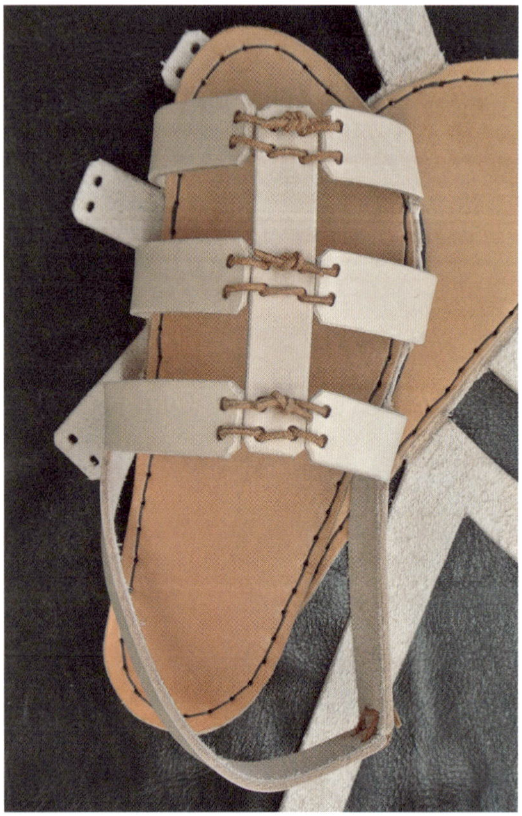

Schuhe

Unsere menschliche Aufrichtekraft haben wir auch dem besonderen Bau unserer Füße zu verdanken. Sie nehmen die Last unseres Körpers auf und ermöglichen uns einen Standpunkt im Gleichgewicht. Mit unseren Füßen sind wir am intensivsten mit der Erde verbunden. Schuhe als die Umhüllung der Füße haben daher eine direkte Bedeutung für unseren Standpunkt, unsere Aufrichtekraft und sogar für unsere Beziehung zur Erde. Es ist also spannend, sich ein Paar Schuhe selbst herzustellen.
In der Pubertät vollzieht sich beim Menschen der Entwicklungsschritt zur Erdenreife, und der Jugendliche wächst allmählich zu einer freien und selbständigen Persönlichkeit mit eigenen Standpunkten heran. Es kann daher auch sinnvoll sein, dass sich die Schülerinnen und Schüler in dieser Altersstufe mit der Herstellung von Schuhwerk beschäftigen.
Schuhe haben ein Inneres, das für das Wohlfühlen der wichtigste Faktor ist. Sie müssen angenehm zu tragen sein und dürfen den Fuß nicht ermüden.
Dann haben sie auch ein Äußeres, das durch Geschmack und Mode beeinflusst wird. Selbst gemachte Schuhe können dem Modetrend natürlich nicht Genüge leisten, weil sie einfach gestaltet sein müssen. Andererseits entstehen Originalstücke, die aus diesem Grunde einen besonderen Stellenwert haben.
Die hier beschriebenen Schuhe sind selbstverständlich kein Ersatz für professionell hergestellte Schuhe, können aber eine interessante und willkommene Ergänzung für das eigene Schuhsortiment sein.

Mittelalterschuhe

Material
stabiles, aber nicht zu steifes Leder, z.B. vom Rind | Lederkordel als Schnürband | Papier | Pappe

Werkzeug
Schere | Ahle | Lochzange | Klebstoff

Einfache Methoden für Schuhwerk haben die Menschen schon früh entwickelt. So könnten Mittelalterschuhe der geeignete Einstieg in die eigene Schuhherstellung sein.
Durch einen Abdruck des Fußes wird die individuelle Schuhgröße auf eine stabile Schablone übertragen. Sie bildet den Mittelpunkt für die dann folgenden Entwürfe aus stabilem Papier. Der Gestaltung sind hierbei kaum Grenzen gesetzt, denn alles kann gut am Fuß direkt ausprobiert werden. ▸ Bild 1
Ist der Papierentwurf gelungen, kann er auf das Leder übertragen und sorgfältig ausgeschnitten werden. Man benötigt festes, nicht zu steifes Leder.
Von innen wird ein zweites Stück Leder in der Größe des Fußabdrucks wie eine Art Einlage eingeklebt. Das macht den Schuh etwas stabiler, sodass sich nicht jeder Stein gleich auf den Fuß durchdrückt. ▸ Bild 2-3

▷

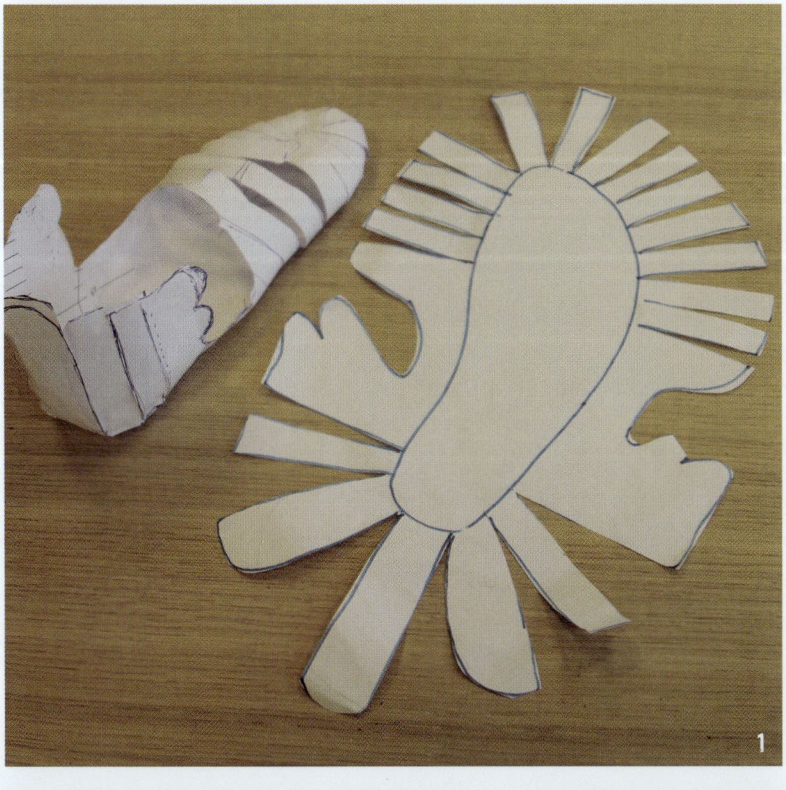

1

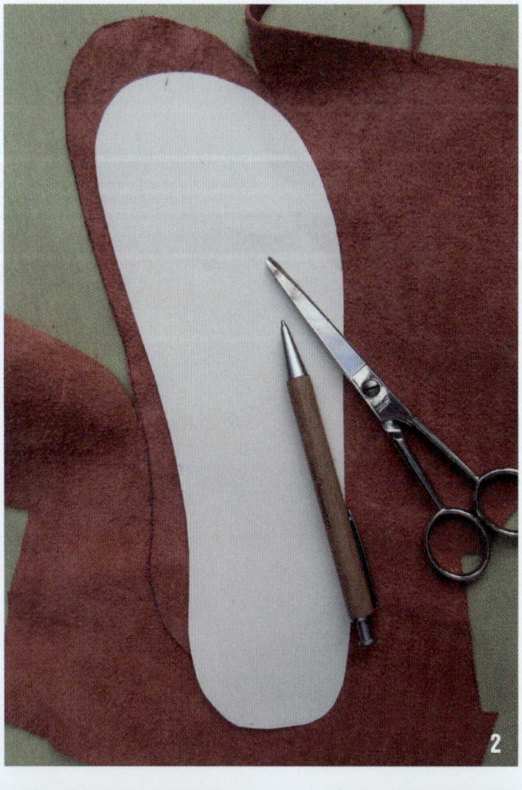

2

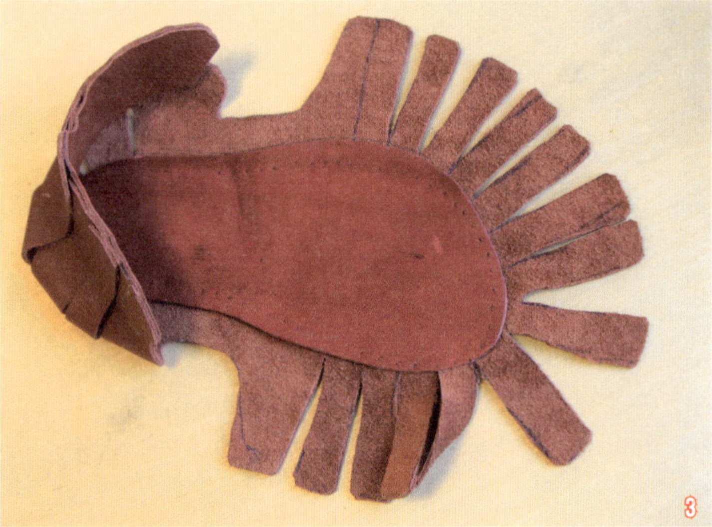
3

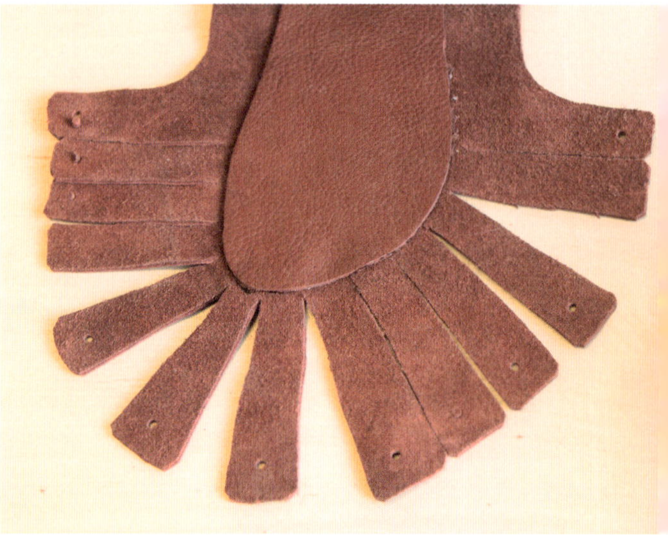

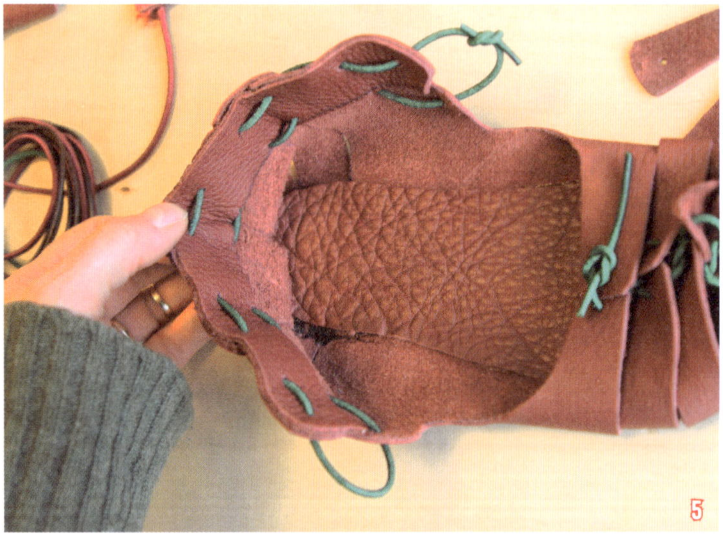
5

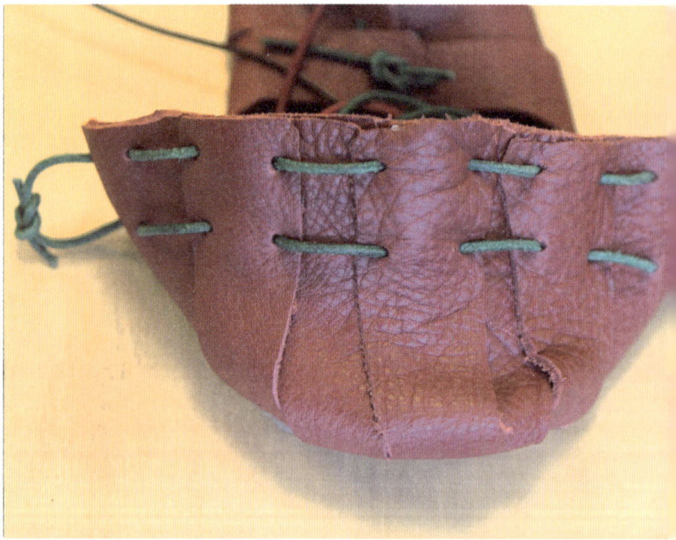

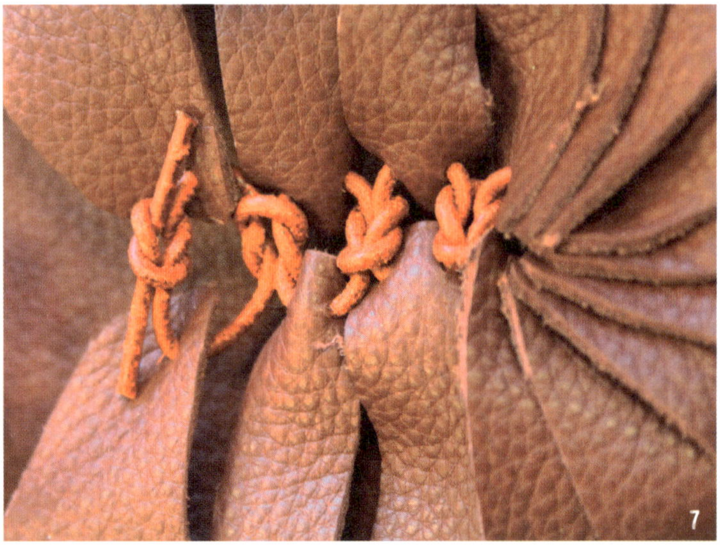
7

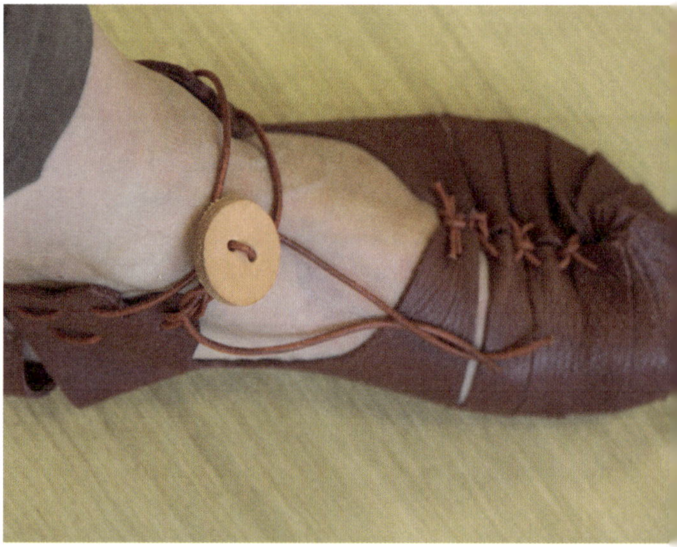

An den Enden der «Flügel» wird jeweils ein Loch in das Leder gestanzt. ▸ Bild 4
Die Ferse wird vor dem Lochen ineinandergeklebt. In die gestanzten Löcher kann eine Lederkordel eingezogen werden.
Die «Flügel» werden entsprechend der Fußgröße mit der Lederkordel verbunden. ▸ Bild 5-6
Die Schnürkordeln können an den Flügeln mit einem Knoten versehen werden. ▸ Bild 7
Als Verschluss bildet man an einer Seite eine Schlaufe und fädelt durch das andere Ende einen selbst geschnittenen Knopf aus dickem Leder oder nimmt einen schön geformten Knopf aus der Knopfsammelkiste. ▸ Bild 8-9
Die Variante aus naturfarbenem Leder ist ebenfalls ein ansehnlicher Mittelalterschuh. ▸ Bild 10 ■

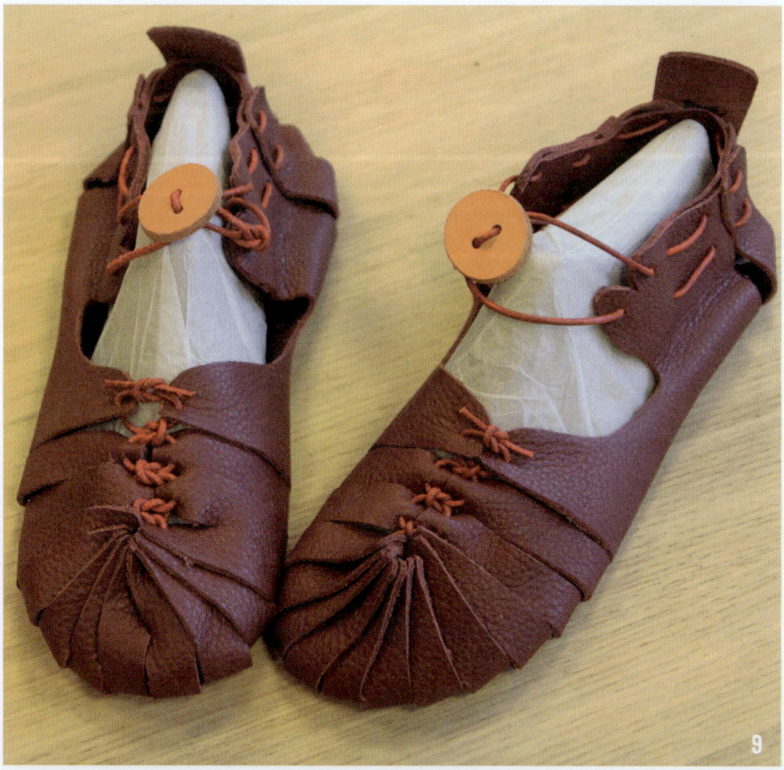

9

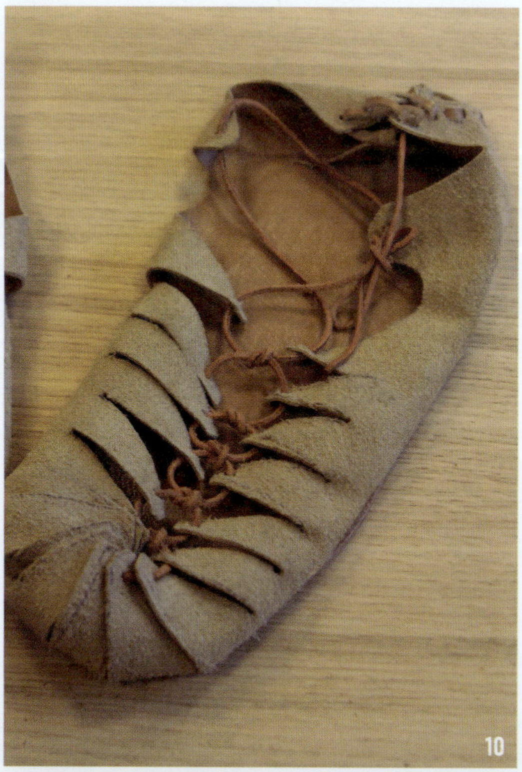

10

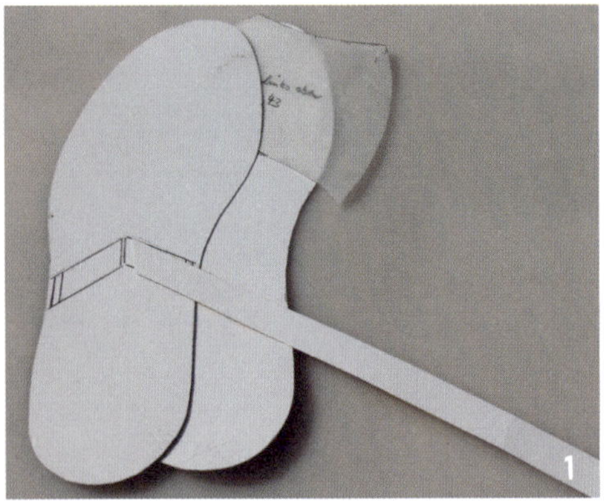
1

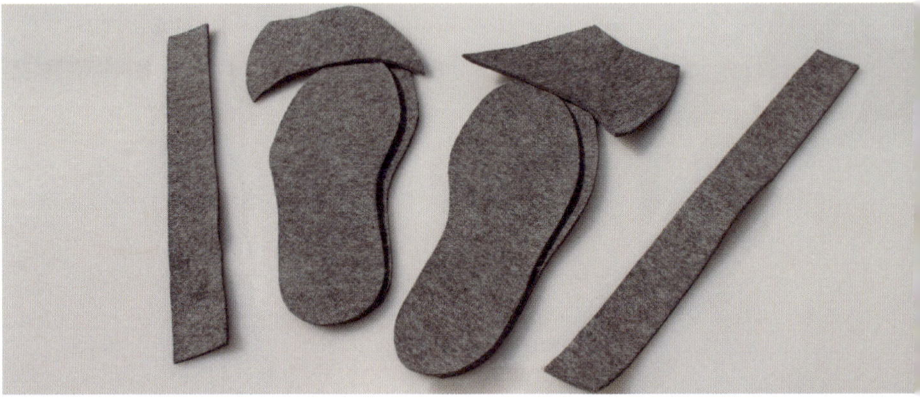

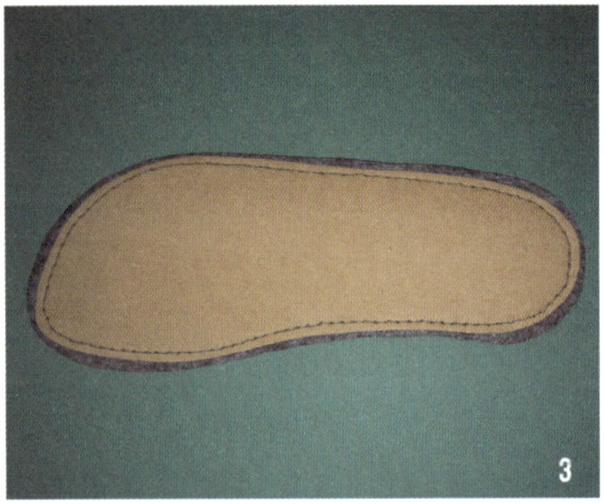
3

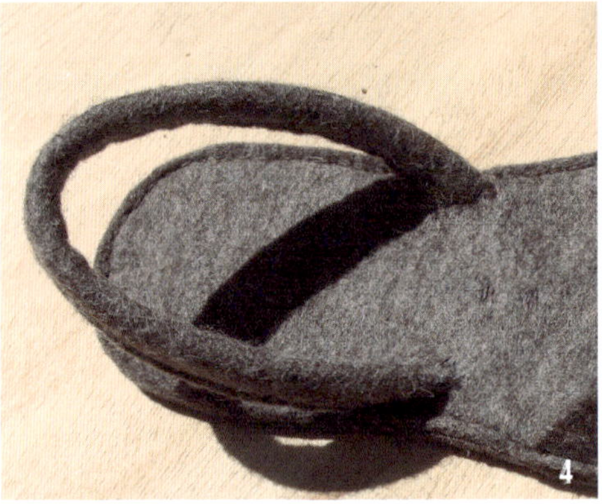
4

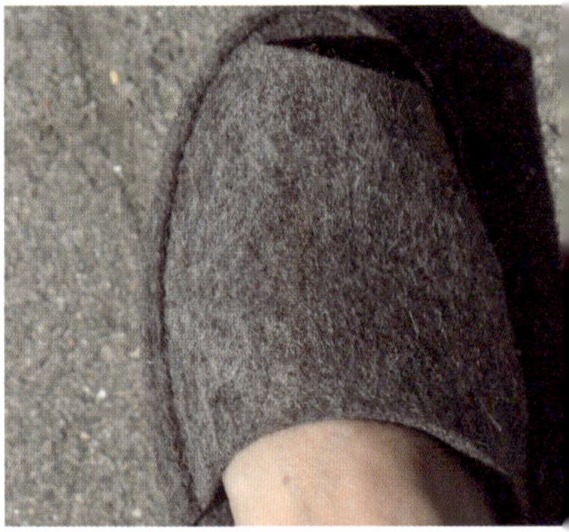

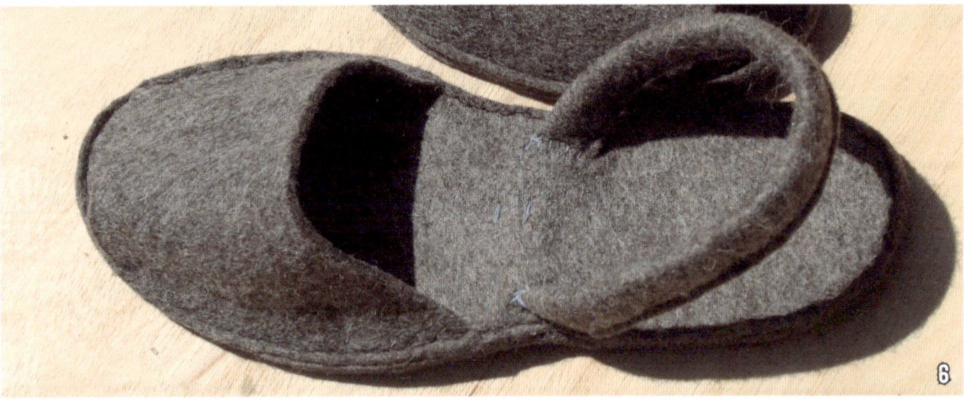
6

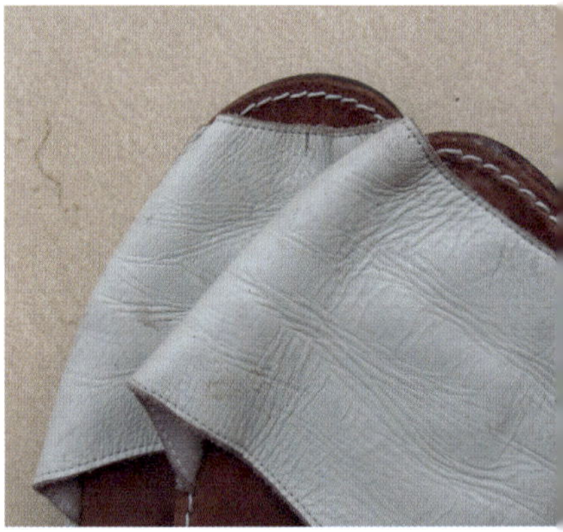

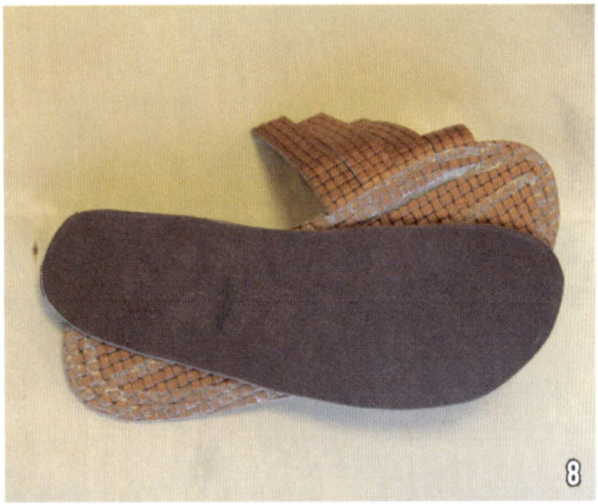
8

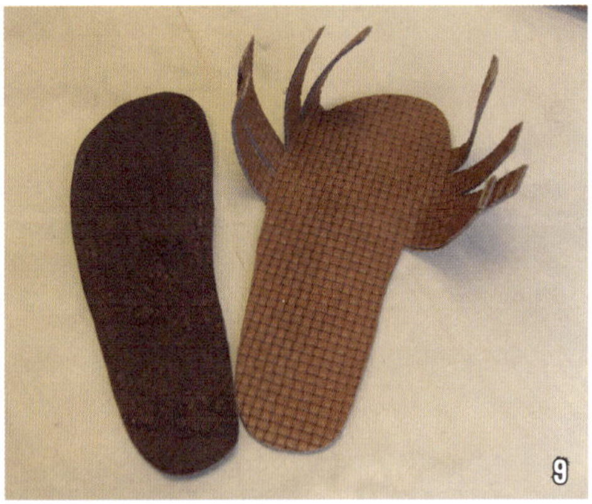
9

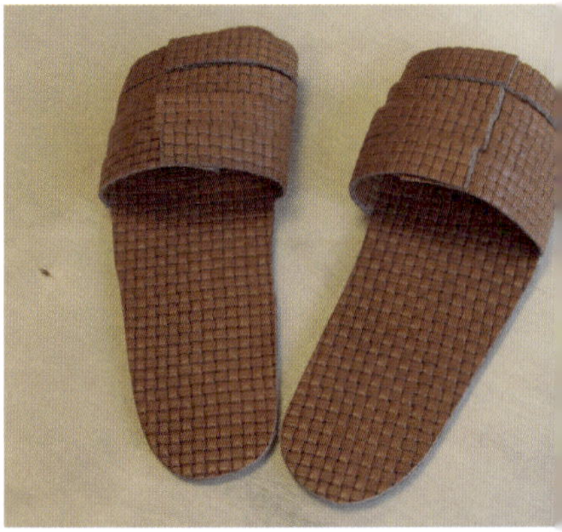

Mallorca-Schuhe

Nach seinem Fuß fertigt man sich eine Schablone für die Größe an. Sie sollte rundherum etwa anderthalb Zentimeter größer als der Fuß sein, damit die Außennaht genug Platz bekommt. ▸ Bild 1
Aus Filz werden die Sohlenteile ausgeschnitten. Auch die oberen Kappen werden entsprechend der Schablone zugeschnitten. ▸ Bild 2
Der Filz bekommt in gleicher Größe noch ein Stück passendes Papierleder als Verschleißschutz. ▸ Bild 3
Die hinteren Gurte sollen später den Schuh halten. Daher ist es sinnvoll, sie aus einer doppelten Breite zuzuschneiden. Diese beiden Lagen werden aufeinandergeklebt und mit einer doppelten Naht verstärkt. Entsprechend der Fußgröße lassen sich diese Gurte am passenden Platz unterhalb der Sohle gut festnähen. ▸ Bild 4
Jetzt können die obere Kappe, die Sohle und das Papierleder miteinander verklebt und anschließend genäht werden. ▸ Bild 5-6
Man kann die Mallorca-Schuhe natürlich auch aus Leder statt aus Filz herstellen. Als Sohle wurde in diesem Fall ein Stück Autoschlauch untergeklebt und angenäht. ▸ Bild 7
Wir zeigen auch eine Variante ohne hinteren Gurt. Die oberen Kappen werden durch je vier gleich breite Lederstreifen gebildet, die oben durch stabile Lederkordeln miteinander verbunden werden. ▸ Bild 8-11 ■

Material
Filz oder stabiles Rindsleder (hier mit aufgedrucktem Flechtmuster) | Papierleder | Papier | Pappe

Werkzeug
Schere | Ahle | Lochzange | evtl. Nadeln und Garn | Kleber

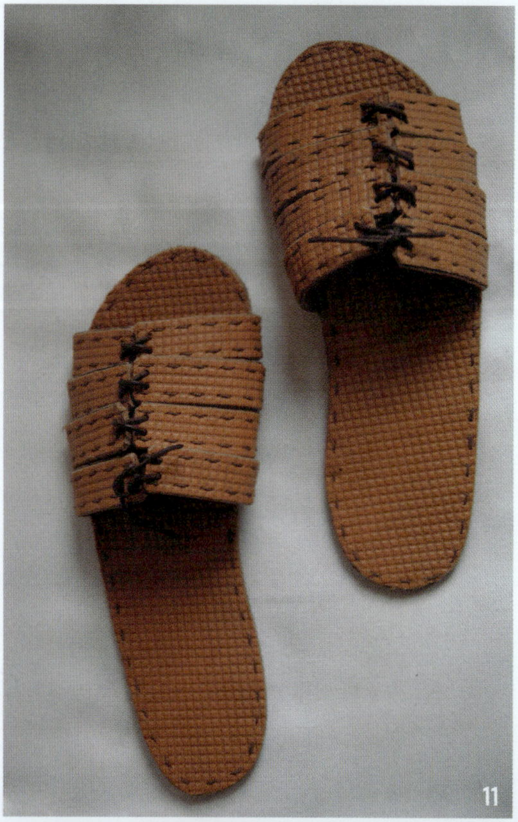
11

Material

Ziegenleder | evtl. Wollstoff | Papier | Pappe

Werkzeug

Schere | Ahle (bzw. Lochzange) | Nadel | Garn

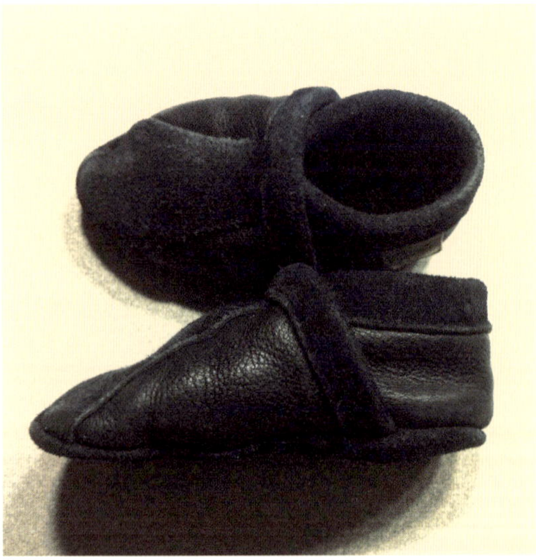

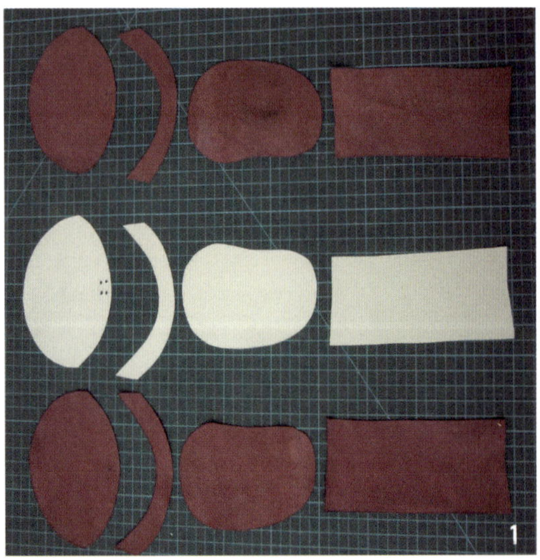

Kinderschuhe

Für die ersten Kinderschuhe nimmt man am besten weiches, geschmeidiges Ziegenleder in der gewünschten Farbe.
Als Erstes fertigt man sich anhand des Kinderfußes aus Papier oder auch Stoffresten eine Schablone an. Hierbei kann die eigene Vorstellung am besten umgesetzt werden. Wenn dieser Entwurf an den Fuß passt, kann mit seiner Hilfe der Zuschnitt erfolgen. Dabei ist die Nahtzugabe zu bedenken. Alle Teile werden gleich in zweifacher Ausführung, aber spiegelbildlich ausgeschnitten (rechter und linker Schuh). ▸ Bild 1-3
Die Sohle zeigt mit der rauen Innenseite des Leders nach unten, sodass für das Kind weniger Rutschgefahr besteht. Bei den oberen Teilen kann man sowohl Innen- als auch Außenseite des Leders nach eigenem Geschmack miteinander kombinieren.
Zuerst wird die Ferse mit umgeschlagenem Saum an die Sohle genäht. Dann können der halbmondförmige Saum und das Vorderteil zusammengenäht werden. ▸ Bild 4
Beide werden nun mit der Sohle verbunden – entweder von der Innenseite (Bild 5) oder an der Außenseite (Bild 6). In diesem Fall wurde auch noch ein Wollstoff als Futter mit eingenäht (Bild 7). ▸ Bild 5-7
In der Stoßstelle von Ferse und Vorderteil liegen nun mehrere Lagen übereinander.
Im oberen Saum wird ein Gummiband als elastischer Verschluss eingezogen.
Es kann entweder mit Garn genäht werden (Bild 4-7) oder die Lohelandnaht angewendet werden (Bild 3). In diesem Fall wurde das Vorderteil aus drei Teilen zusammengefügt (siehe auch das Foto auf S. 185). ■

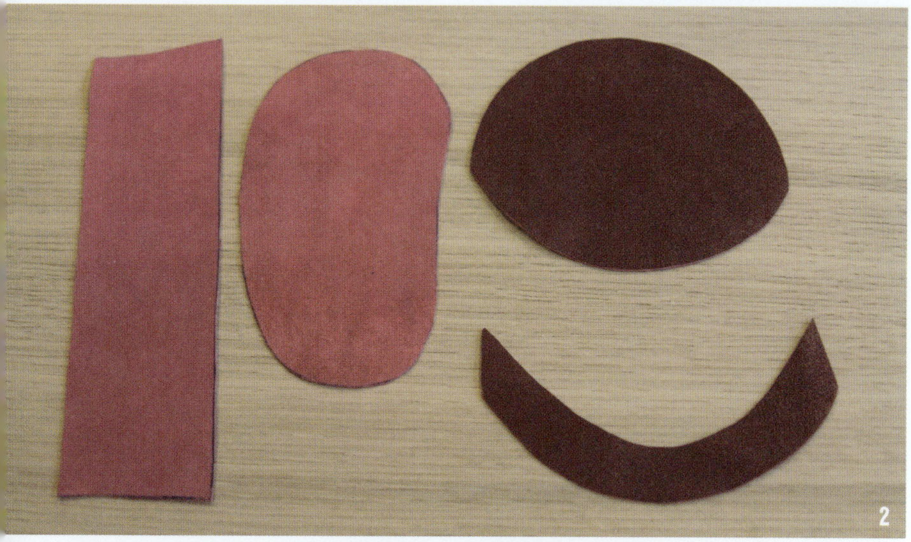
2

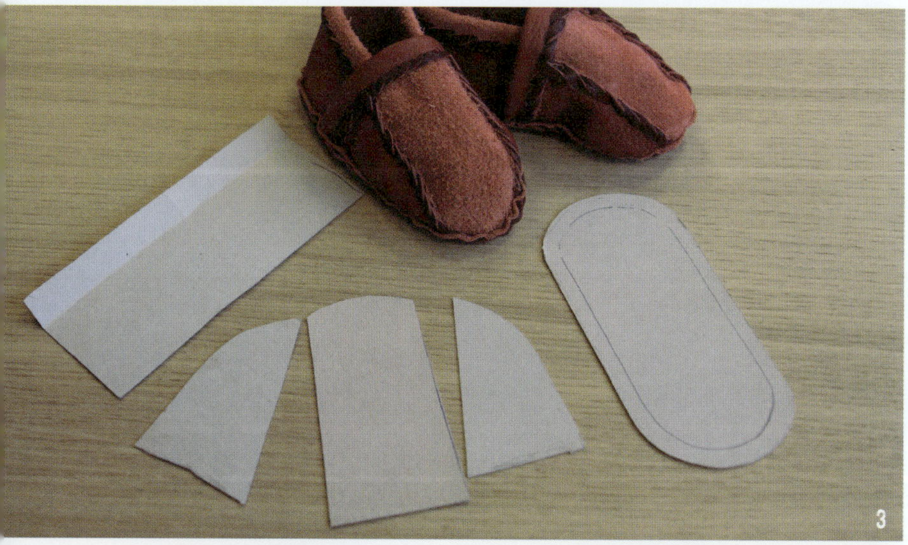
3

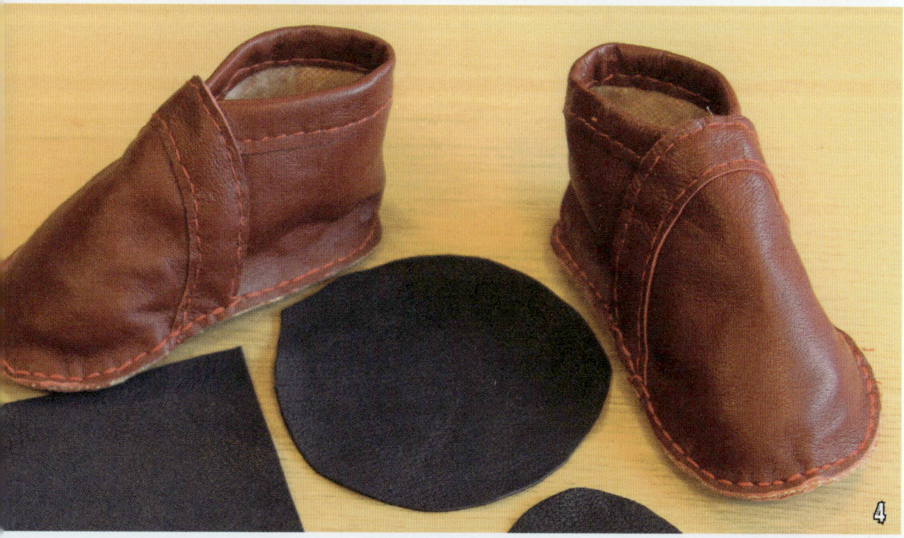
4

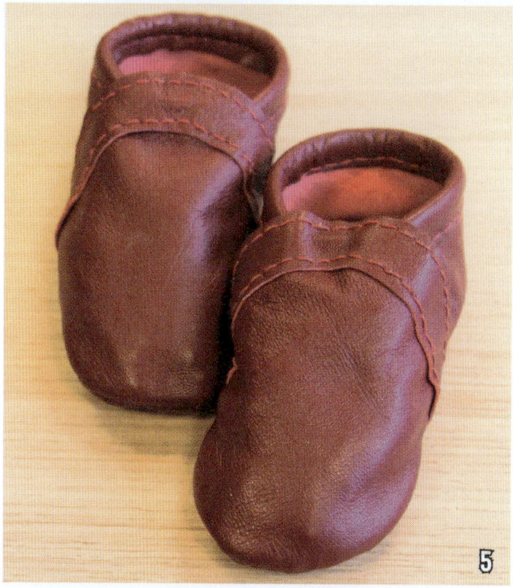
5

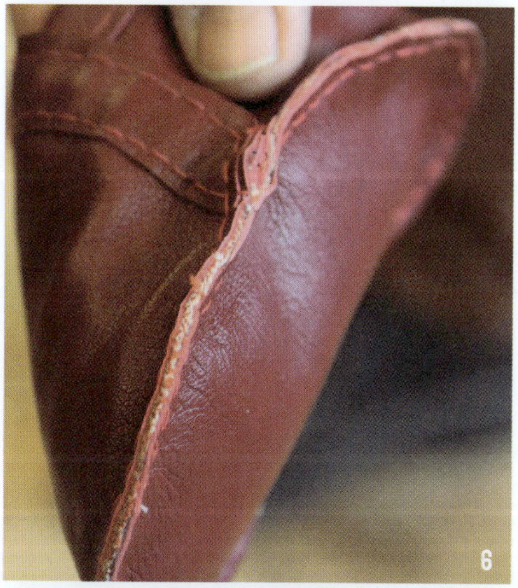
6

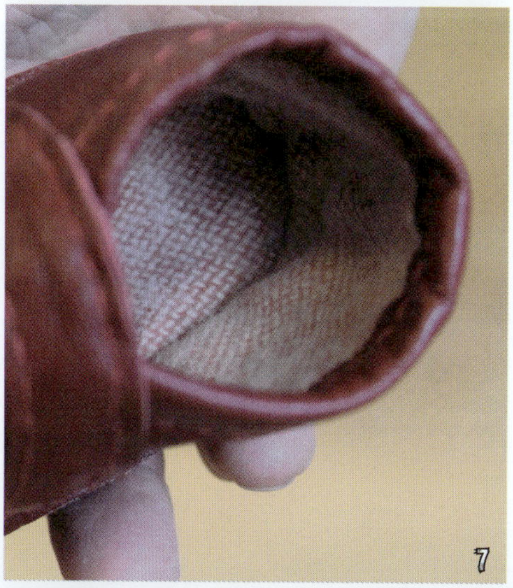
7

Weitere Schuhvarianten

Ebenso reizvoll sind die unten abgebildeten Ledermokassins. Die mit Lederstreifen genähte Naht und die Lederfransen sorgen bei diesem Schuh für den indianischen Stil. ▸ Bild 1-2

Die Sandalen rechts erhalten eine Sohle aus drei Lagen, die stabil miteinander vernäht werden. Je drei Querriemen werden durch dekorative Lederkordeln an dem oben liegenden Längsstreifen befestigt. Auch die beiden hinteren Riemen werden durch Lederkordeln miteinander verbunden. ▸ Bild 3-6

Mit einer passenden Schablone kann man sich auch schöne Römersandalen herstellen. Zur Zeitenwende trugen die Römer solche Schuhe (gesehen im Tuffsteinmuseum in der Eifel). Die Riemen werden ebenfalls mit Lederkordeln miteinander befestigt, beim oberen Riemen kann man einen Kugelkopfverschluss verwenden. ▸ Bild 7-8

Die Mittelalterschuhe (S. 95ff.) kann man auch aus Filz herstellen. ▸ Bild 9-10 ■

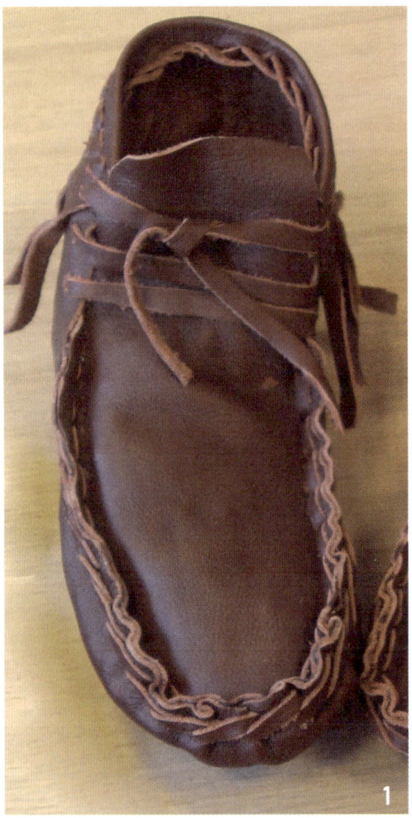

1

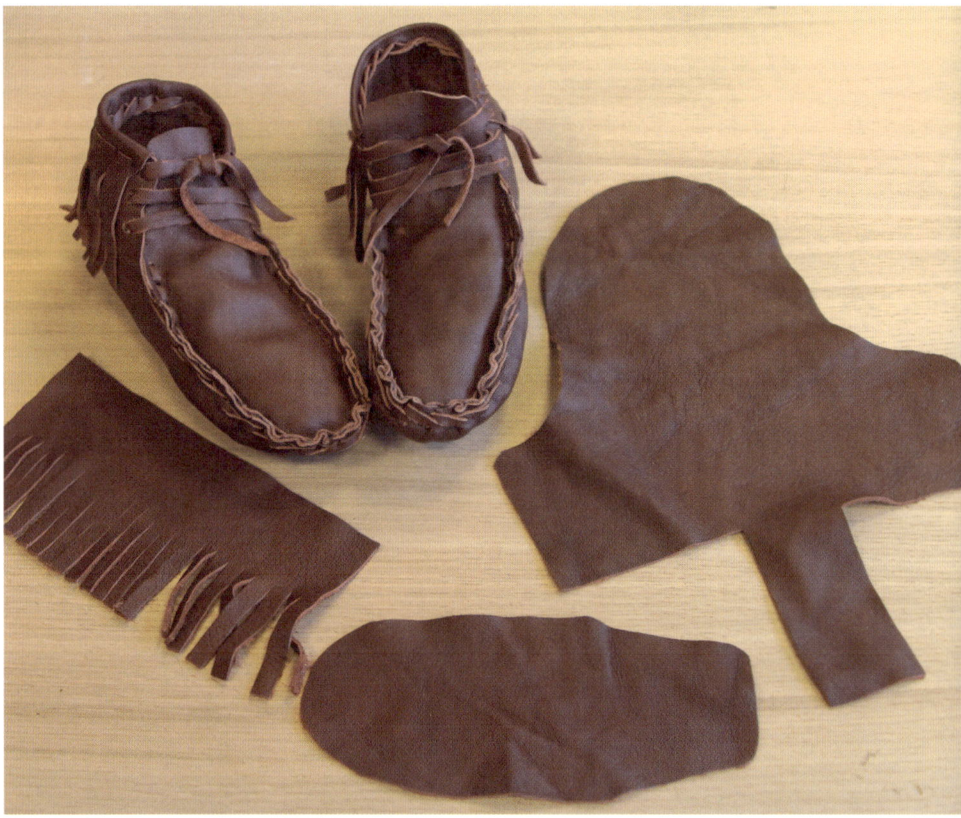

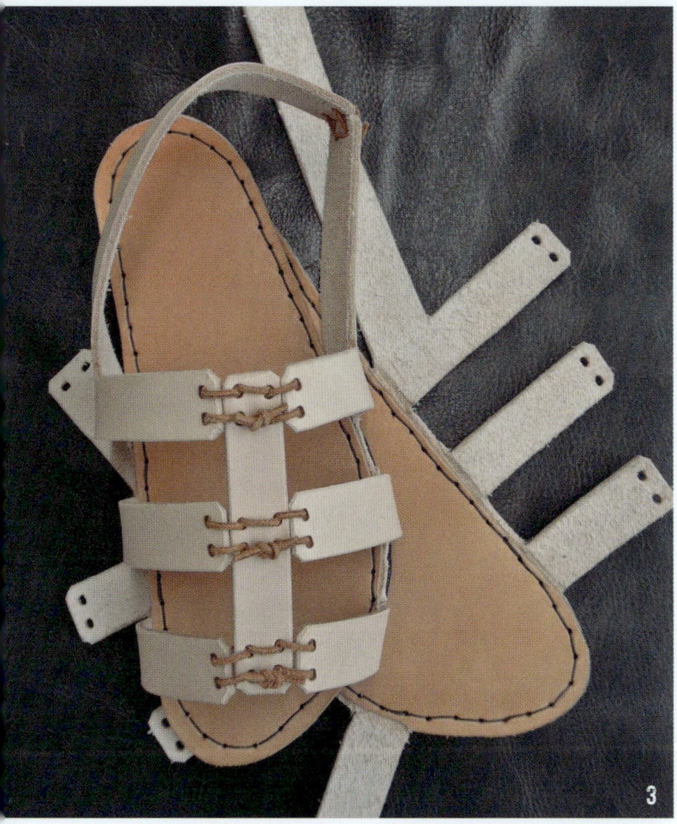
3

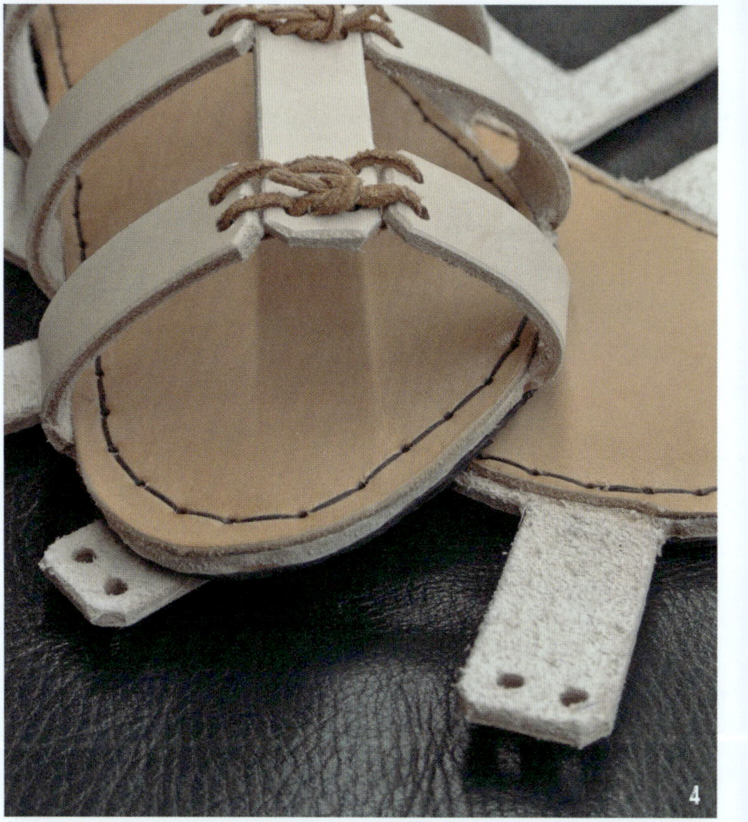
4

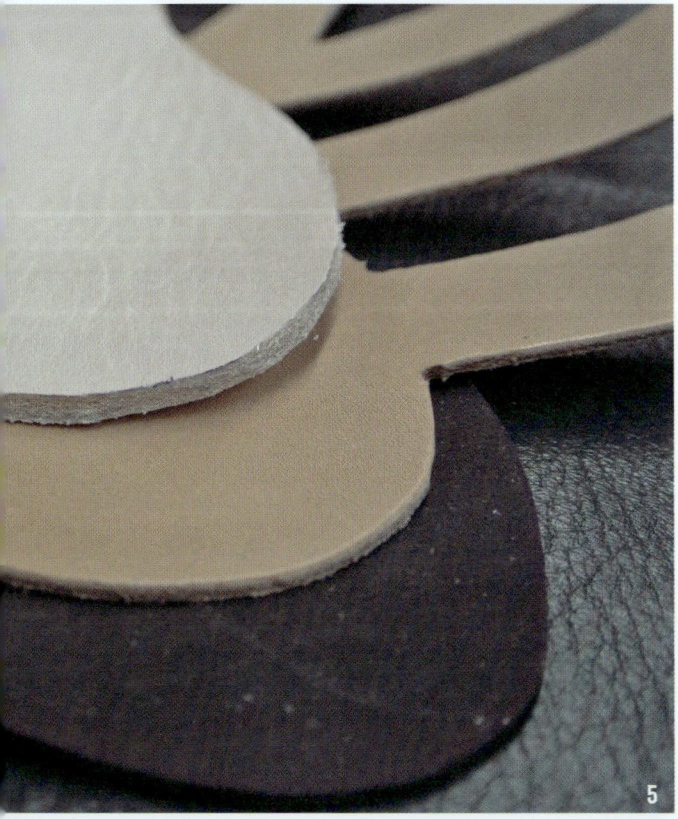
5

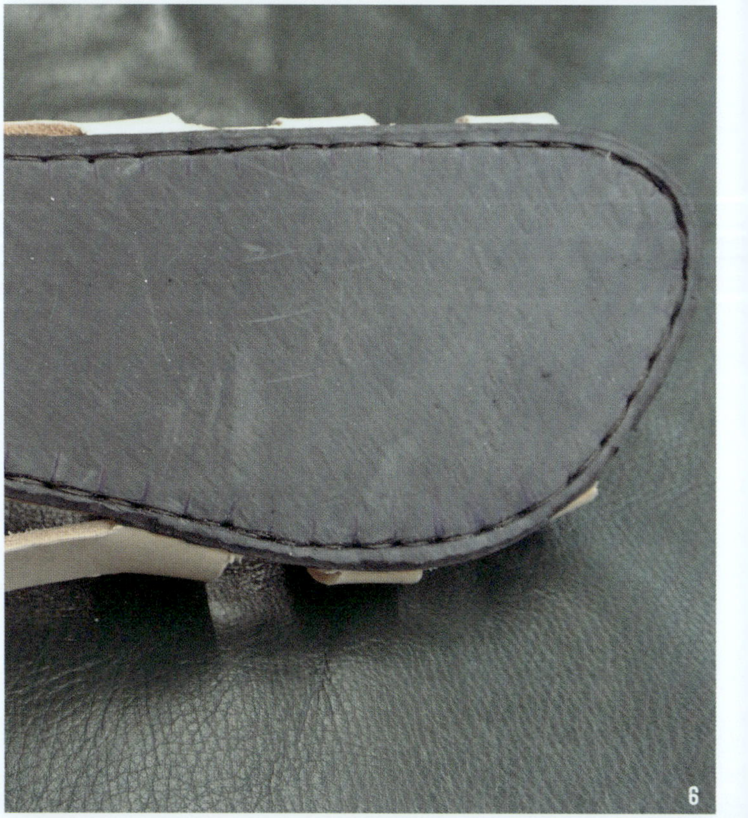
6

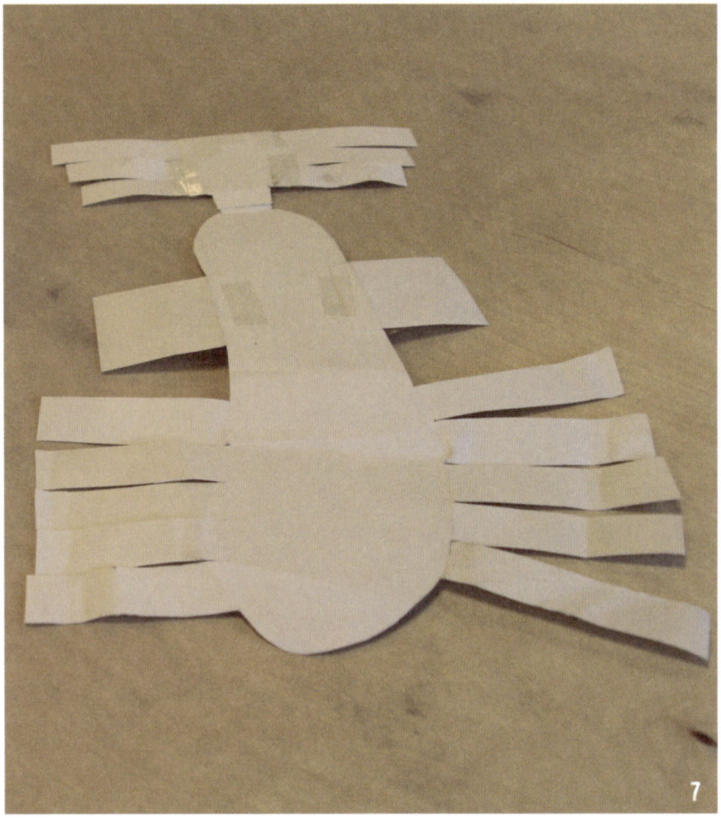
7

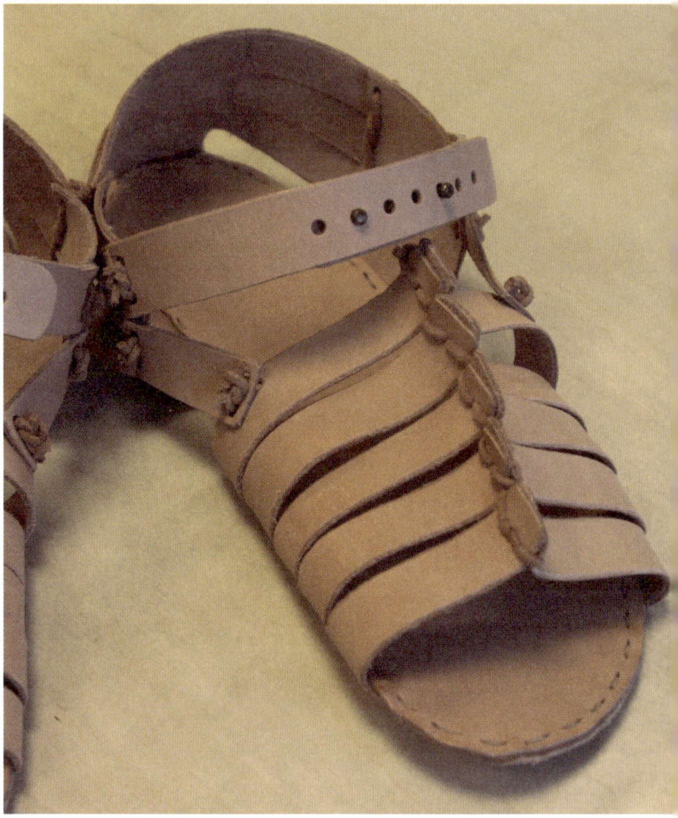

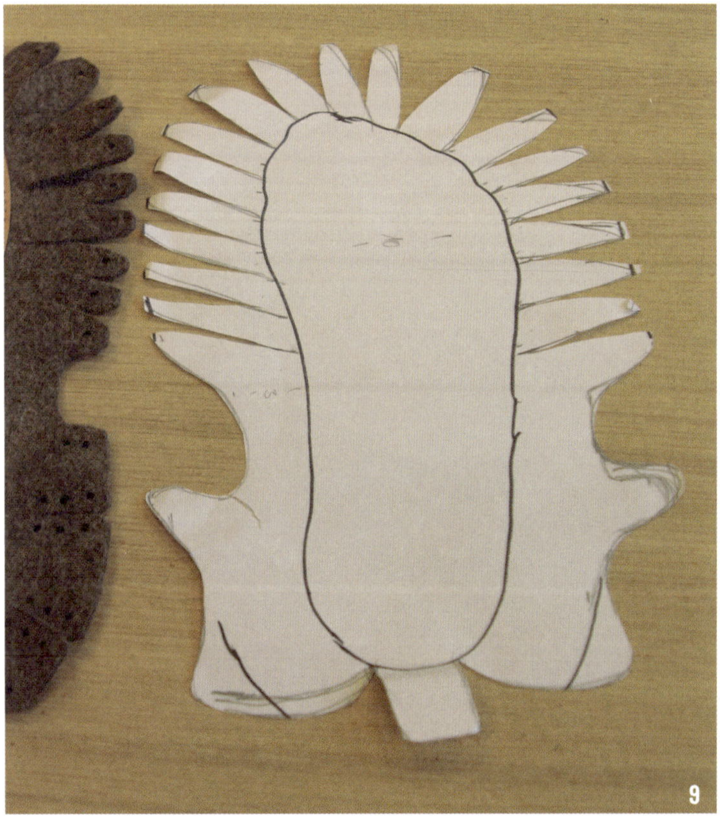
9

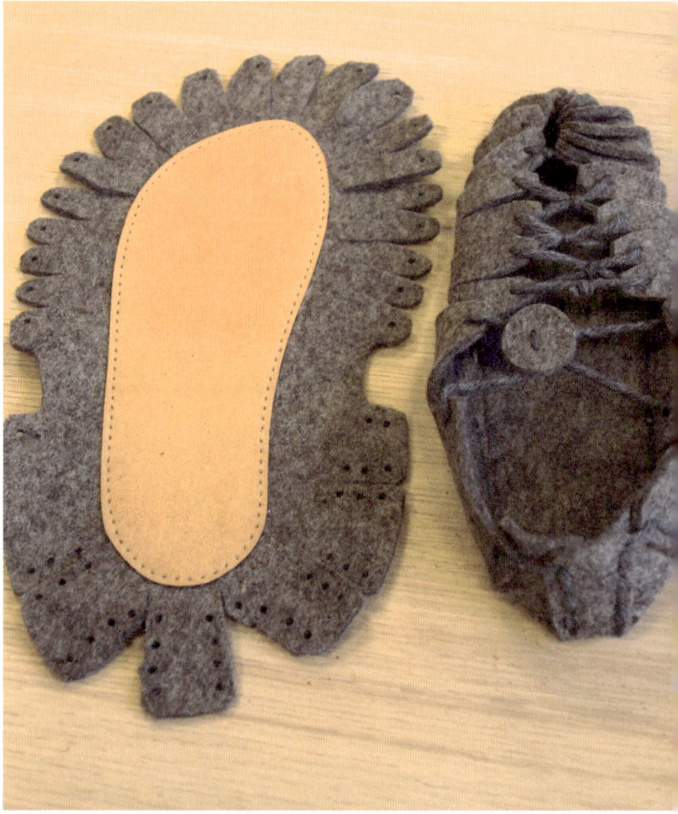

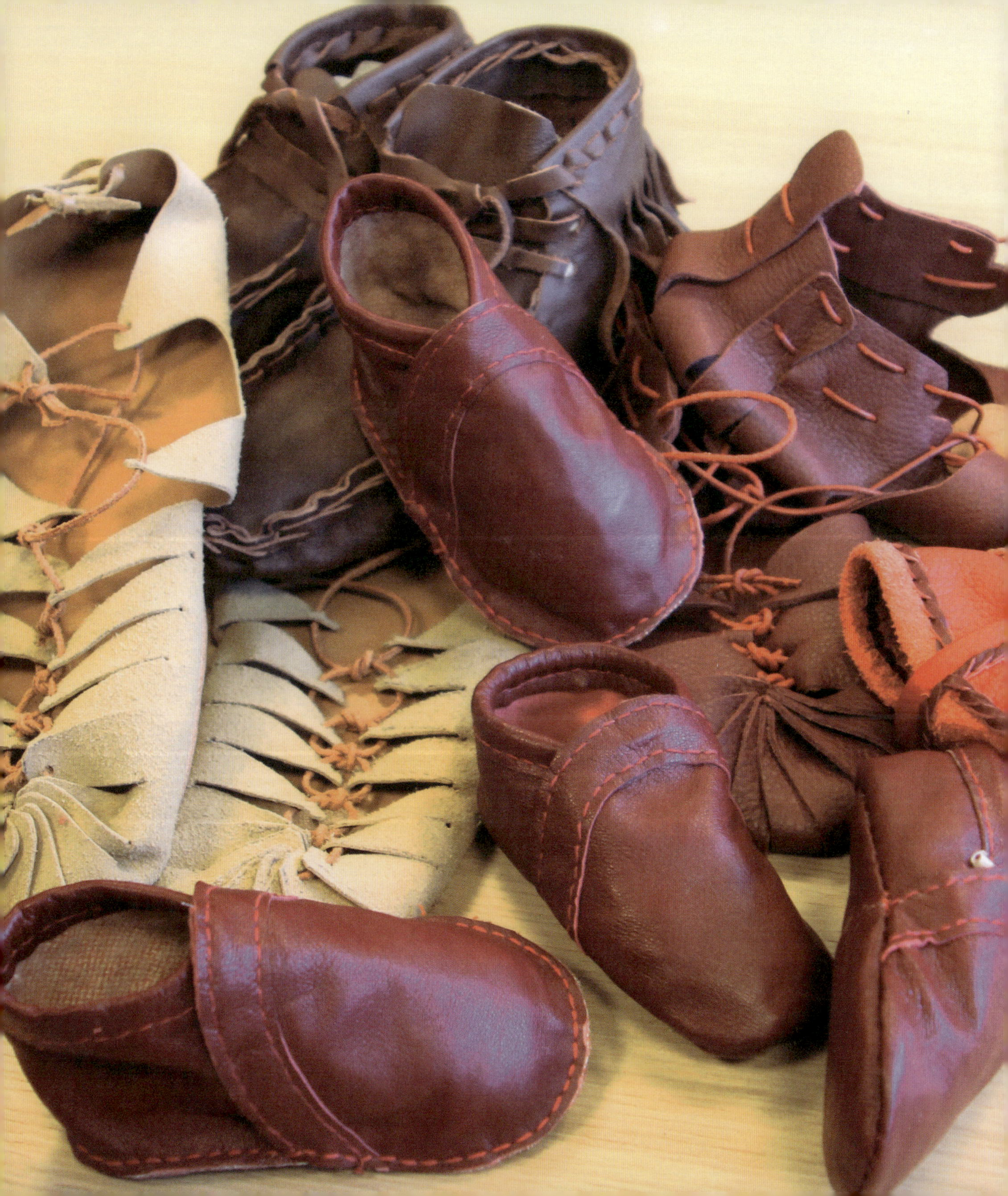

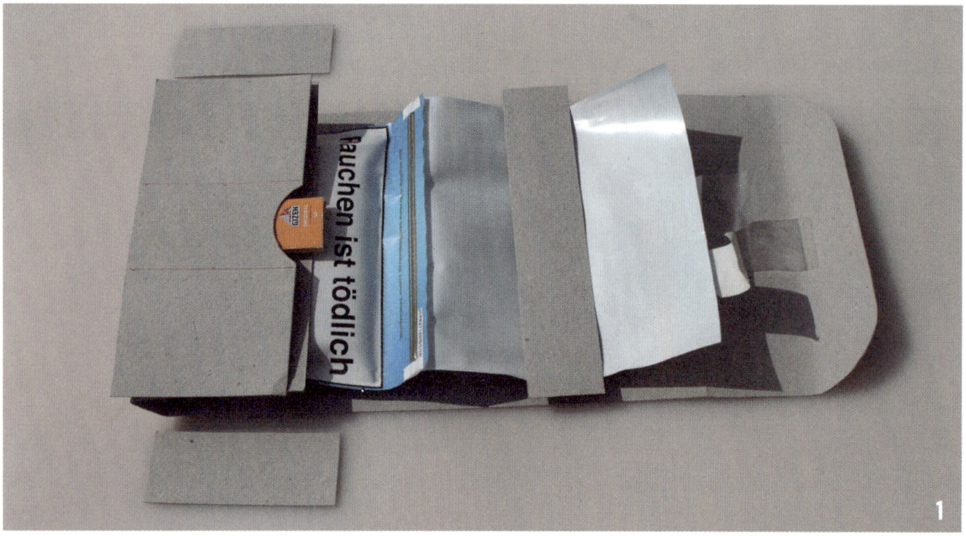

1

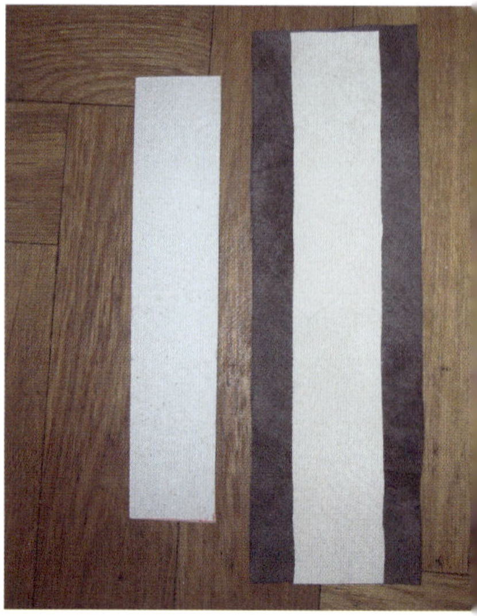

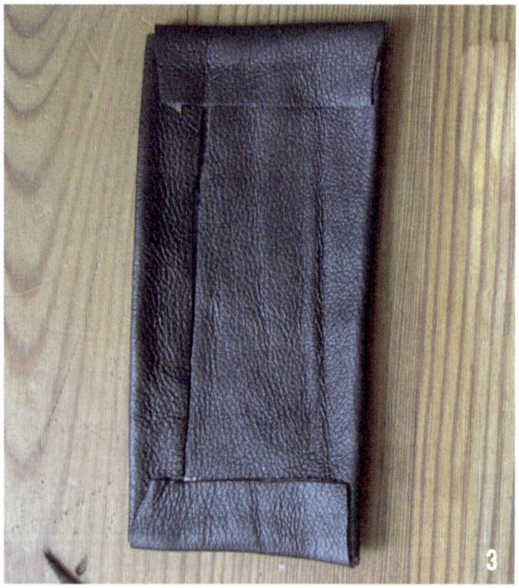
3

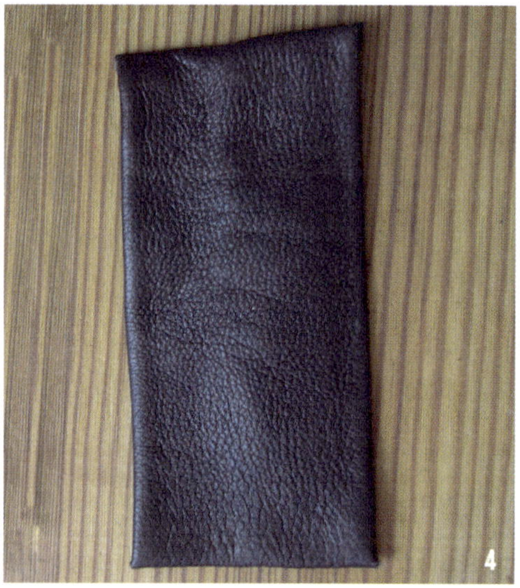
4

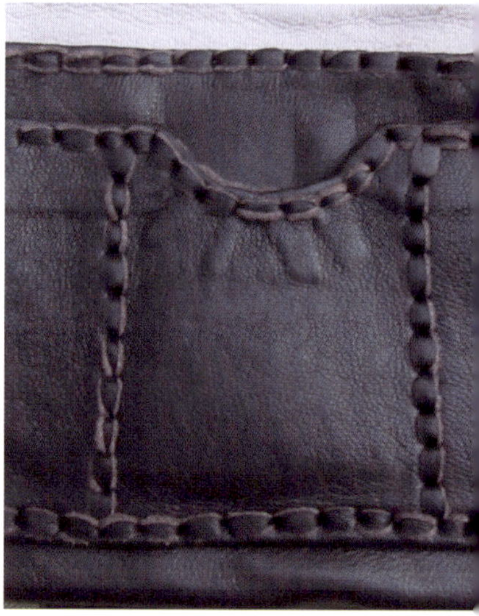

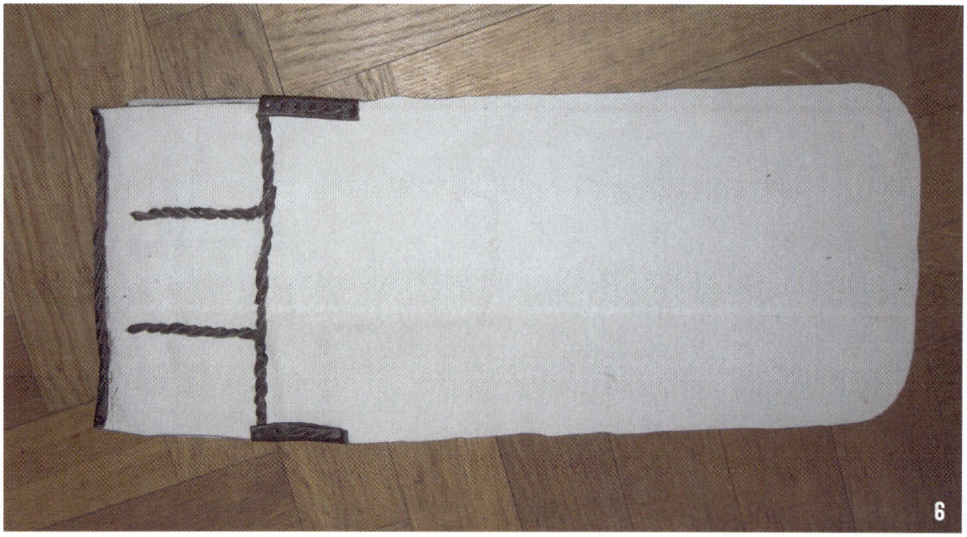
6

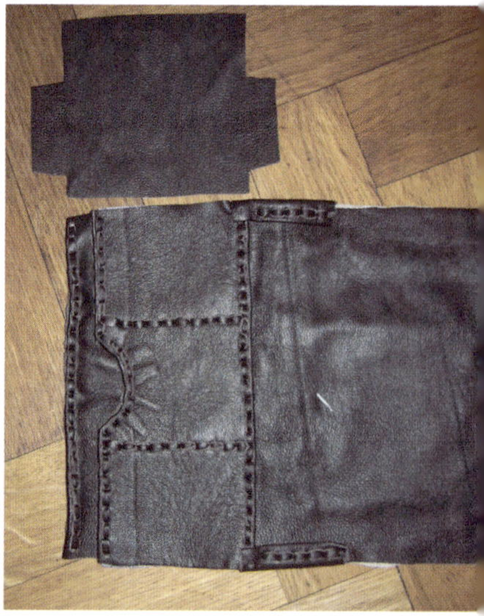

Tabaksbeutel mit Münzenverschluss

Auch bei diesem Tabaksbeutel mit Münzenverschluss wurde aus dünner Pappe ein Modell angefertigt. ▸ Bild 1
Der Beutel sollte ein helles Innen- und ein dunkles Außenleder sowie eine zusätzliche Vordertasche in der Breite des Beutels für Feuerzeug und für Papier bekommen. ▸ Bild 2
Mithilfe des Modells wurden alle Teile in hellem und in dunklem Leder zugeschnitten und dann mit einem Doppelklebeband aufeinandergeklebt. Das Feuerzeug- und Papiertaschenlederstück (die Vordertasche) wurde noch einmal extra mit dunklem Leder eingeschlagen, um es stabiler zu machen. ▸ Bild 3-4
Am oberen Rand dieser Vordertasche wurde ein halbkreisförmiger Einschnitt angebracht, damit sich das Papier besser entnehmen lässt. ▸ Bild 5
Nach dem Lochen mit der Lochzange wurden alle Nähte im Lohelandstich mit schmalen schwarzen Lederstreifen genäht. Anschließend konnte die Tasche von außen angenäht werden. ▸ Bild 6-7
Jetzt konnten die kleinen Seitenteile angebracht werden. ▸ Bild 8-10
Ebenso die schmale Querbrücke für die Tabakspackung. ▸ Bild 11
Zuletzt erhielt der Außenrand einen schmalen Abdeckungsstreifen, und der Münzenverschluss wurde mit Garn angebracht. ▸ Bild 12-15
Das Resultat ist ein ganz besonders gestalteter Tabaksbeutel. ■

Material

dunkles, geschmeidiges Leder für außen | helles Ziegenleder als Innenfutter | hübsche Münzen

Werkzeug

Schere | Lochzange | Nadeln | Garn | Zwirn | kleiner Bohrer und Bohrmaschine | Kleber

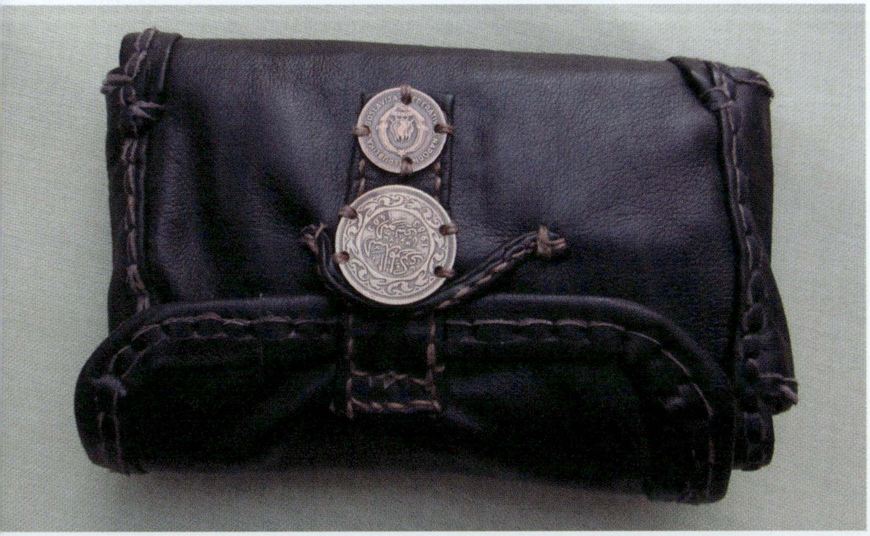

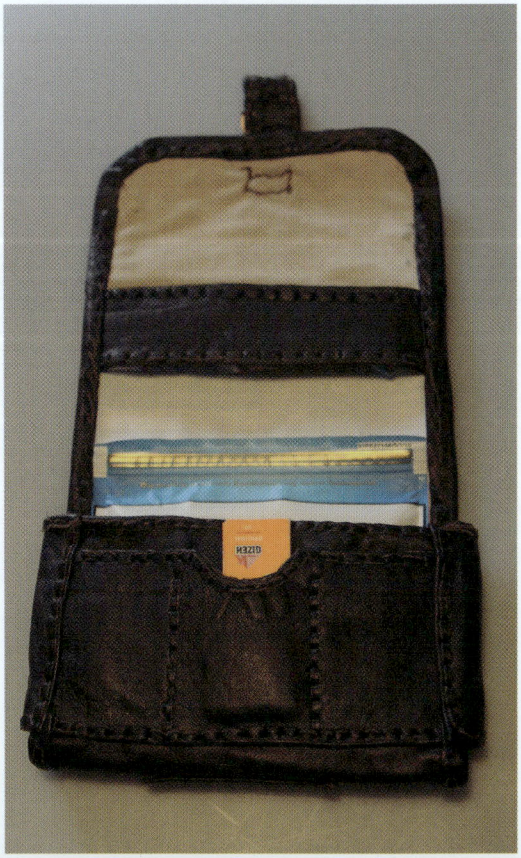

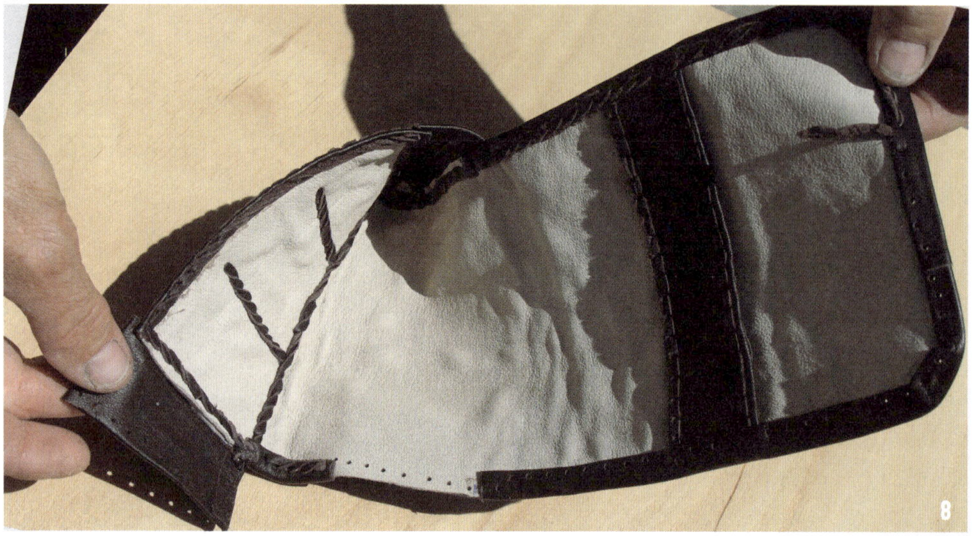
8

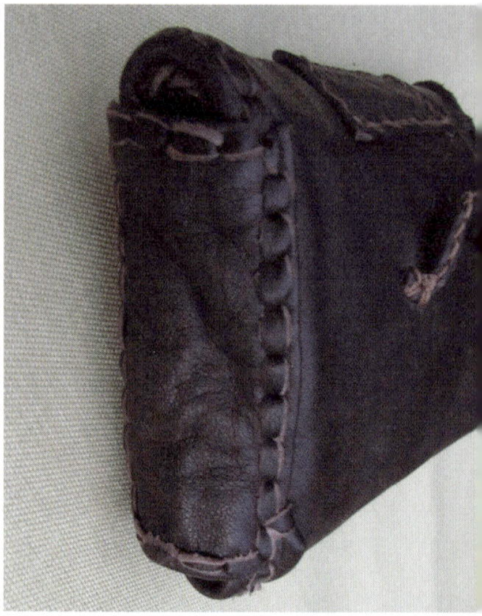

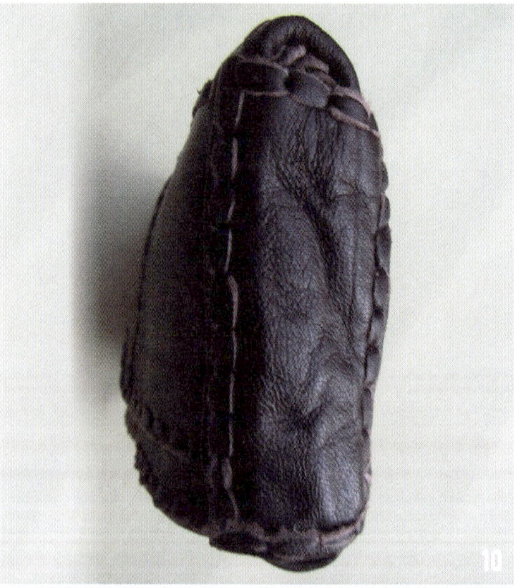
10

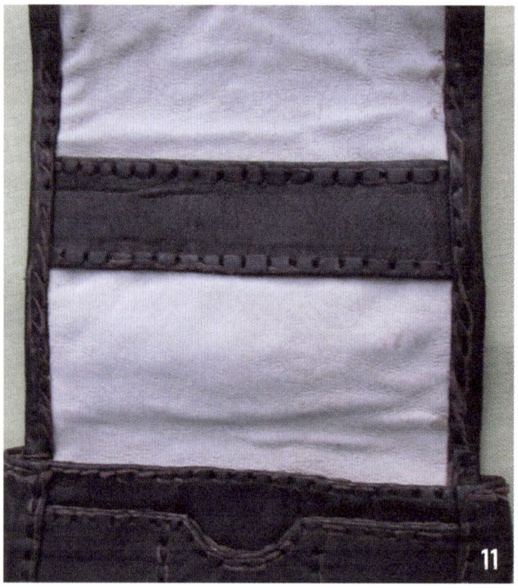
11

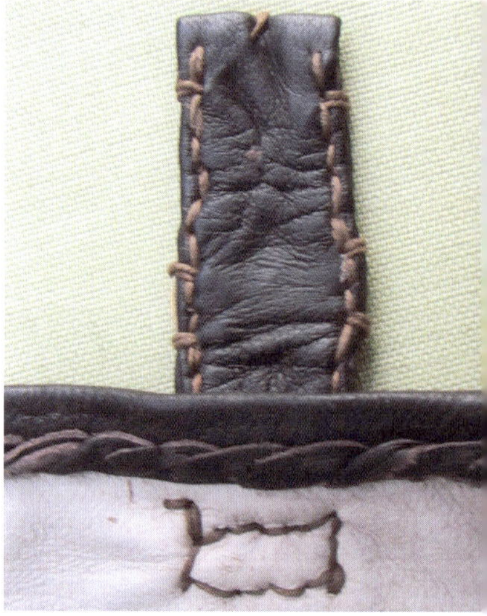

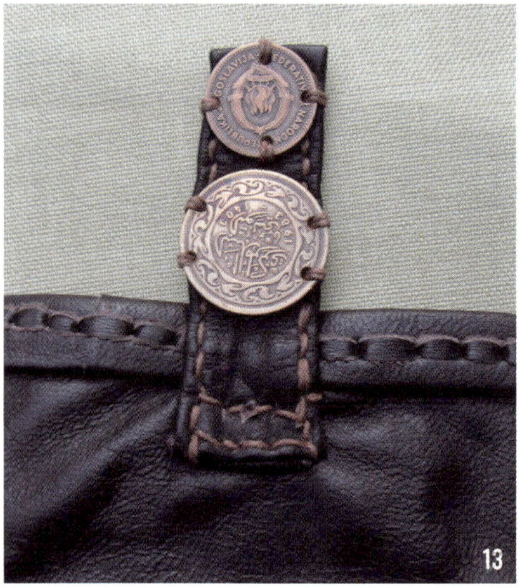
13

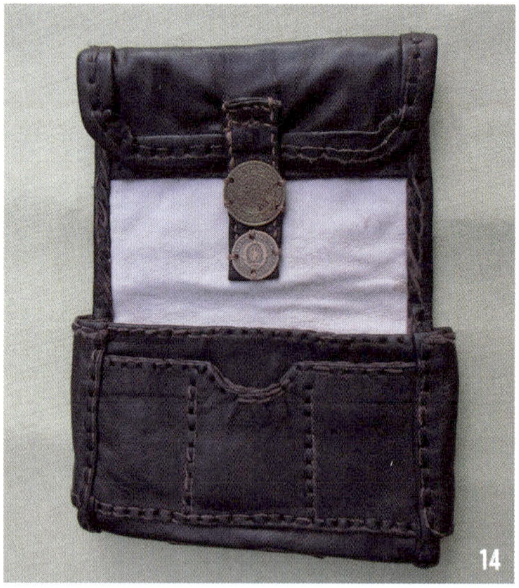
14

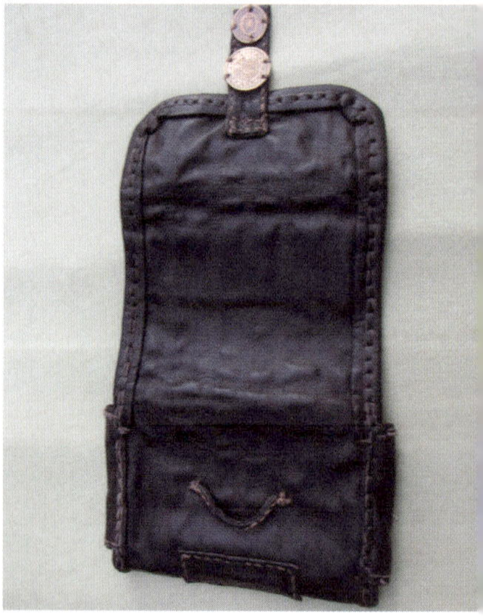

Laptoptasche

Eine Hülle oder Tasche bietet einen guten Schutz für Ihren wertvollen Laptop. Man kann verschiedenste Laptoptaschen in der jeweils gewünschten Größe herstellen. Auch Filz, Kork- oder Kunstleder kann für die Tasche gut verwendet werden (siehe S. 112f.). Hier zeigen wir die Herstellung einer ledernen Laptoptasche mit interessanter Optik. Der Lederlieferant für Schuhmacher hatte ein Stück nicht mehr nachgefragtes Sandalenleder mit einem Aufdruck, der an eine geflochtene Oberfläche erinnerte, im Regal liegen. Aus dieser Gratisbeigabe wurde eine schicke Laptoptasche. Eine alte Laptoptasche diente als Vorlage für die neue. Auf einen Papierentwurf konnte deshalb verzichtet werden. ▸ Bild 1
Von innen wurde mithilfe von dünnem Doppelklebeband dünnes Ziegenleder als Polsterung angeklebt. ▸ Bild 2

▷

Material

festes Leder (hier mit Flechtmuster bedruckt) | Ziegenleder als Futter | Klettverschluss

Werkzeug

Schere | Ahle | Kleber | 2 Nadeln | Garn

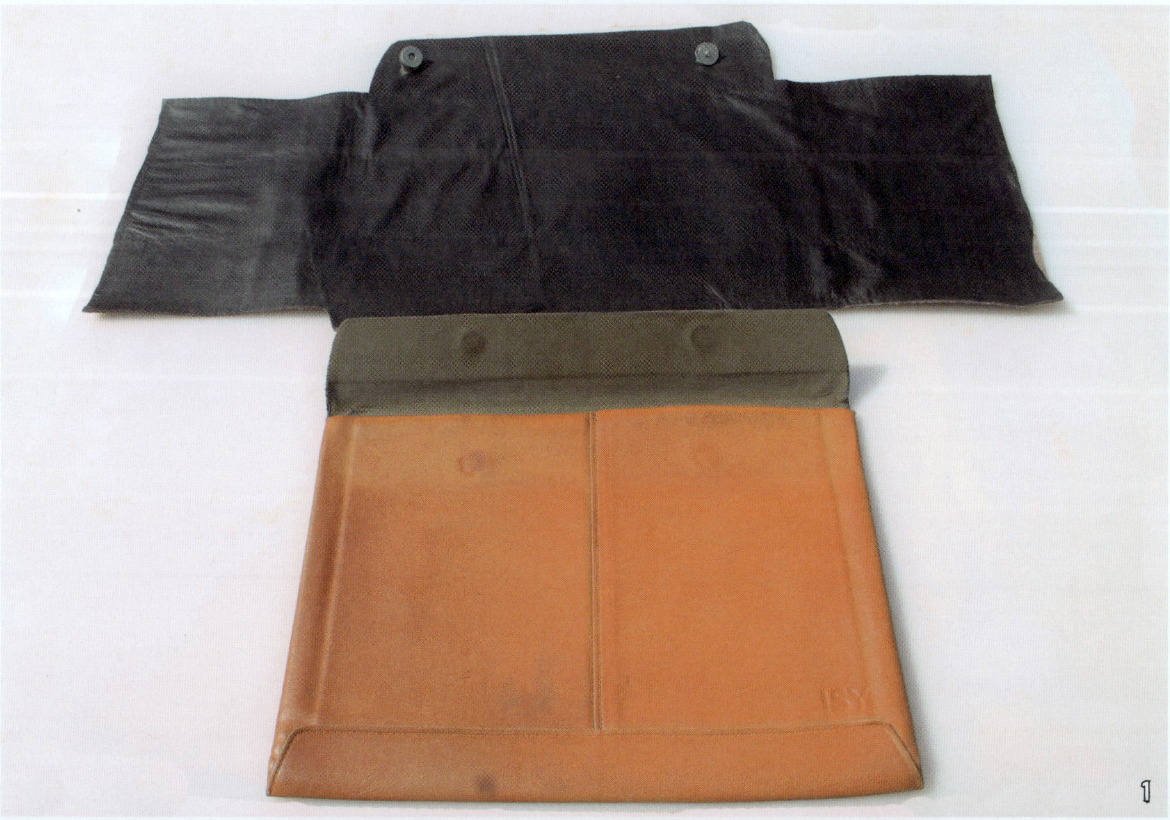

1

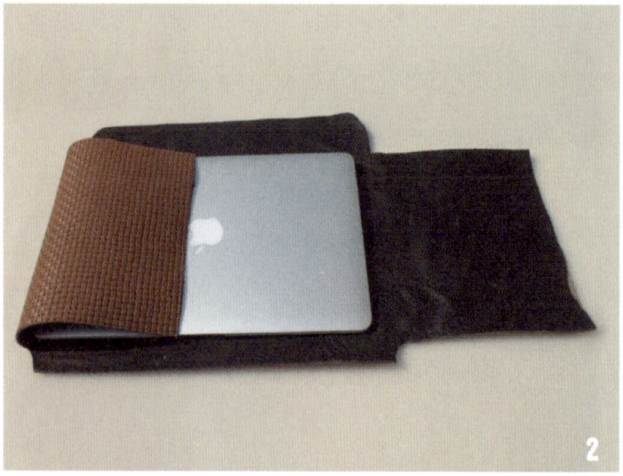

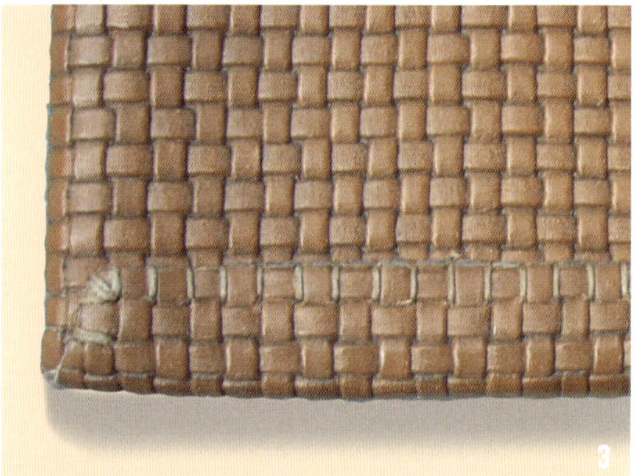

Mit zwei Nadeln wurde die Hülle zusammengenäht. Dabei wurde darauf geachtet, dass das Garn immer in der Vertiefung des Musters lag. ▸ Bild 3
Der obere Klappdeckel bekam noch eine schützende Umrandung aus dem dünnen Ziegenleder. ▸ Bild 4-6
Als Verschluss wurde Klettband eingenäht, auf der Oberseite des Etuis wurden entsprechend drei Klettbuttons festgenäht. ▸ Bild 7-8
Schließlich war die Laptoptasche – mit ihrem ganz eigenen Charme – fertig.

Eine interessante Variante ist die Laptoptasche mit einer Lohelandnaht. ▸ Bild 9-10 ■

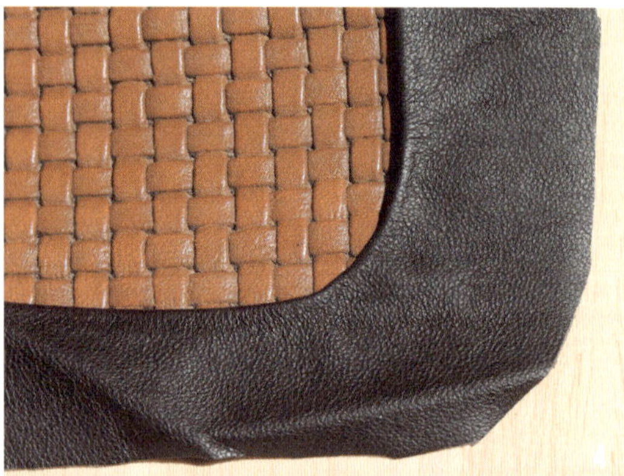

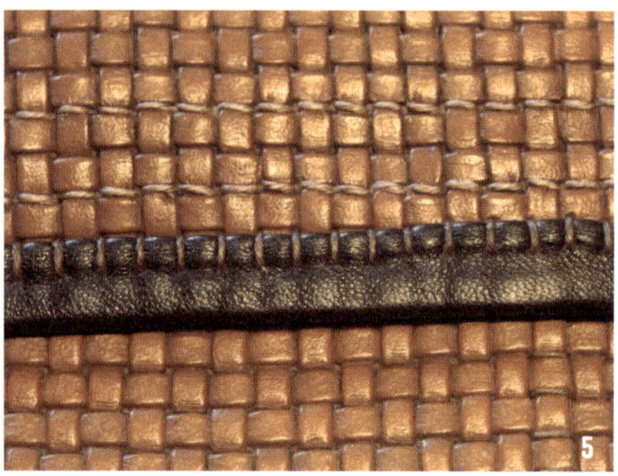

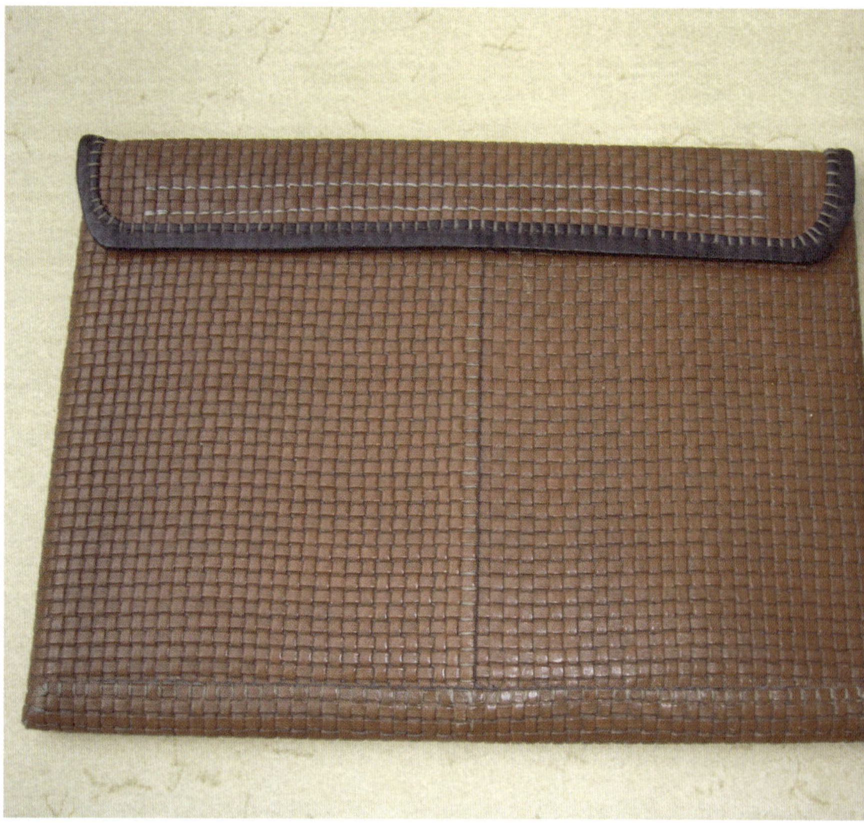

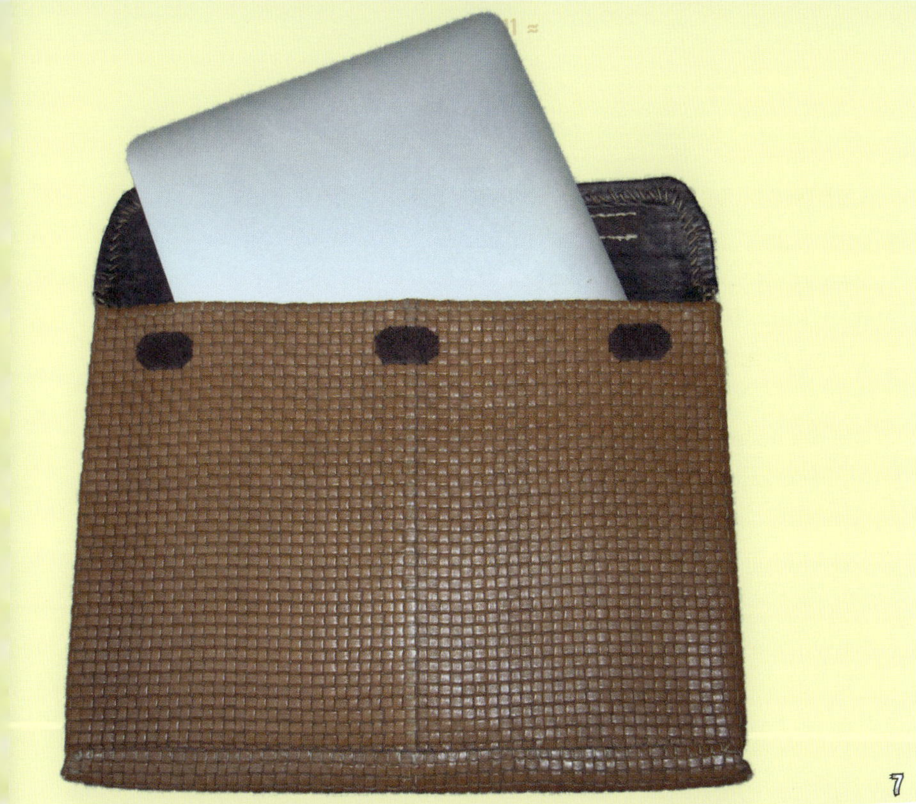
7

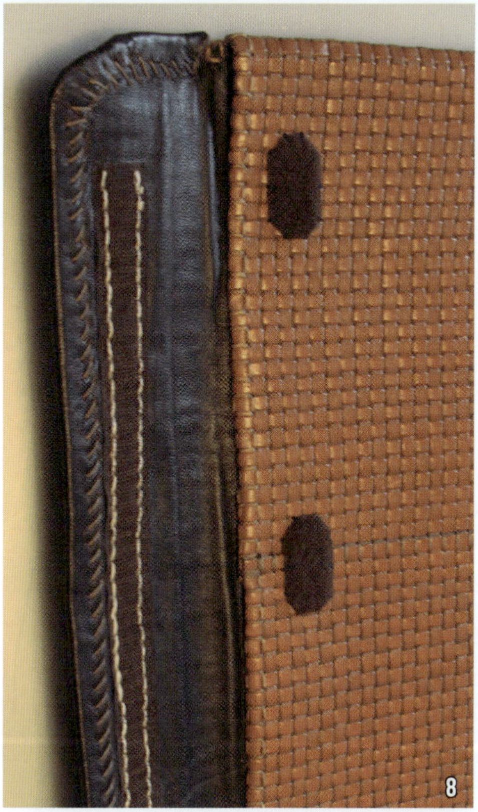
8

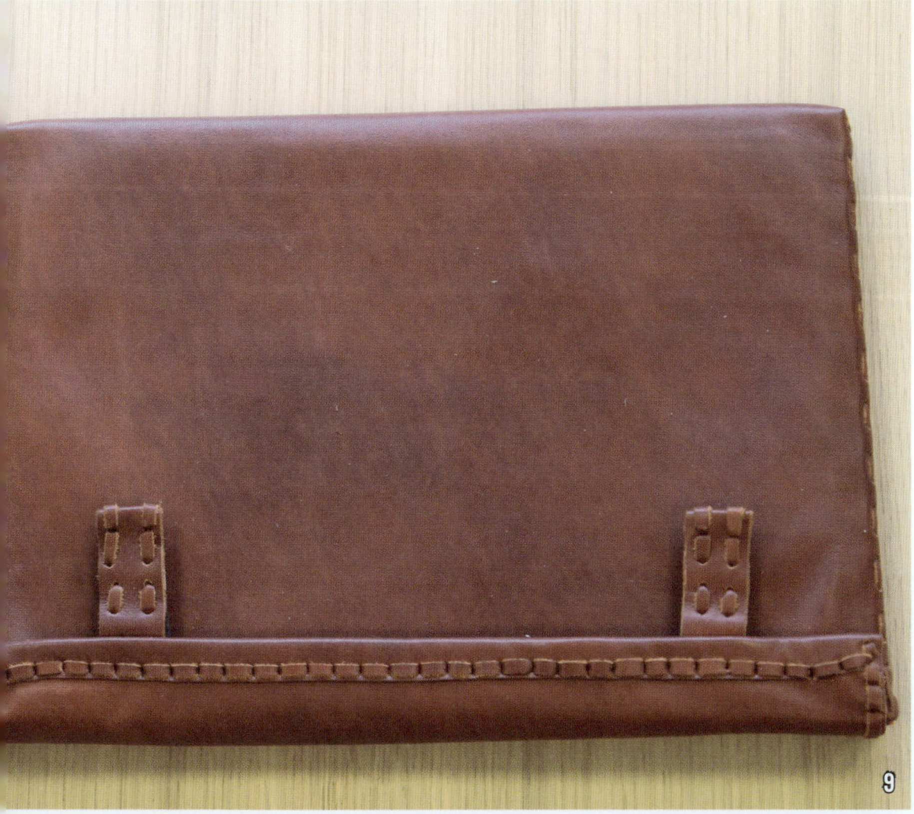
9

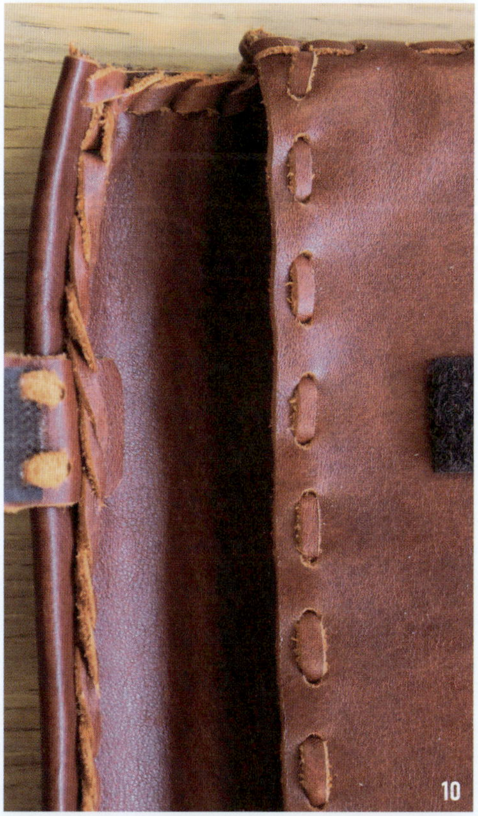
10

Laptoptasche aus Filz und Korkleder

Material

Filz, Korkleder oder Skaileder (Kunstleder)

Werkzeug

Schere | Lochzange | Klettband | Nadeln | Zwirn

Eine reizvolle Alternative kann eine Laptoptasche aus Filz, Kork- oder Kunstleder (Skaileder) sein. Filz kann im Fachhandel oder über das Internet besorgt werden; das Gleiche gilt für Kork- und Kunstleder (siehe Bezugsquellen, S. 186f.).
Bei der Filzlaptoptasche wurde mit selbst geschnittenen Streifen aus demselben Material genäht; auch die Knöpfe wurden daraus gemacht. ▸ Bild 1-5
Die Laptoptasche aus Korkleder erhielt einen mit Zwirn angenähten Klettverschluss. ▸ Bild 6
Zum Vergleich der verschiedenen Modelle liegt hier die beschriebene Lederlaptoptasche dazwischen. ▸ Bild 7 ■

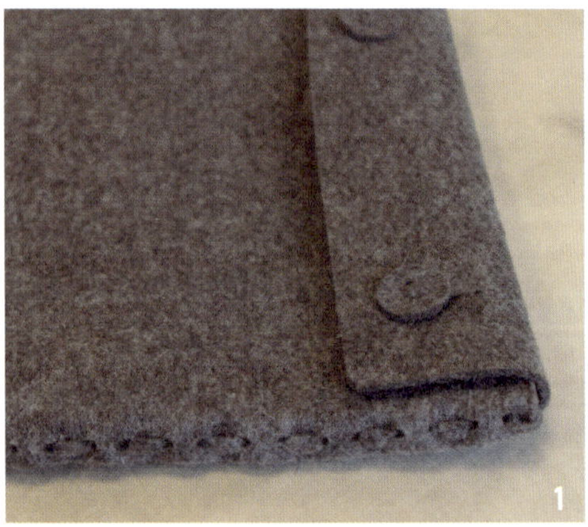
1

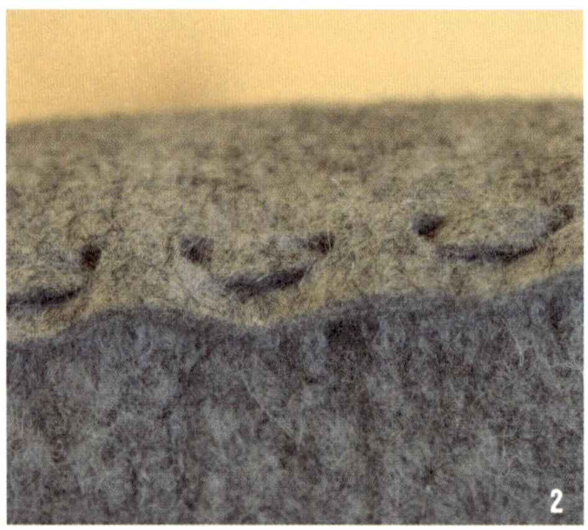
2

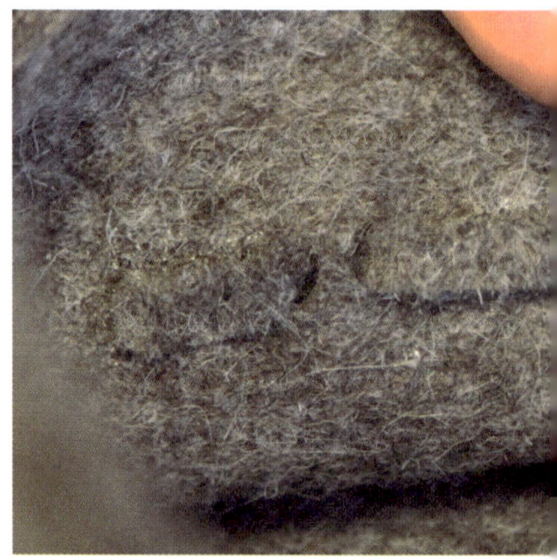

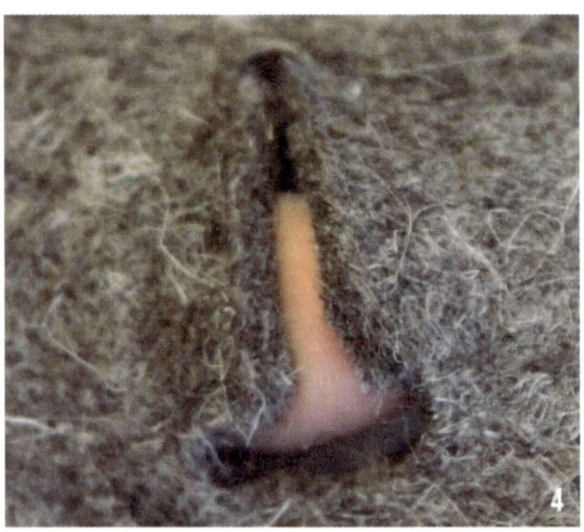
4

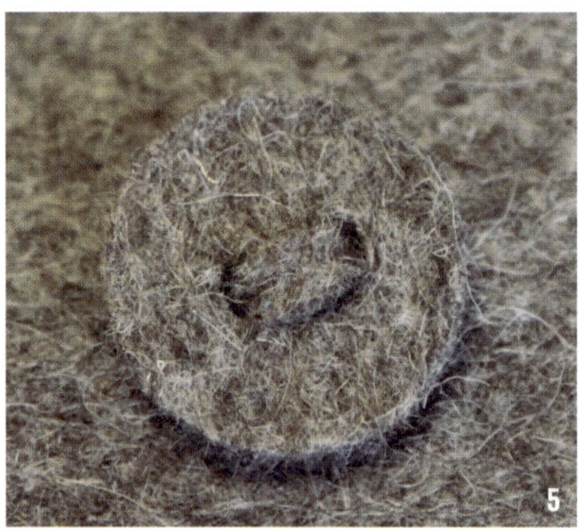
5

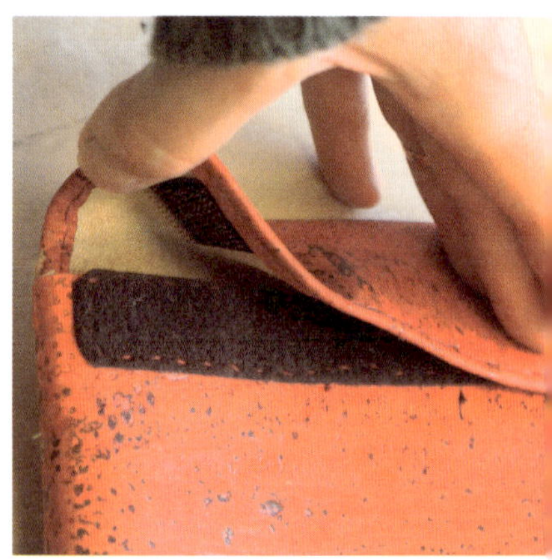

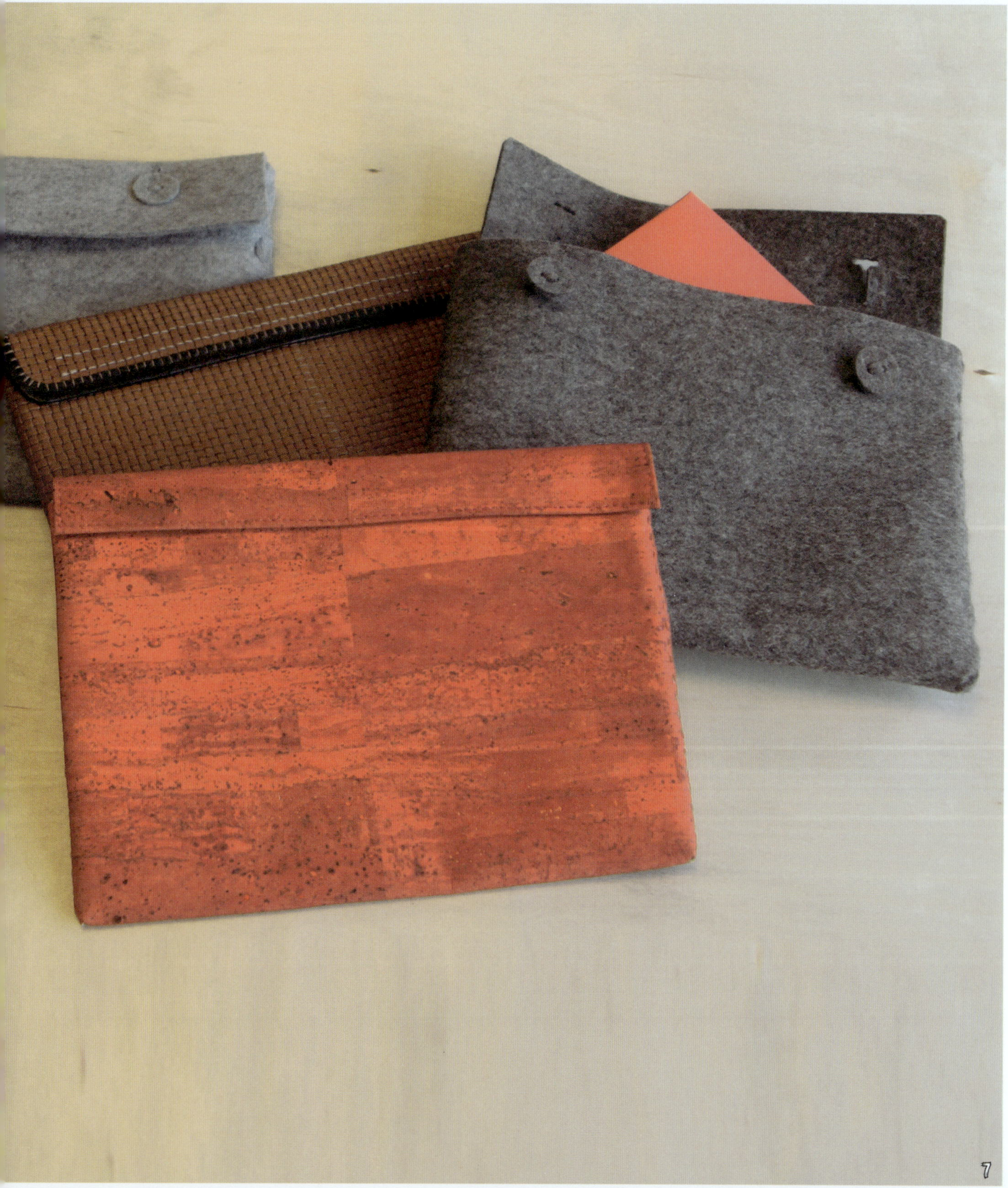

Hundeleine

Material

fettgegerbtes, stabiles Leder (ähnlich wie für Gürtel) | Schnalle mit Karabinerverschluss

Werkzeug

Universalmesser | Stahllineal | Bleistift oder Kugelschreiber | Kantenhobel

Aus dem Leder wird ein passender Streifen herausgeschnitten (ca. 1,5 cm breit). ▸ Bild 1-2

Wenn es eine sehr lange Hundeleine werden soll, muss kreisförmig geschnitten werden.

In gewünschtem Abstand werden in der Mitte des Lederstreifens Längsschlitze markiert und geschnitten; die Länge der Schlitze beträgt jeweils ca. 3 cm (ungefähr doppelt so lang wie die Breite des Streifens). ▸ Bild 3

Durch diese Schlitze kann die Leine hindurchgezogen werden, und es entsteht ein schönes Flechtmuster. ▸ Bild 4-6

Die restliche Leine bleibt ungeflochten. ■

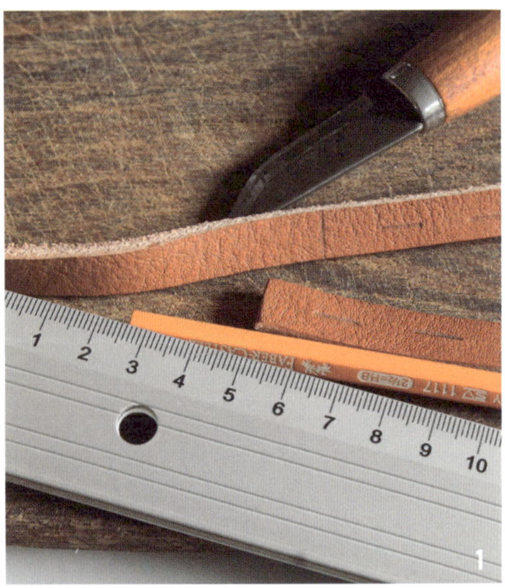

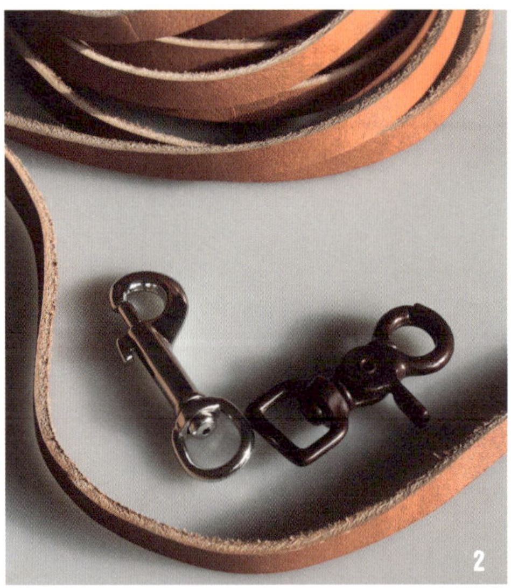

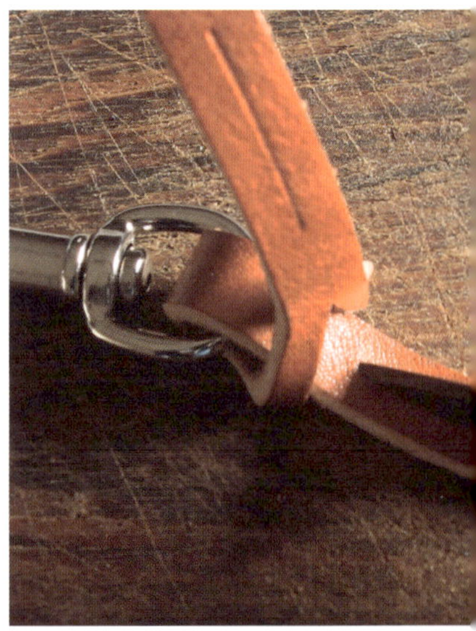

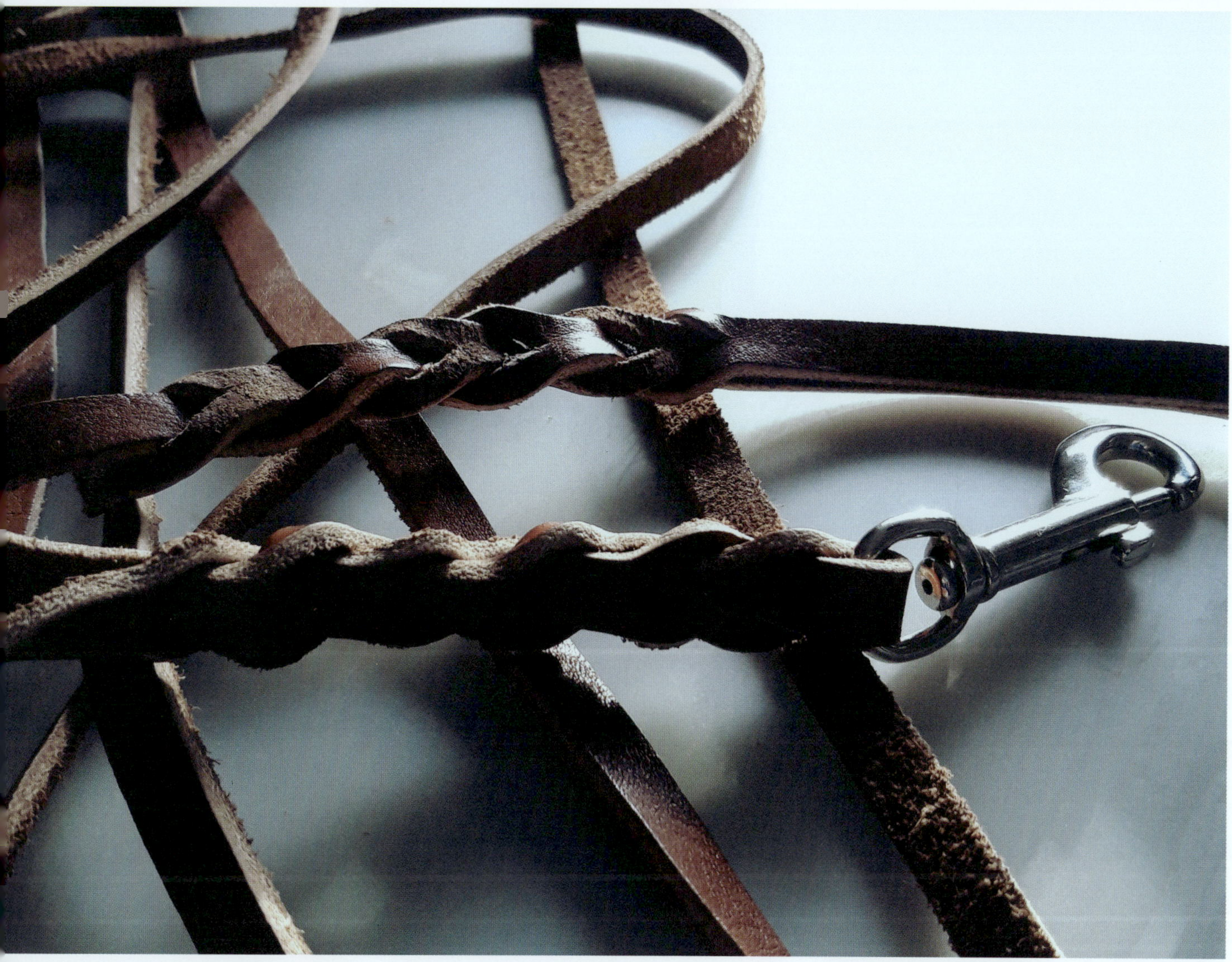

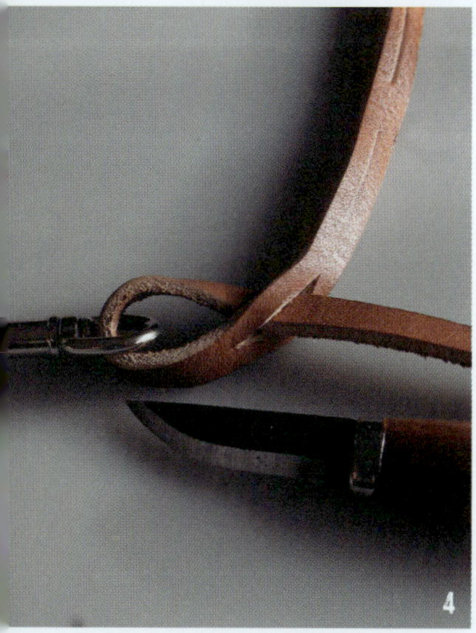

4

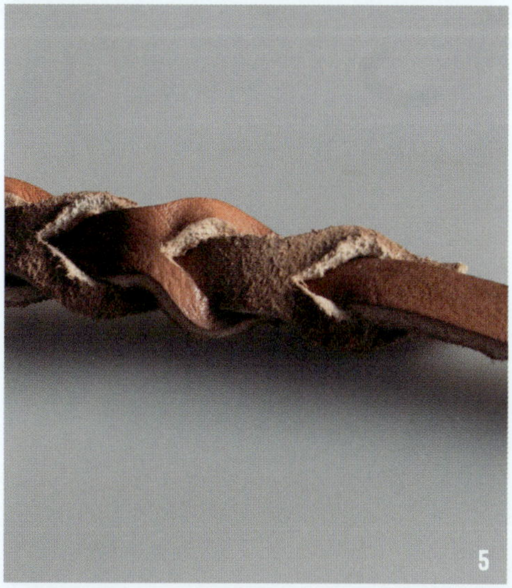

5

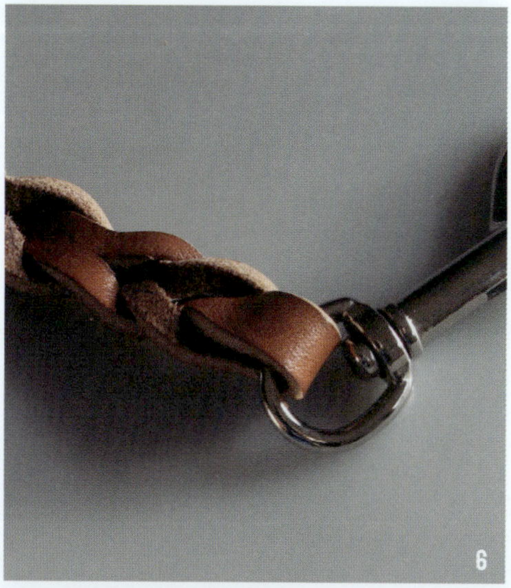

6

Hundegeschirr

Material
dünnes, geschmeidiges Leder | Schnallen | Stoff für das Modell

Werkzeug
Halbmondmesser oder Universalmesser | Nadeln | Garn | Schere

Entweder man informiert sich im Vorfeld in einem Fachgeschäft über die Vor- und Nachteile von Hundegeschirren und sucht sich dann das passende Modell aus (mit einer freundlichen Frage darf man eventuell sogar ein Foto davon machen). Oder man kommt mit anderen Hundehaltern ins Gespräch und wählt anschließend das ideale Geschirr aus. Wer es sich zutraut, kann auch einen ganz eigenen Entwurf wagen.

Im ersten Schritt sollte man am eigenen Hund ein genau passendes Modell aus Stoff anfertigen, um sicher zu sein, dass es später auch gut sitzt. ▸ Bild 1-2

Die Auswahl des Leders erfolgt nach eigener Vorstellung, es sollte allerdings weder zu hart noch zu weich oder zu dehnbar sein. Eine Mischung aus etwas stabilerem Leder für außen und einem weicheren und geschmeidigeren Leder für die Innenseite wäre eine gute Wahl.

Aus Lederresten lassen sich gut kleine Musterstücke anfertigen, an denen sowohl das Material als auch die Nähte ausprobiert werden können. ▸ Bild 3-8

Auch die Auswahl der Schnallen sollte jetzt erfolgen, denn diese bestimmen entscheidend die Dimensionen des Geschirres mit. In unserem Beispiel wurden die Schnallen einer für 2 Euro auf dem Flohmarkt erstandenen Skailedertasche entnommen.

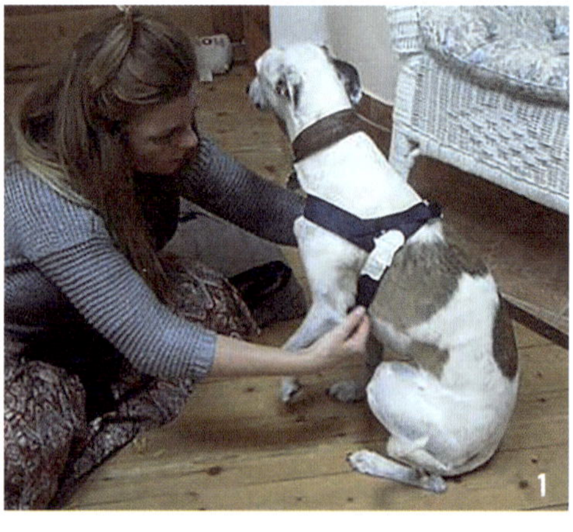

1

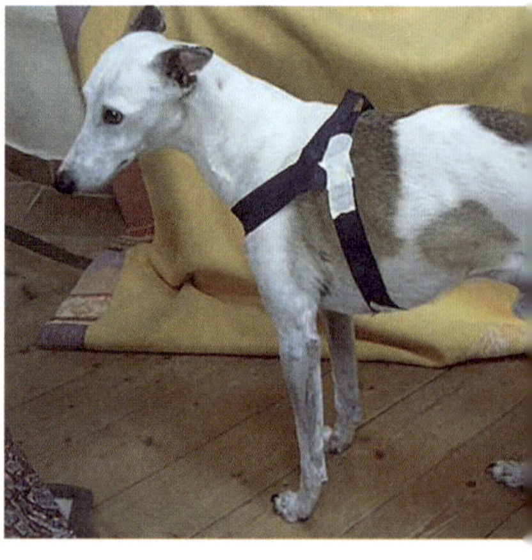

Jetzt ist alles bereit zum Zuschneiden der einzelnen Teile (in dem Beispiel sind es zwölf Teile). Alle Einzelstücke werden entsprechend der gewünschten Form vor dem Vernähen zusammengeklebt, wobei die Stellen, die sich später überlappen, zunächst noch frei bleiben, damit sich alles zusammenstecken lässt. Jetzt können die ersten Nähte an den noch nicht verbundenen Einzelstücken angebracht werden. Wenn alle Teile fertig sind, werden auch die Schnallen angebracht. ▸ Bild 9
Zuletzt können die jeweiligen Teile wie ein Puzzle ineinandergesteckt und anschließend vernäht werden.
Ihr Hund wird sich mit dem neuen Ledergeschirr sicher wohlfühlen! ▸ Bild 10-12 ▷

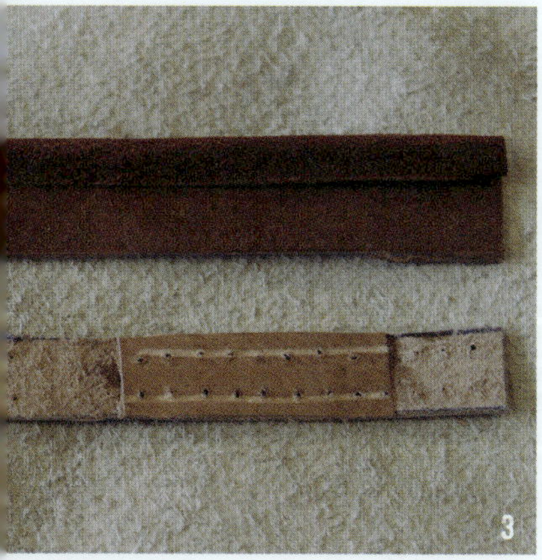

3

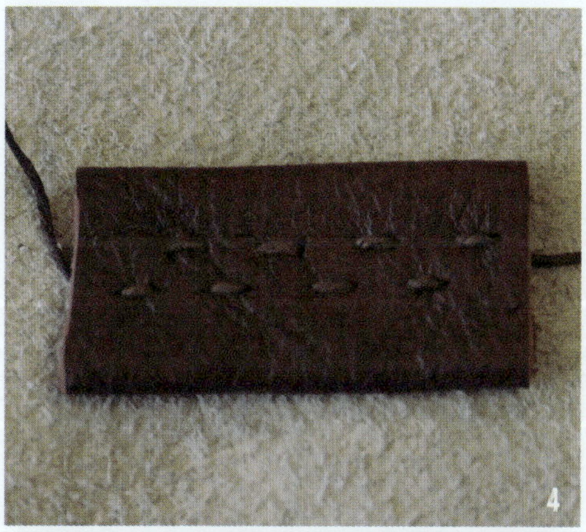

4

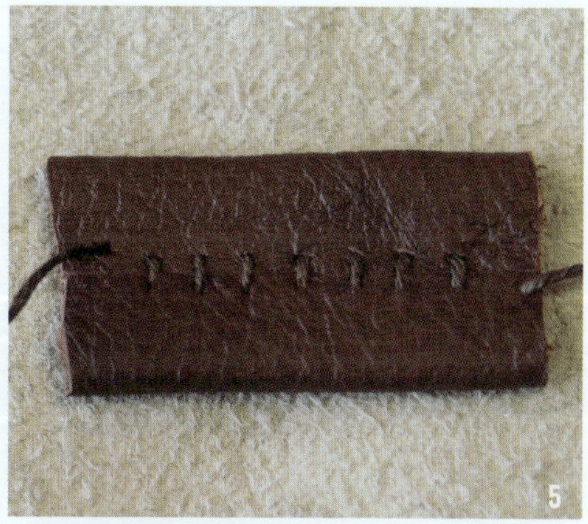

5

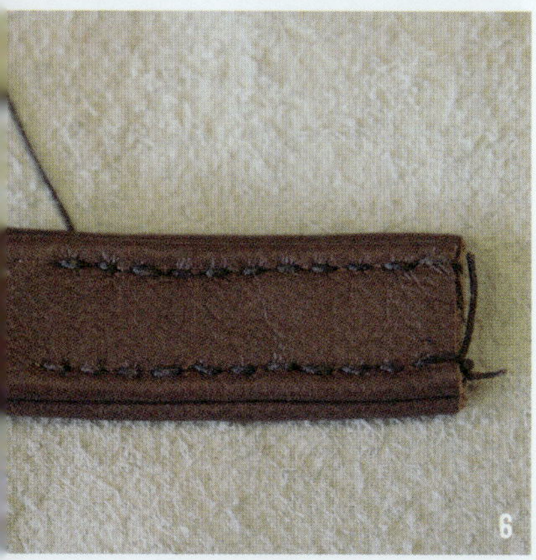

6

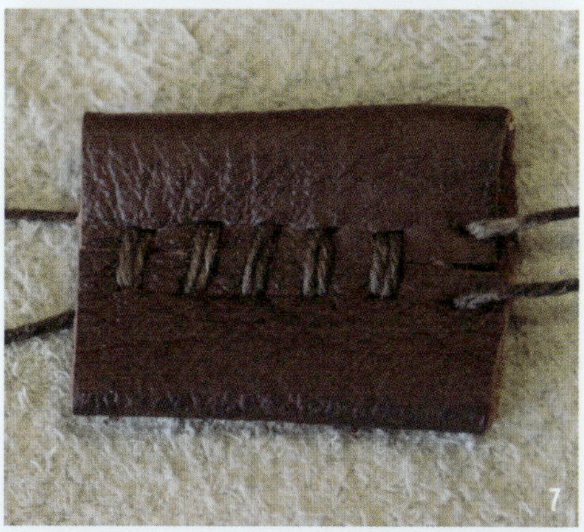

7

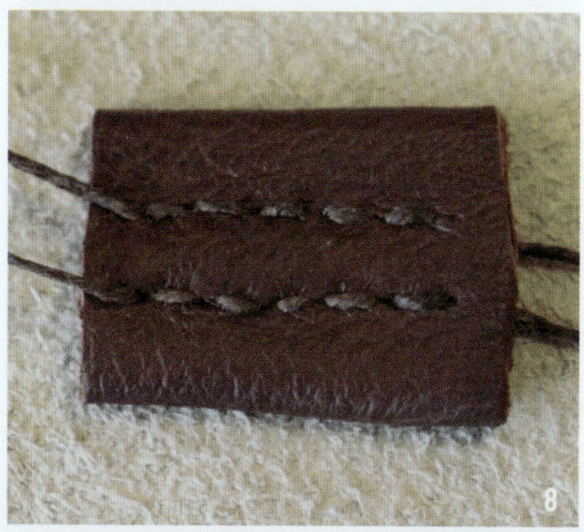

8

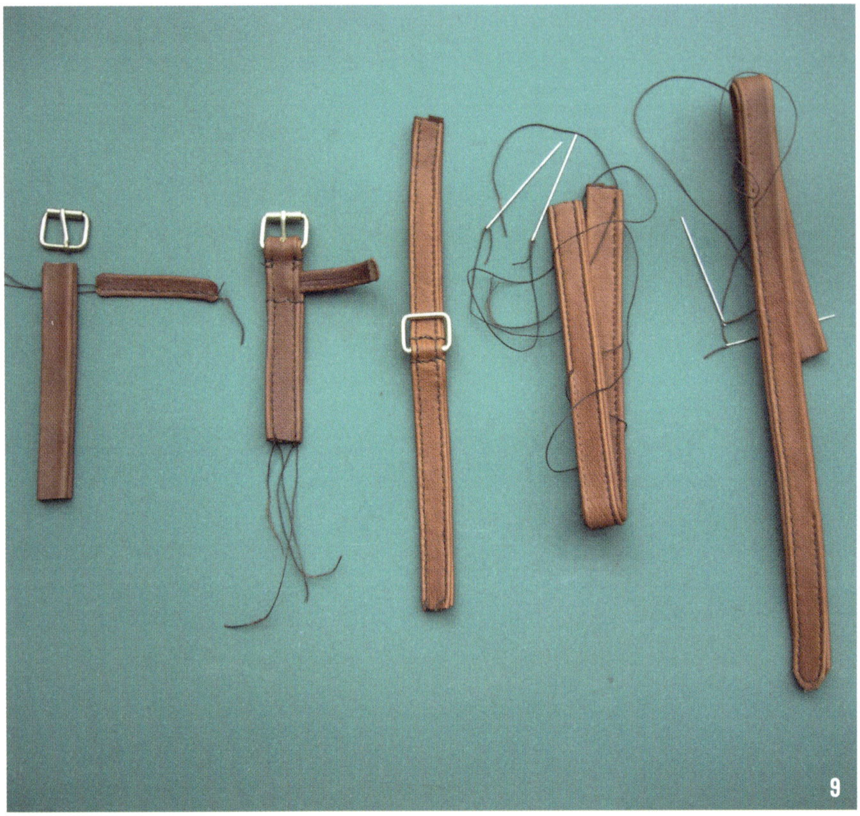

9

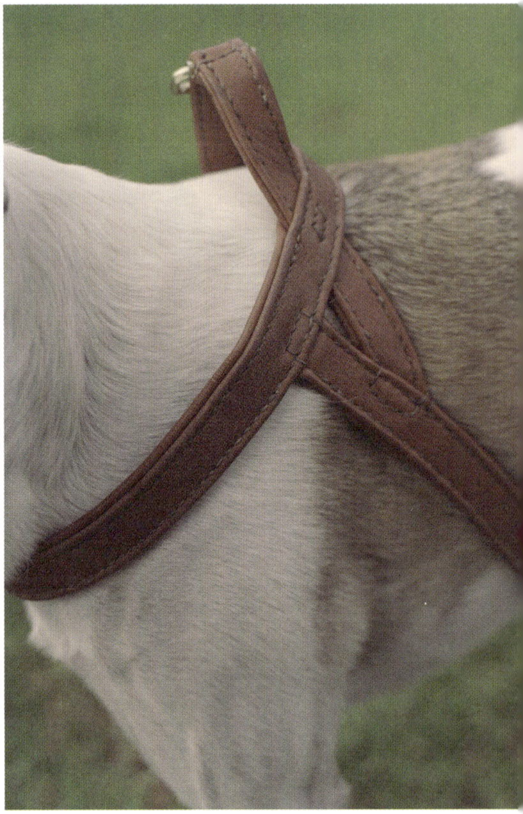

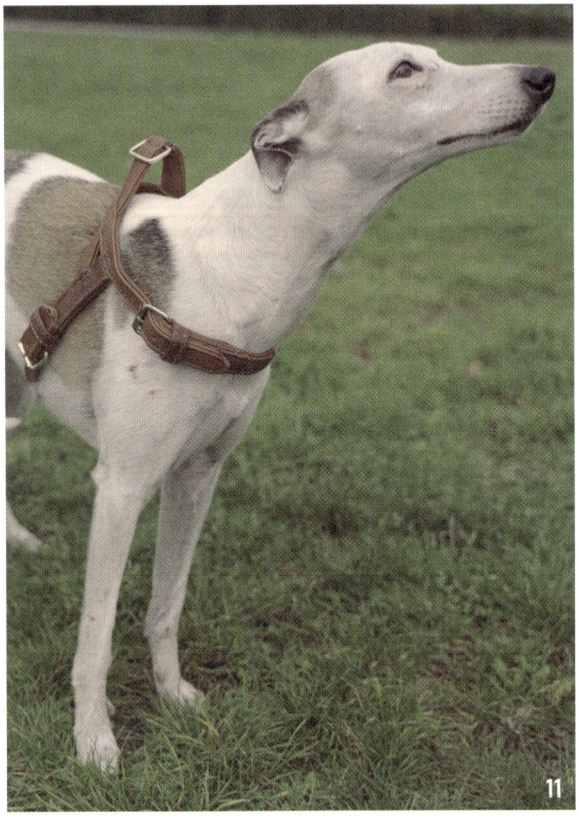

11

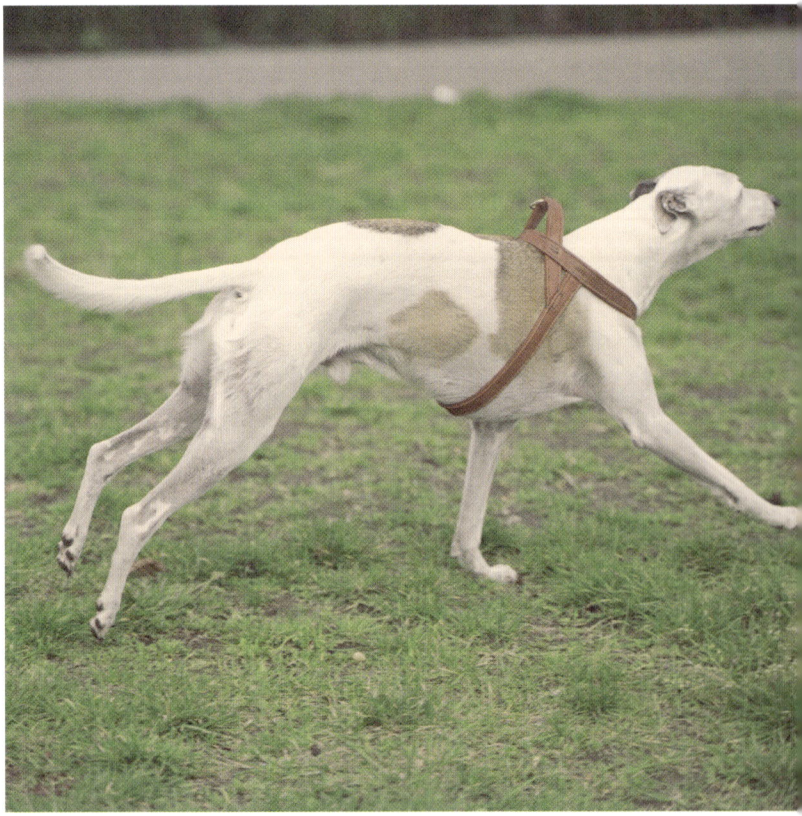

Hundehalsband

Material
stabiles, nicht zu steifes Leder | Ziegenleder als Außenbezug | Schnalle | Ring für die Leine

Werkzeug
Schere | Nadel | Garn | Lochzange

Auch beim Halsband lassen sich Impulse beim Fachhandel oder bei anderen Hundehaltern holen. Am schönsten ist es jedoch, wenn das Halsband nach eigenen Ideen hergestellt wird. In unserem Beispiel wurde für den Schnallengurt ein stabiles Leder und für die Umhüllung ein weicheres, geschmeidigeres Leder genommen. Die Schnalle und der Ring stammen von einer ausgemusterten Handtasche.
Zunächst wurde der Schnallengurt in drei Lagen übereinandergeklebt, damit eine rundere, weichere Form entstand. ▸ Bild 1
Anschließend konnte die weichere Ummantelung zugeschnitten und vernäht werden. Für unser Beispiel wurde eine spezielle Nahtvariante entwickelt. ▸ Bild 2
Nach einer intensiven Behandlung mit Lederfett ist das fertige Halsband einsatzfähig. ▸ Bild 3-4 ■

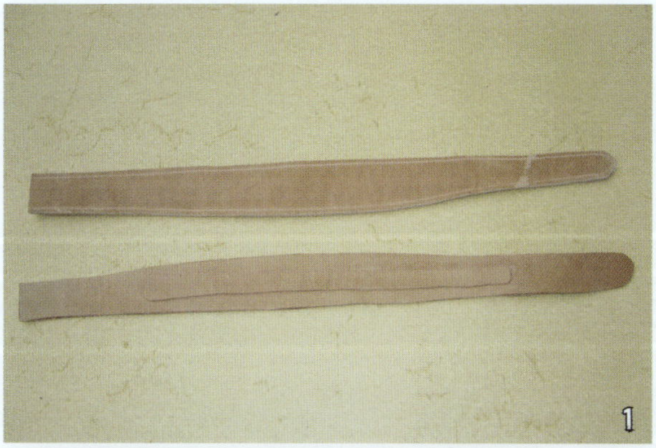
1

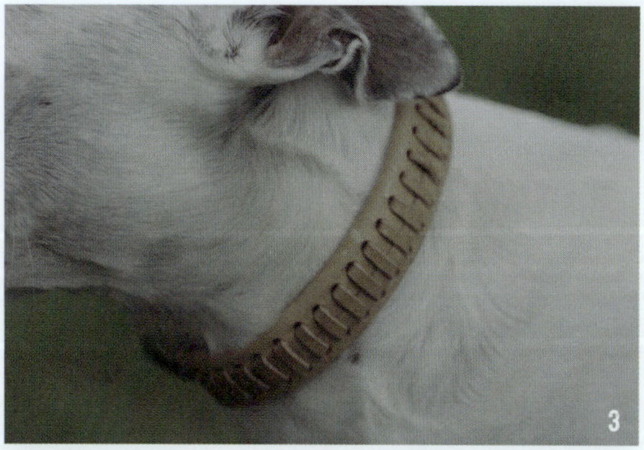
3

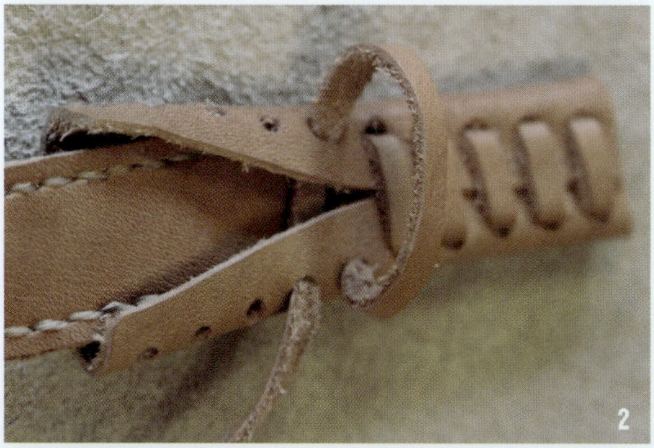
2

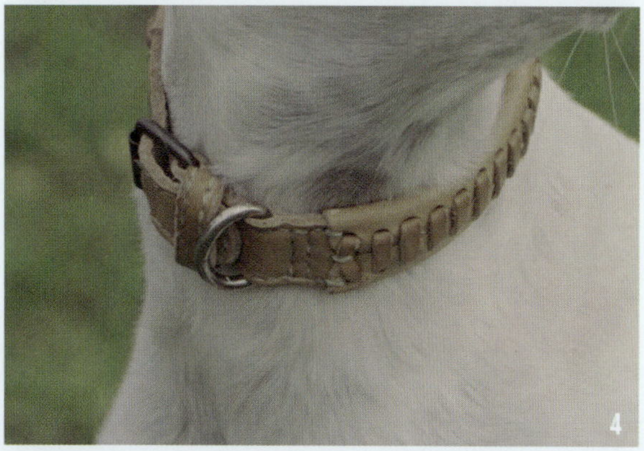
4

Geldbörse mit Lohelandnaht

Material
weiches, stabiles Leder | Druckknöpfe | Pappe für das Modell

Werkzeug
Schere | Lochzange | Nietwerkzeug für Druckknöpfe

Um für sich die richtige Größe der Geldbörse herauszufinden, fertigt man sich am besten aus Pappe ein Modell an. Dieses kann dann als Schablone für den Lederzuschnitt dienen.
Für die Außenhülle und das Geldscheinfach in dem abgebildeten Exemplar wurden zwei gleich große Stücke Leder von etwa 12 mal 20 Zentimetern Größe zugeschnitten. Das Visitenkartenfach und der Deckel des Münzenfaches besteht aus jeweils einem Stück von 12 mal 6 Zentimetern. Das Münzenfach benötigt noch ein Stück von 8 mal 16 Zentimetern. ▸ Bild 1-2
Für die Nähte werden schmale Lederstreifen von etwa 4 Millimetern Breite und einer Länge von mindestens 40 Zentimetern zugeschnitten.
Mit der Lochzange können die Löcher an den Rändern gelocht werden. In dem Beispiel wurde der Lohelandstich angewendet: Außen liegt der typische Doppelstich, innen Stich an Stich (siehe S. 43).
Im ersten Schritt bekommt der obere Rand der Außenhülle eine lange Naht als durchgehende Umrandung. Sie hat nur eine optische Funktion (siehe in dem Modell die Ziffer 1). ▸ Bild 3
Als Nächstes kann der Deckel des Münzenfachs an der passenden Stelle vernäht werden (siehe im Modell die Ziffer 2). ▸ Bild 4 ▷

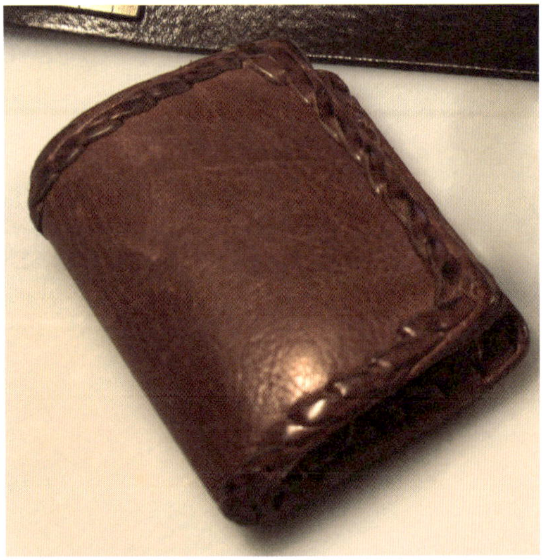

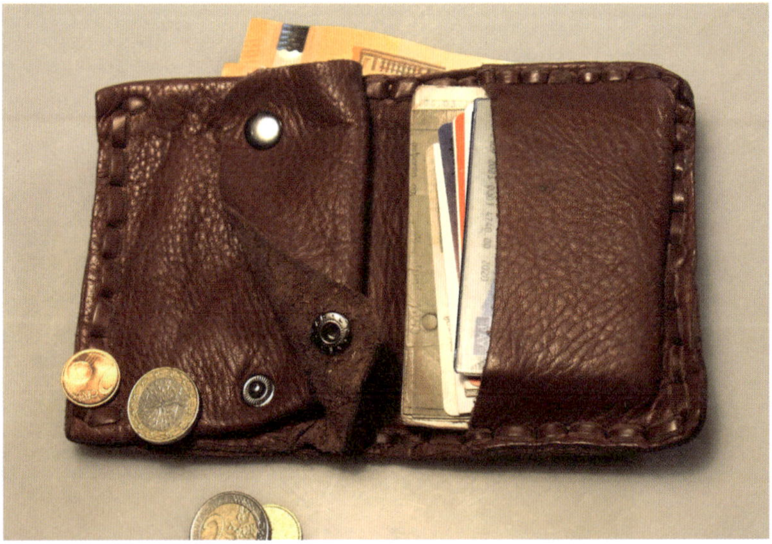

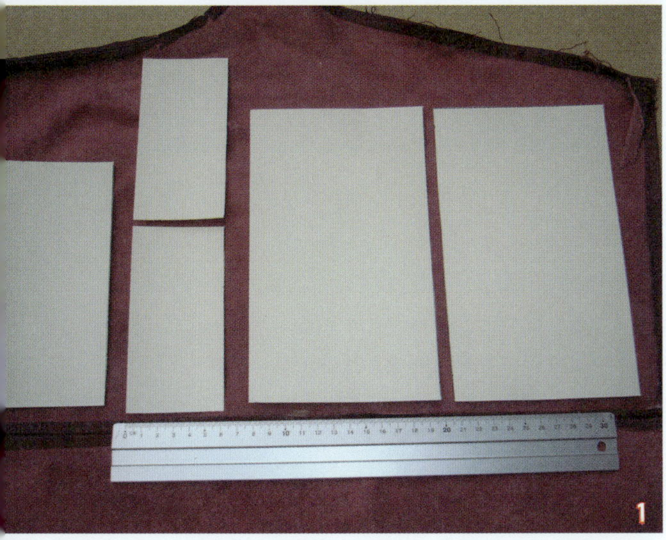
1

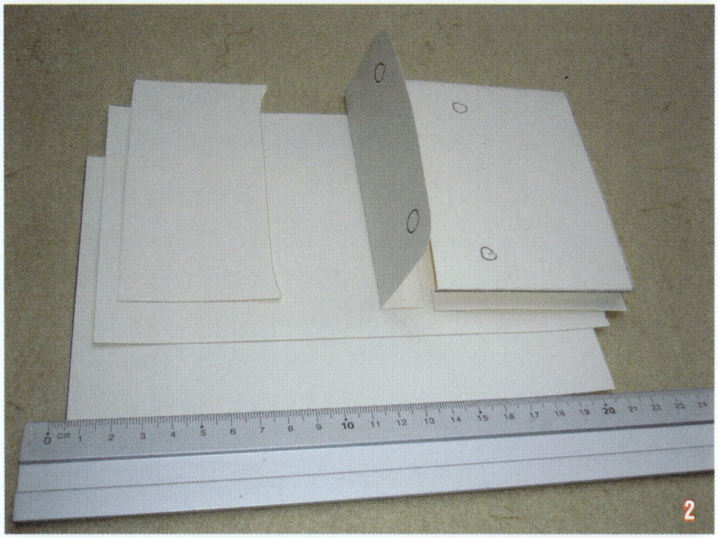
2

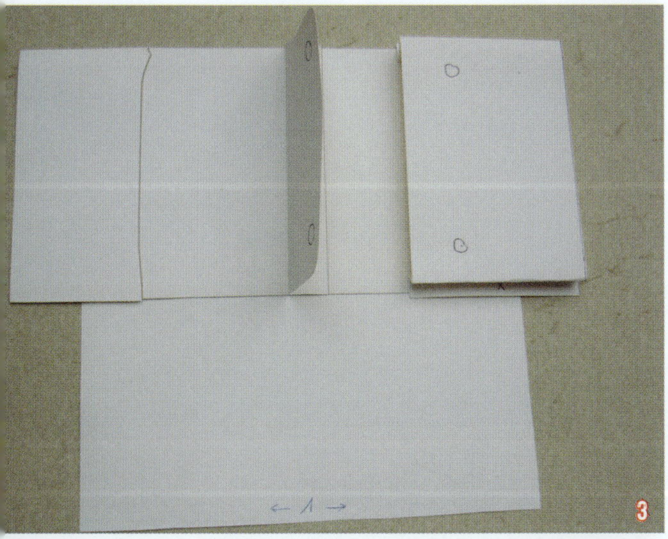
3

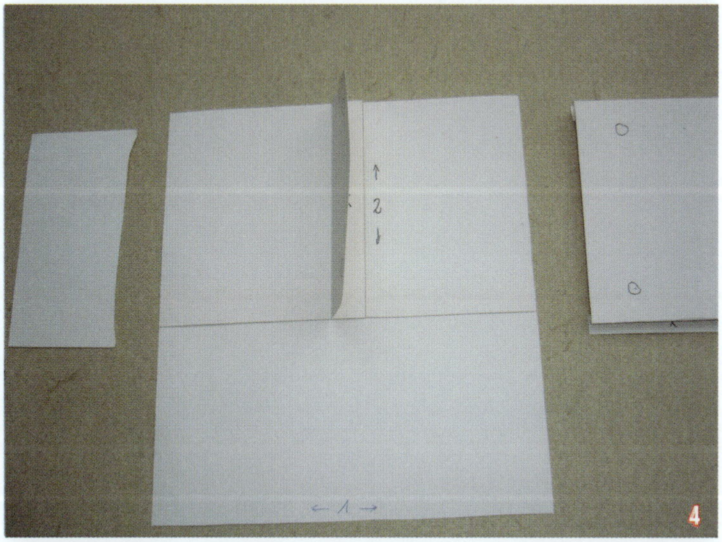
4

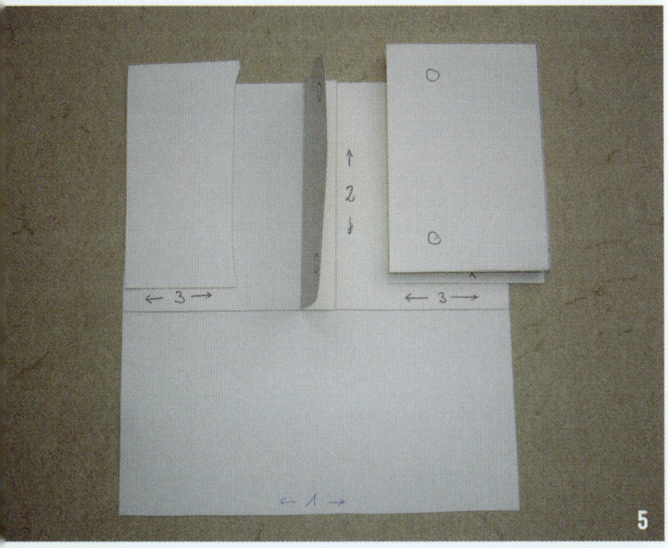
5

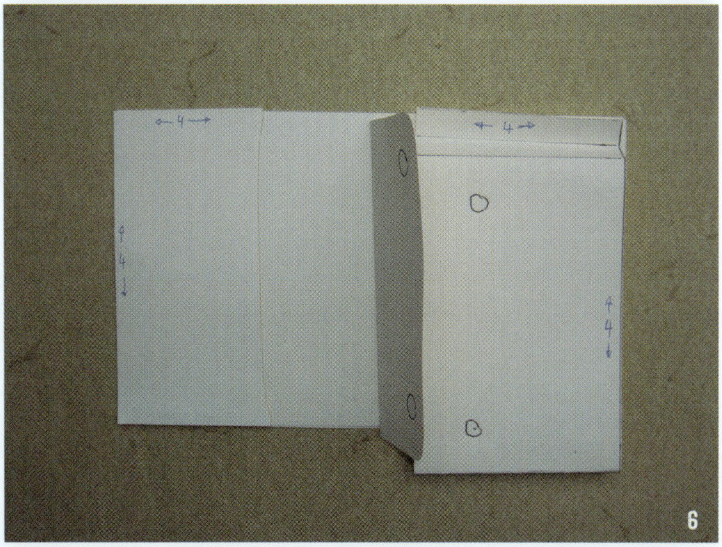
6

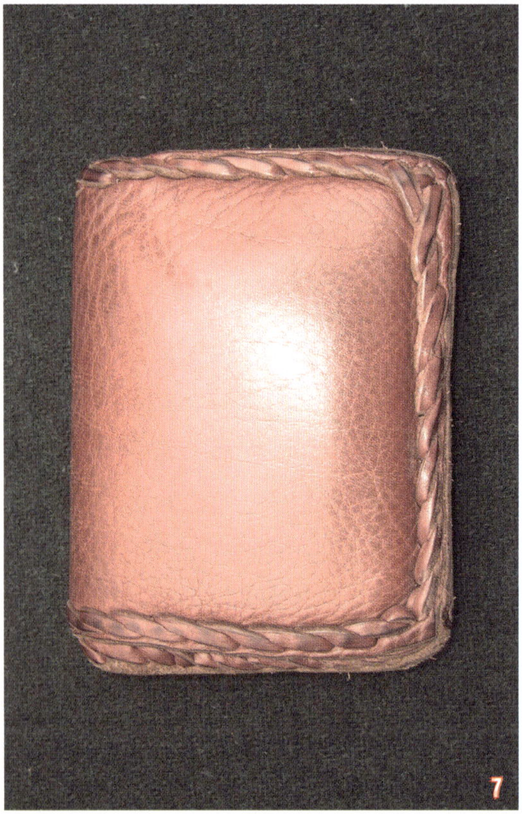
7

Münzen- und Visitenkartenfach dürfen nur am oberen Rand (siehe im Modell die Ziffer 3) vernäht werden (auch dieser Rand hat nur eine optische Funktion). Das muss als Erstes geschehen, weil man später nicht mehr an die Naht herankommen kann. ▸ Bild 5
Jetzt können Innenteil und Außenteil aufeinandergeklebt, gelocht und vernäht werden (siehe im Modell die Ziffer 4). ▸ Bild 6
An den kurzen Stirnseiten liegen dabei jeweils drei Lagen, an den Ecken des Münzenfaches sogar vier Lagen übereinander.
Das Lochen und Vernähen erfordert also Achtsamkeit. Besonders schwierige Stellen sind die Innenfaltung des Münzenfachs und der Übergang am Deckel.
Sind alle Teile miteinander vernäht, werden zuletzt noch zwei Druckknöpfe eingestanzt, dann ist die Geldbörse fertig. ▸ Bild 7-8
Die beschriebene Geldbörse kann auch aus veganem Papierleder und Garn hergestellt werden. ▸ Bild 9 ■

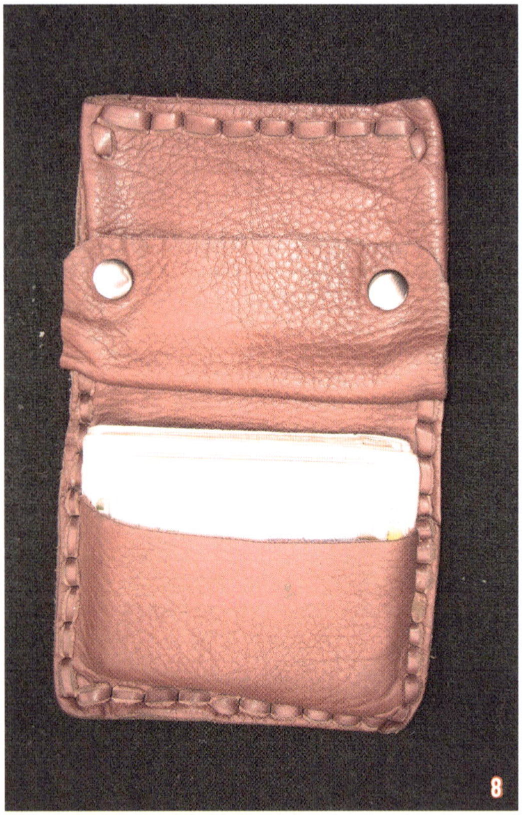
8

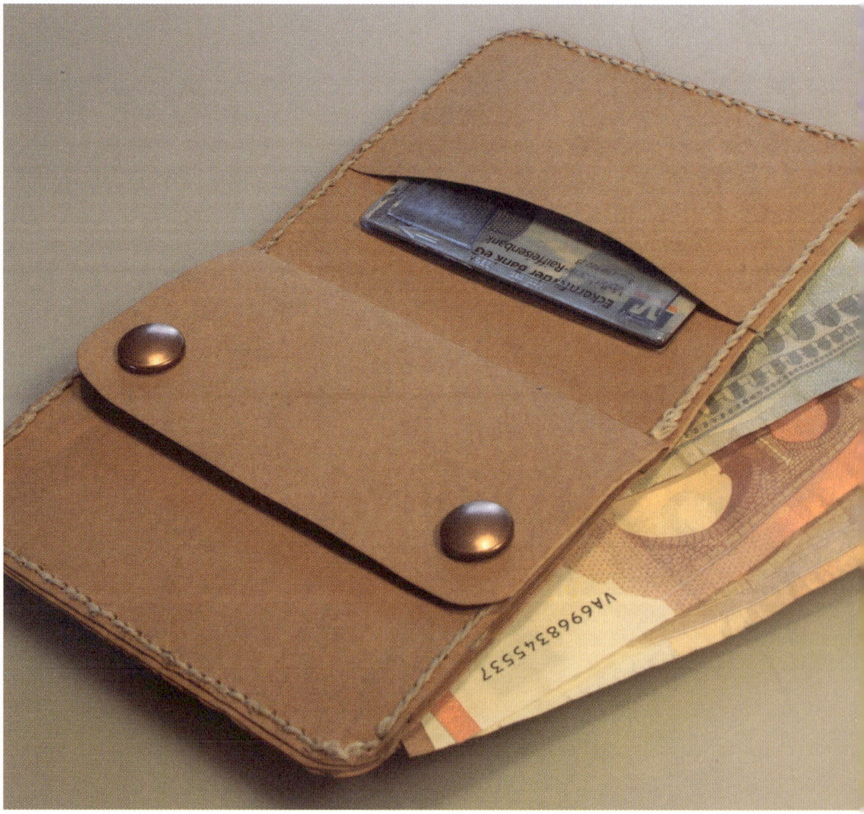

Taschen

Umhängetasche

Von dieser Tasche wurde kein Entwurf gemacht. Anhand eines DIN-A4-Heftes wurde das Leder mit Zugabe direkt zugeschnitten. Die Vorderseite sollte aus Gründen des Designs aus zwei Teilen zusammengesetzt sein. Die Rückseite besteht aus einem ganzen Stück. ▸Bild 1

Die Teile wurden mit einem Zickzackstich zusammengenäht und auf die Naht eine Verzierungsabdeckung von 2 cm Breite aufgenäht. ▸Bild 2 ▷

Material

weiches, geschmeidiges, nicht zu dünnes Leder | Innenfutter | Reißverschluss | Schnallen | Karabinerverschluss

Werkzeug

Schere | Vorstecheisen | Ahle | Garn | 2 Nadeln

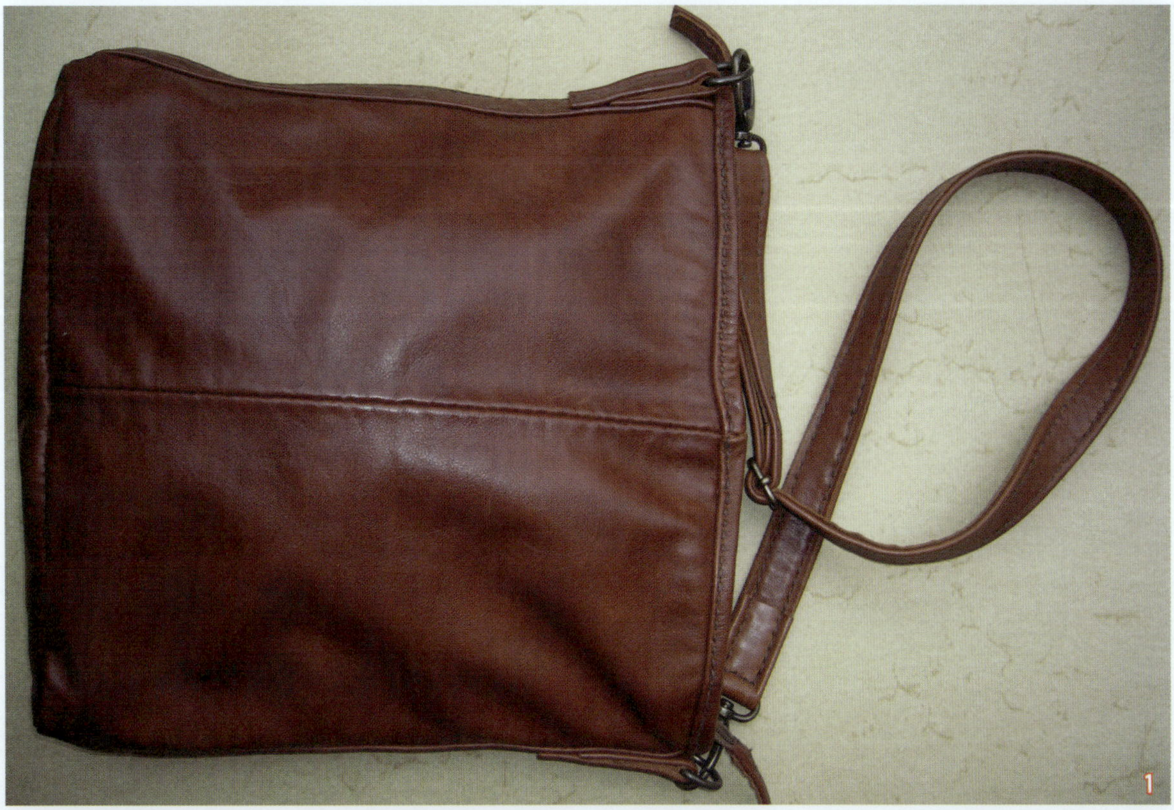

1

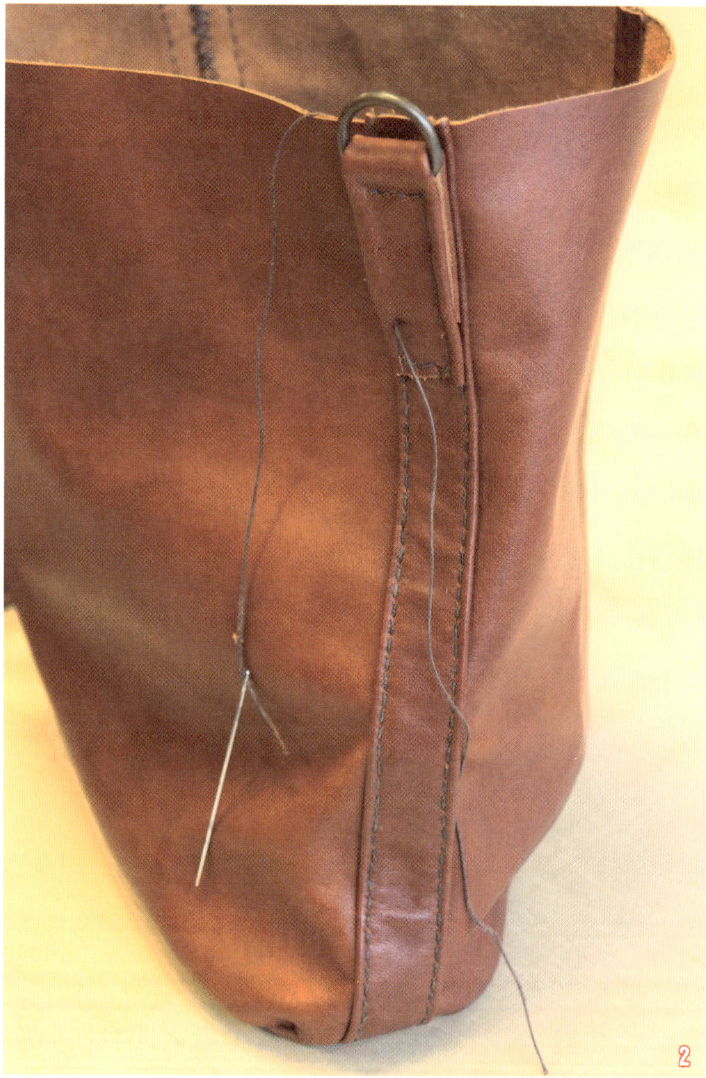
2

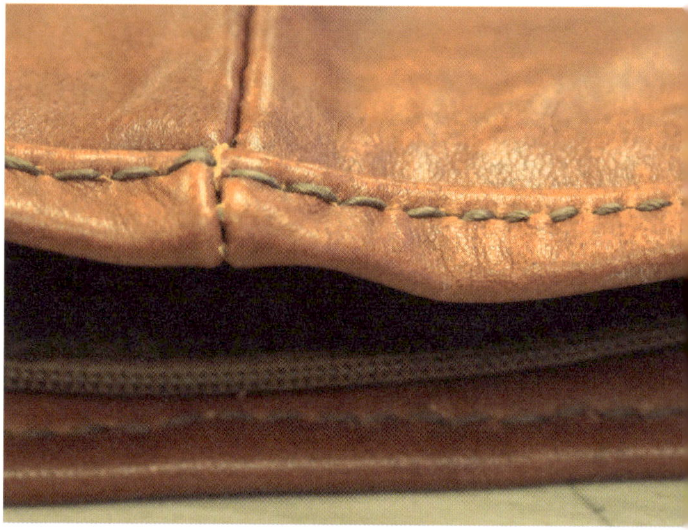

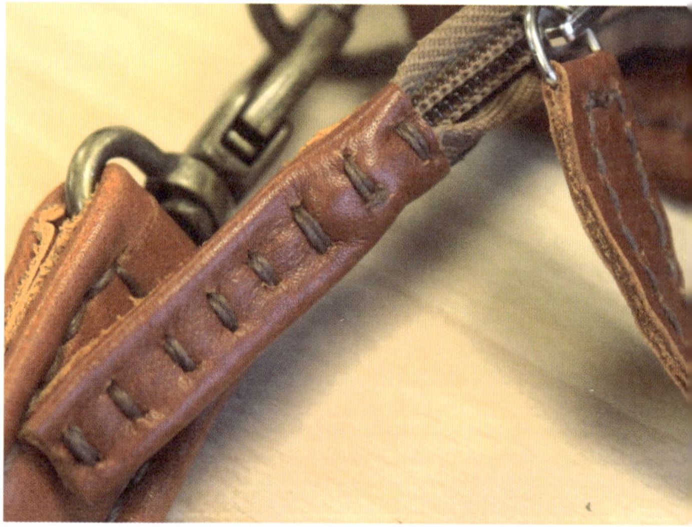

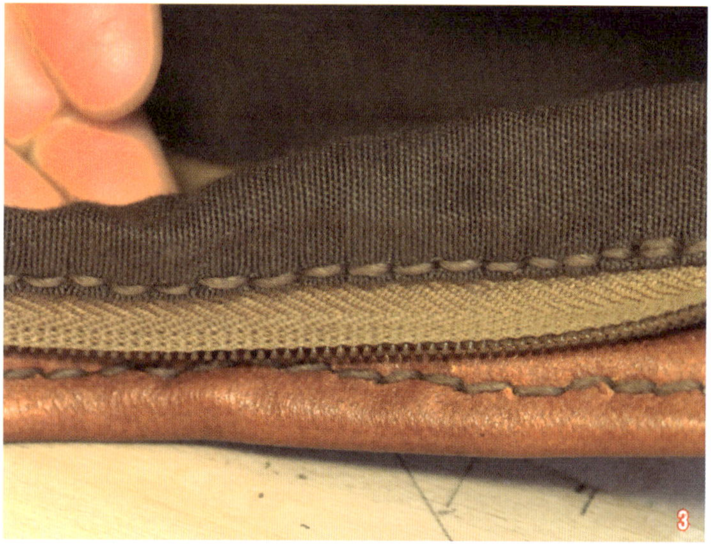
3

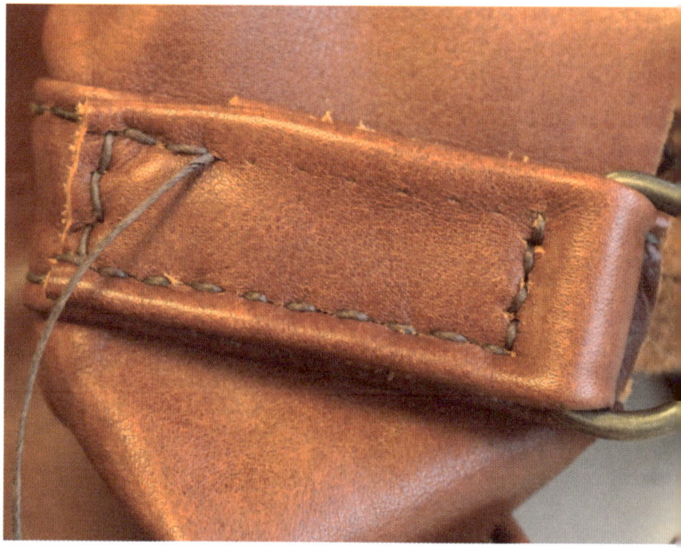

Das Innenfutter wurde in passender Größe zugeschnitten, wie eine Tüte in den Korpus gesteckt und oben mit dem Leder und dem Reißverschluss gleichzeitig vernäht. ▸ Bild 3
Jetzt konnte der obere Rand einen Saum aus Leder bekommen. ▸ Bild 4
Anfang und Ende des Reißverschlusses erhielten eine Lederverstärkung. ▸ Bild 5
Für die Schnallen (vom Flohmarkt) wurden starke Lederstreifen aus vier Lagen rechts und links angenäht. ▸ Bild 6
Der Tragegurt besteht aus vier Lagen des gleichen Leders. Schlaufen und Karabinerhaken wurden gleichzeitig mit eingenäht. ▸ Bild 7
Alle Nähte wurden mit zwei Nadeln und mit Leimgarn genäht. ■

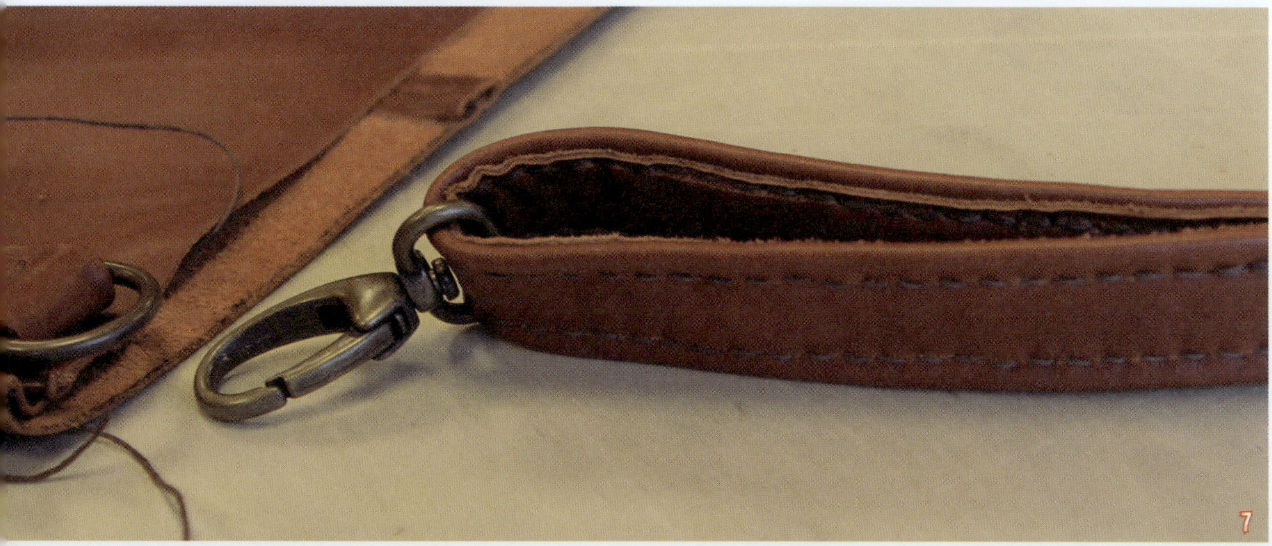
7

Material

4 mm dickes pflanzengegerbtes Rindsleder | Papier | Pappe

Werkzeug

Halbmondmesser oder Universalmesser | Nahtversenker | Vorstecheisen | 2 Nadeln | gepichtes Garn

Stabile Korbtasche

Im ersten Schritt wird bei dieser stabilen Korbtasche ein Modell aus fester Pappe hergestellt. ▸ Bild 1-3
Wenn der Entwurf zur Zufriedenheit ausgefallen ist, können die drei Teile sorgfältig ausgeschnitten werden. ▸ Bild 4
Die Grifflöcher werden mit einem Universalmesser ausgeschnitten.
Zunächst werden die zwei Seitenteile im Kreuzstich zusammengenäht, sodass eine Röhre (ein Zylinder) entsteht. Boden und unterer Rand bekommen eine Abschrägung von 45° und werden entsprechend in 45° mit zwei Nadeln zusammengenäht (siehe den Abschnitt «45-Grad-Naht», S. 45). ▸ Bild 5
Als Letztes erhalten der obere Rand und die Grifflöcher eine Stichumrandung als Verschönerung. ▸ Bild 6 ■

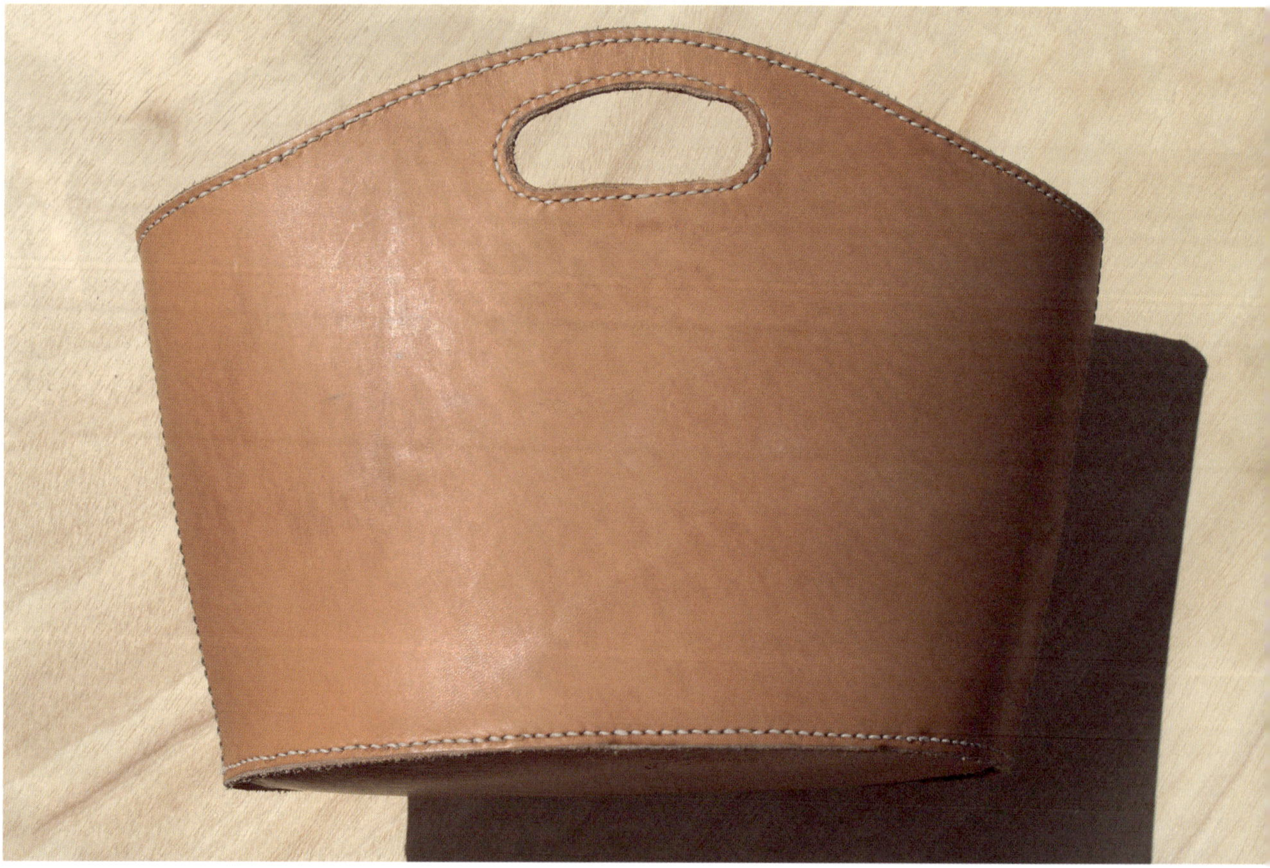

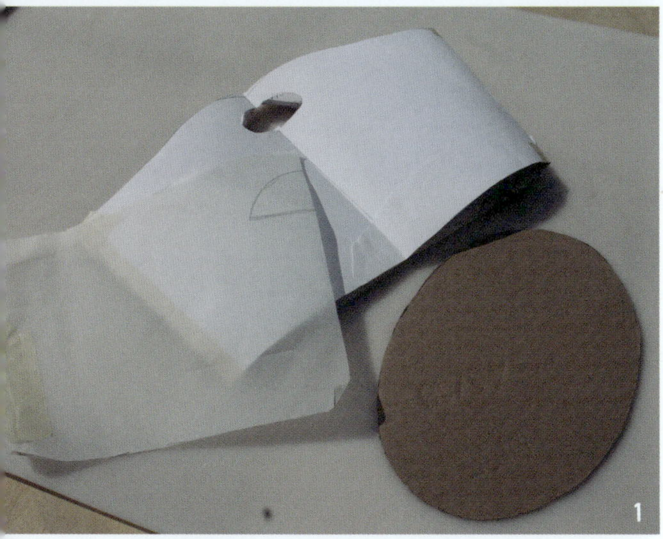

1

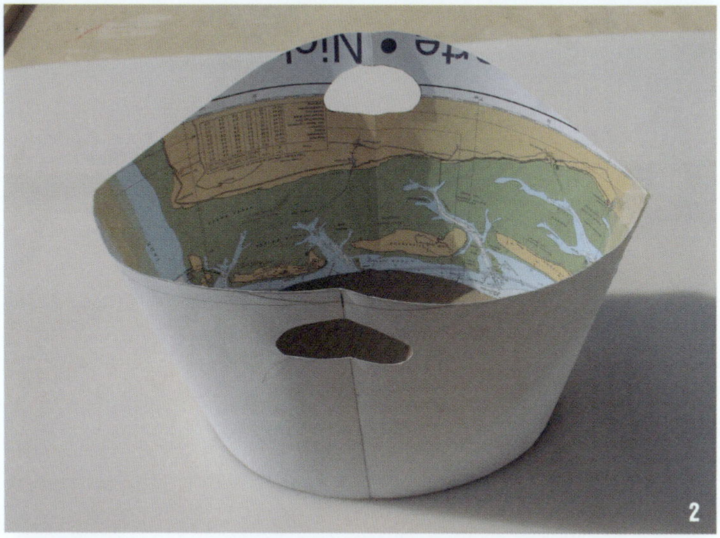

2

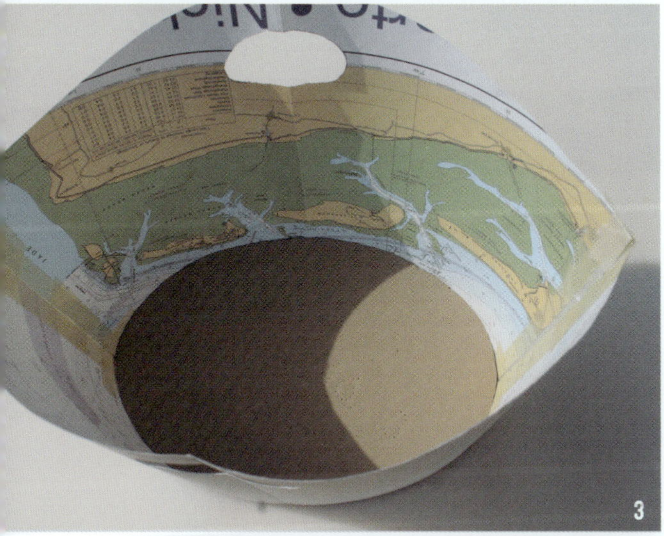

3

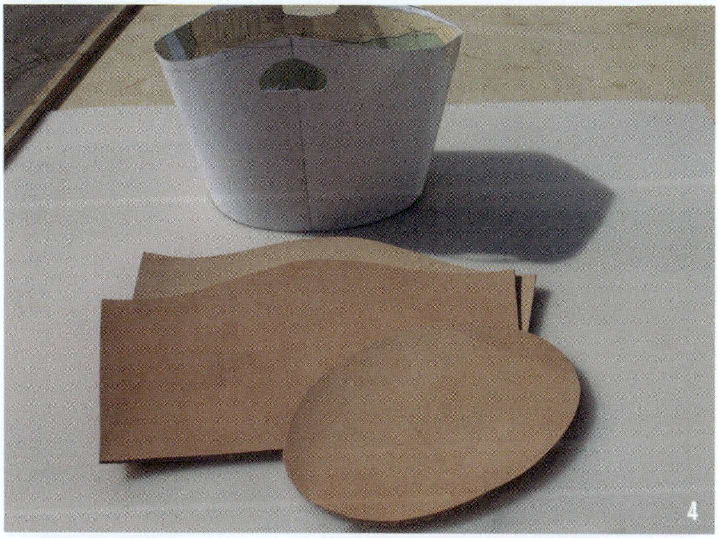

4

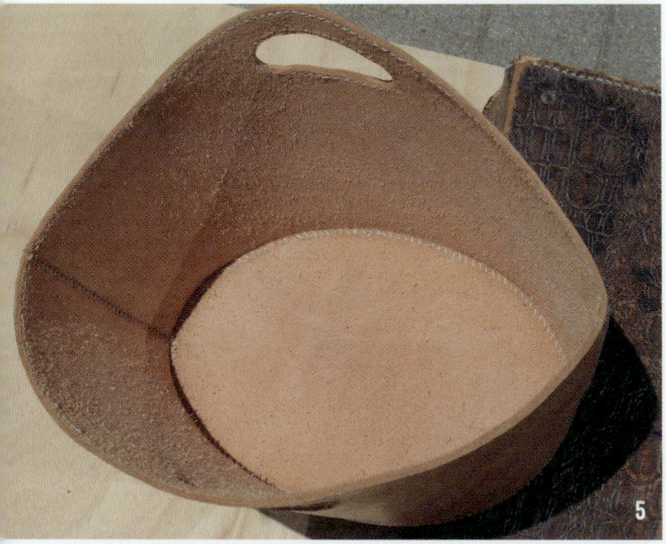

5

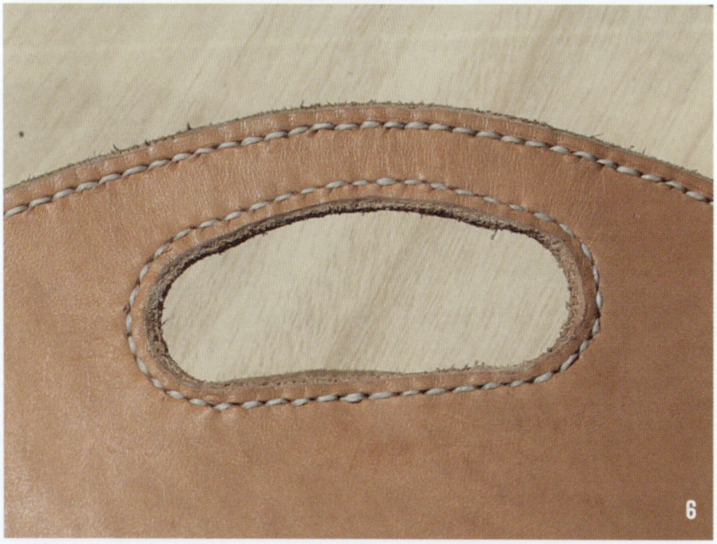

6

Einkaufstasche

Material

weiches Rindsleder | Innenstoff | evtl. Papier und Pappe für ein Modell

Werkzeug

Schere | Locheisen oder Lochzange | Nadel | Zwirn

Wer möchte, kann für die Einkaufstasche erst einen Entwurf machen. Bei der vorliegenden Tasche wurden dagegen gleich aus einem weichen Rindsleder zwei Seitenteile inklusive Griffe ausgeschnitten. Ein langer, etwa 15 cm breiter Streifen bildet die Außenwand und den Boden. Die breiten Seiten haben die Spaltseite außen, bei der Schmalseite ist das blanke Leder außen.
Die Schmalseite wird im Lohelandstich an die Seitenteile genäht. Die Naht umschließt auch den Griff (hier nur wegen der Optik). In den Griff wird eine Schnur eingelegt und an den Enden verklebt. Anschließend kann er innen im Lohelandstich vernäht werden.
Zum Schluss wird mit Zwirn ein Innenfutter angebracht. ▪

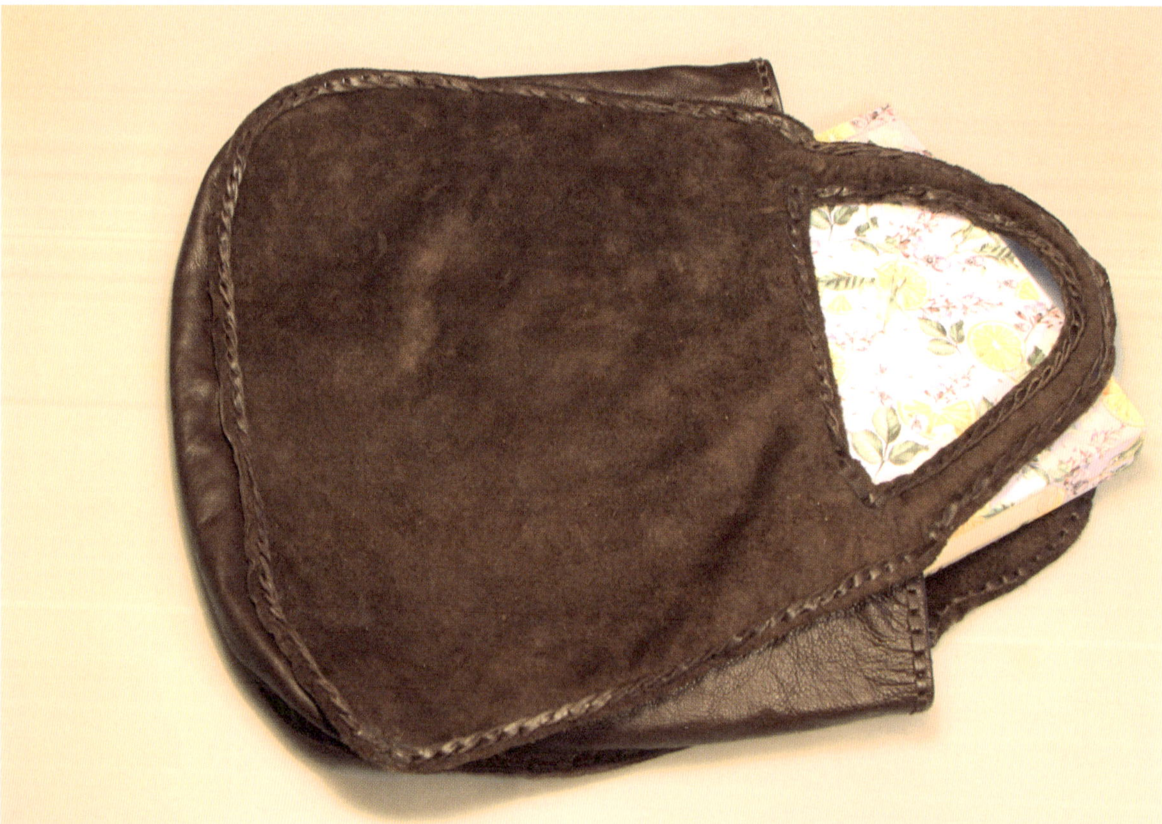

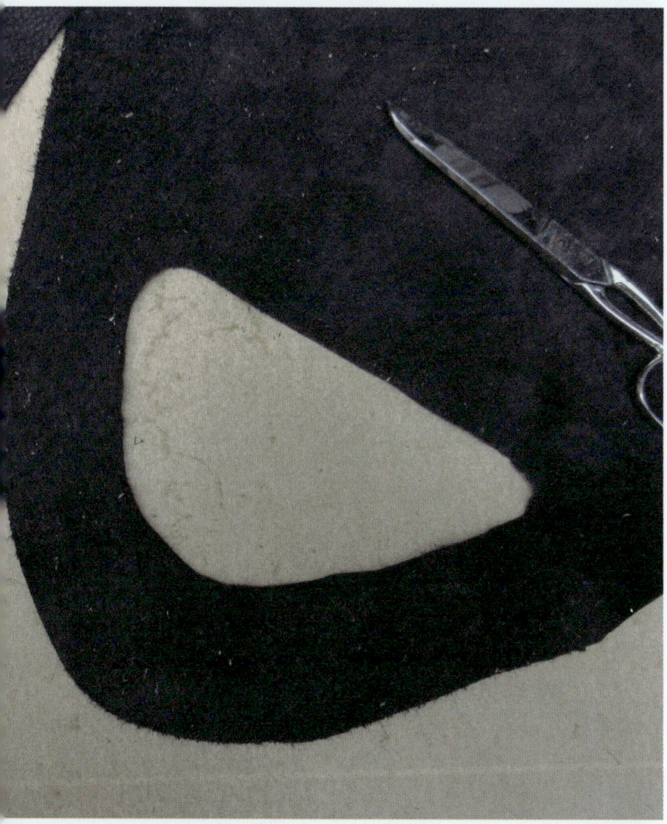
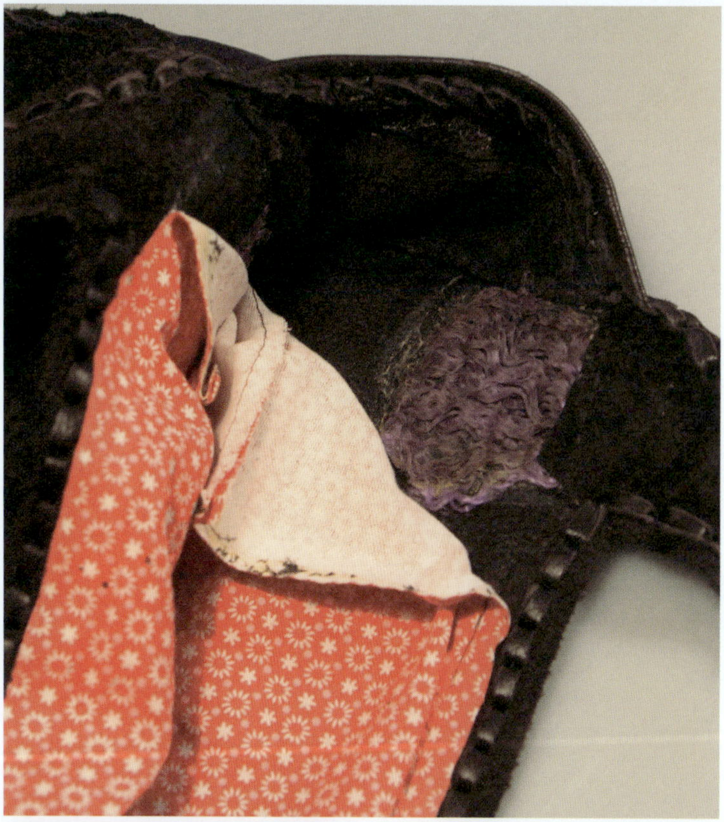
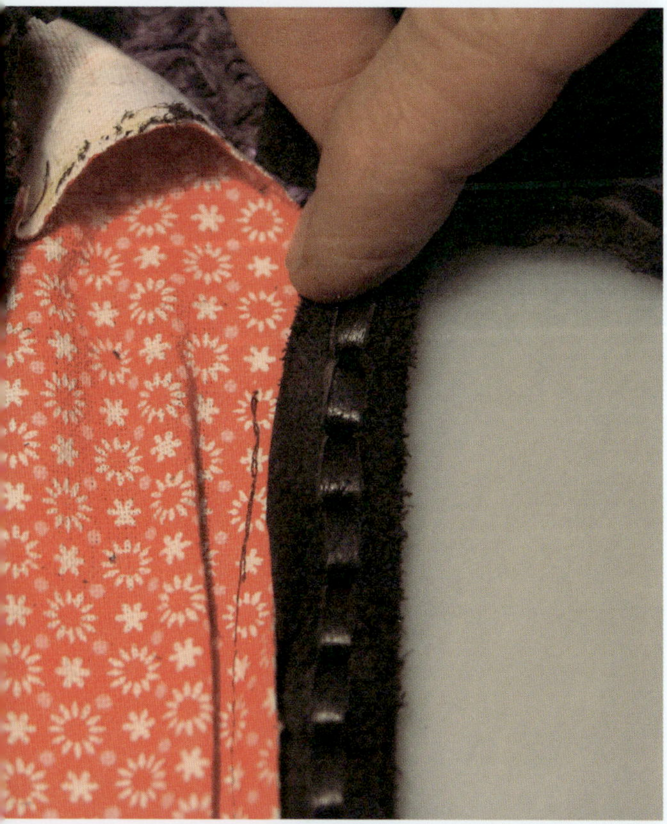
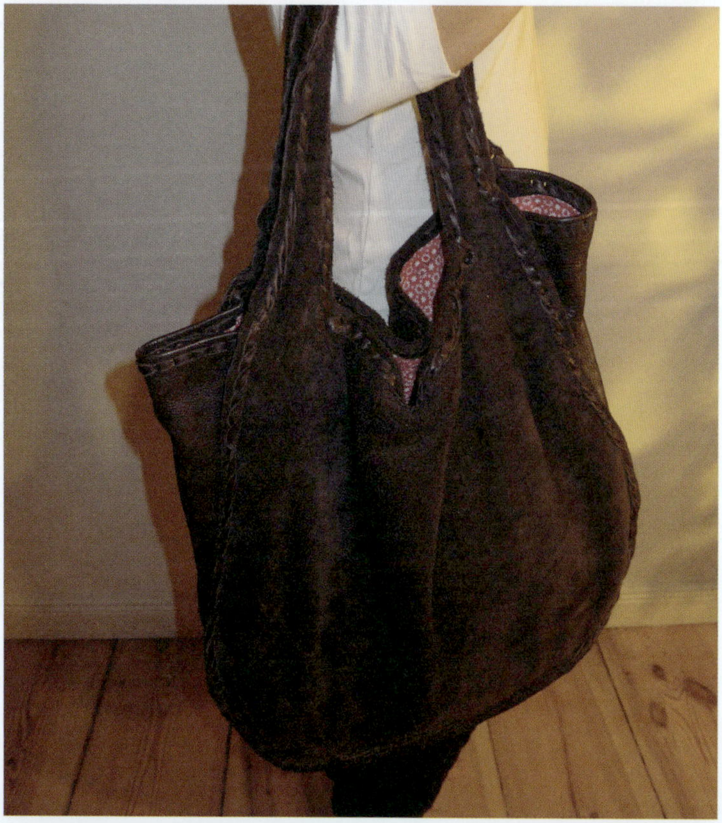

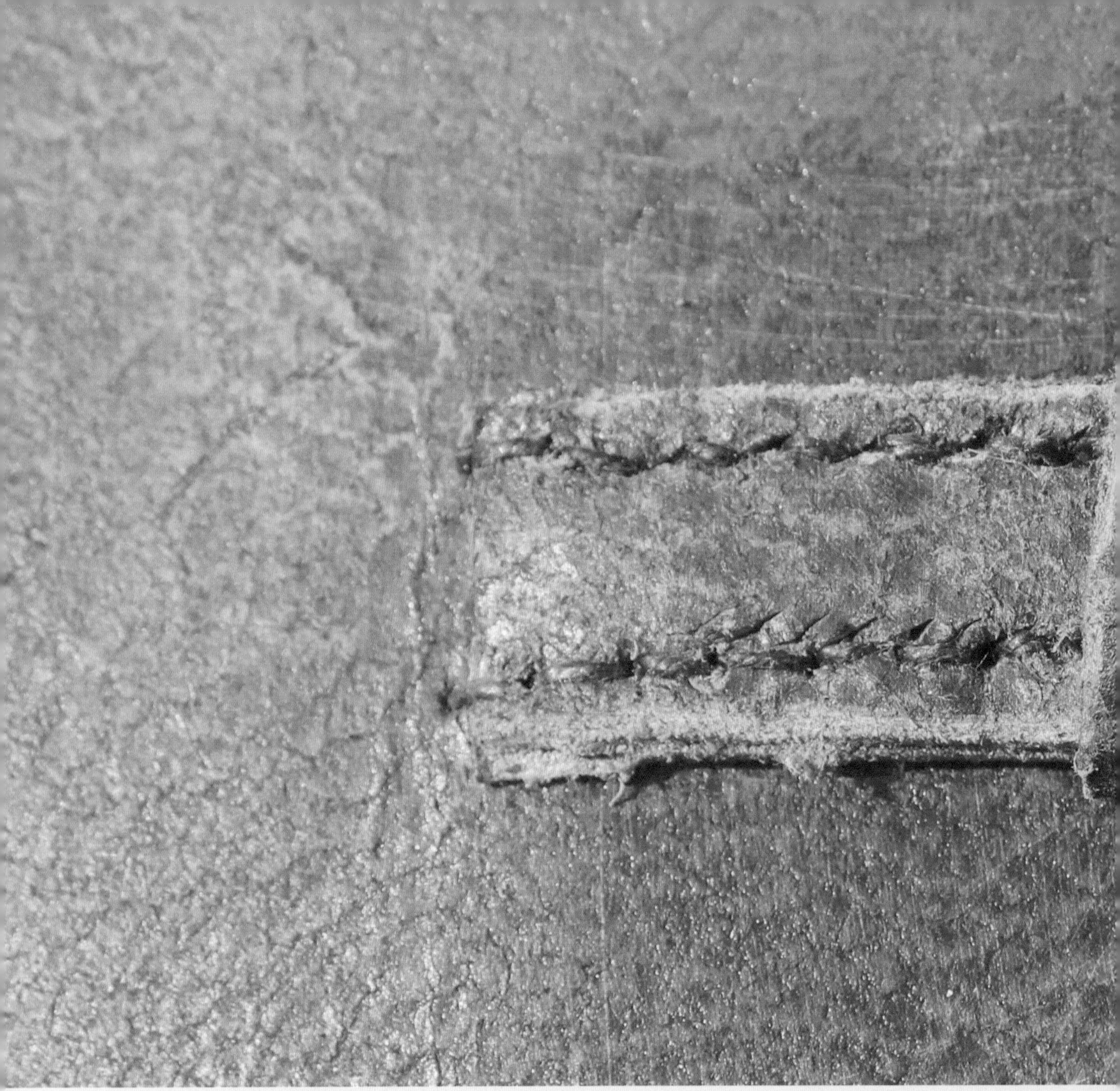

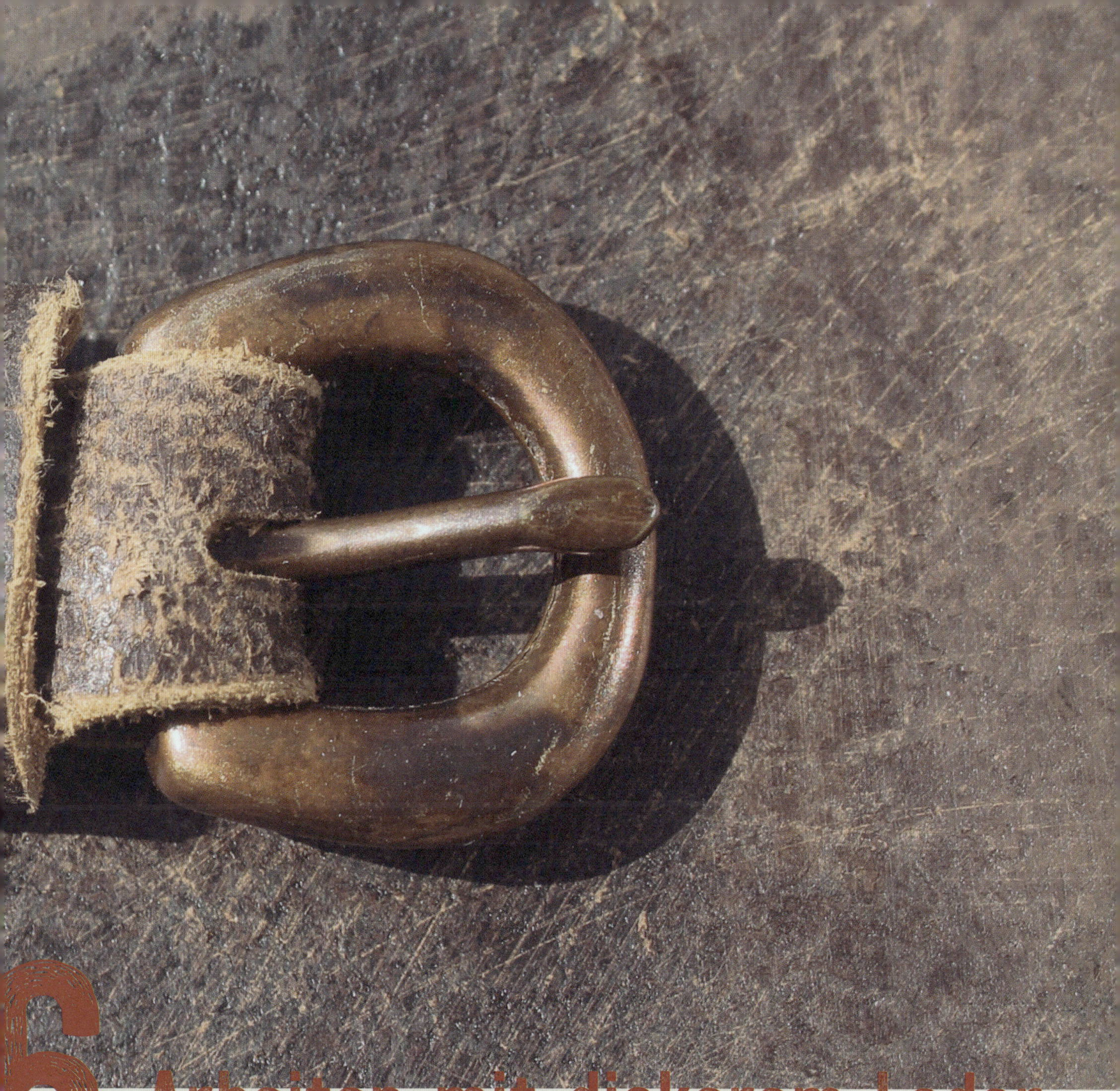

6 Arbeiten mit dickerem Leder

Fahrradausstattung

Material
dickes Rindsleder | Pappe

Werkzeug
Halbmondmesser oder Universalmesser | Kantenhobel | Nahtversenker | Vorstecheisen | 2 Nadeln | gepichtes Garn

Ledergriffe

Ein Stück Pappe wird um das Ende des Fahrradlenkers gelegt und die gewünschte Form markiert. Anhand dieses Modells kann das Leder zugeschnitten werden.
Zwei weitere Stücke ergeben eine Zwischenlage, damit der Griff am «Flügel» dicker wird. Auch das rundliche Endstück wird in entsprechender Größe zugeschnitten. ▸ Bild 1-2
Im Bereich des Endstückes wird der Rand auf fünfundvierzig Grad angeschrägt, damit Nahtrand auf Nahtrand trifft (siehe 45-Grad-Naht, S. 45).
Jetzt wird die Nahtvertiefung angebracht. ▸ Bild 3
Die Löcher werden vorgestochen, und alles wird miteinander vernäht. Im letzten Schritt werden die Ränder abgerundet und glatt gerieben. ▸ Bild 2 und 4 ■

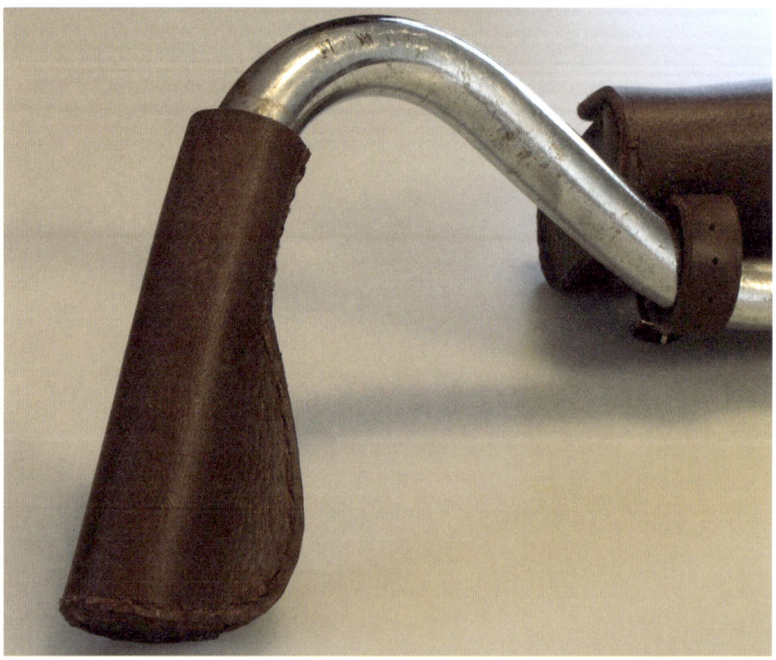

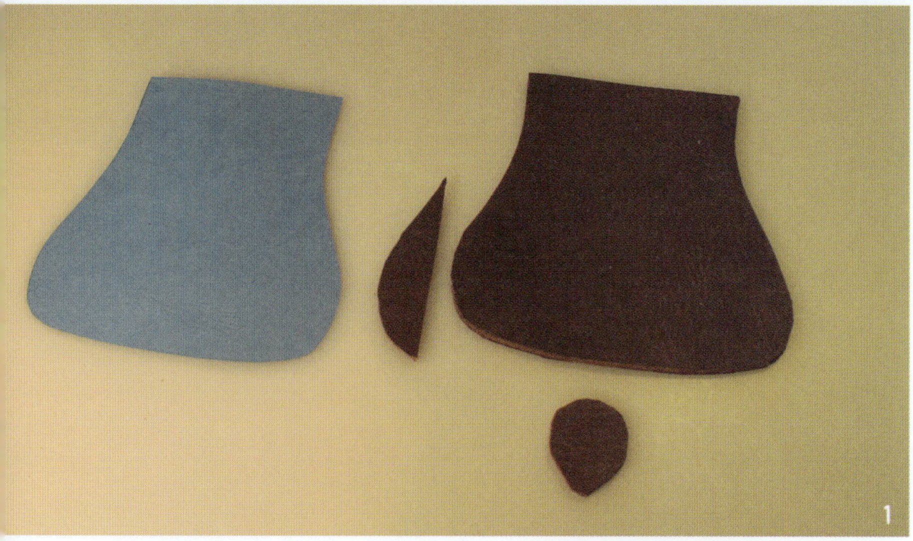
1

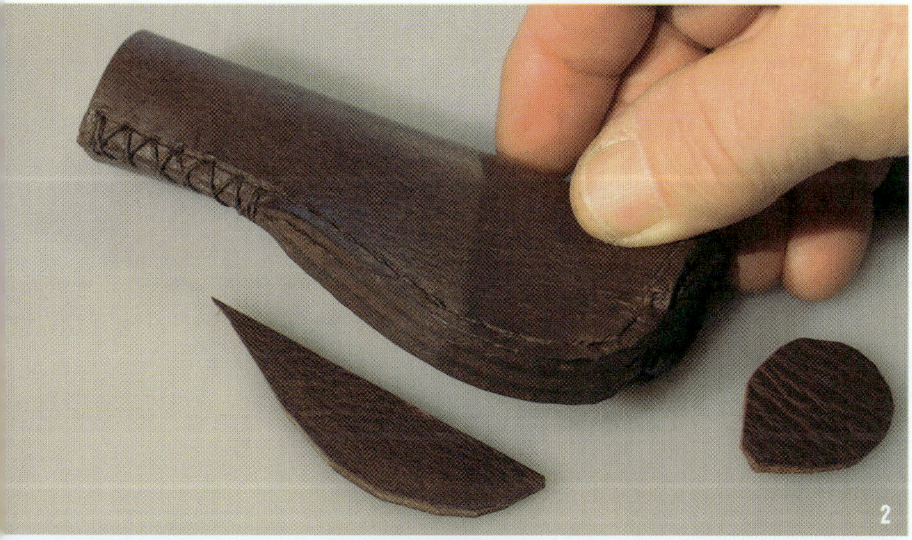
2

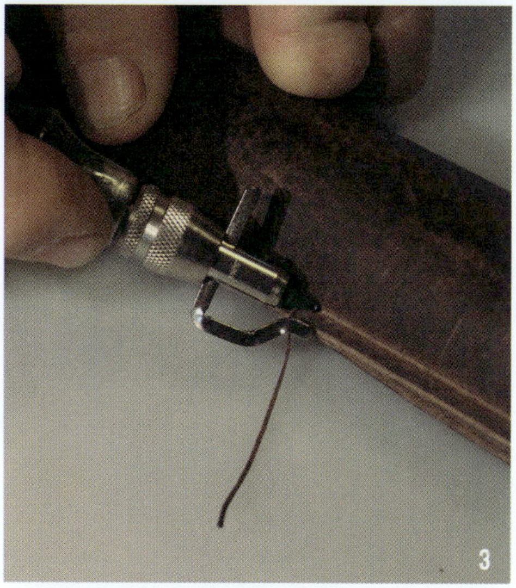
3

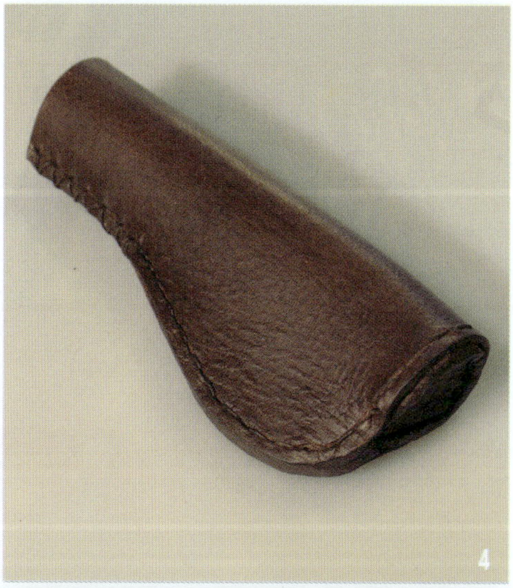
4

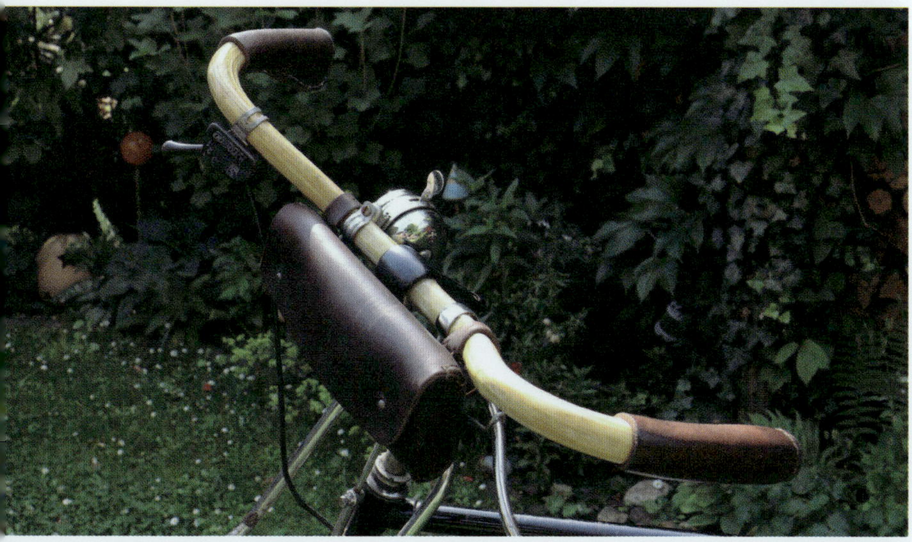

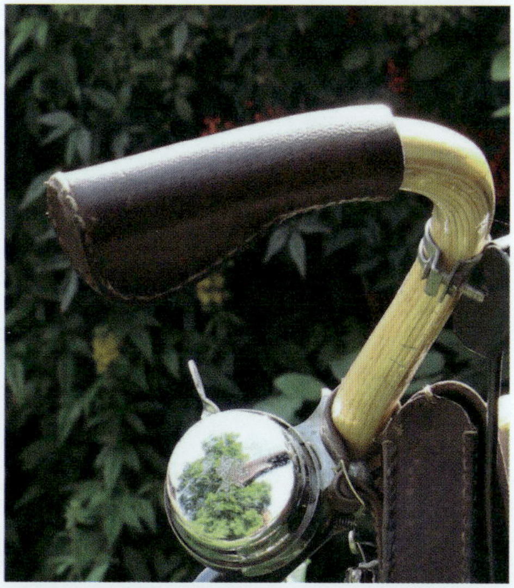

Werkzeugtasche

Material

dickes Rindsleder | Schnallen | Papier | Pappe

Werkzeug

Halbmondmesser oder Universalmesser | Kantenhobel | Nahtversenker | Vorstecheisen | 2 Nadeln | gepichtes Garn

Man fertigt sich ein Pappmodell in der gewünschten Größe an. Dabei ist die spätere Anbringung der Tasche am Fahrrad zu berücksichtigen. Aus einem dickeren, stabilen Leder werden die Teile zugeschnitten. An den geplanten Stellen werden die Schnallen angenäht (siehe S. 46f.). Dies muss vor dem Zusammensetzen der einzelnen Taschenteile geschehen, weil man später nicht mehr an die Stellen herankommt.

Nach dem Anschrägen der Ränder auf 45° an den entsprechenden Stellen können die Teile aneinandergenäht werden. Hierbei ist eine Ecknaht (45-Grad-Naht) erforderlich. ▸ Bild 1

Falls eine Schnalle zu kurz ist, wird sie schräg angeschärft, ein entsprechendes Verlängerungsstück angeklebt und anschließend vernäht. ▸ Bild 2-4 ■

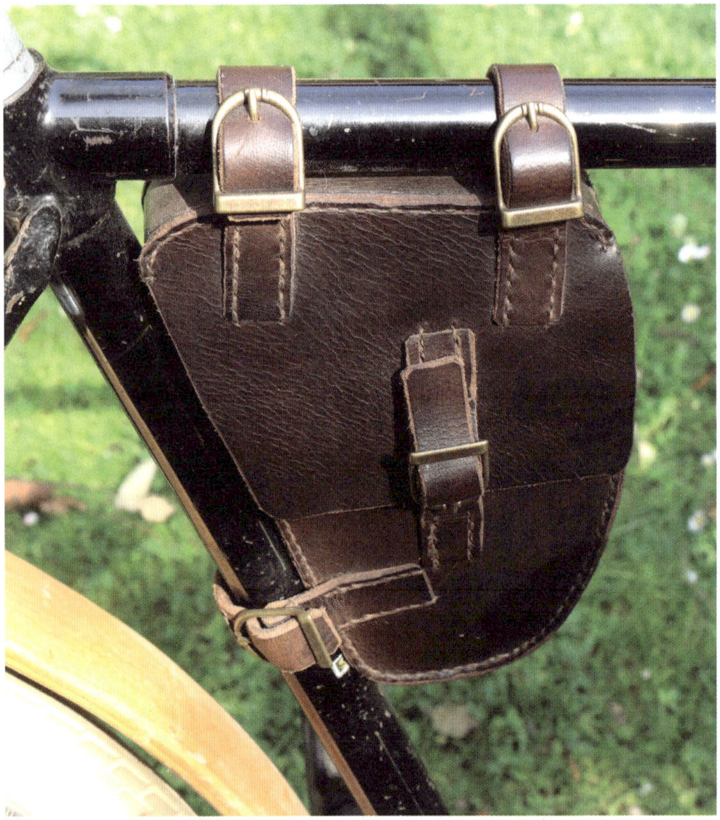

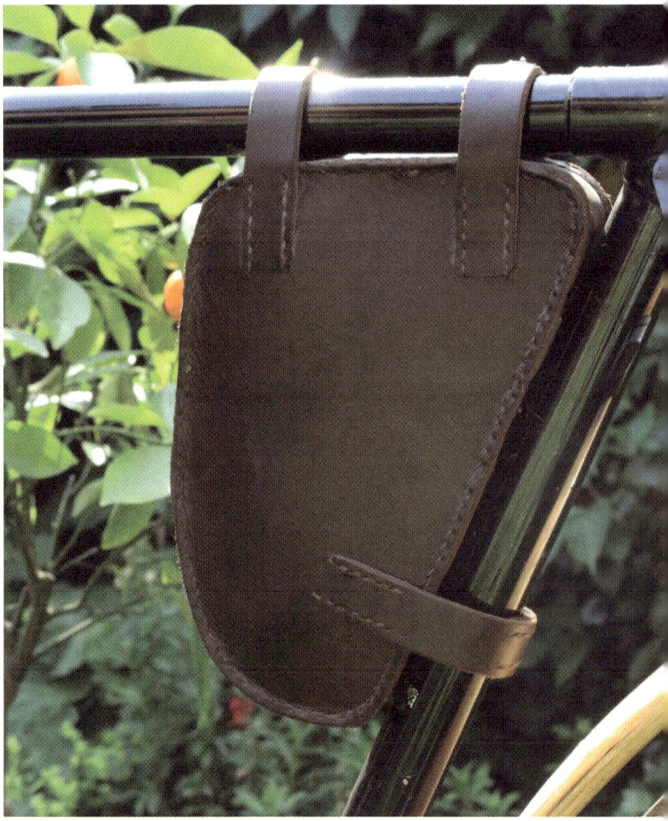

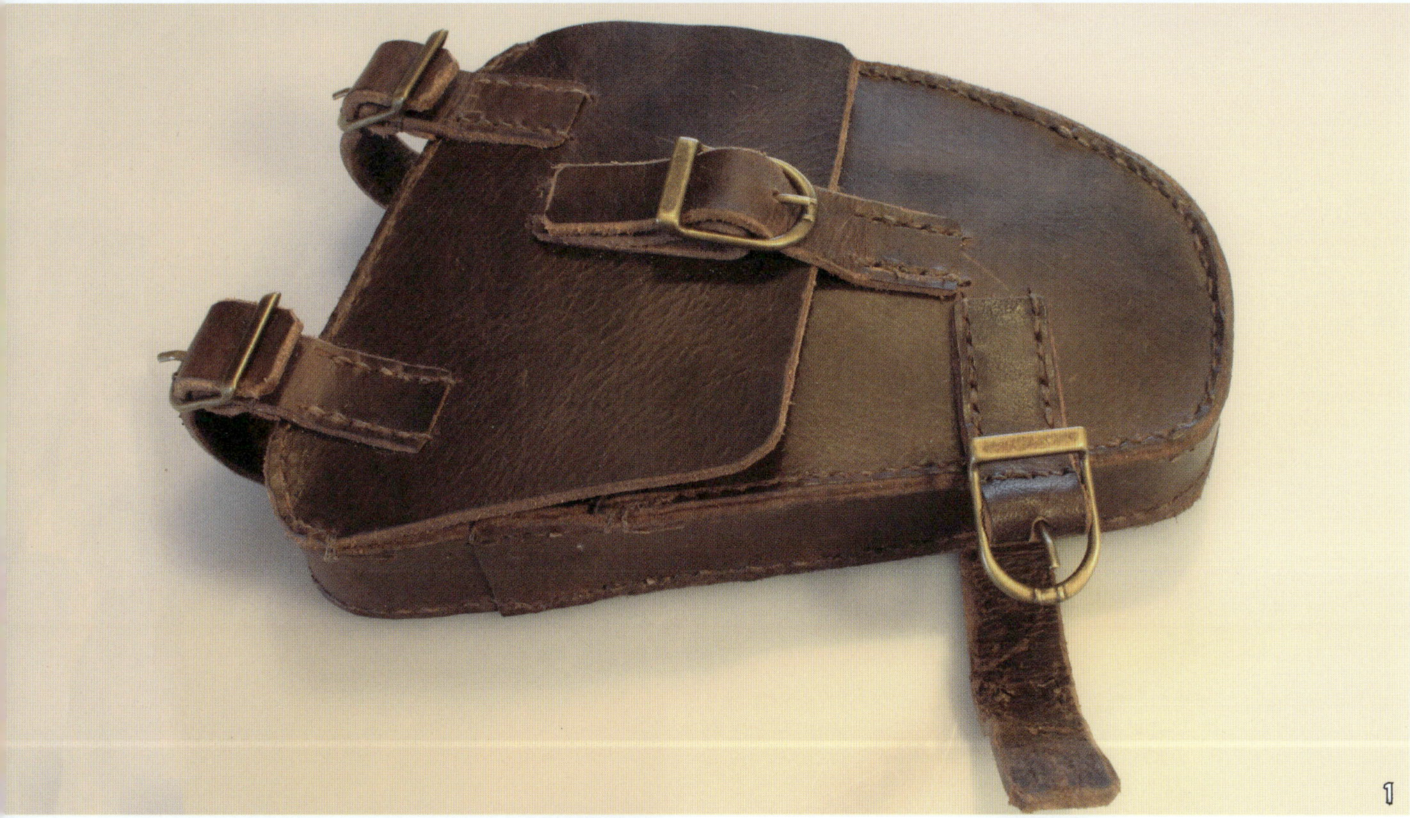
1

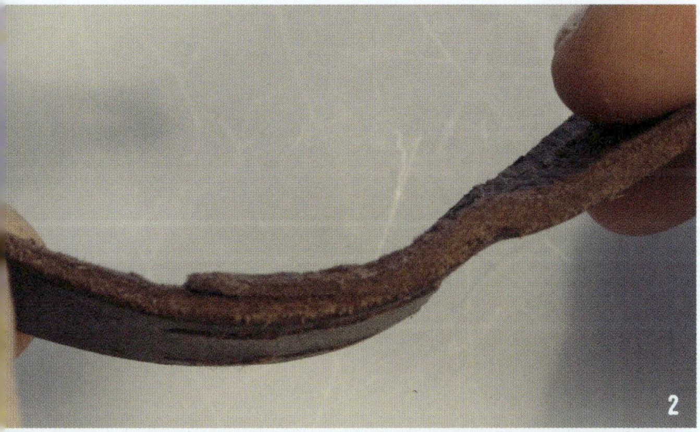
2

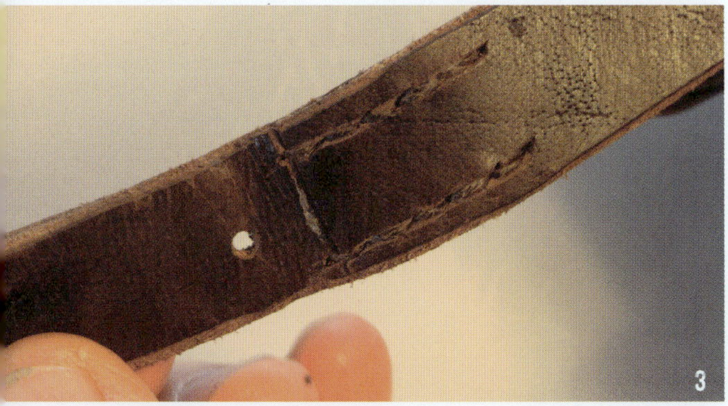
3

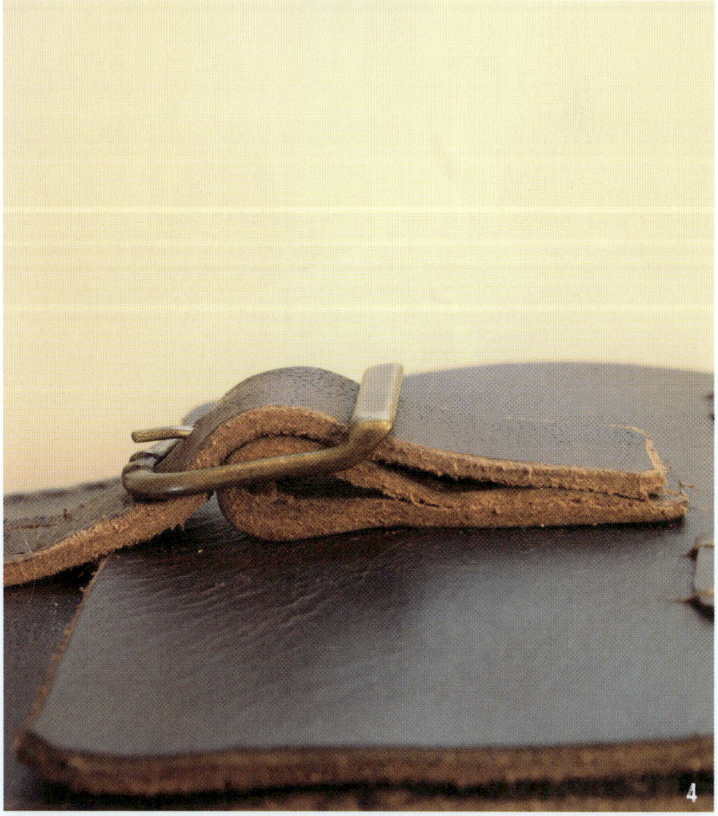
4

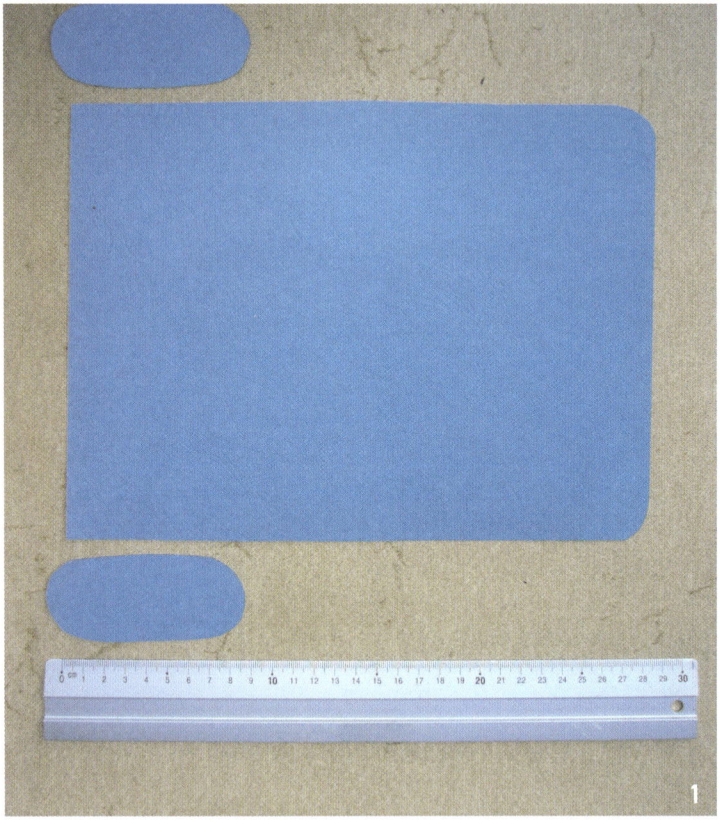

1

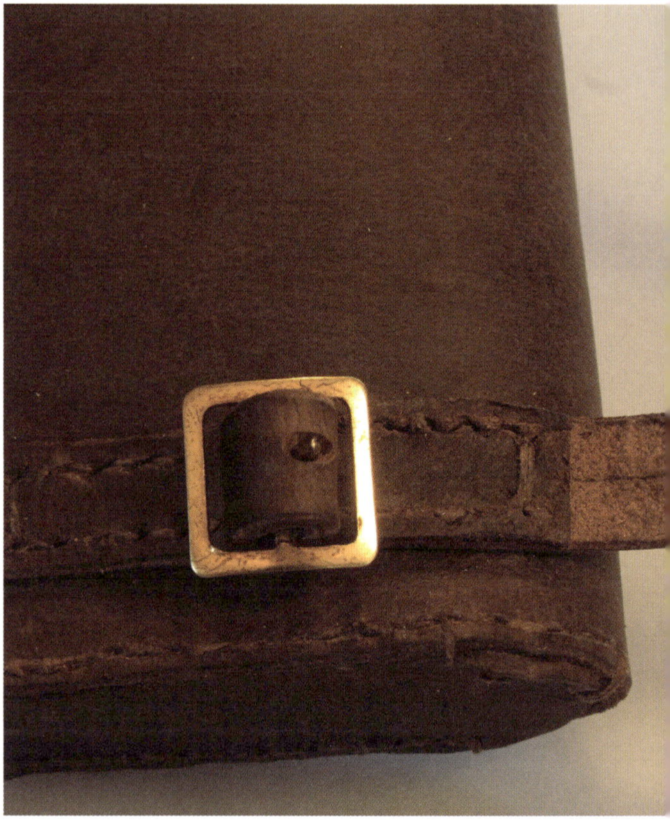

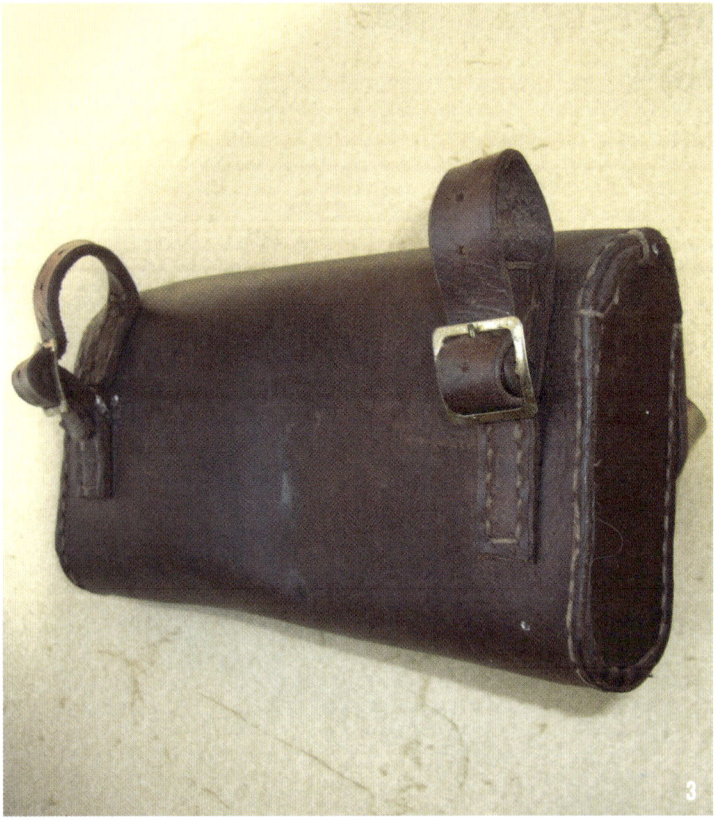

3

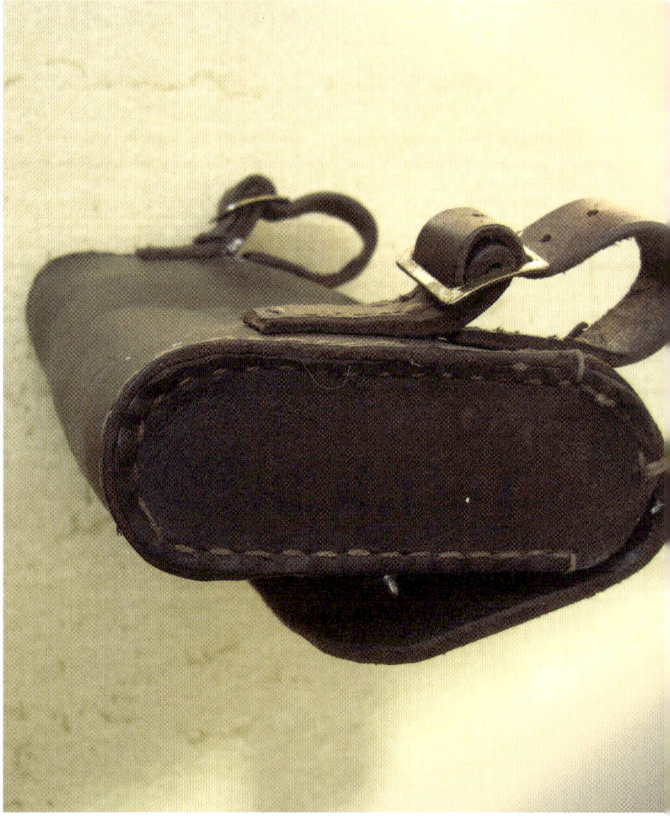

Fahrradlenkertasche

Für eine Fahrradlenkertasche wird eine Schablone aus drei Teilen angefertigt. ▸Bild 1
Nach dem Übertragen und Ausschneiden wird der Rand für die Seitenteile auf 45° zugeschnitten (siehe S. 45). Für die Befestigung am Lenker werden die Schnallen vor dem Zusammensetzen angenäht (siehe S. 46f.). ▸Bild 2
Anschließend werden die Teile zusammengenäht (siehe 45-Grad-Naht, S. 45). Anfang und Ende der Naht werden durch einige Stiche extra gesichert. ▸Bild 3-5
Zwei Kugelkopfverschlüsse bilden den Klappenverschluss. ▸Bild 5-6 ■

Material

dickes Rindsleder | 2 Schnallen | 2 Kugelkopfverschlüsse | Papier | Pappe

Werkzeug

Halbmondmesser oder Universalmesser | Kantenhobel | Nahtversenker | 2 Nadeln | gepichtes Garn

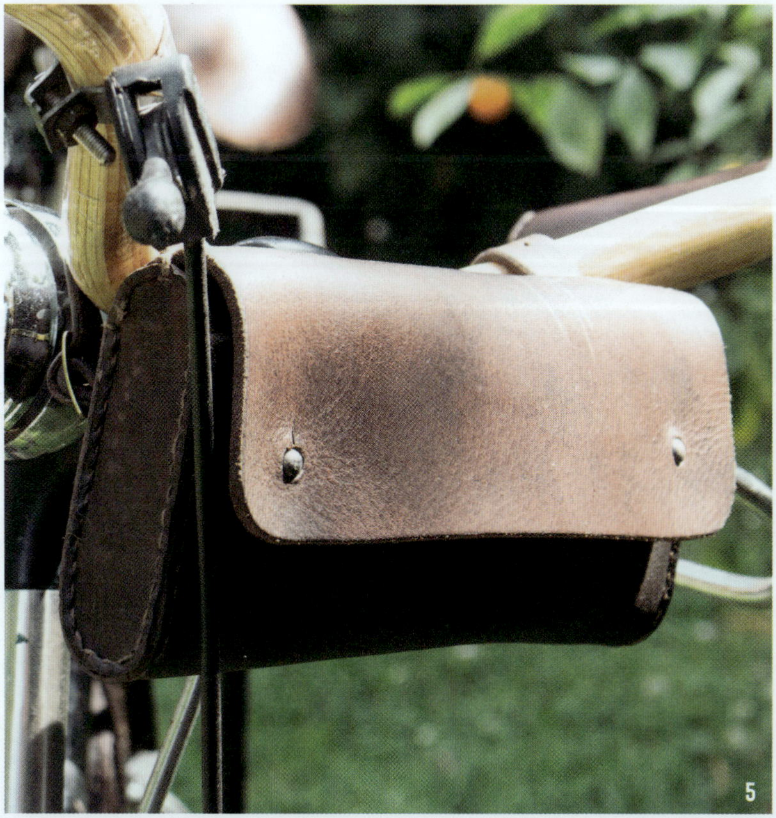

5

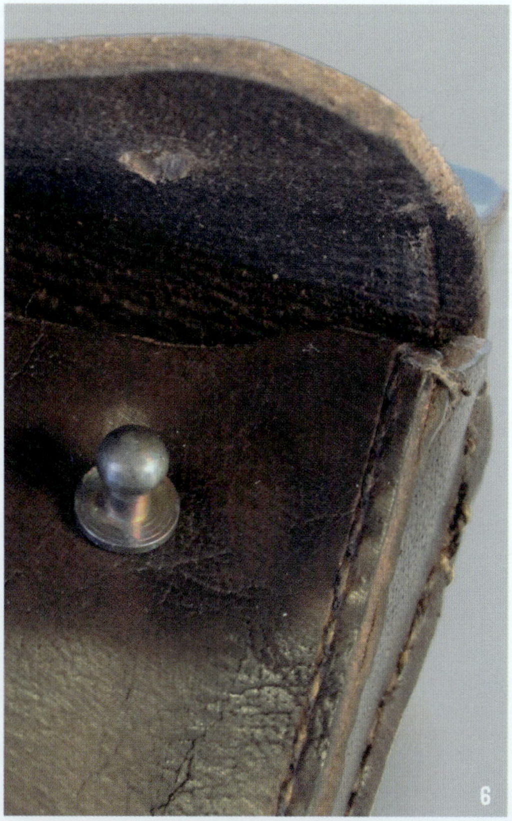

6

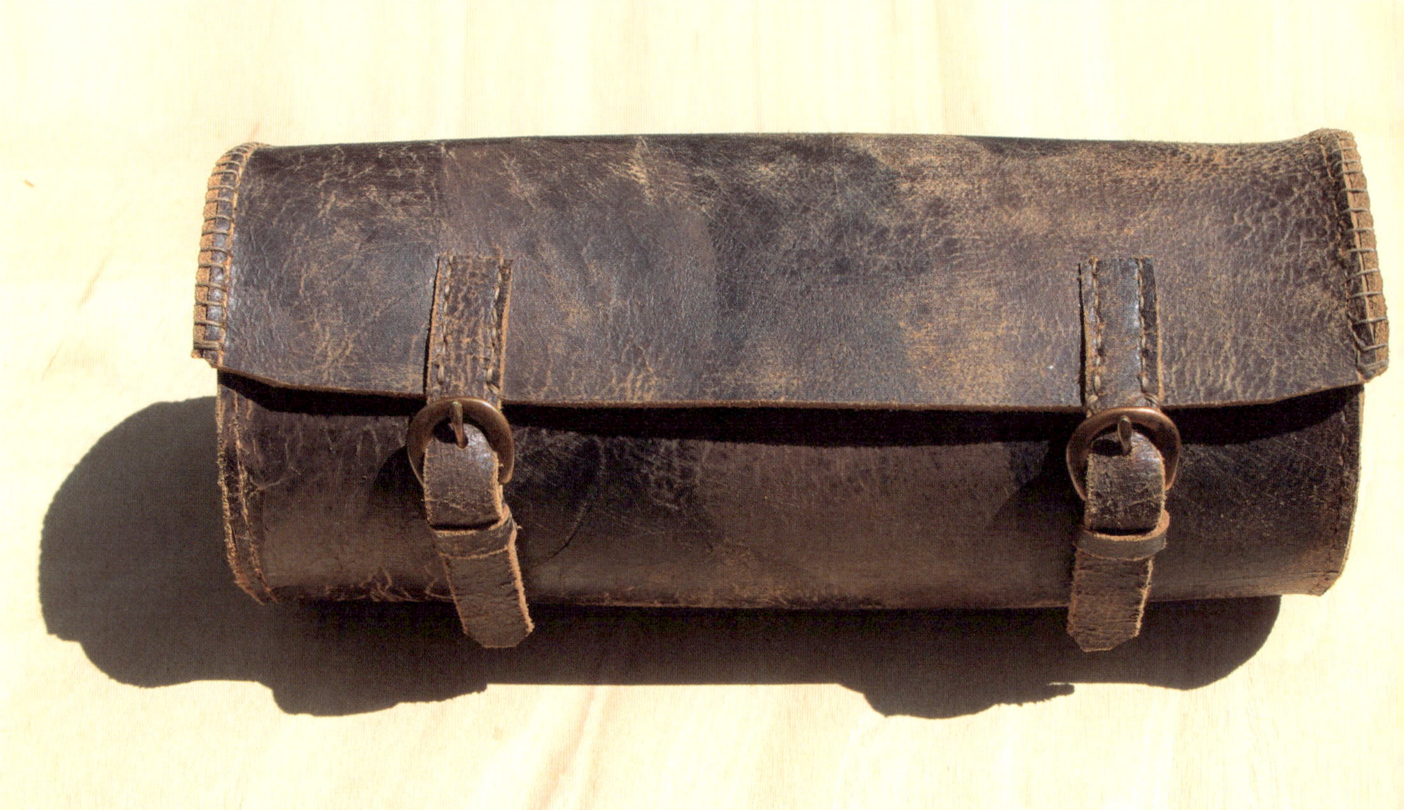

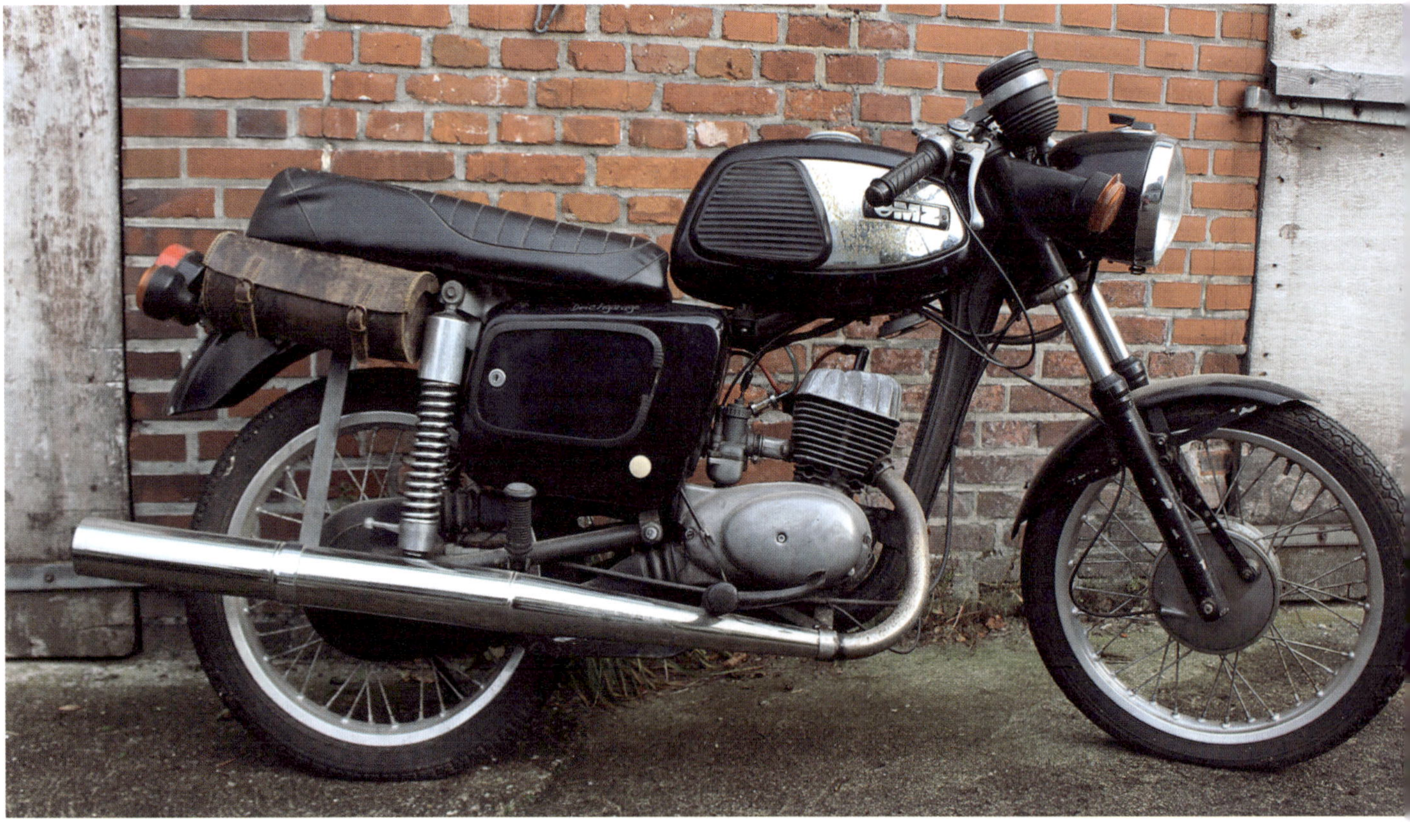

Motorradtasche

Aus einem alten Rindsleder mit vielen Gebrauchspuren wurden die Teile für die Motorradtasche zugeschnitten: zwei Kreise, ein Rechteck für die Ummantelung sowie Schnallen und Halterungen.
Die Größe wurde an das Motorrad angepasst. Das Lederrechteck hat die Maße von 28 x 40 cm. Die kreisförmigen Seitenteile haben einen Durchmesser von 12 cm. ▸Bild 1
Das Ausschneiden der Kreise erfolgte in kleinen Schritten mit dem Halbmondmesser. ▸Bild 2
An den erforderlichen Stellen wurde die Naht mit dem Nahtversenker vorbereitet. ▸Bild 3-4
Anschließend wurde an der Innenseite mit dem Halbmondmesser ein 45°-Winkel angelegt, weil die Wände im rechten Winkel aufeinanderstehen. ▸Bild 5-6 ▷

Material
kräftiges Rindsleder (evtl. gebraucht) | 2 Schnallen | Papier | Pappe

Werkzeug
Halbmondmesser oder Universalmesser | Kantenhobel | Nahtversenker | Vorstecheisen | 2 Nadeln | gepichtes Garn

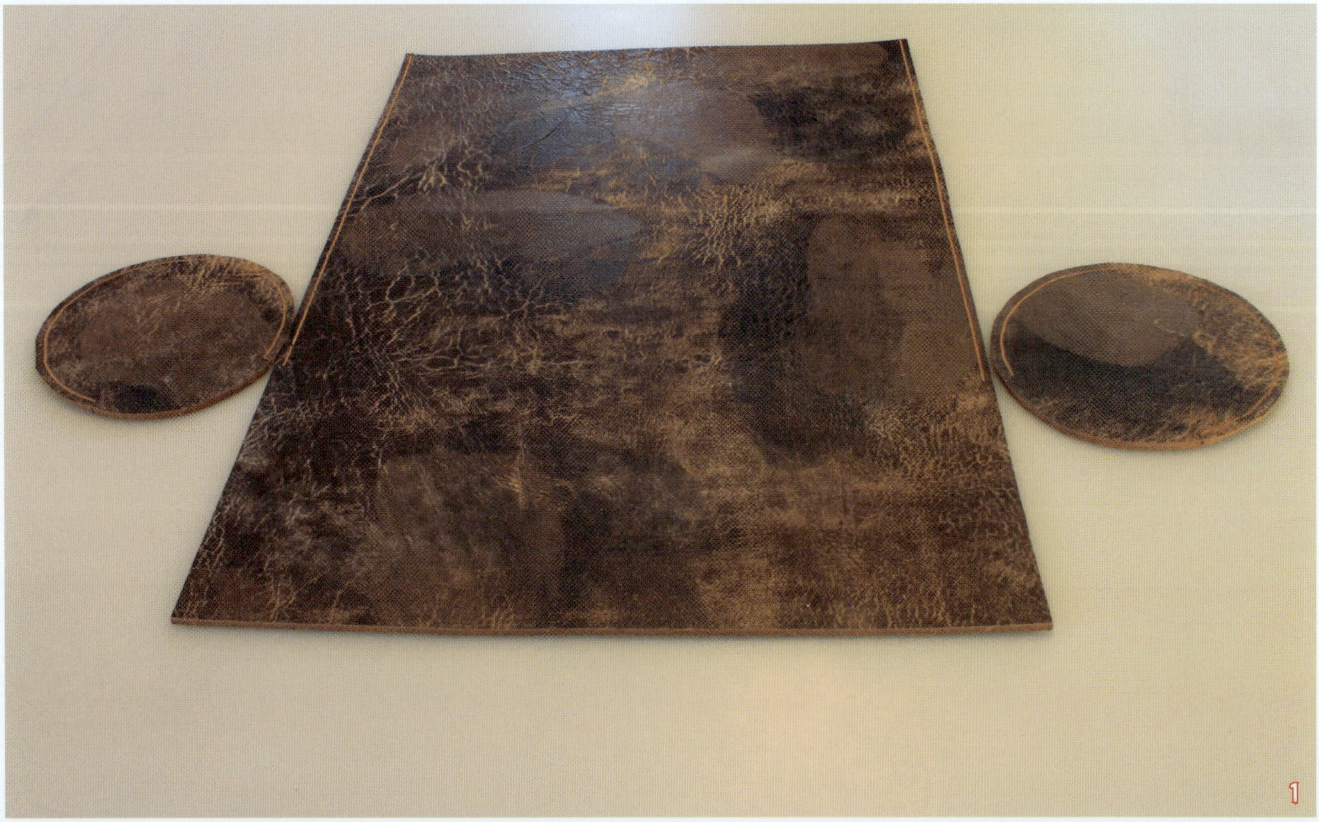

1

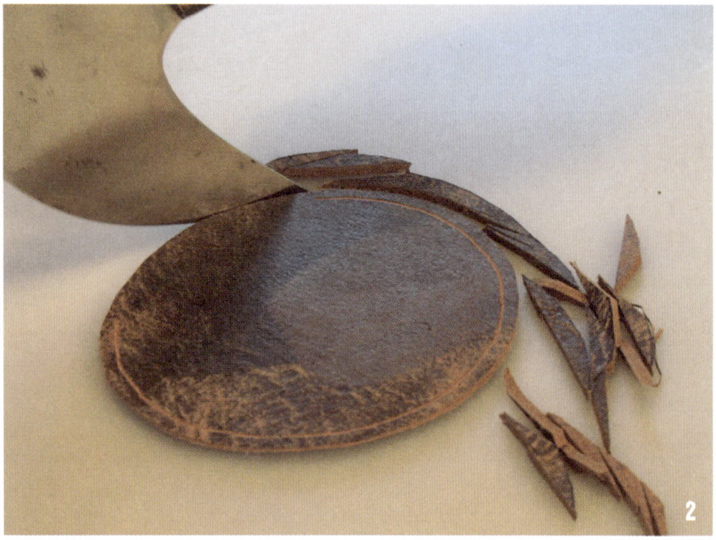
2

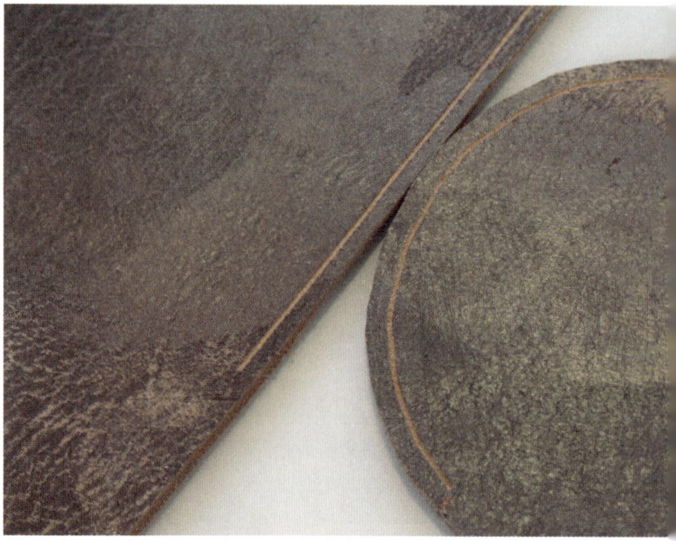

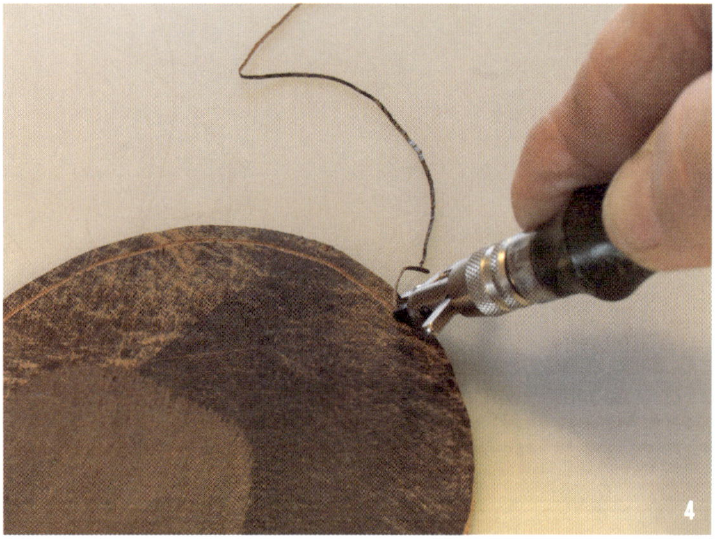
4

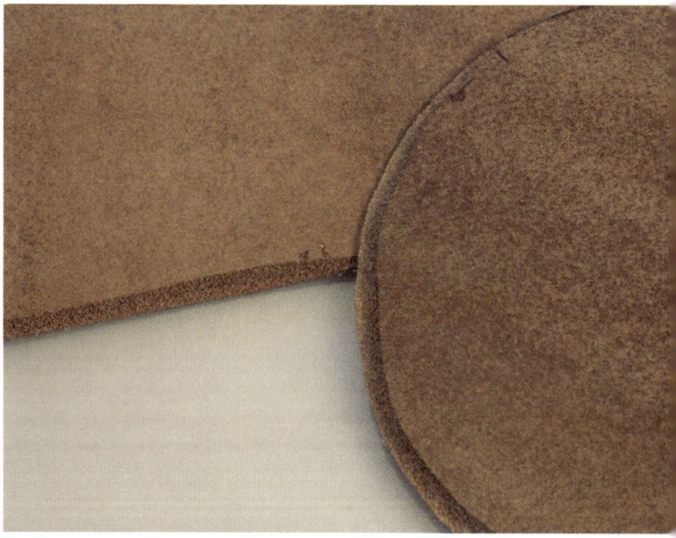

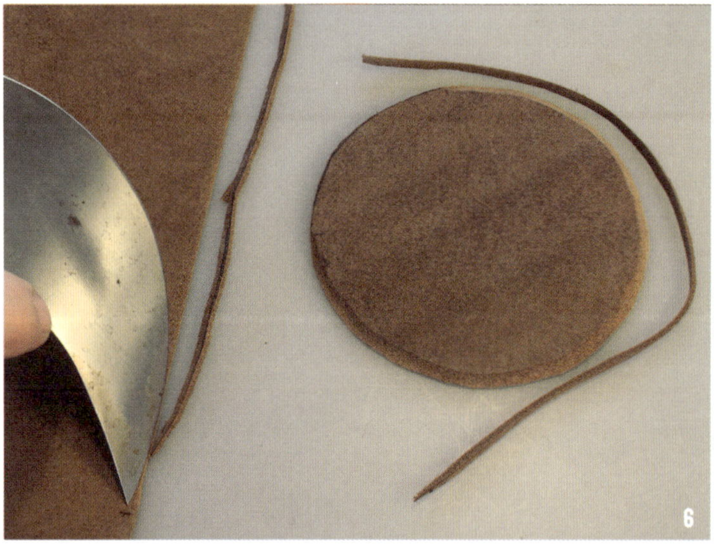
6

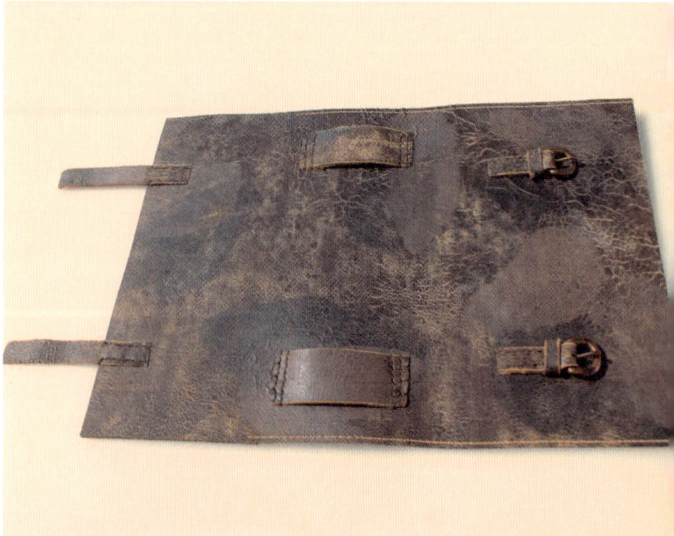

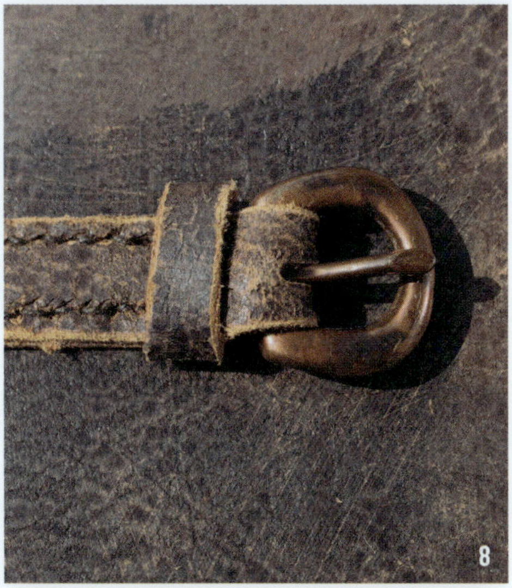

8

Vor dem Zusammennähen ist es sinnvoll, die Schnallen und Halterungen anzubringen, weil man sonst von innen nicht mehr gut an die Nähte herankommt. ▸ Bild 7-10
Ein breiter, fester Gurt, der durch die Halteschlaufen der Rückseite gezogen wird, dient der Befestigung der Tasche am Motorrad. ▸ Bild 11
Diese stabile Lenkertasche mit ihrem urigen Charme ist ein schöner Blickfang am Motorrad und zum Verstauen kleinerer Gegenstände sehr praktisch. ▸ Bild 12 ■

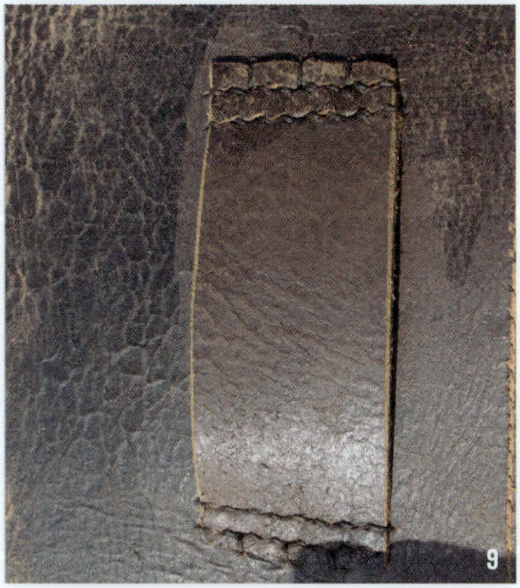

9

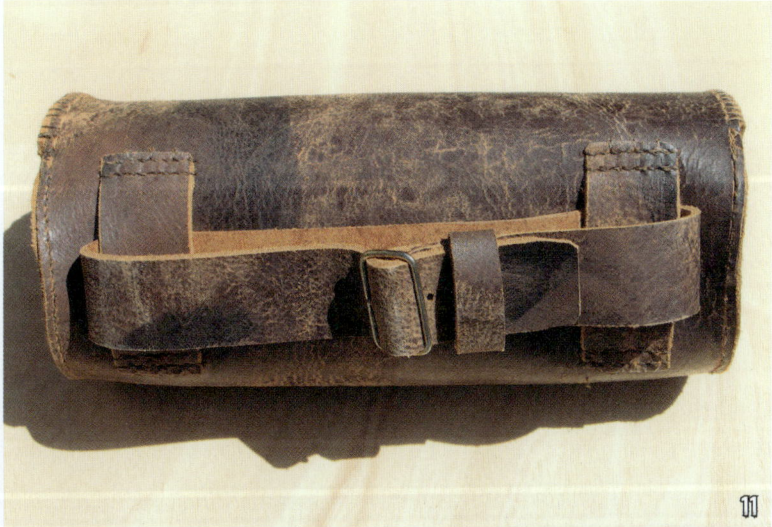

11

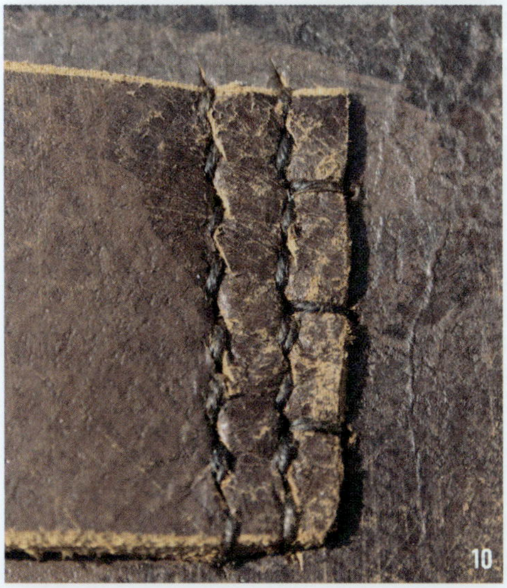

10

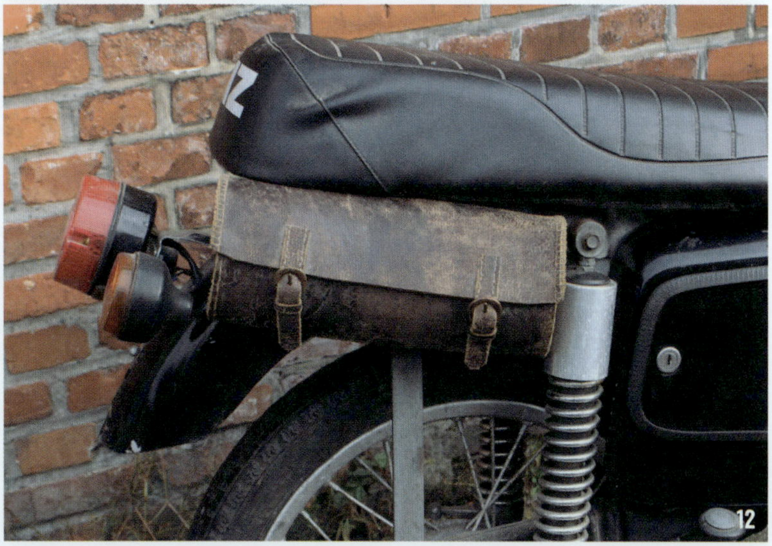

12

Nassformen

Leder ist in trockenem Zustand sehr hart und widerstandsfähig. Eingeweicht lässt es sich jedoch in unterschiedlichste Formen dehnen und pressen, zum Beispiel über einen Schusterleisten bei der Schuhherstellung.

Fahrradsattelbezug

Material
dickes Rindsleder

Werkzeug
Halbmondmesser oder Universalmesser | Ahle | Nadeln | Garn

Für einen neuen Fahrradsattelbezug wurde ein passendes Stück dickes Leder in warmem Wasser gut eingeweicht. Der alte Sattelbezug wurde entfernt. ▸ Bild 1-2
Damit sich die Federn nicht im Leder abzeichneten, wurde die Fläche des Sattelgestells mit Paketklebeband abgeklebt. ▸ Bild 3 ▷

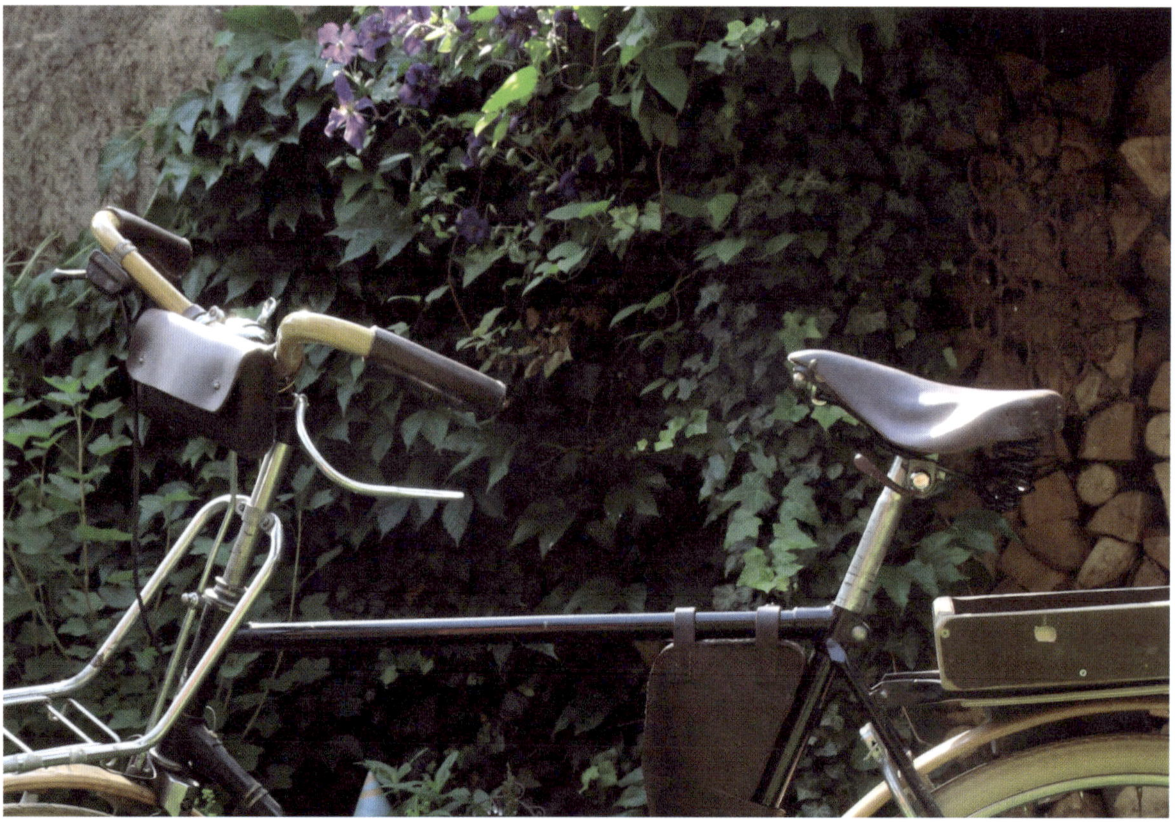

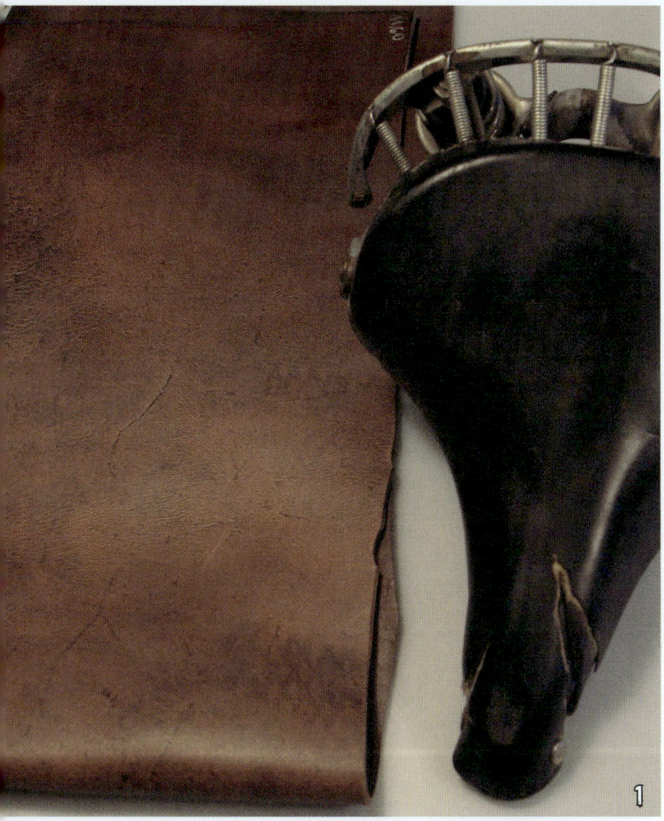

1

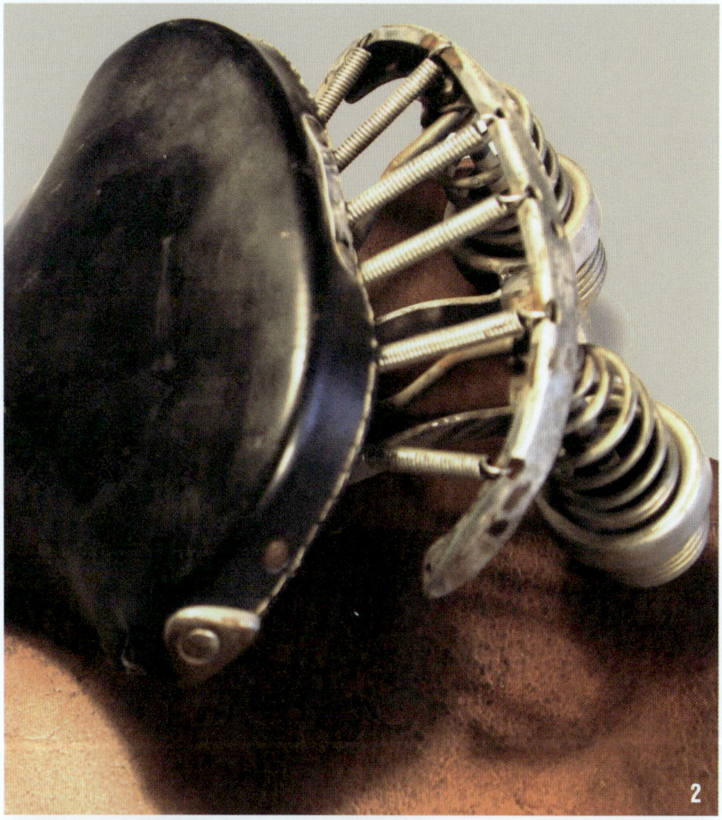

2

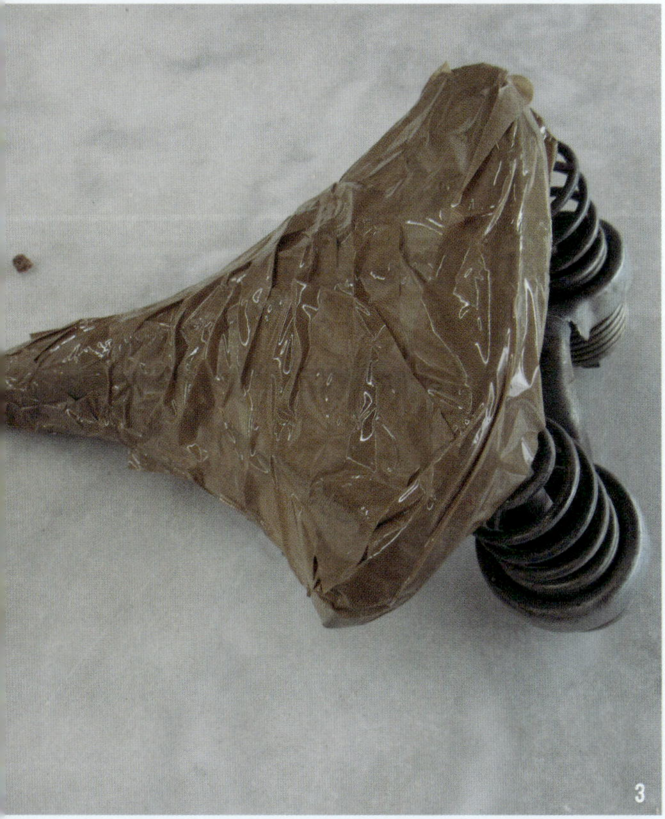

3

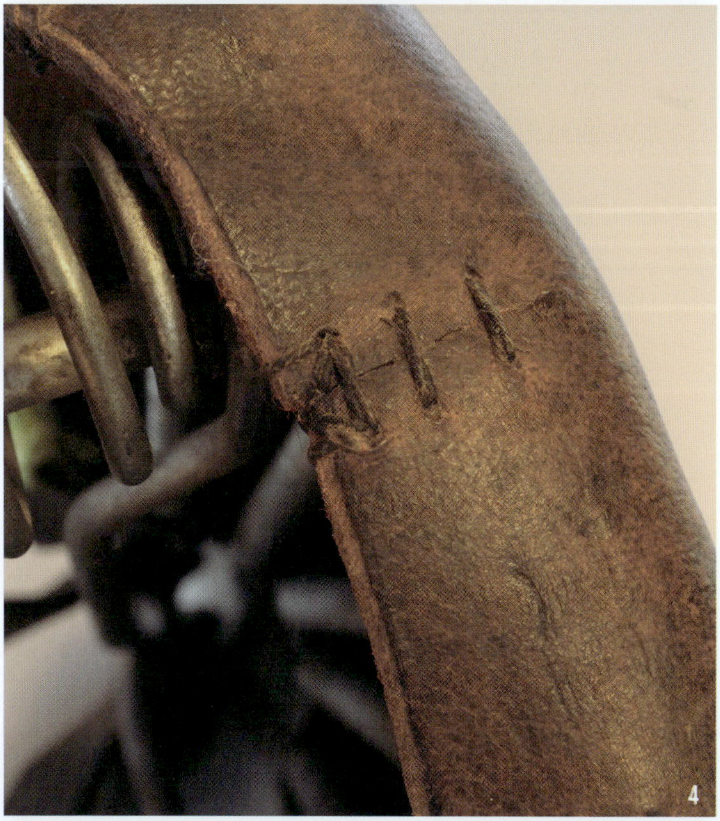

4

Die gut durchgeweichte Lederhaut wurde am Rand an mehreren Stellen gelocht und konnte so mithilfe einer Maurerschnur über dem Sattelgestell strammgezogen werden.
Als das Leder getrocknet und durchgehärtet war, konnte es auf dem Sattelgestell befestigt werden. ▸ Bild 4-8 ■

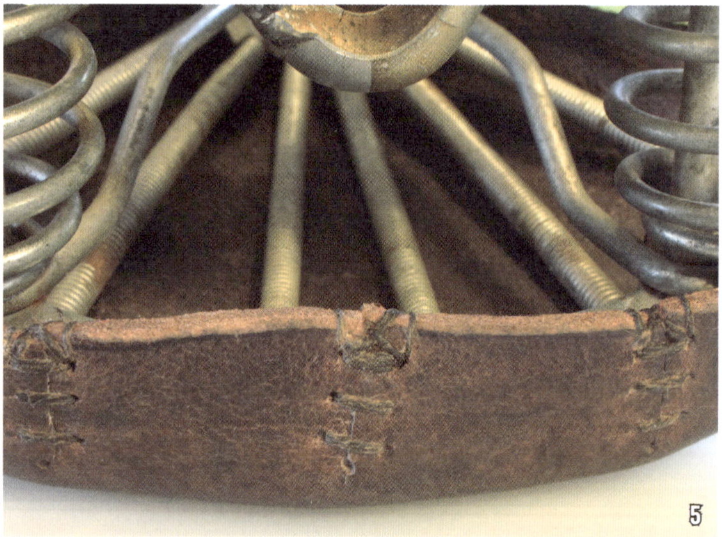

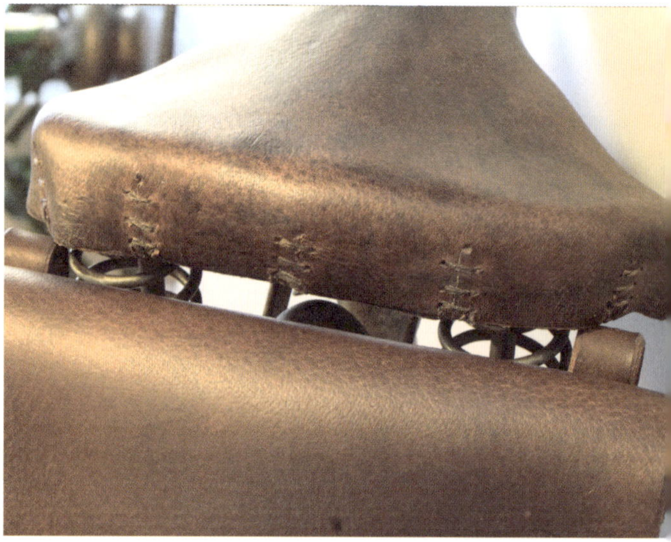

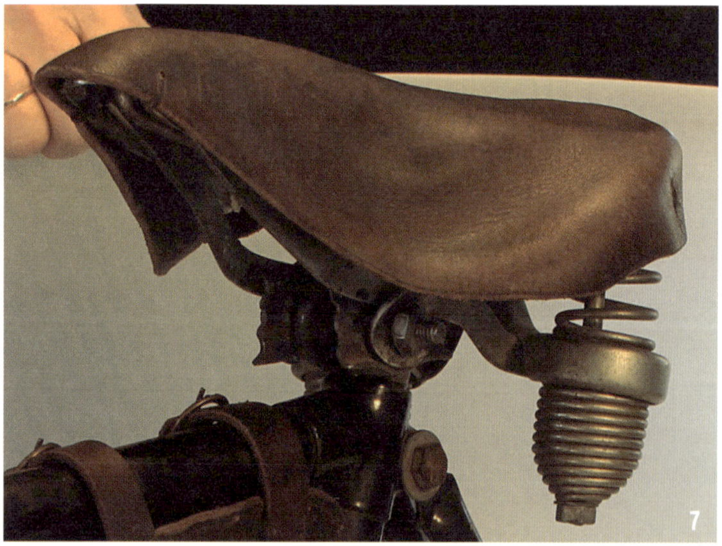

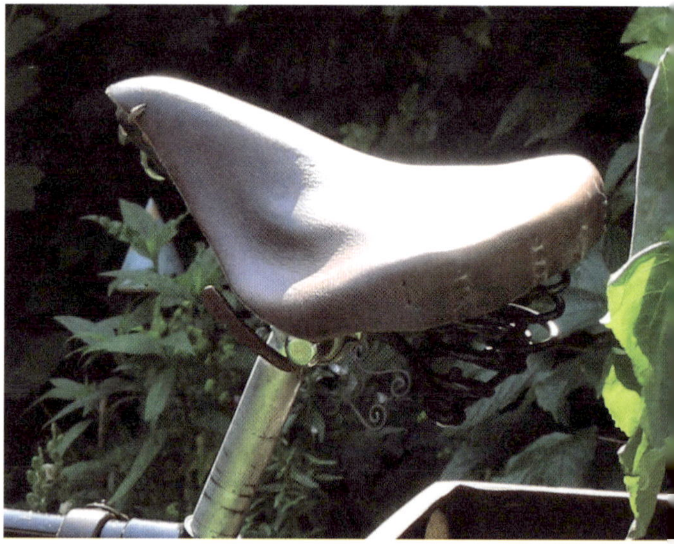

Messerscheide und Gürteltasche für Klappmesser

Material

dickes Leder

Werkzeug

Halbmondmesser oder Universalmesser | Lochzange | Nahtversenker | Vorstecheisen | Kantenhobel | Nadeln | Garn

Für eine Messerscheide nimmt man dickes Material, weil dadurch die Schneide am besten geschützt ist. Zunächst wird ein entsprechendes Stück Leder grob zugeschnitten. ▸ Bild 1
Dann wird es in warmem Wasser gut eingeweicht und so elastisch gemacht. ▸ Bild 2
Wenn man es in feuchtwarmem Zustand stramm über das Messer oder noch besser über ein Holzmodell spannt, nimmt es die entsprechende Form an und behält diese nach einer gründlichen Durchtrocknung auch bei. ▸ Bild 3
Anschließend kann der Rand sauber ausgeschnitten werden. ▸ Bild 4
Wenn gewünscht, muss *vor* dem Zusammennähen entweder noch eine Lasche oder ein Doppelschlitz für den Gürtel angebracht werden. ▸ Bild 5-8
Es folgen die Nahtvertiefung und das Vorstechen.
Auf die gleiche Art kann man eine Gürteltasche für ein Klappmesser herstellen. ▸ Bild 9-10
Zuletzt wird die Scheide mit zwei Nadeln aufeinandergenäht.

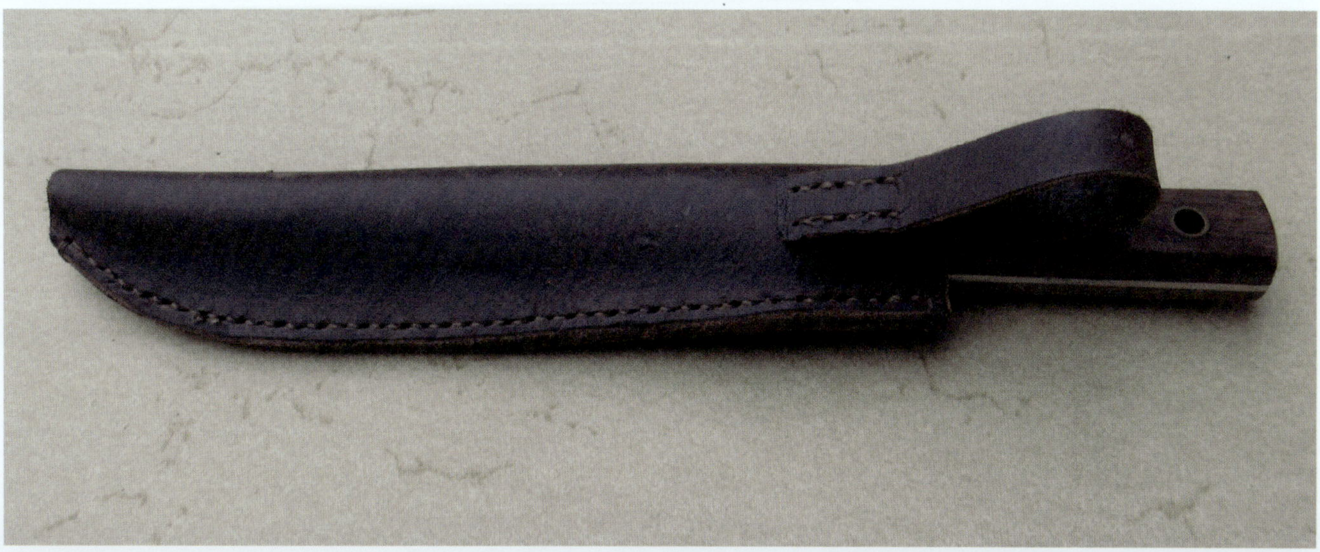

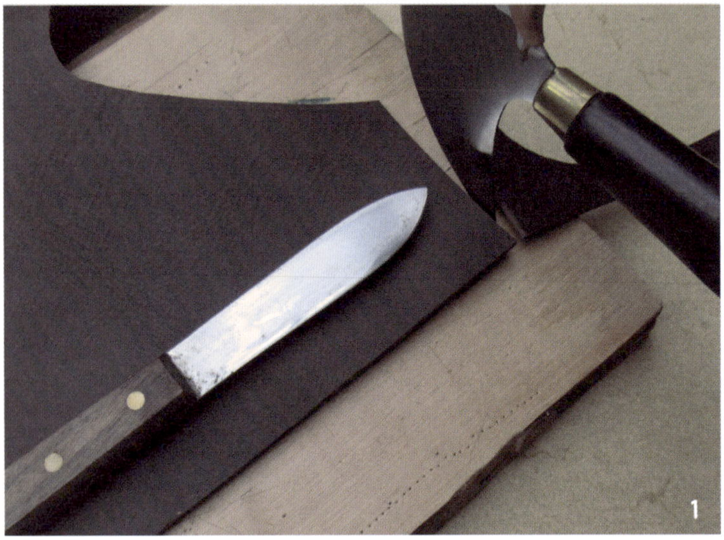
1

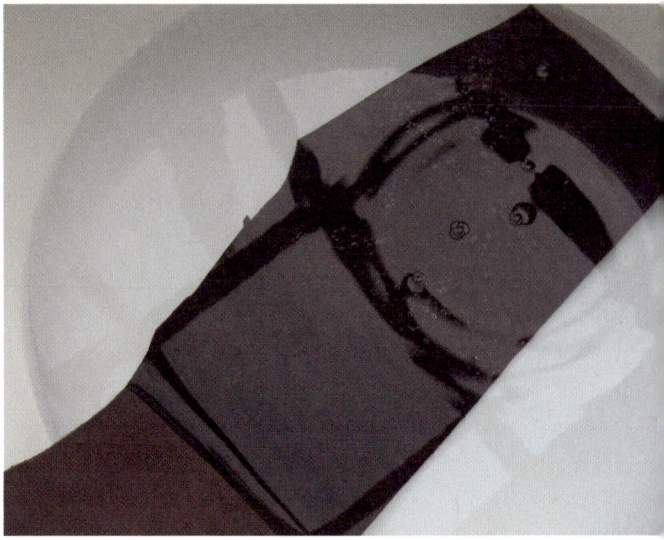

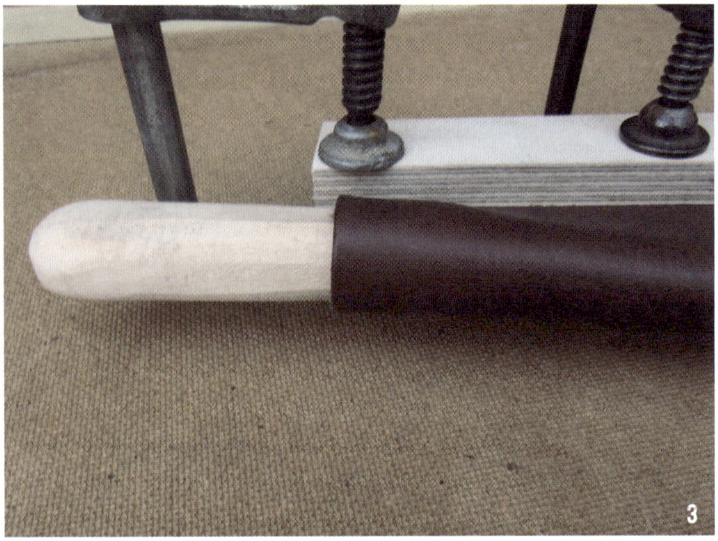
3

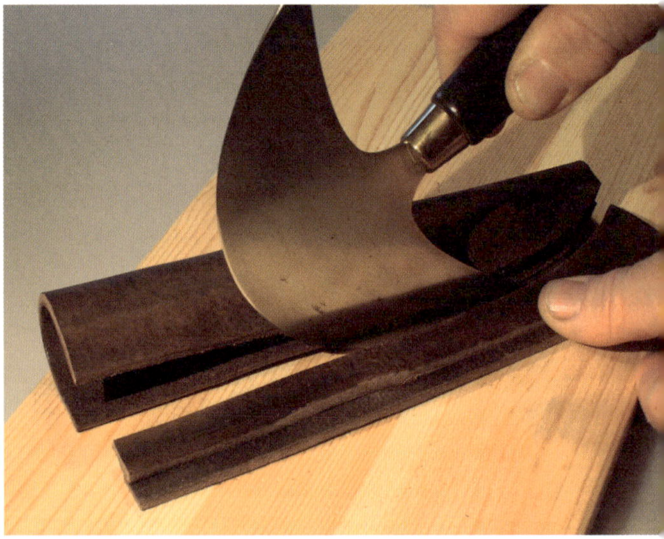

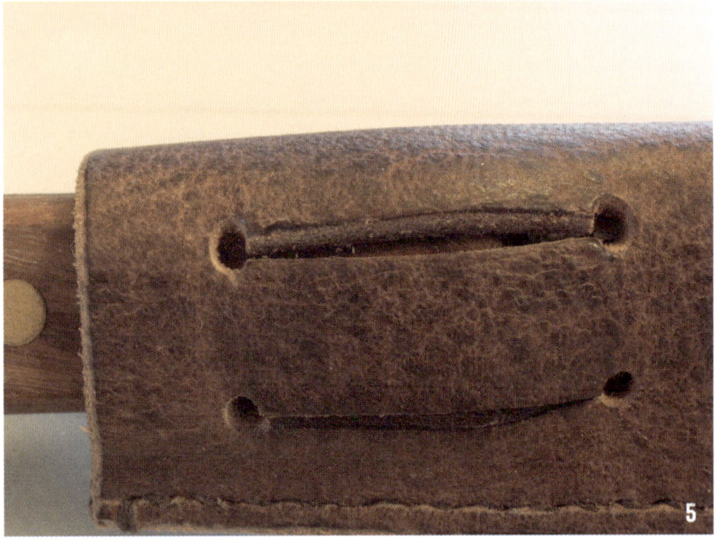
5

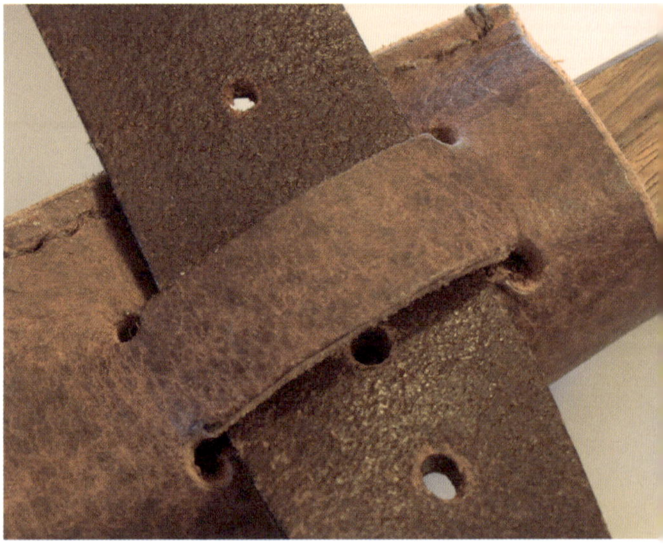

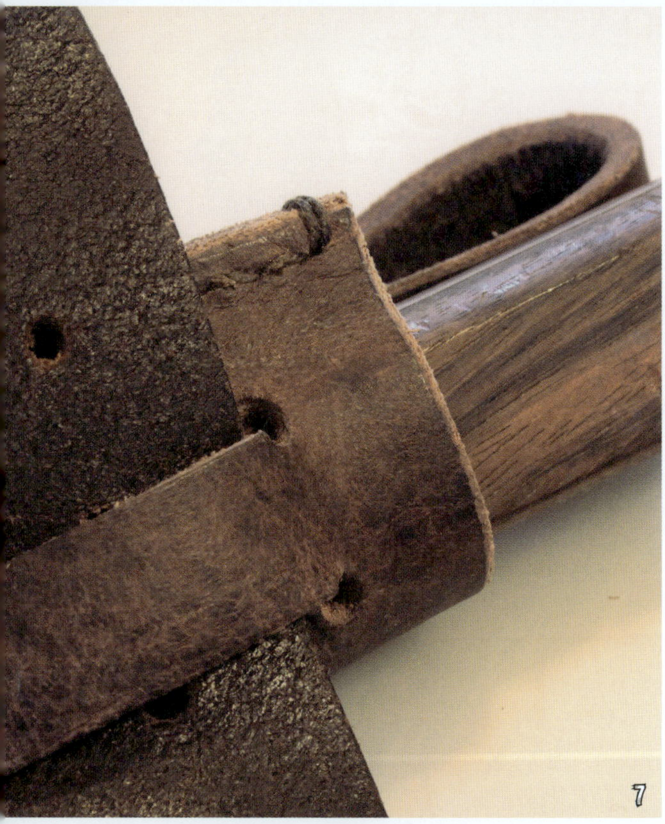
7

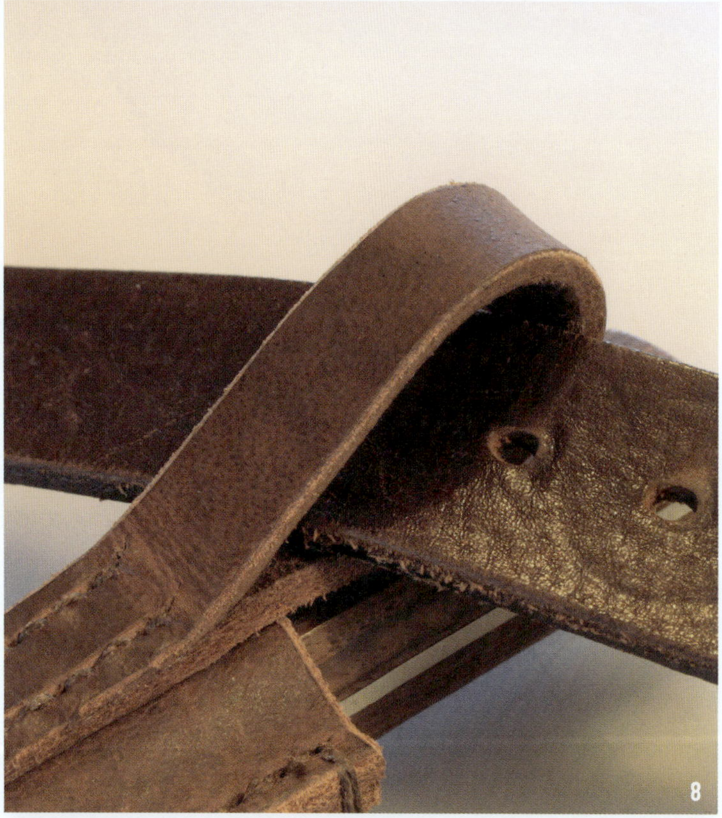
8

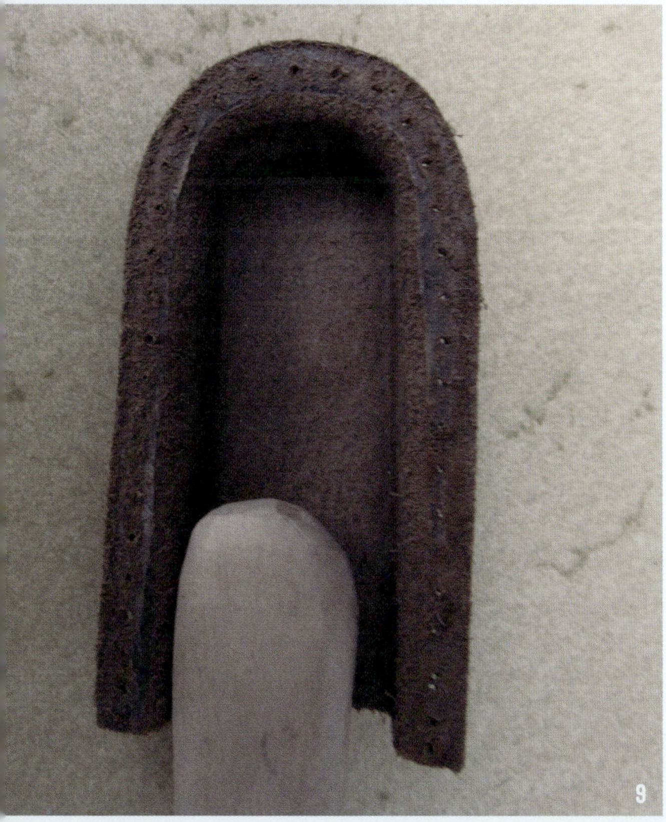
9

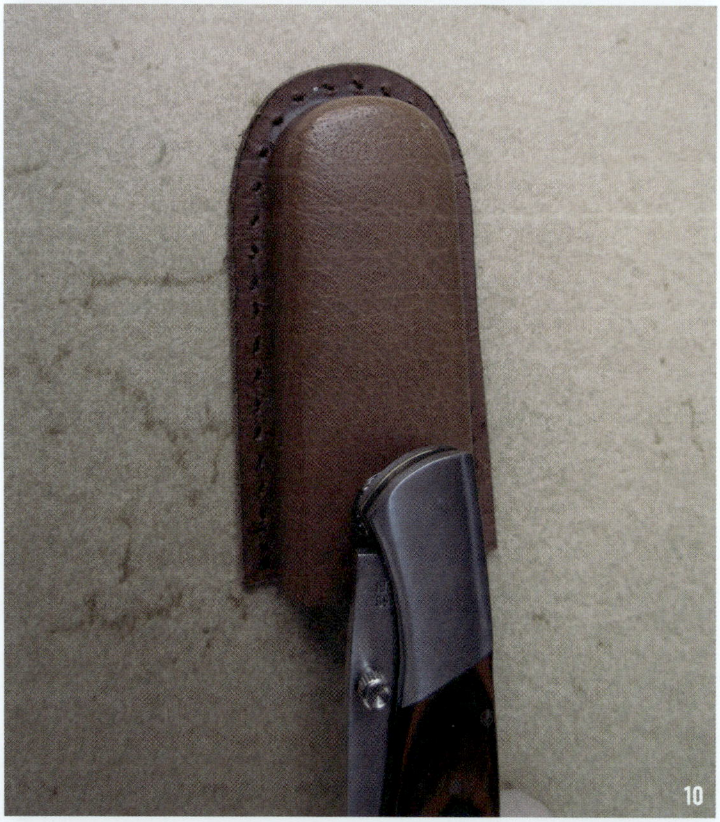
10

Gürtel

Klassischer Ledergürtel

Material

ein Streifen Rückenleder vom Rind, am besten fettgegerbt (oder weicheres Leder) | Schnalle

Werkzeug

Halbmondmesser oder Universalmesser | Lochzange | Nahtversenker | Vorstecheisen | Schärfmesser | Kantenhobel | Nadeln | Garn

Der klassische Ledergürtel wird aus einem Rückenstück Rindsleder geschnitten. Es ist das gleichmäßigste und stärkste Stück einer Haut. Für einen stabilen Gürtel muss man dickes, festes Leder benutzen. Kommt es mehr auf die Schönheit an, kann auch weicheres Leder genommen werden.
Die Länge des Gürtels richtet sich nach dem Bauchumfang der betreffenden Person. Die Gürtelbreite wird durch die Schnalle bestimmt (siehe Bild 9). Man kann die Schnalle im Fachhandel bekommen oder hält auf einem Flohmarkt nach alten Gürteln Ausschau.
Wer es sich zutraut, kann auch versuchen, selbst eine Schnalle zu fertigen. Hier kann man mit Kreativität und etwas technischem Geschick zu erstaunlichen Ergebnissen kommen. ▸ Bild 1-6
Auf der Innenseite der Haut zeichnet man sich das gewünschte Format auf und schneidet es mit einem scharfen Messer, am besten mit einem Halbmondmesser, exakt aus. ▸ Bild 7

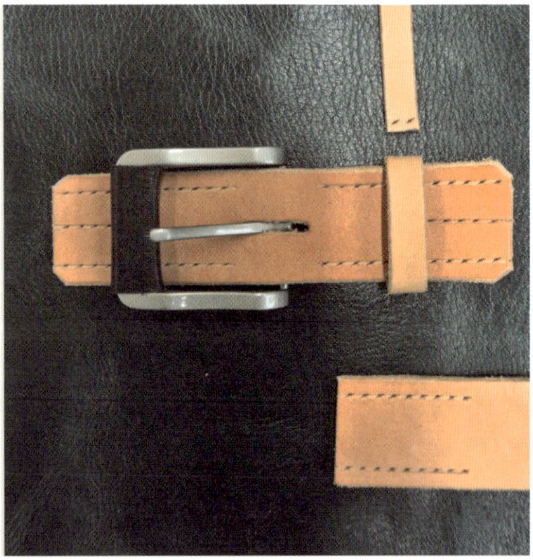

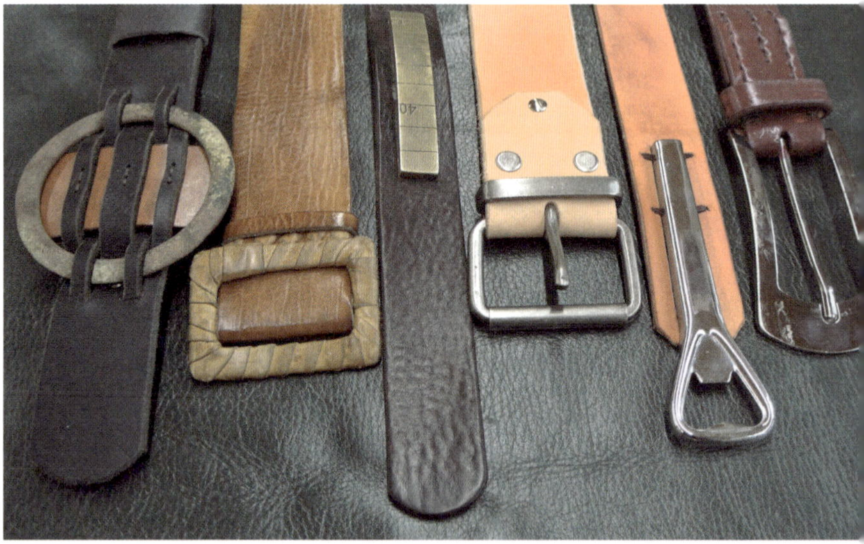

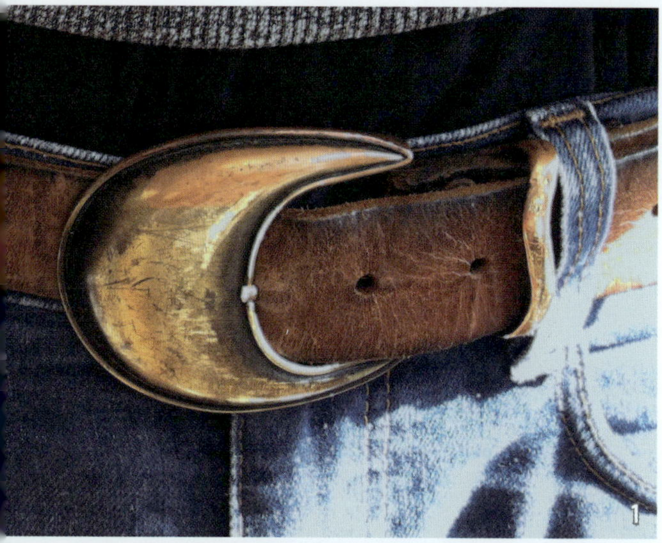
1

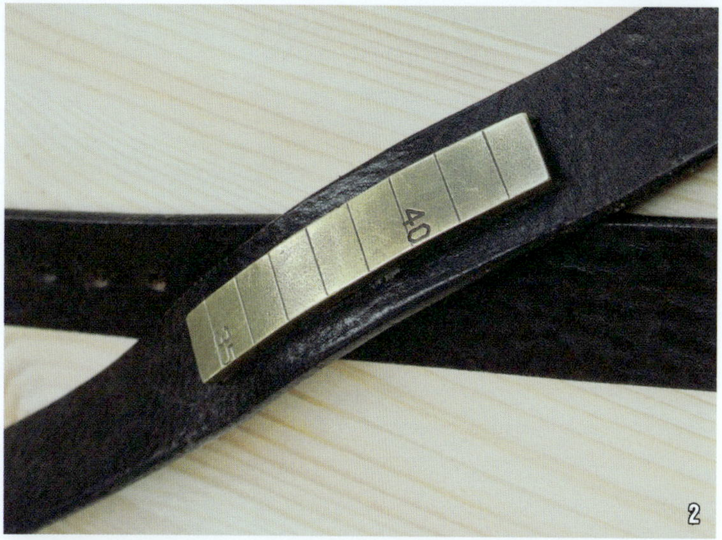

2

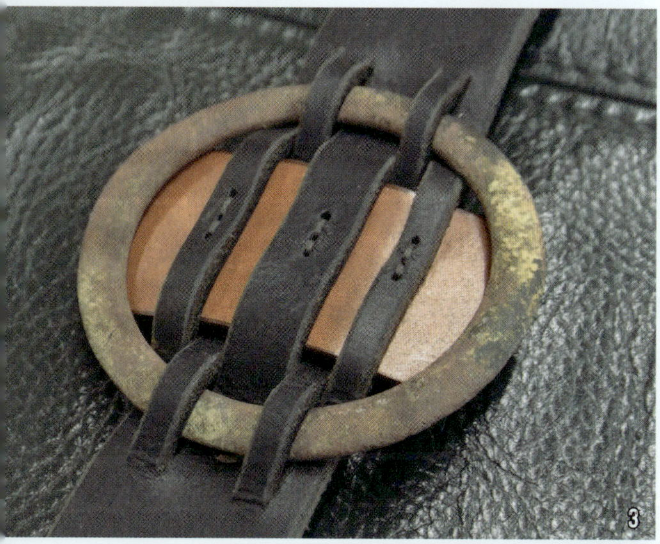
3

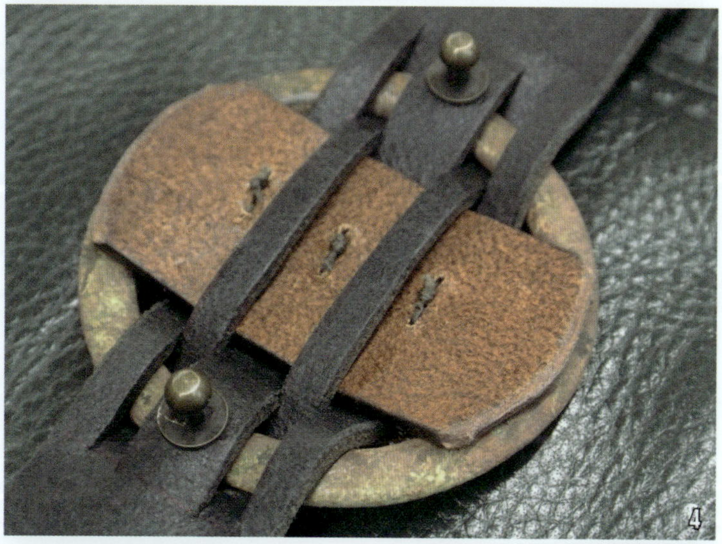
4

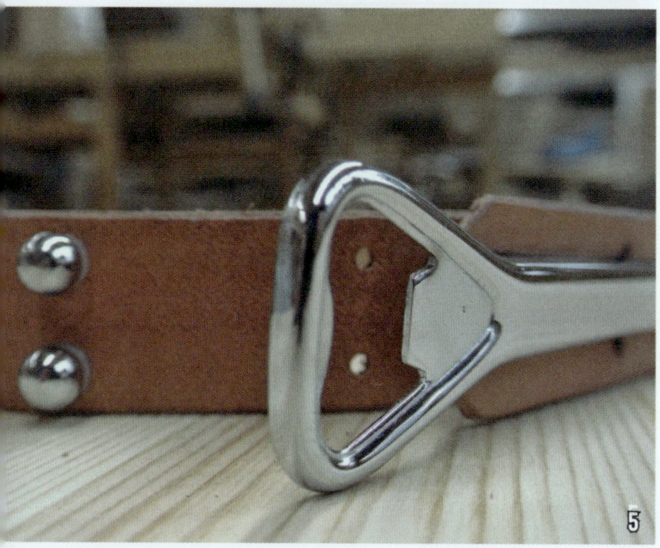
5

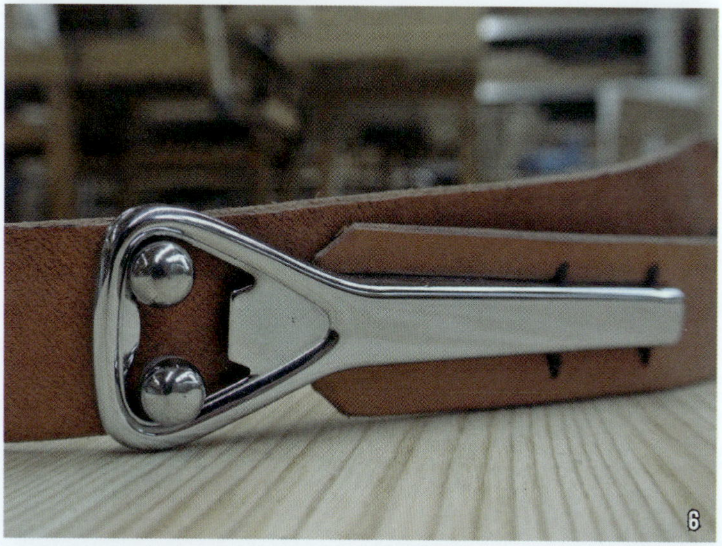
6

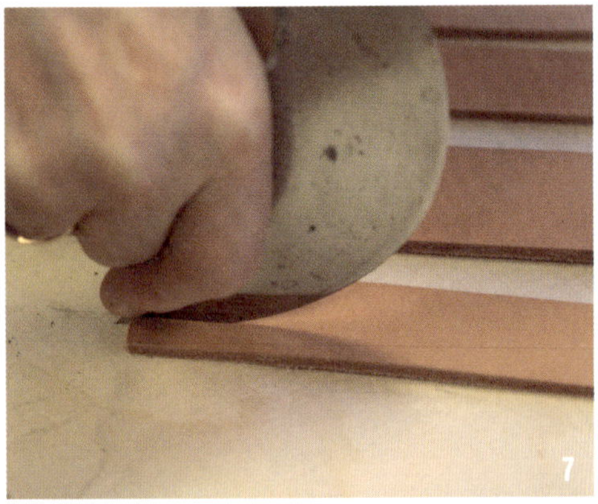
7

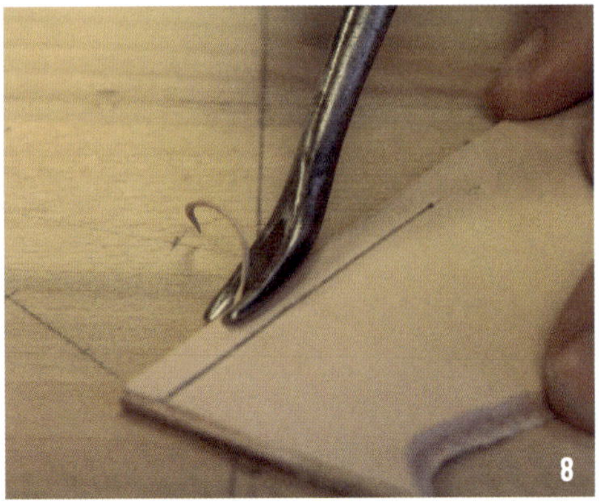
8

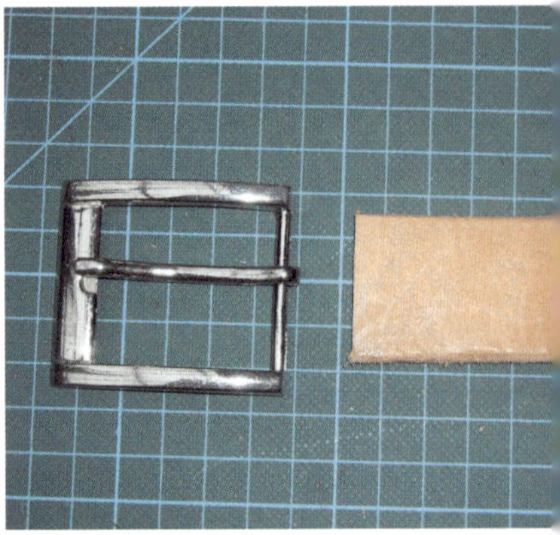

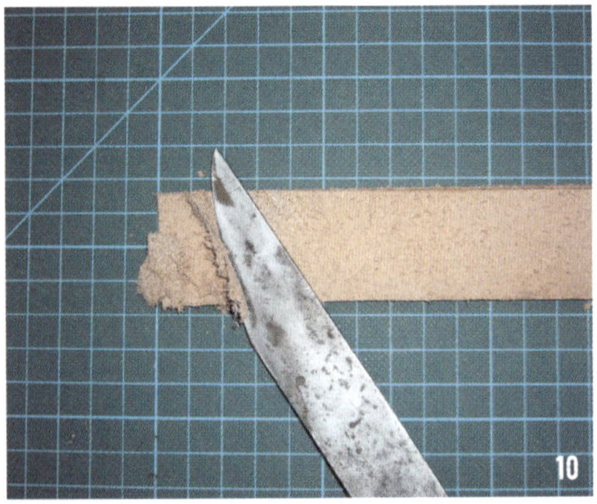
10

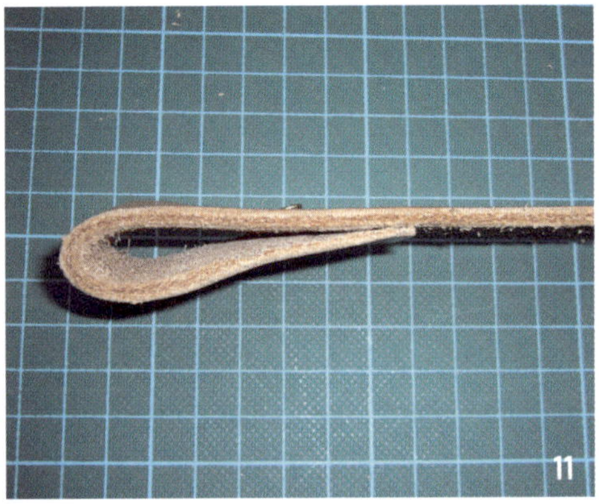
11

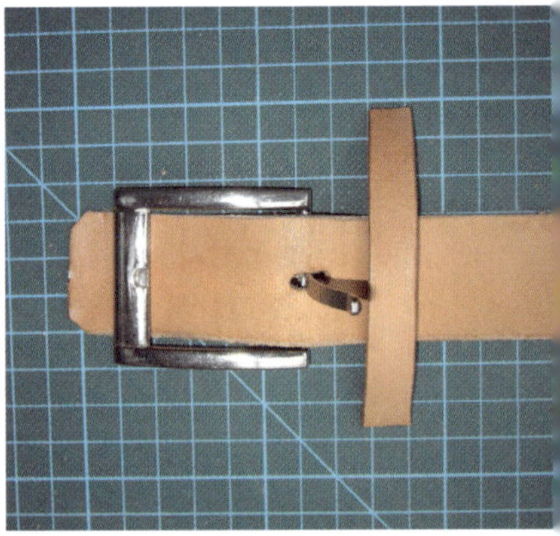

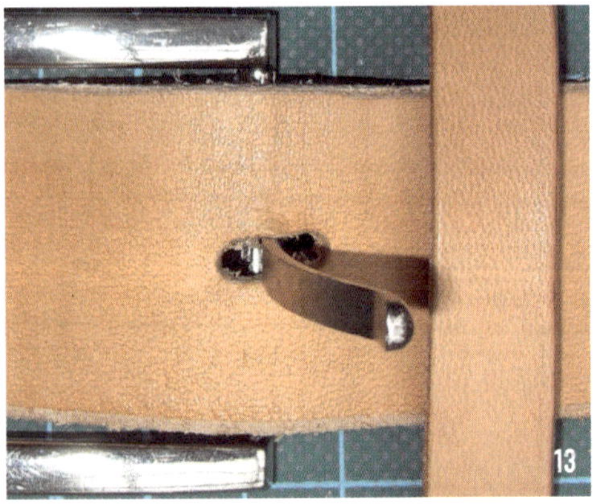
13

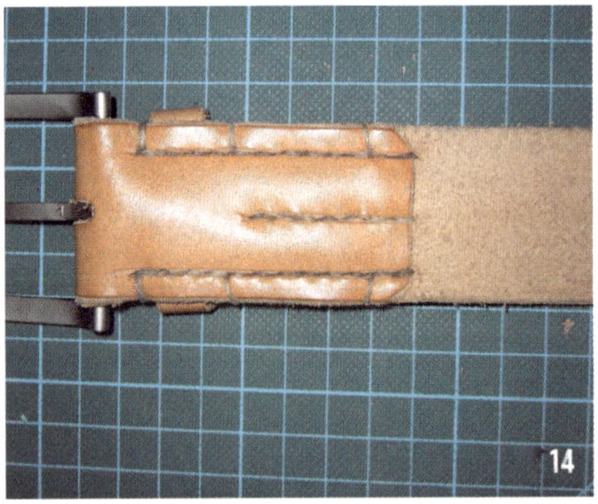
14

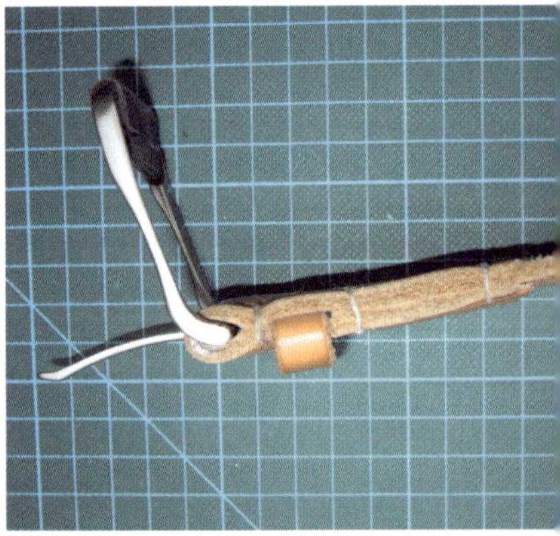

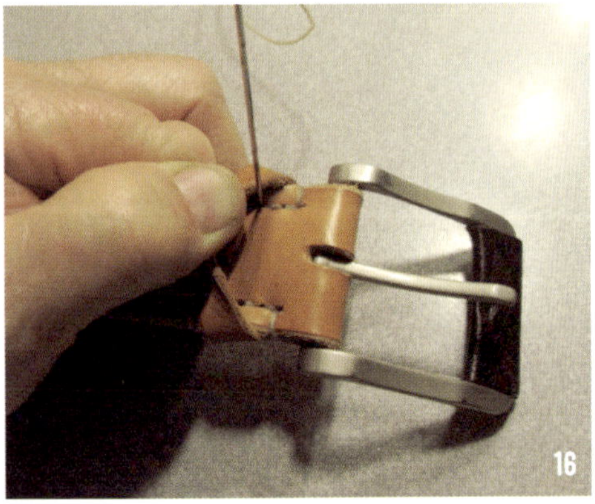
16

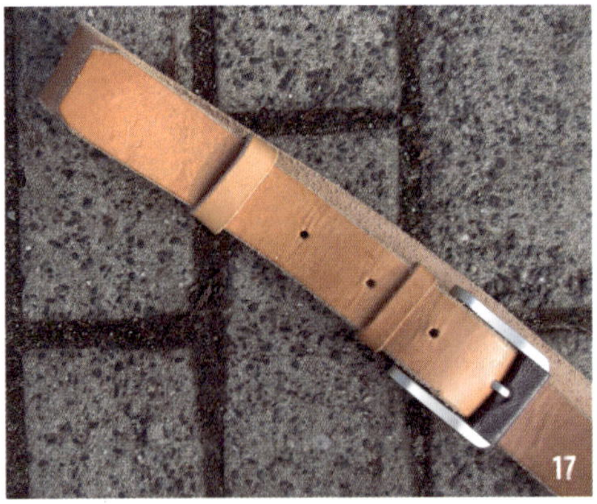
17

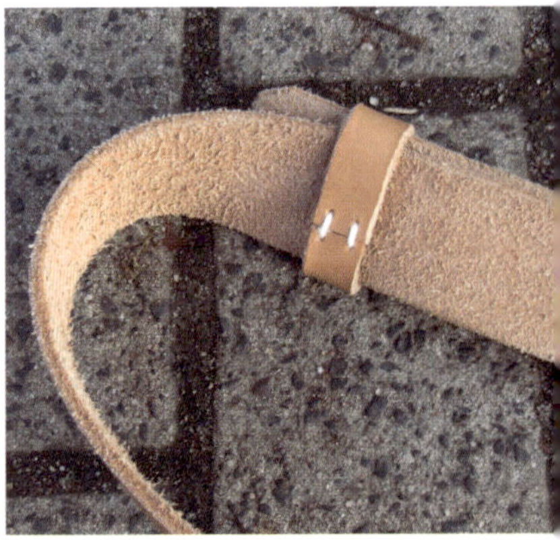

Im nächsten Schritt werden mit einem Kantenhobel die Kanten gerundet. ▸ Bild 8
Jetzt wird die Schnalle angebracht. ▸ Bild 9
Das nach innen geklappte Ende wird auf der Innenseite sorgfältig mit einem Schärfmesser angeschrägt. ▸ Bild 10-11
Für den Dorn stanzt man ein längliches Loch, damit er sich frei bewegen kann. ▸ Bild 12-13
Mit einem Nahtversenker wird im gewünschten Abstand ein Schlitz für die Naht angelegt. Die Löcher werden vorgestochen, am besten mit einem Vorstecheisen. Jetzt kann die Schnalle eingelegt und die Naht mit zwei Nadeln genäht werden. ▸ Bild 14-15
Hat die Schnalle einen Eingang und auf der anderen Seite einen Ausgang, reicht das Einnähen (siehe S. 47, Bild 16-17). Hat sie nur einen Eingang, wie in unserem Beispiel, muss zusätzlich eine Schlaufe vor dem Nähen eingesetzt werden. Die Naht muss dann schräg von außen an der Schlaufe vorbeigeführt werden. ▸ Bild 16 ▷

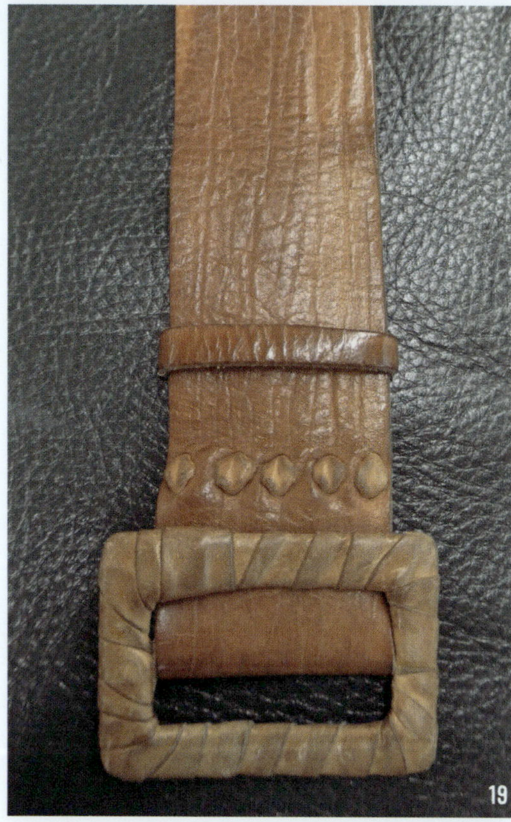

19

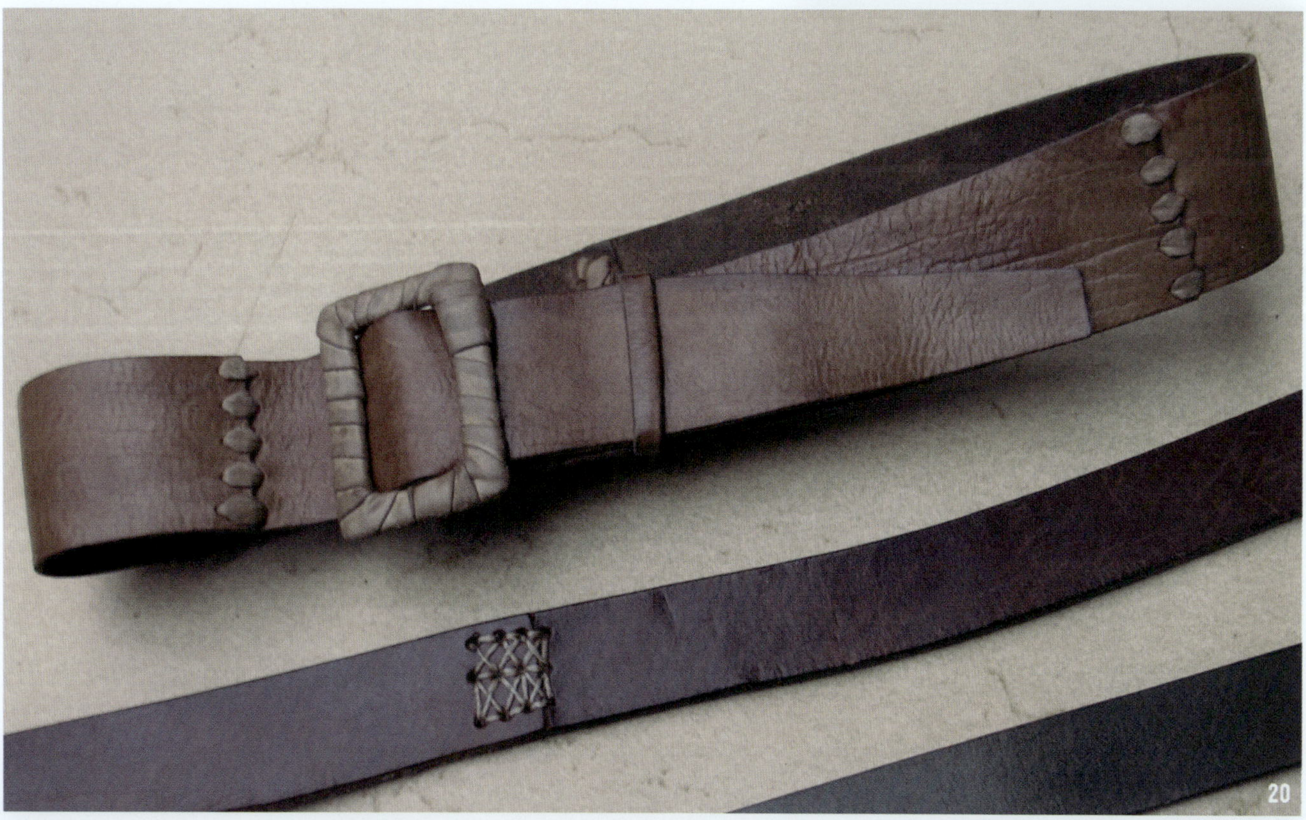

20

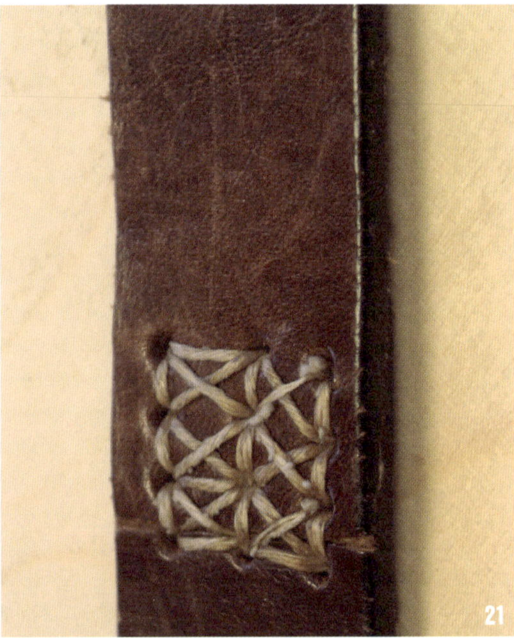

21

Wenn das Ende des Gürtels nicht frei liegen soll, muss noch ein Ring genäht werden, den man bei Gebrauch überstülpen kann.

▸ Bild 17-18

Ist alles vernäht, poliert man den Rand sorgfältig mit einem Polierspatel.

Interessant sehen Gürtel aus zusammengesetzten Lederresten aus.

▸ Bild 19-20

Auch geflochtene Gürtel oder Gürtel mit Flechtmuster haben einen ganz besonderen Charme. ▸ Bild 21-23 ■

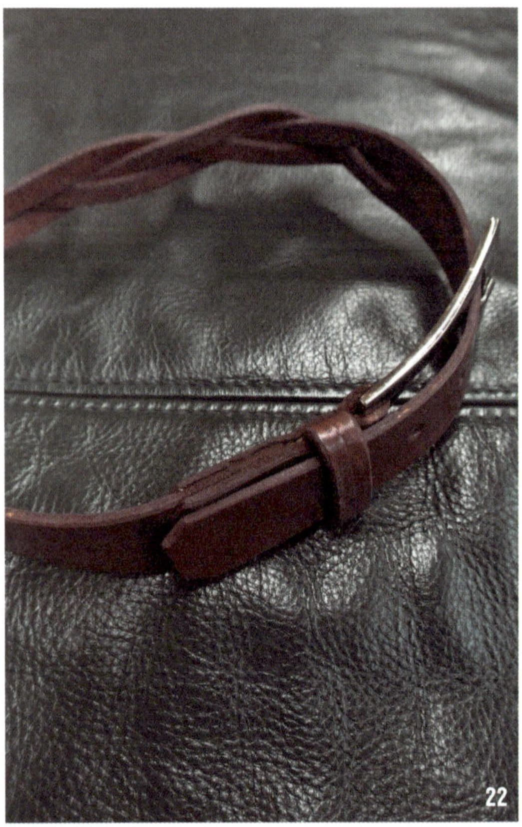

22

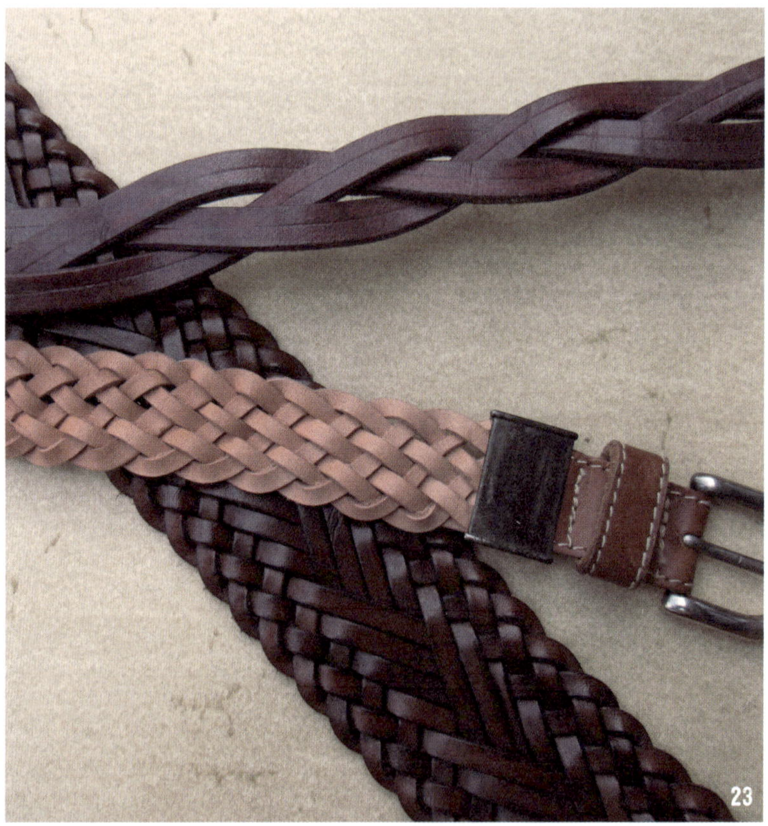

23

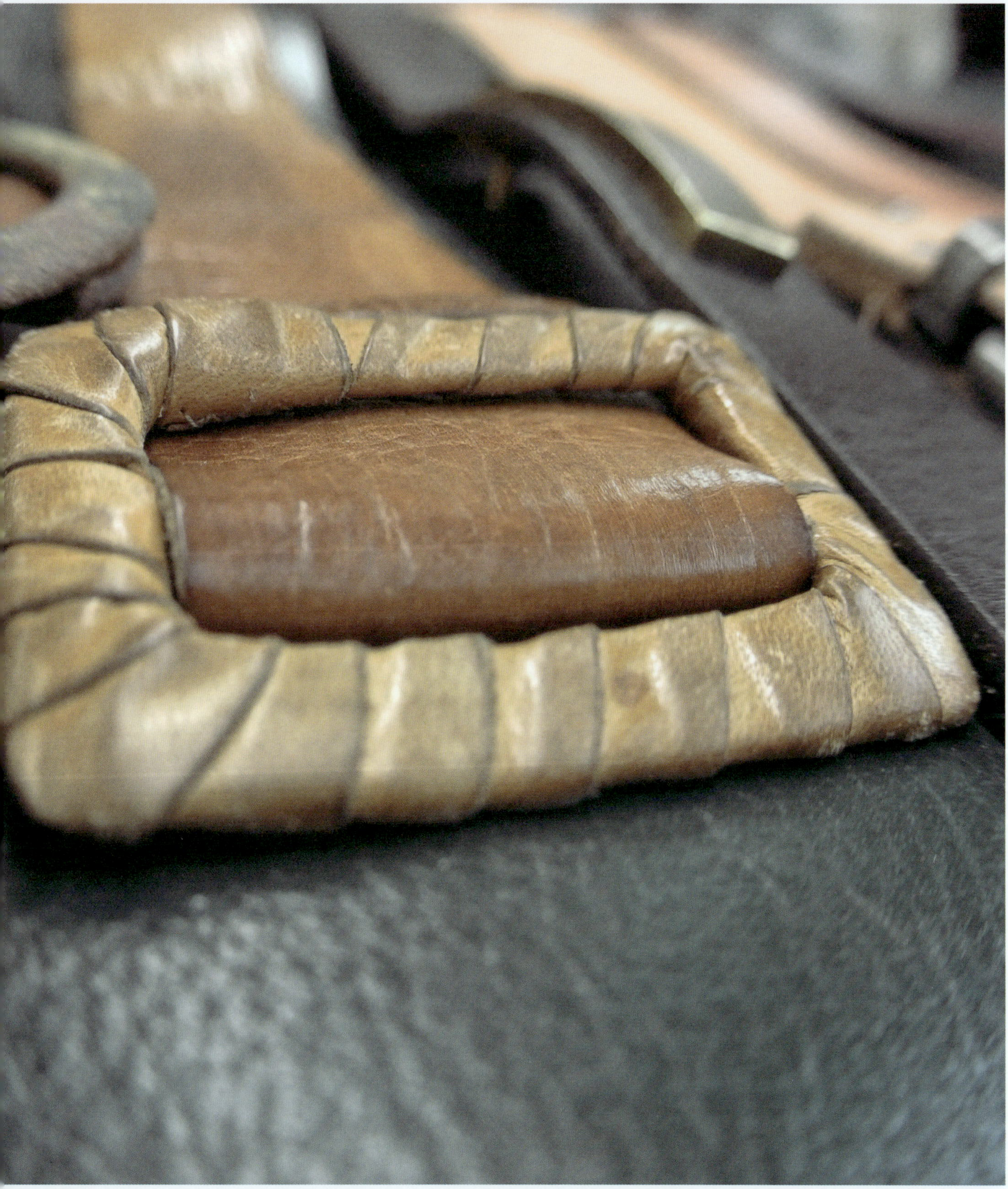

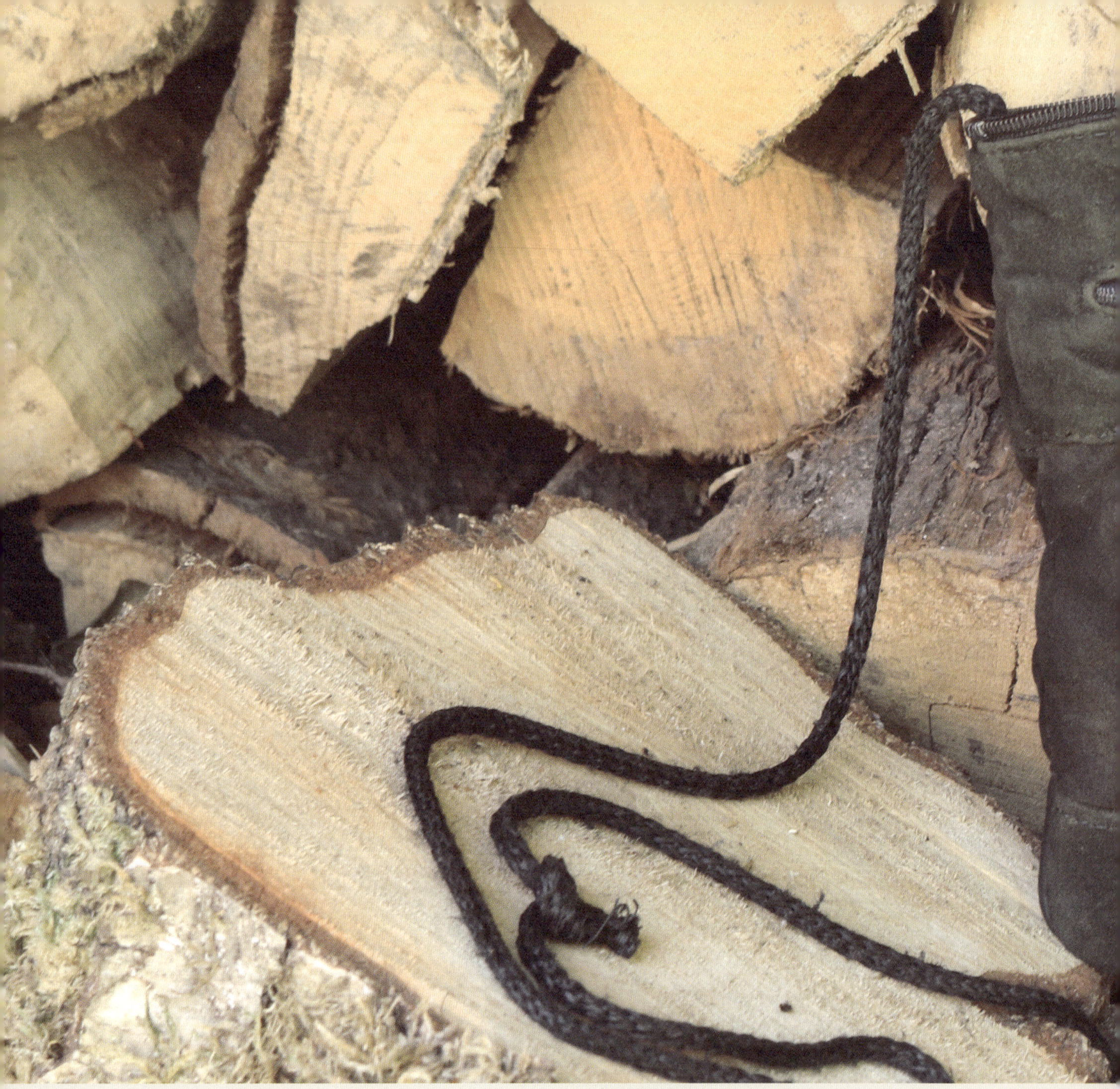

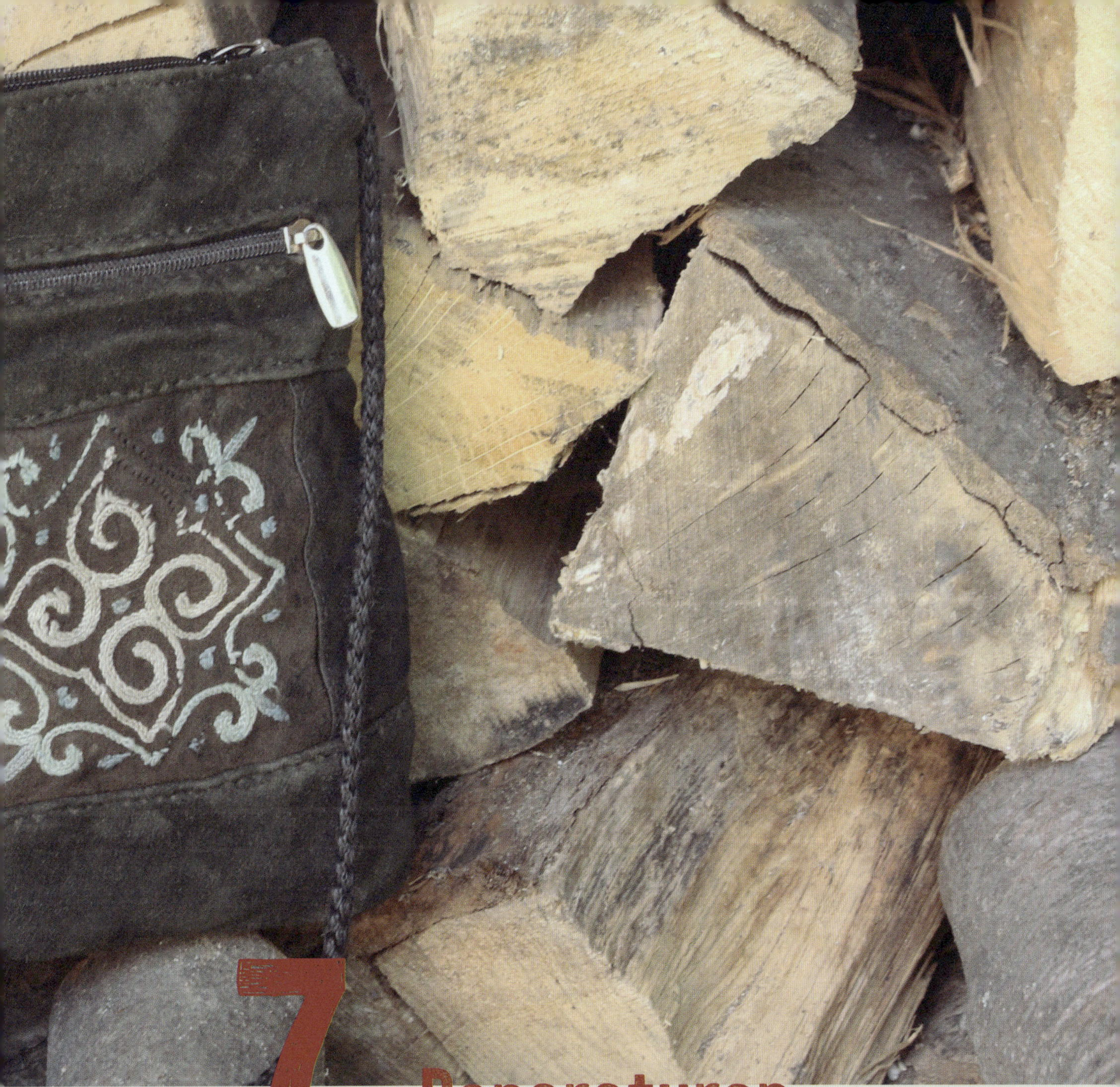

7 Reparaturen

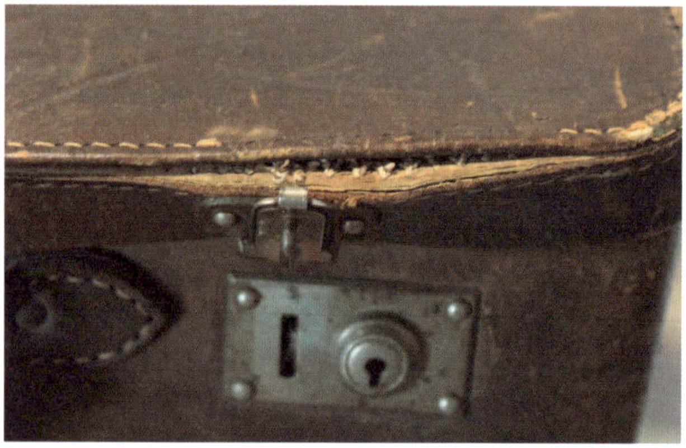

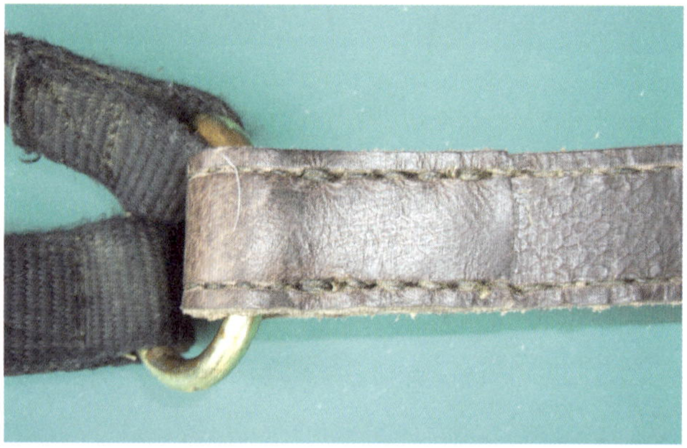

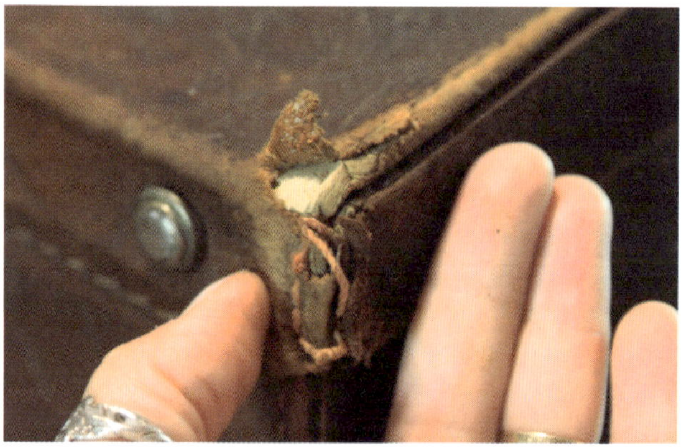

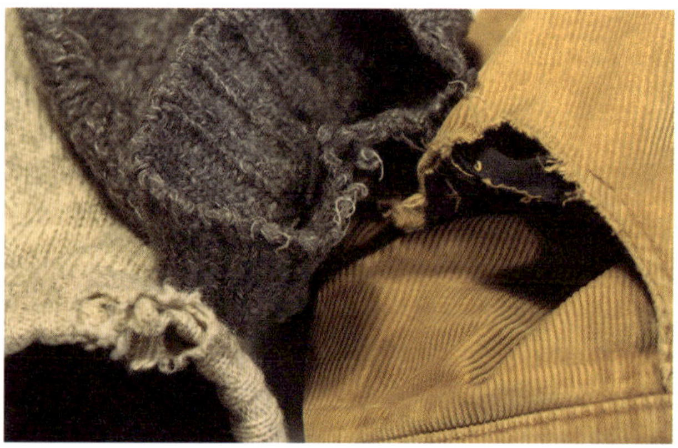

Lederarbeiten selbst reparieren

Wir leben einerseits in einer Welt der immer knapper werdenden Rohstoffe – und andererseits in einer Wegwerfgesellschaft. Nur wenn wir Gegenstände reparieren, behalten wir sie in unserem Gebrauch und müssen nichts Neues anschaffen. Wir sparen also auch Rohstoffe.

Genauso wichtig ist der Erhalt von lieb gewonnenen Dingen. Bedeutet uns ein Gegenstand viel, dann sind wir traurig, wenn er defekt wird oder Verschleißerscheinungen aufweist. Es ist sehr befriedigend, wenn man mit liebevoller Geduld einen solchen Gegenstand «retten» kann und so für einen weiteren Erhalt sorgt.

Die in diesem Kapitel angeführten Reparaturen sind im Laufe der Zeit «angefallen» und dabei dokumentiert worden. Sie werden hier als Anregungen vorgestellt. Doch muss man hierbei bedenken: Jede Reparatur erfordert eine individuelle Maßnahme, die nicht auf andere Fälle übertragen werden kann. Die folgenden Beispiele sollen Ihnen daher vor allem Mut zum eigenen Tun machen.

Ledertäschchen

Viele Jahre war dieses Ledertäschchen ein fast täglicher Begleiter gewesen; Geldbörse, Handy, Ausweispapiere, Taschentuch und wichtigste Schminksachen waren ihm anvertraut. Nun zeigten sich langsam immer mehr Gebrauchs- und Verschleißspuren. Eine «Aufbesserungskur» war also dringend angesagt, damit der Charme dieses Kleinods weiter der Öffentlichkeit zugemutet werden konnte.
Geschmeidiges Ziegenleder in einer passenden Farbe war zum Glück erhältlich. Im ersten Schritt wurden vorsichtig die Nähte aufgetrennt. ▸ Bild 1
Anhand der herausgenommenen Teile konnte der neue Zuschnitt erfolgen. ▸ Bild 2-3
Nach dem Anheften mit einem dünnen Doppeltklebeband konnten die Teile Stück für Stück mit kleinen Stichen angenäht werden. ▸ Bild 4
Der alte Reißverschluss wurde durch einen passenden neuen ersetzt. ▸ Bild 5
Von innen wurden die Nähte durch das Innenpolster hindurchgenäht. ▸ Bild 6
Und nach seiner «Verjüngung» konnte das Täschchen schließlich wieder voll in Gebrauch genommen werden.
▸ Bild 7-9

▷

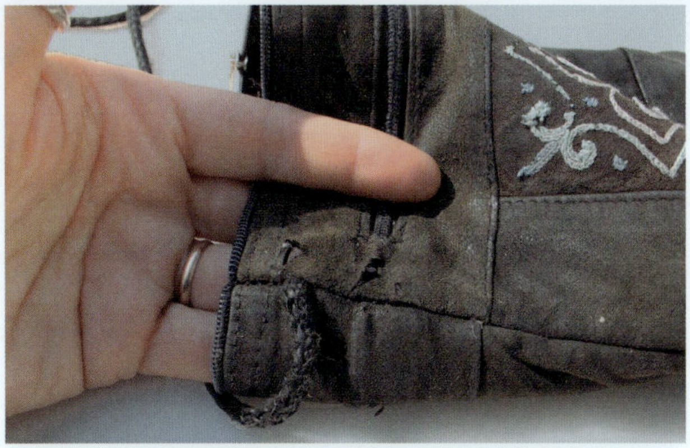

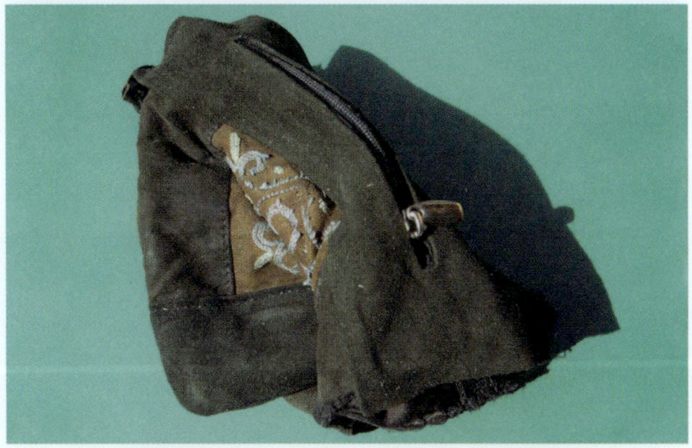

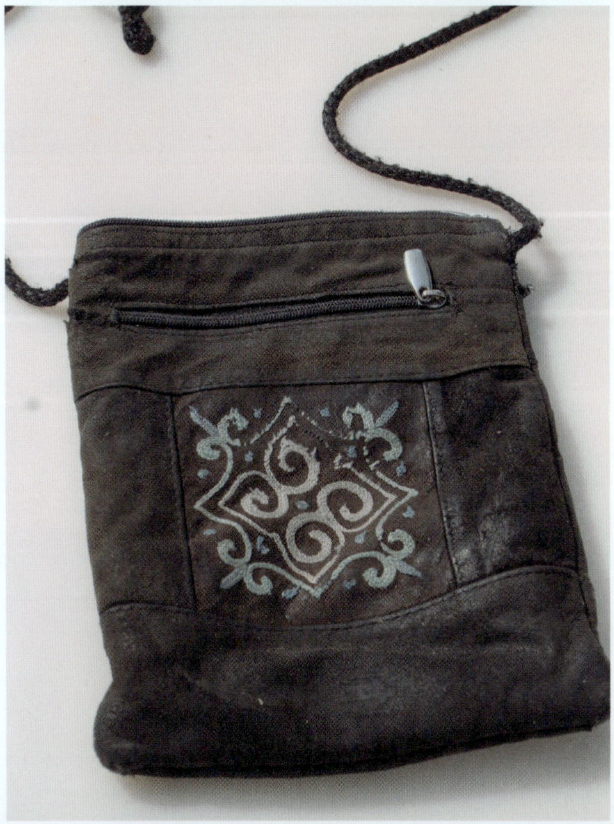

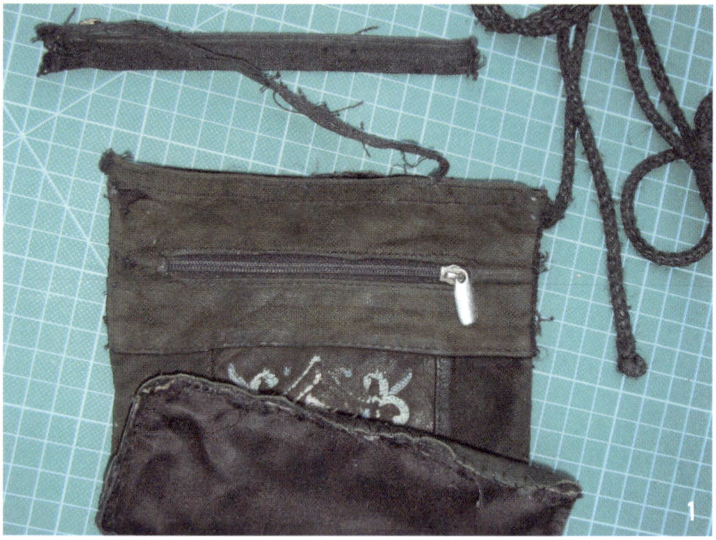

1

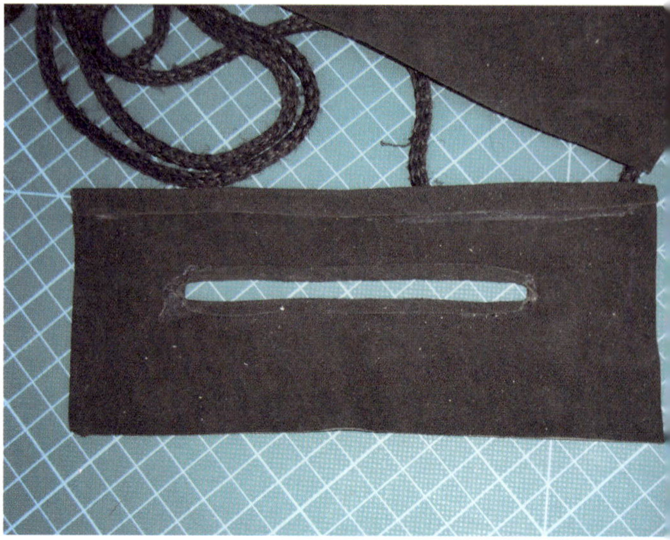

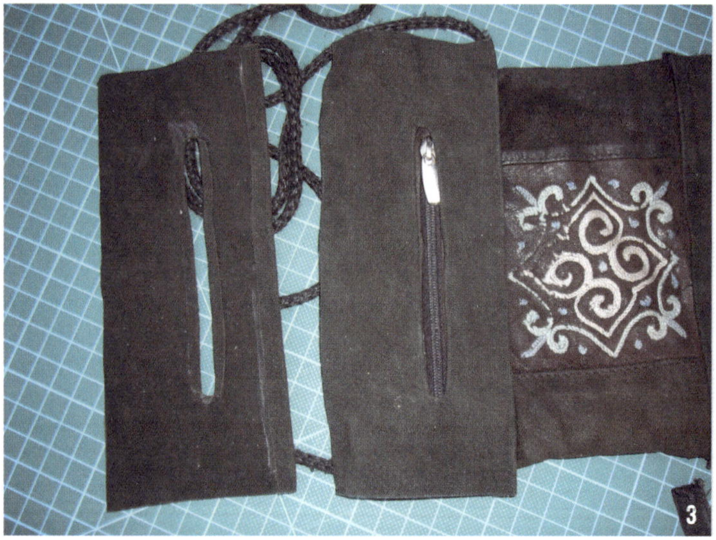

3

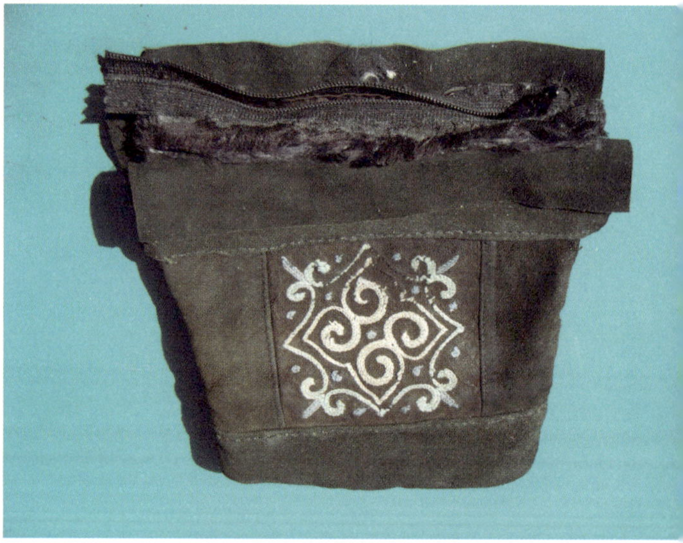

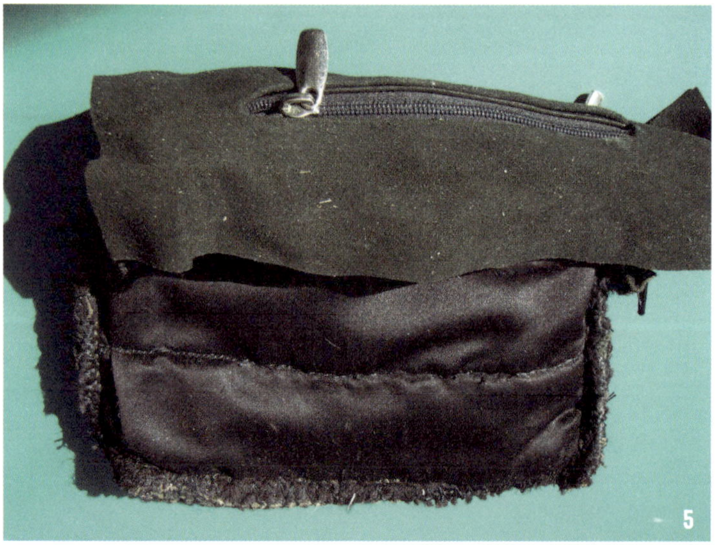

5

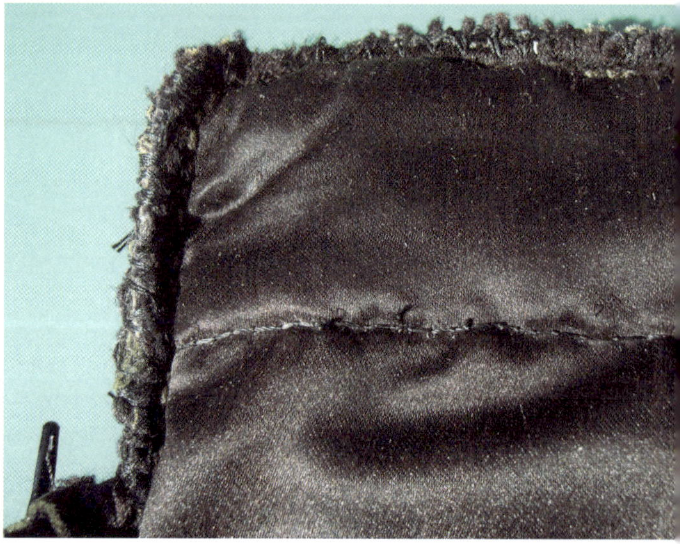

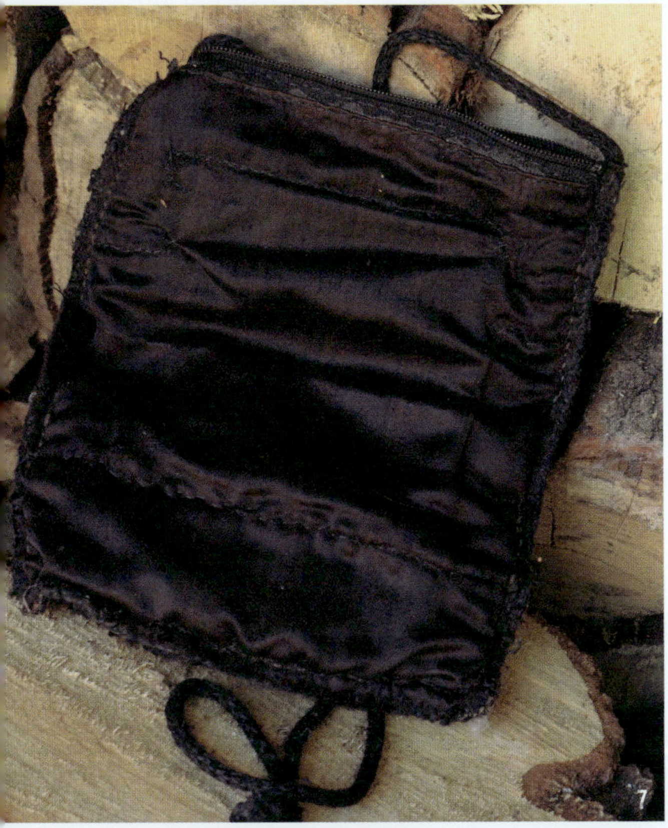
7

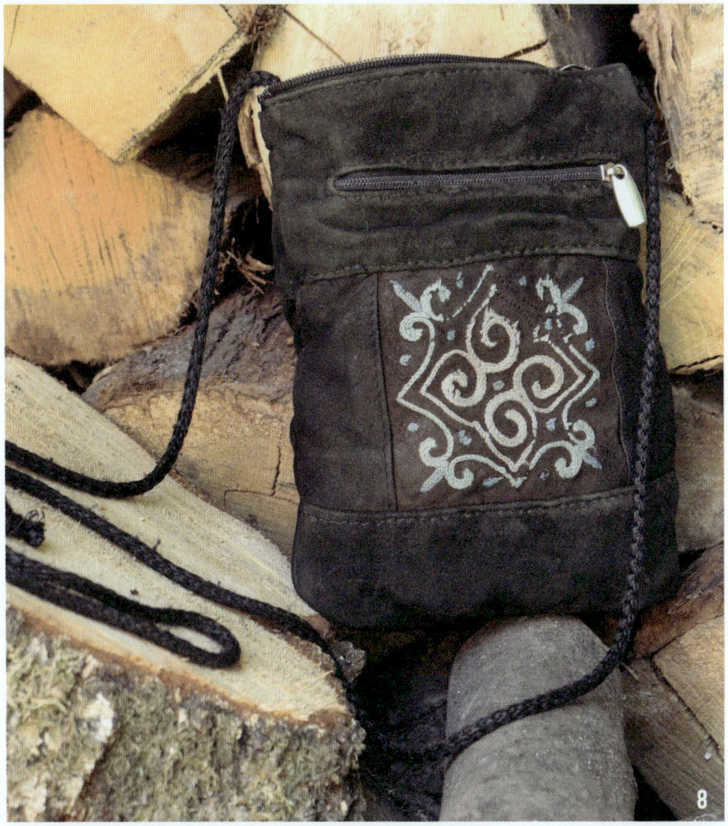
8

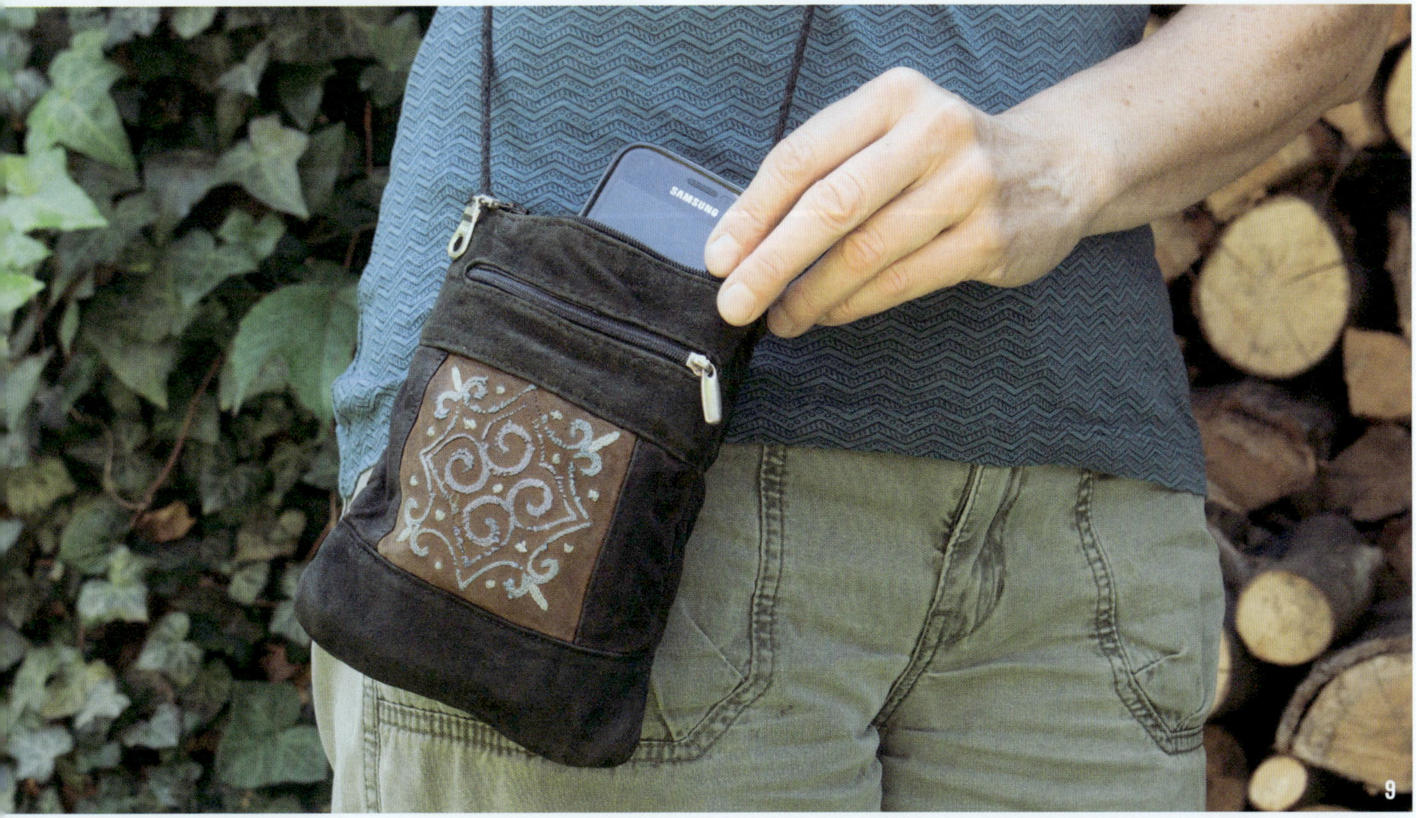

9

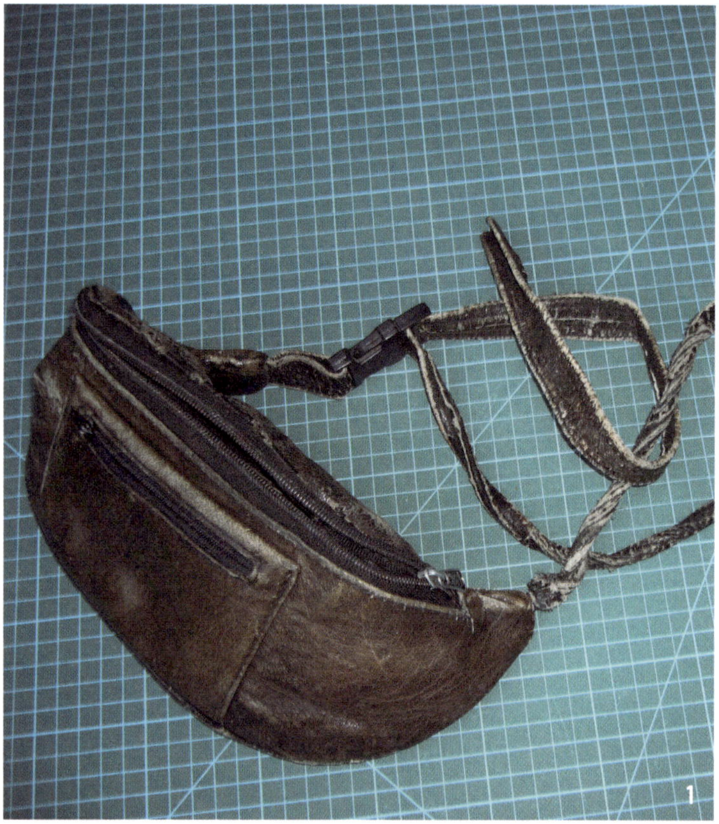

1

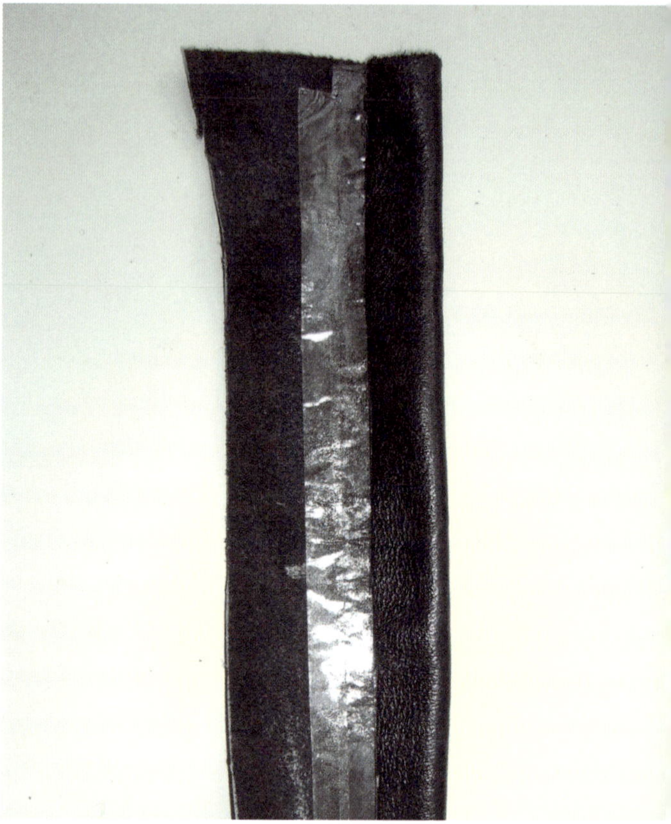

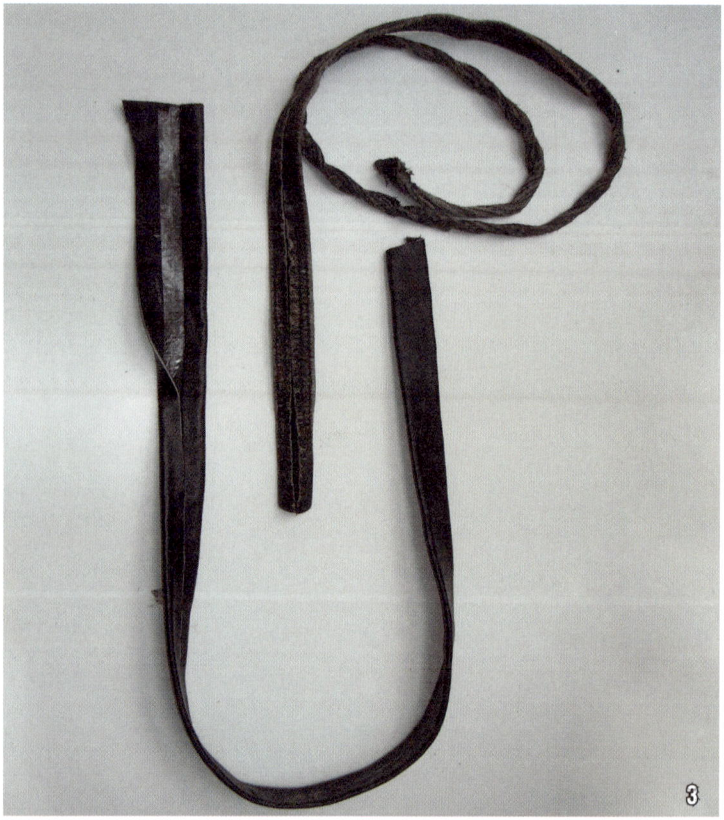

3

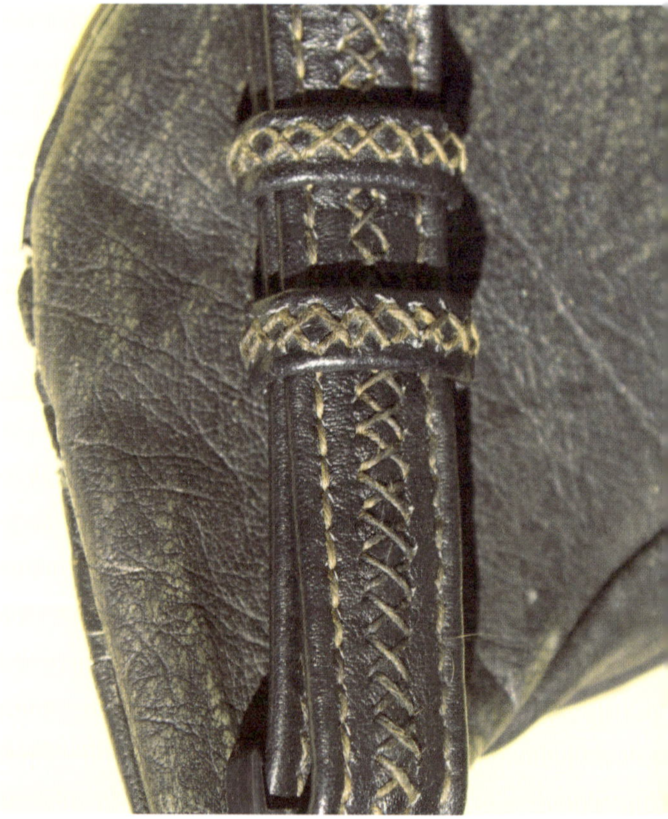

Gürteltasche

Von Jugend an war die Gürteltasche Begleiter auf Ferienfahrten gewesen. Doch der Gürtel zeigte schließlich arge Verschleißspuren, und die Gefahr, die Tasche zu verlieren, war groß. ▸ Bild 1
Also musste ein neuer Gürtel angefertigt und eingenäht werden. Aus passendem, geschmeidigem und 1 mm dickem Rinder-Spaltleder wurde ein passender Streifen zugeschnitten. Mithilfe des Doppelklebebands ließ sich der Gürtel falten, dann konnten die Nähte genäht werden. ▸ Bild 2-3
Wegen des schöneren Aussehens wurde ein besonderer Stich mit zwei Nadeln ausgeführt. ▸ Bild 4
Zwei Lederringe sorgten für eine Längenverstellung. ▸ Bild 4-5
Nachdem der Gürtel fest an der einen Seite eingenäht und auf der anderen Seite die Schnalle eingezogen worden war, konnten der neue Gürtel und die Tasche wieder benutzt werden. ▸ Bild 5 ■

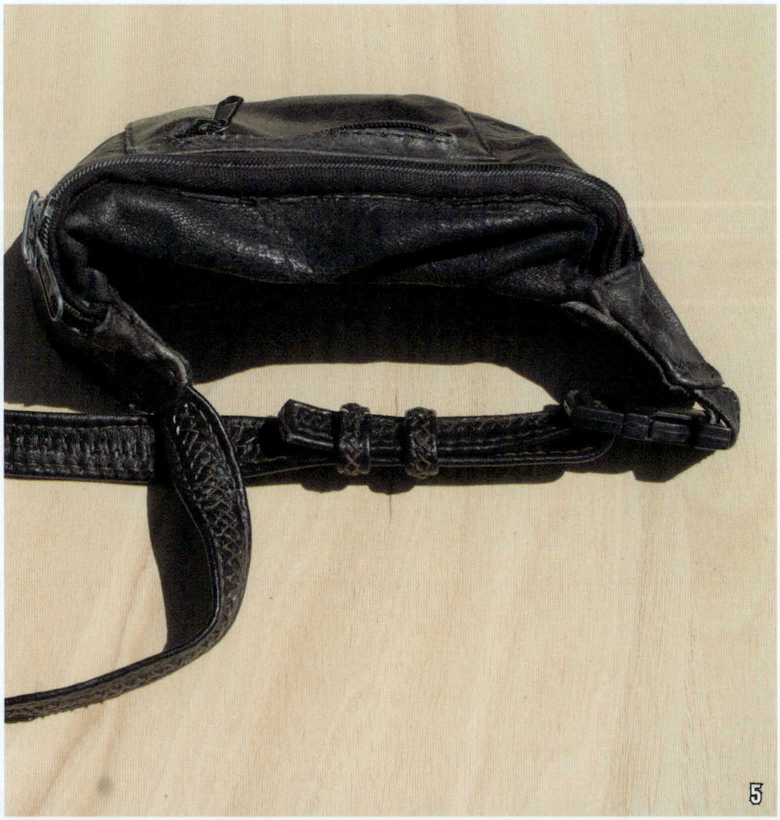

5

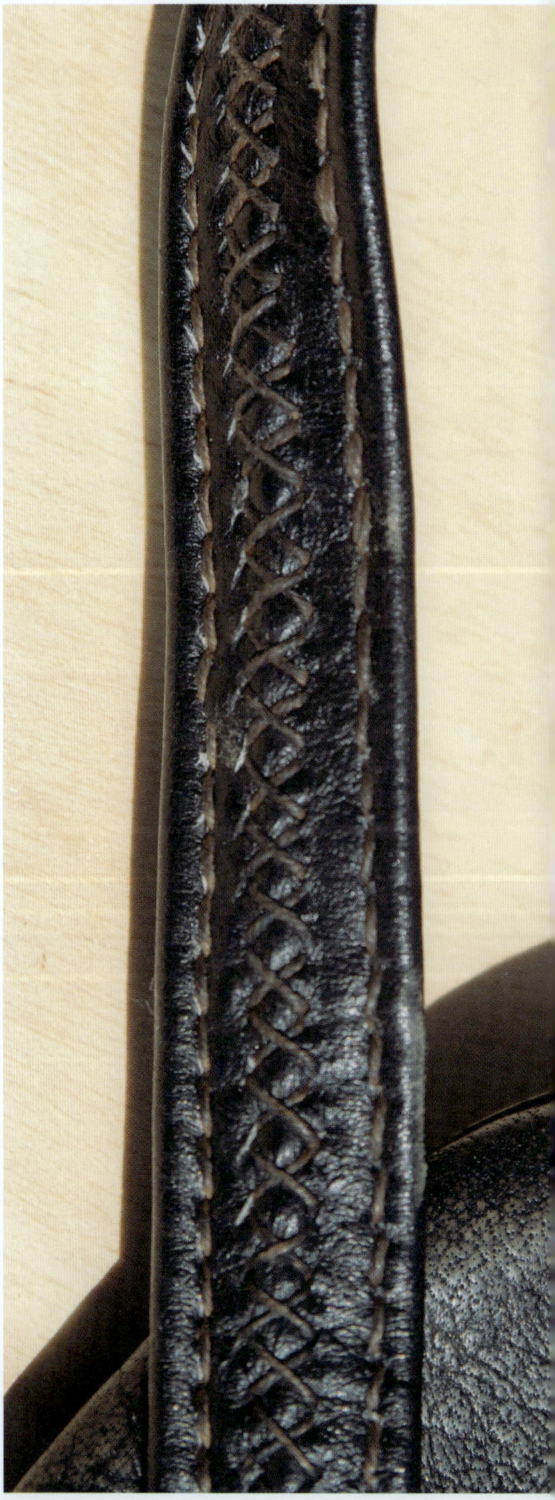

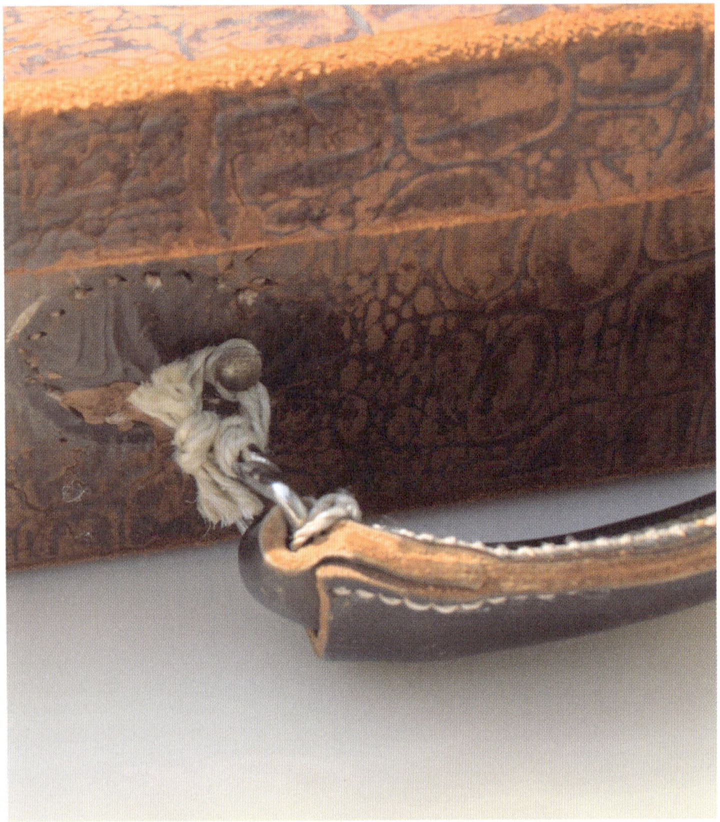
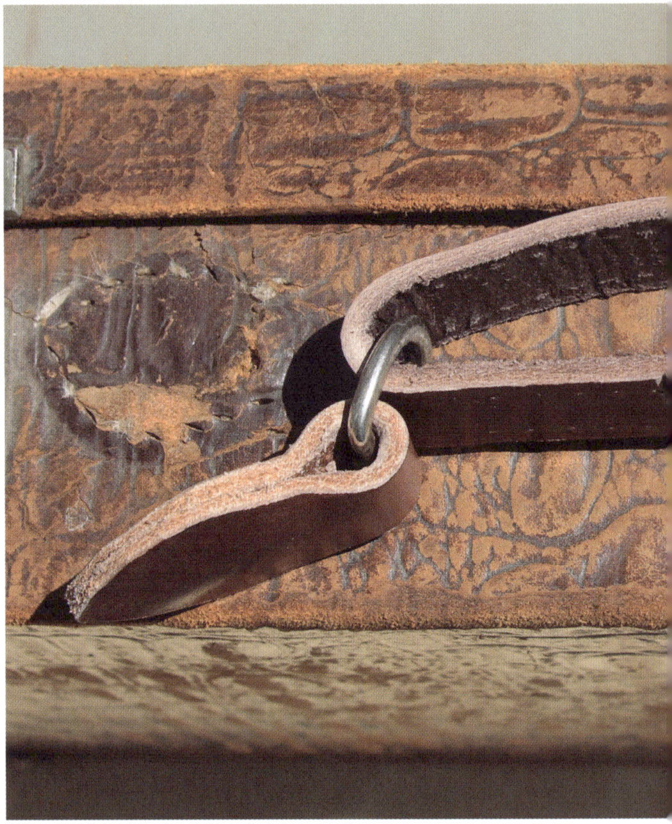
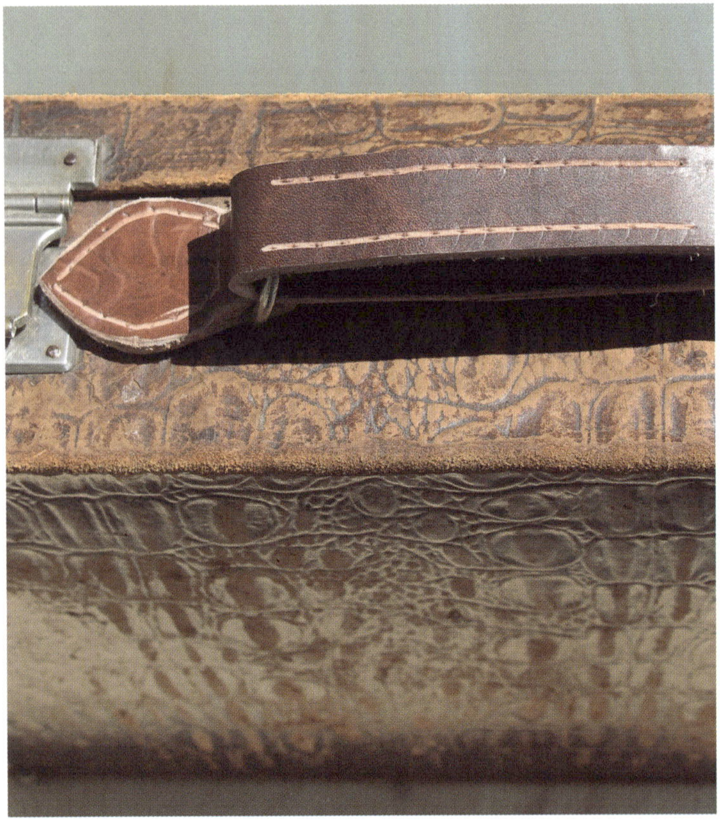
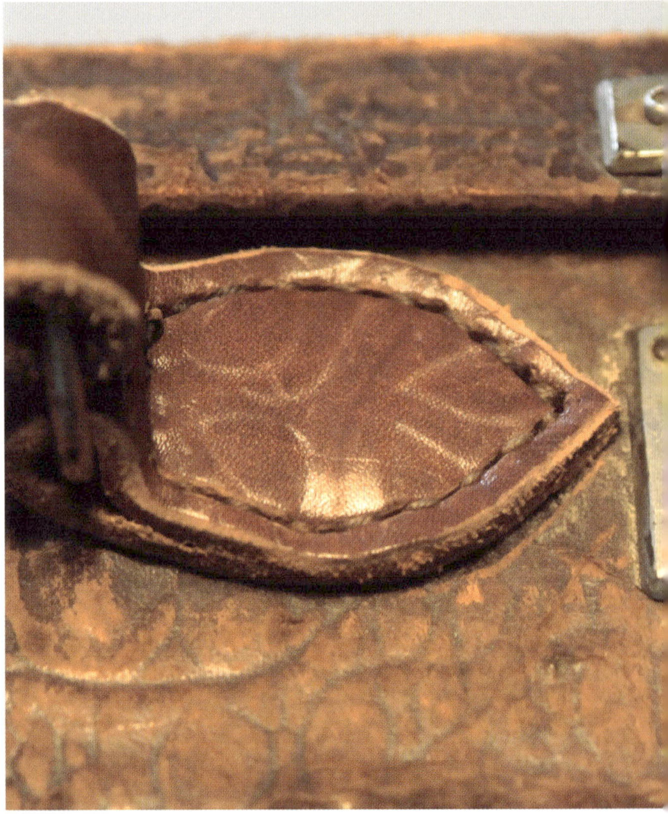

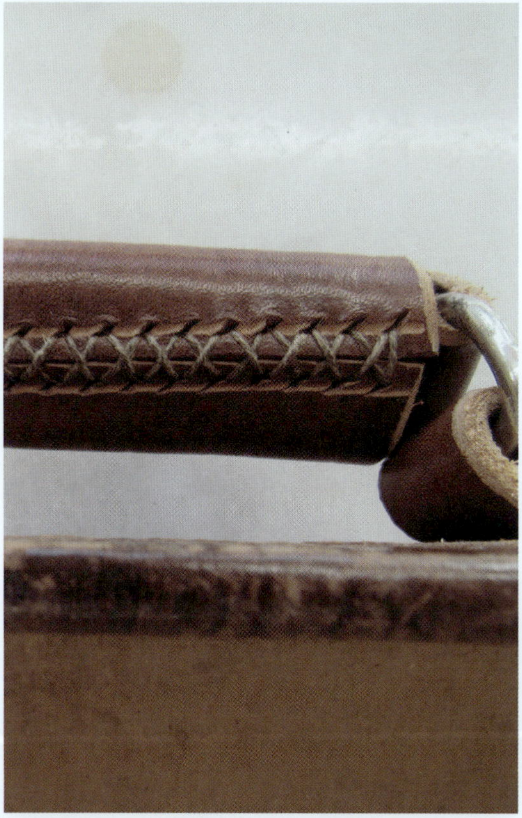

Aktenkoffer

Ein lederner Aktenkoffer – ein Erbstück – löste sich am Tragegriff auf.
Alle zerschlissenen Teile wurden vorsichtig entfernt.
Die einzelnen Stücke wurden aus stabilem Rindsleder entsprechend den entfernten Teilen zugeschnitten und zum Nähen vorbereitet.
Mit zwei Nadeln konnte alles zusammengenäht werden.
Um den Griff angenehm zu gestalten, wurde er noch mit einem passenden Stück Leder umwickelt und von hinten vernäht.
Mit dem erneuerten Griff kann der Aktenkoffer weiter seine Dienste leisten. ■

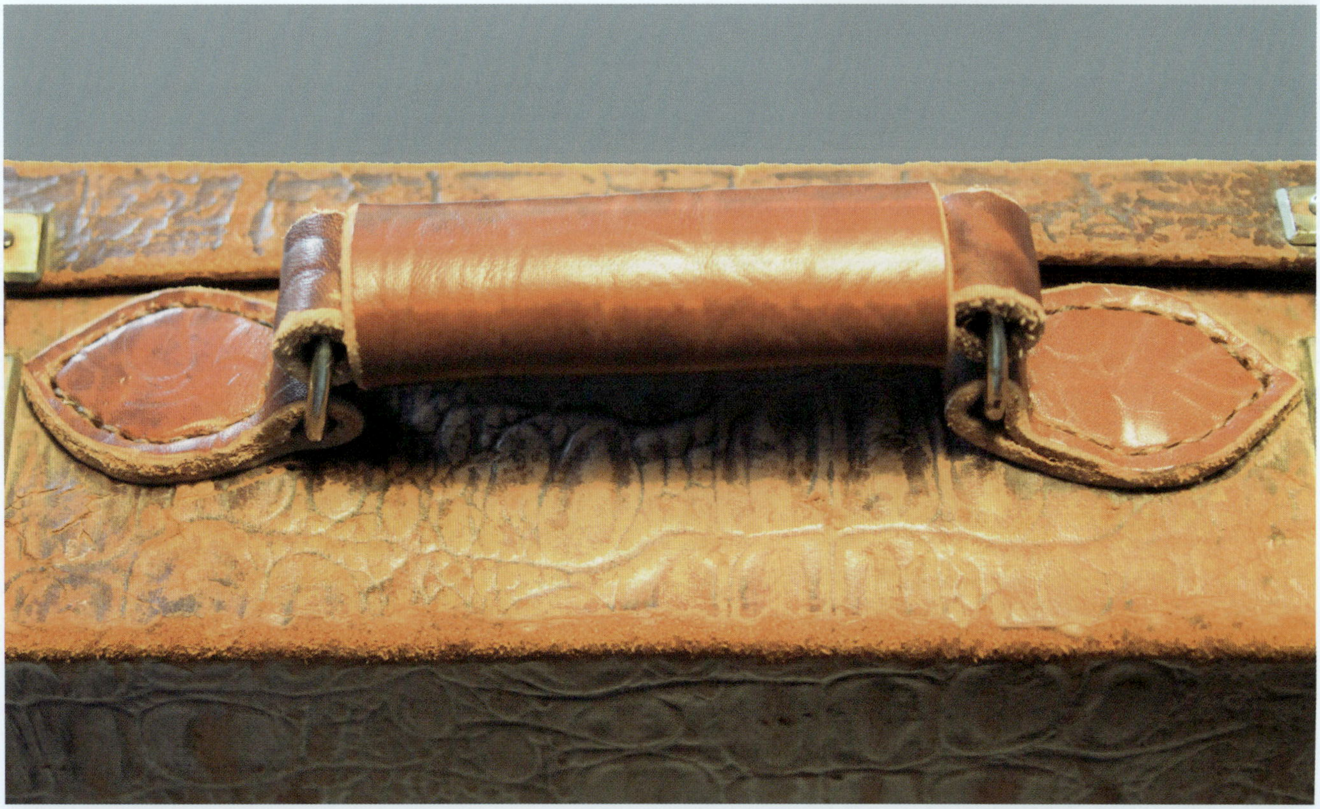

Löcher im Pullover, ausgefranste Ärmel, verschlissene Taschenränder

Es lohnt sich, Kleidungsränder, die allmählich ausfransen, mit weichem Leder einzufassen. Das ist nicht nur eine echte Reparatur, sondern gibt dem Gegenstand noch einen besonderen Charme. Auch durchgescheuerte Ärmel können durch einen aufgesetzten Flicken wieder «salonfähig» werden. In diesem Beispiel wurde eine Tasche aus dem Sperrmüll zerlegt und das Leder für den Flicken verwendet. ▪

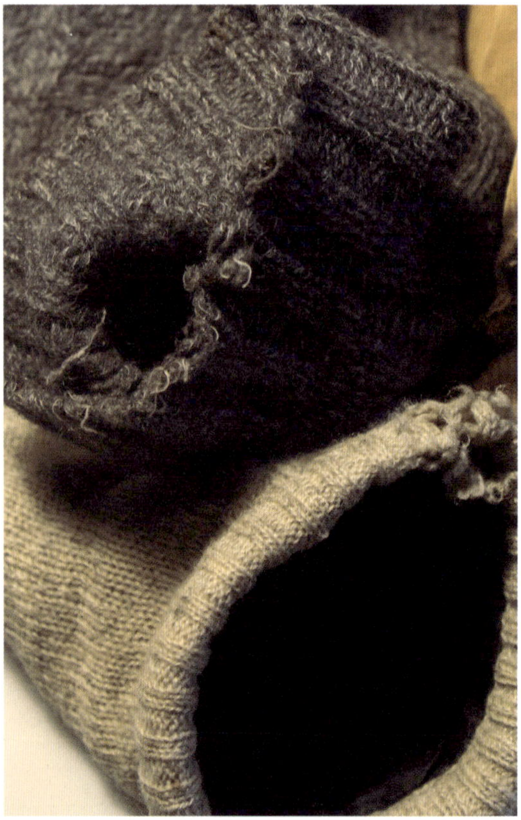

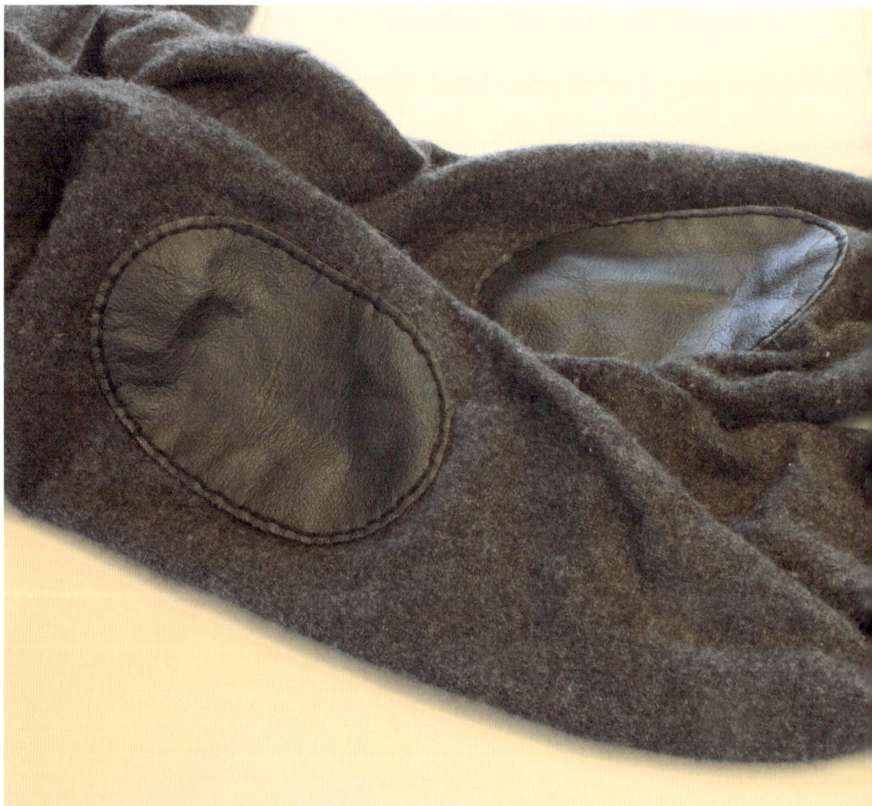

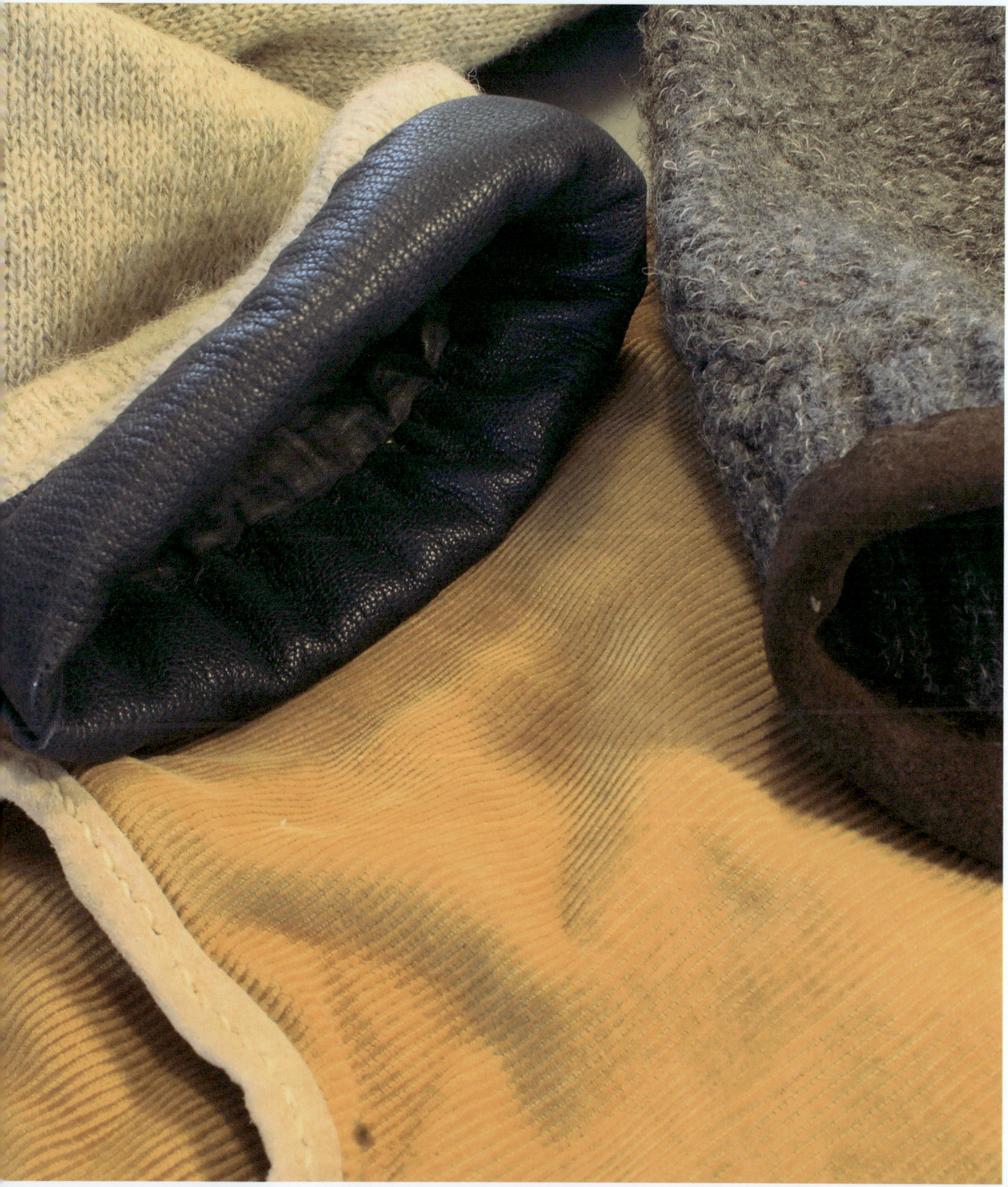

Pferdehalfter

Ein Pferdehalfter war durch die intensive Nutzung an einer Stelle sehr verschlissen. Es bestand die Gefahr, dass es zerreißen würde. ▸ Bild 1

Da der Rest noch gut erhalten war, lohnte sich eine Reparatur. Entsprechend der Größe wurden aus kräftigem Rindsleder die zu ersetzenden Streifen herausgeschnitten und mit zwei Nadeln zusammengenäht. ▸ Bild 2-5

Auf diese Weise konnte das Halfter weiterhin seinen Dienst am Pferd tun. ▸ Bild 6-8 ■

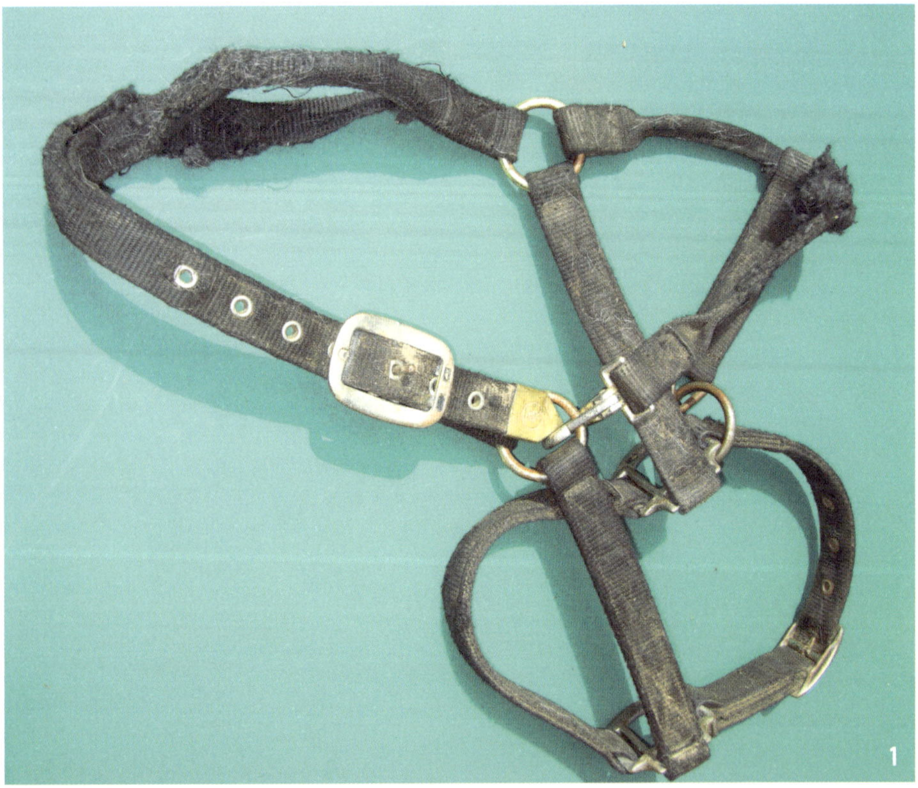

1

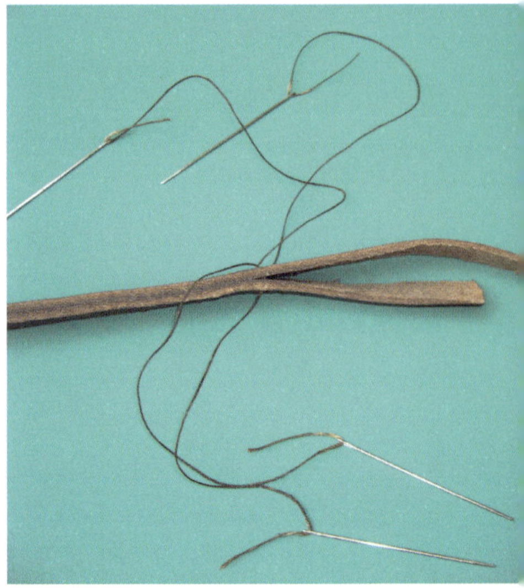

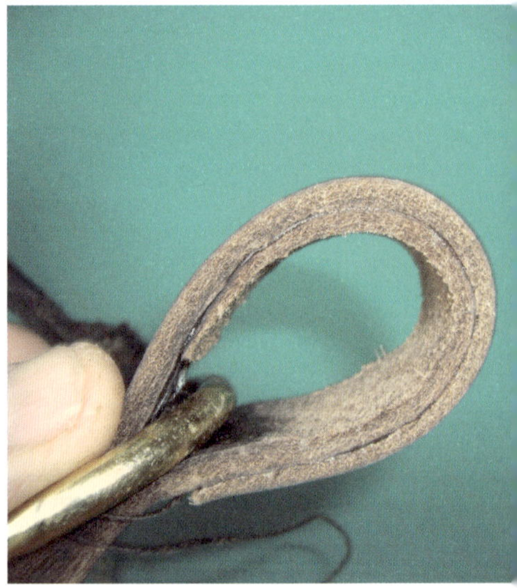

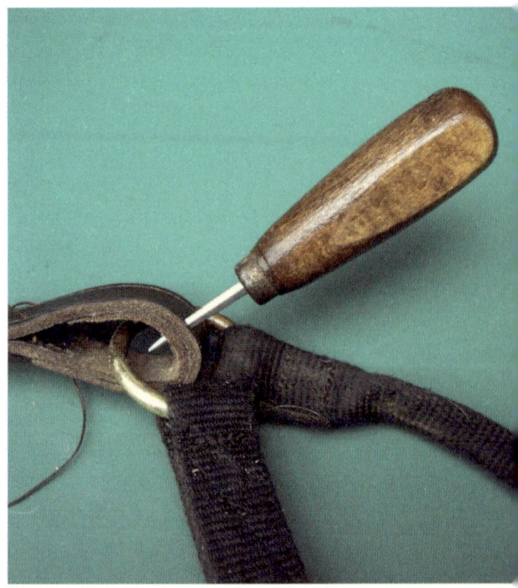

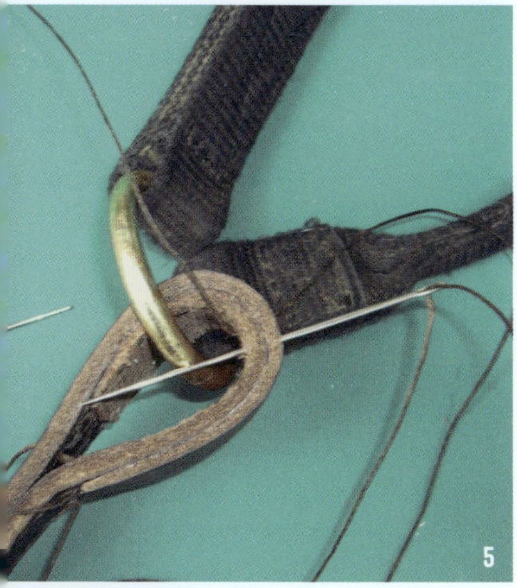
5

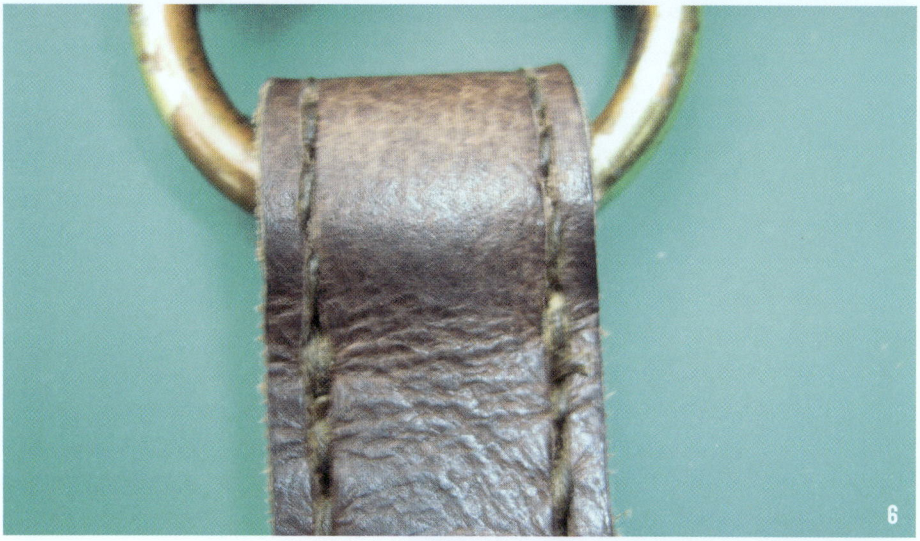
6

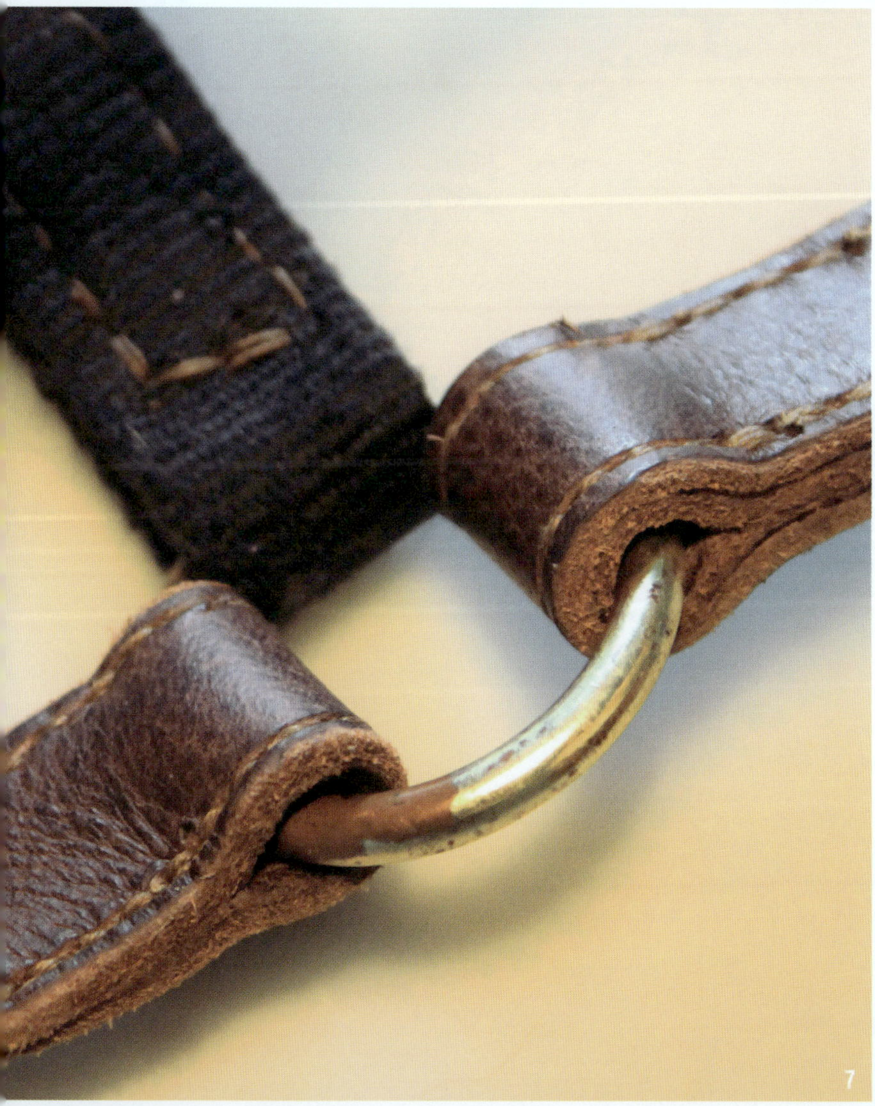
7

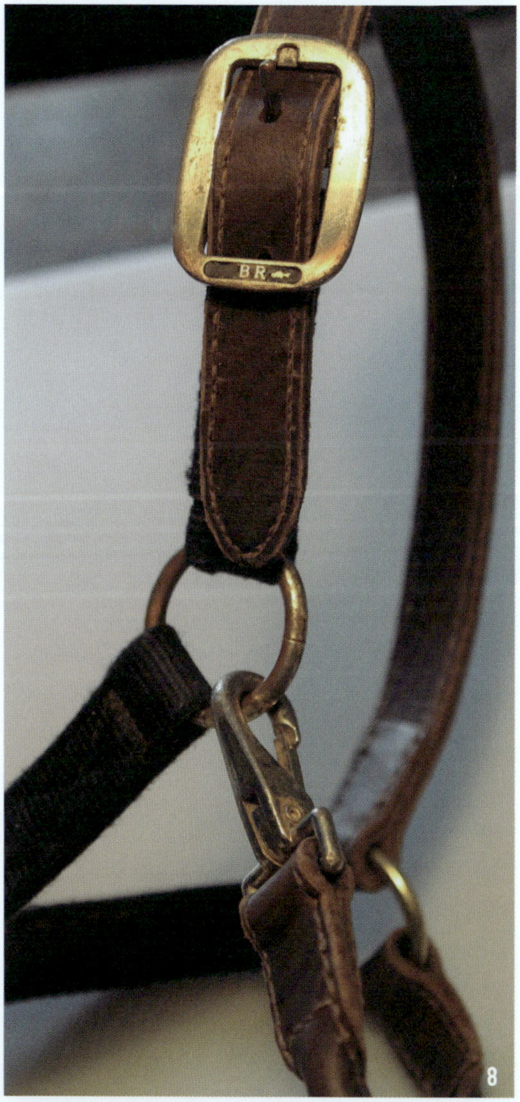

8

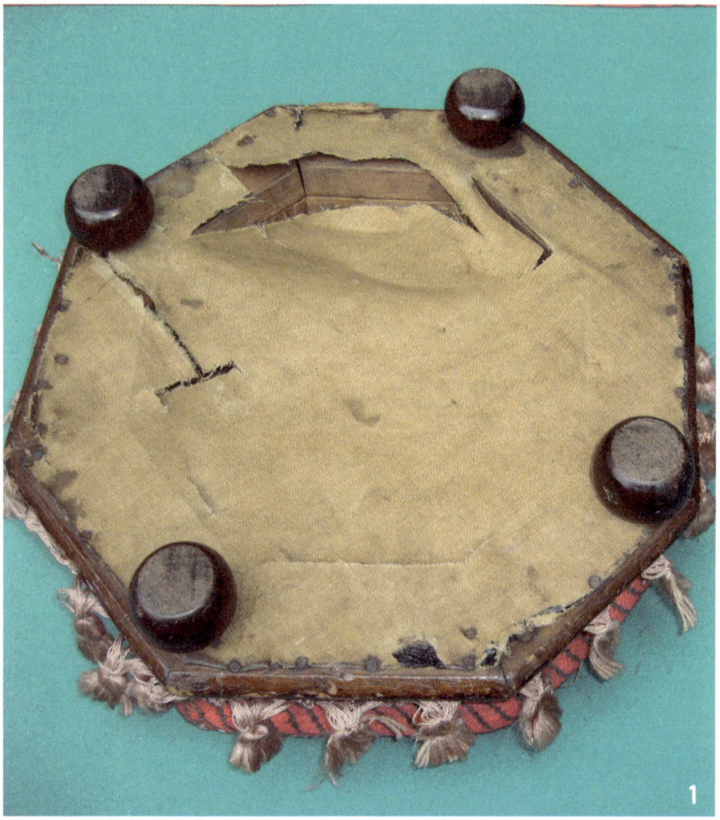

1

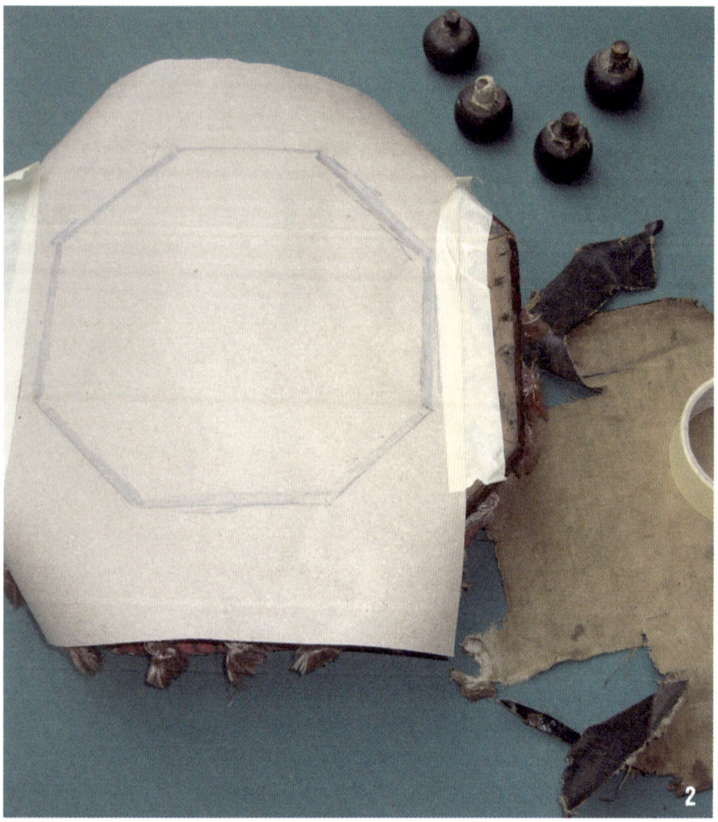

2

Fußschemel

Bei einem kleinen Fußschemel, der schon der Oma gehörte, war der untere Bezug zerrissen, und Brocken der Füllung rieselten heraus. ▸ Bild 1
Im ersten Schritt wurde vorsichtig der alte Bezug abgenommen. Dazu mussten die vier Füße gelockert und abmontiert werden. ▸ Bild 2
Es zeigte sich, dass auch das Futter innen mürbe war. So wurde im ersten Schritt ein passendes Stück Leder für den Innenraum zugeschnitten und innen verklebt und zusätzlich mit kleinen Nägeln befestigt. In diesem Falle wurde ein Stück Leder benutzt, das bei einem Sperrmüll aus einem alten Sofa herausgeschnitten worden war. ▸ Bild 3
Jetzt konnte die Abdeckung zugeschnitten werden. Das alte Stück diente dabei als Schablone. Danach wurde das neue Lederstück angeleimt. ▸ Bild 4
Zusätzlich wurde es mit kleinen Stiften vernagelt. ▸ Bild 5
Nachdem die Löcher für die Beine ausgeschnitten worden waren, konnten die Beine wieder verleimt werden. ▸ Bild 5
Schließlich war der Fußschemel wieder einsatzbereit für weitere Generationen. ▸ Bild 6 ■

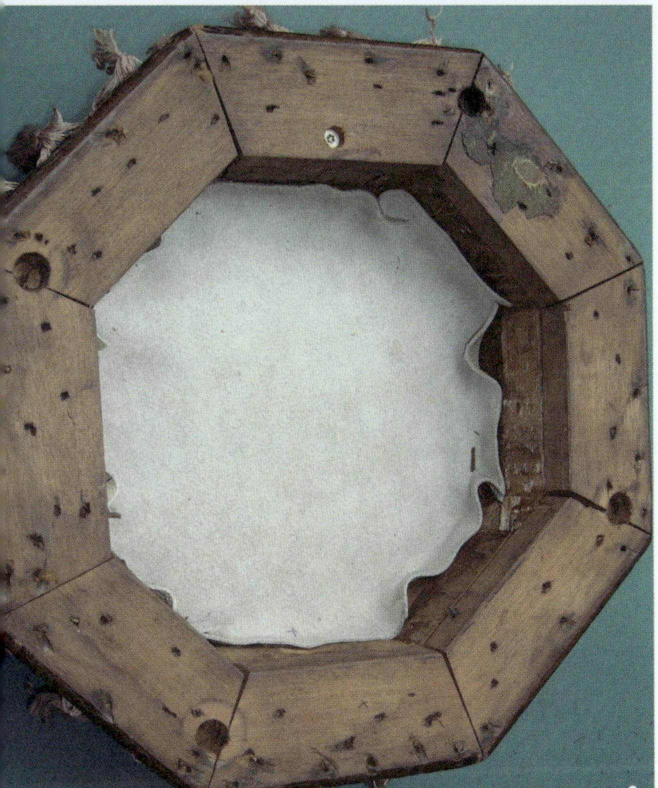
3

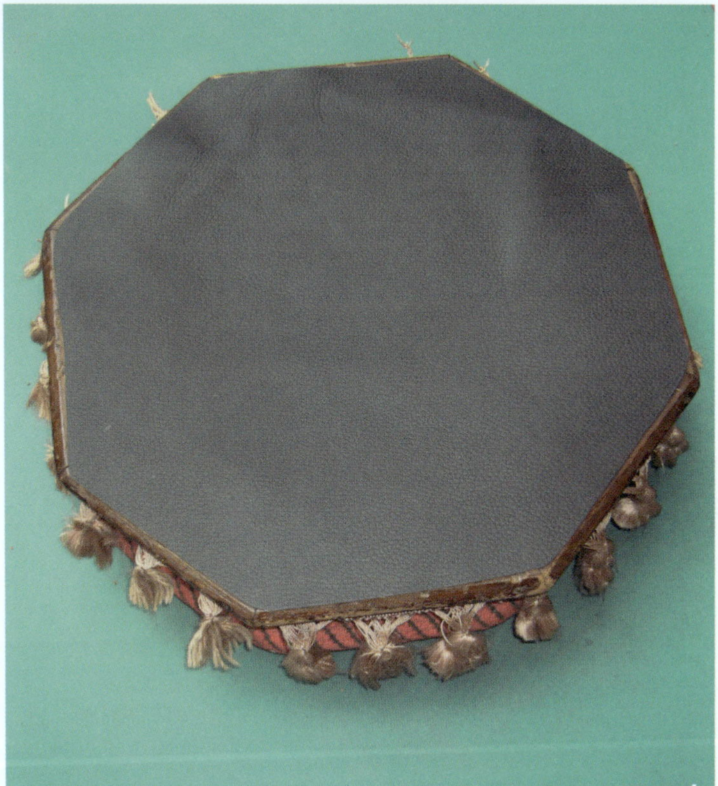
4

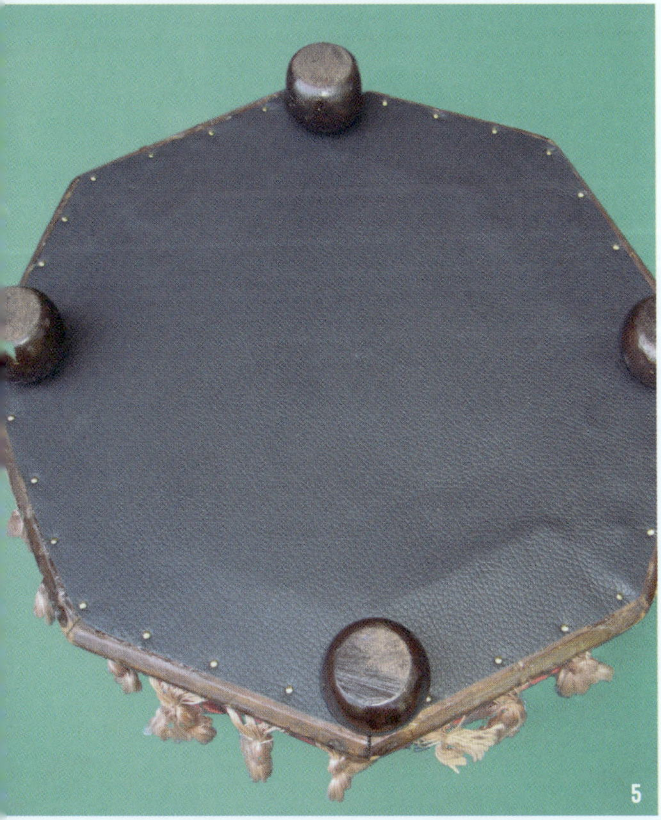
5

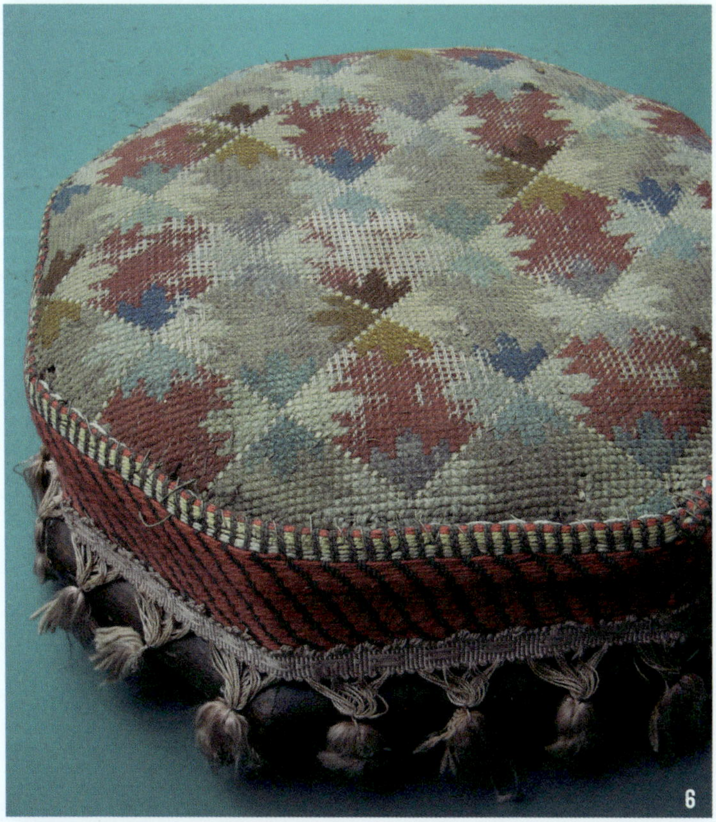
6

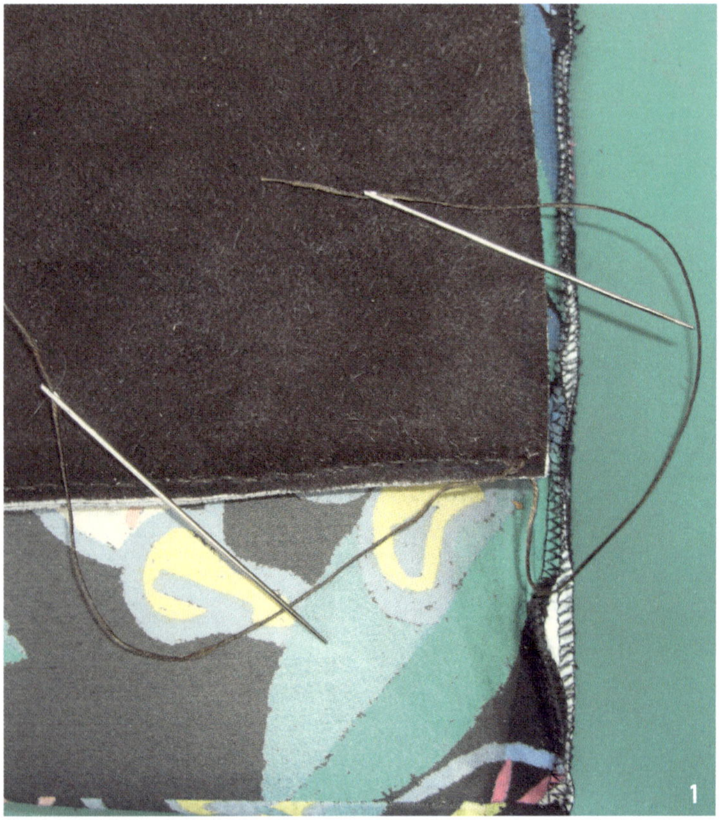
1

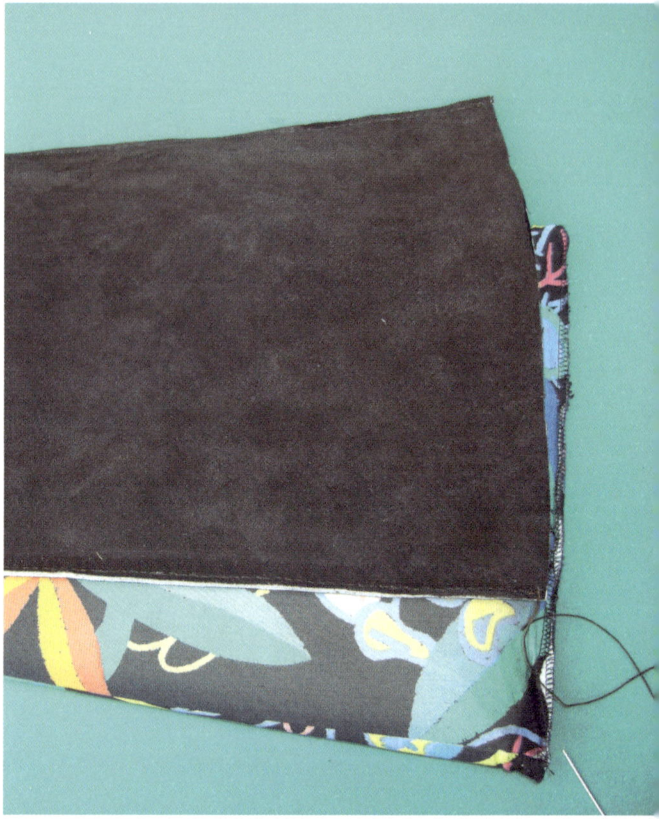

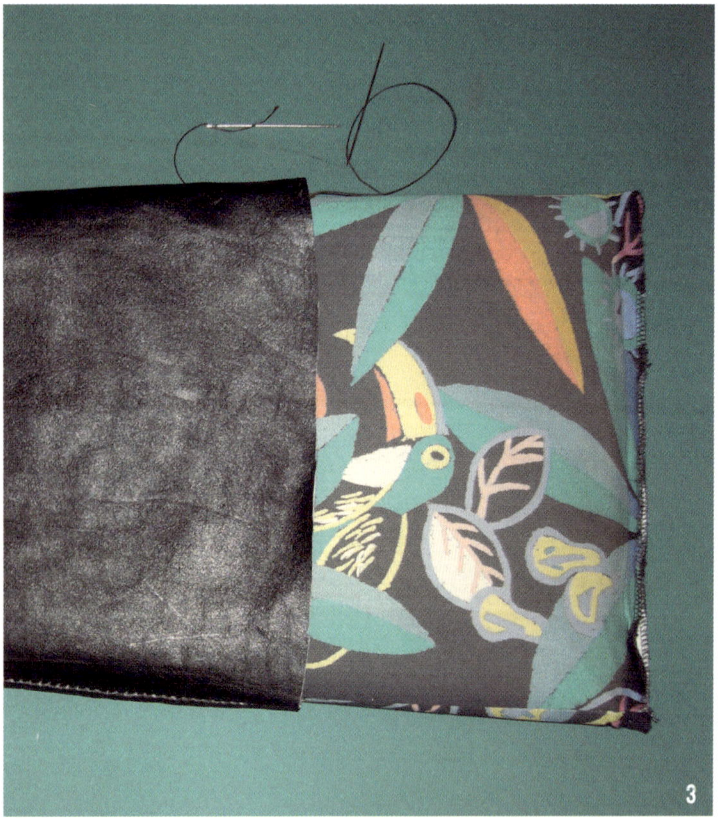
3

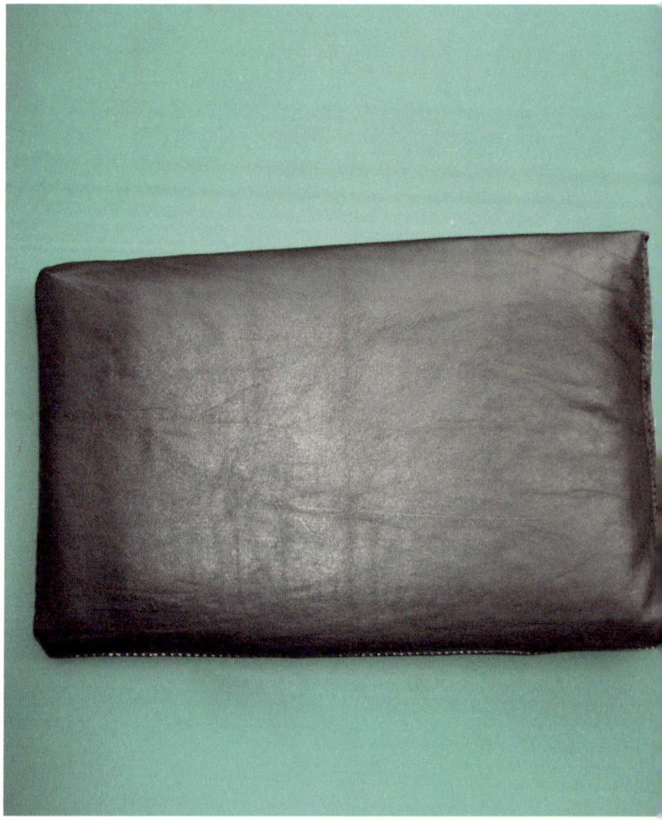

Bezug für einen Stuhl

Ein alter Stuhl war früher einmal für die Kinder mit buntem Stoff überzogen worden. Jetzt sollte er mit naturgegerbtem Büffelleder, einem Gastgeschenk aus Afrika, für die Eltern neu überzogen werden.
Das Leder wurde entsprechend der Größe der Rückenlehne mit einer Nahtzugabe zugeschnitten.
Die glatte Seite lag innen, und mit zwei Nadeln wurde der Bezug zusammengenäht. ▸ **Bild 1-2**
Nach dem Umstülpen konnte das Leder übergezogen werden. ▸ **Bild 3**
Nach dem Zusammennähen der unteren Naht war die Rückenlehne fertig zum Einspannen. In diesem Falle waren es vier Schrauben, die alles zusammenhielten. ▸ **Bild 4**
Für die Sitzfläche musste das ausgeschnittene Leder nur mit einem Tacker befestigt werden. ▸ **Bild 5** ■

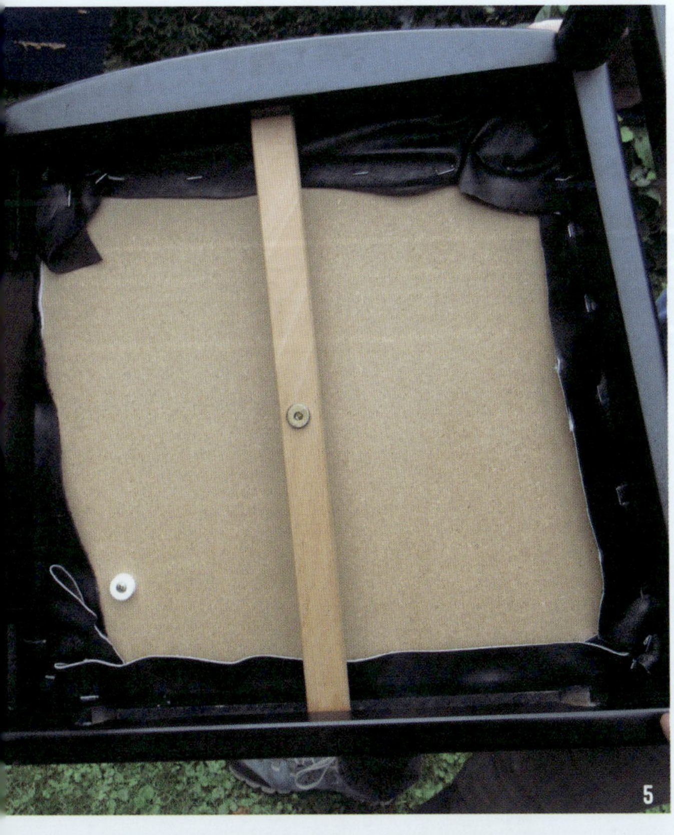

5

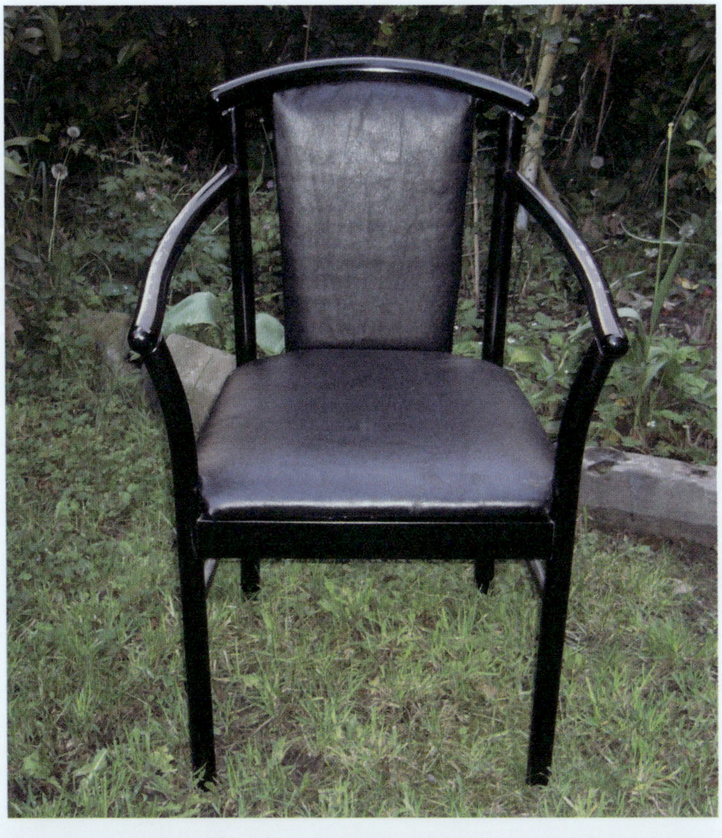

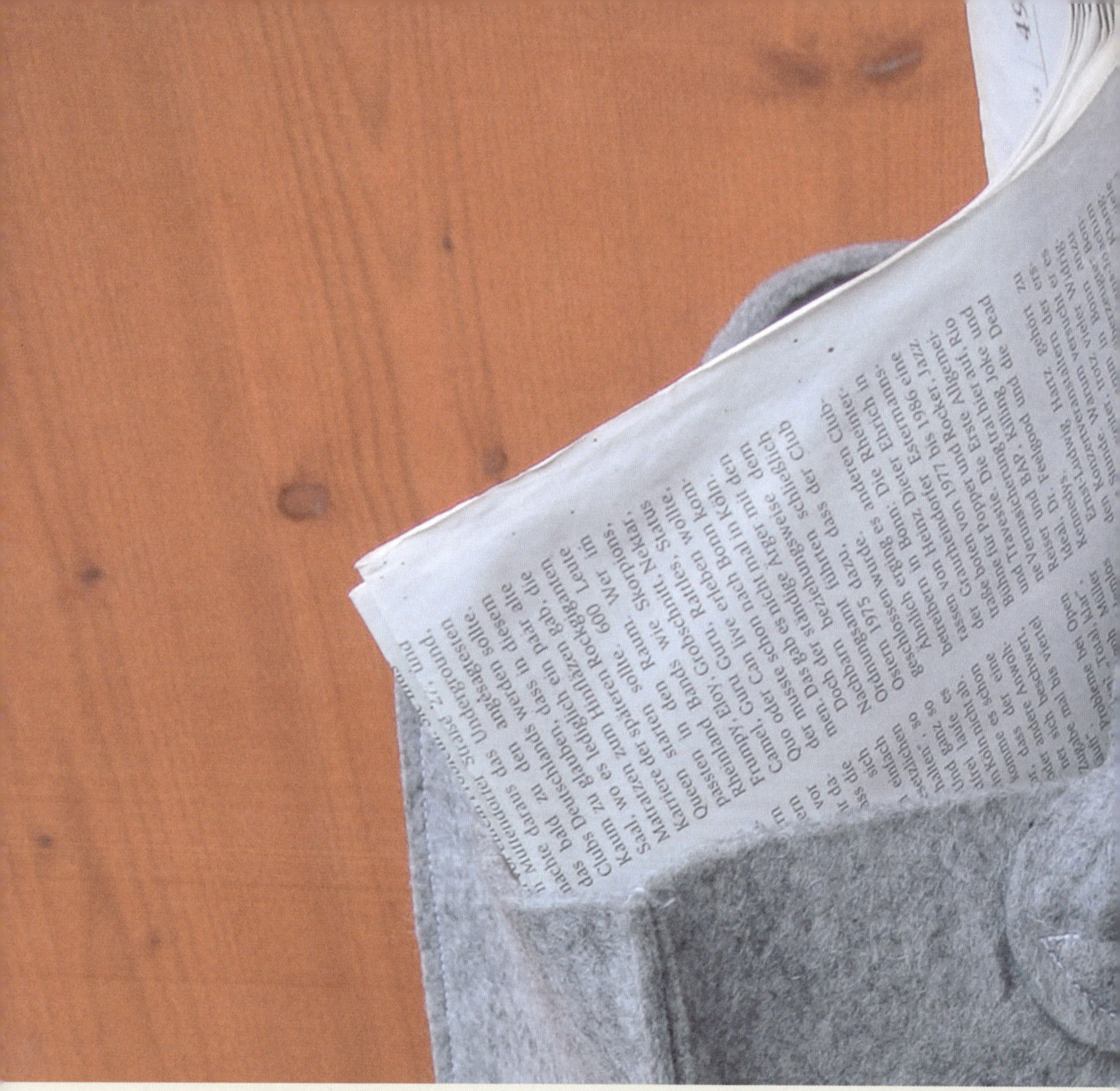

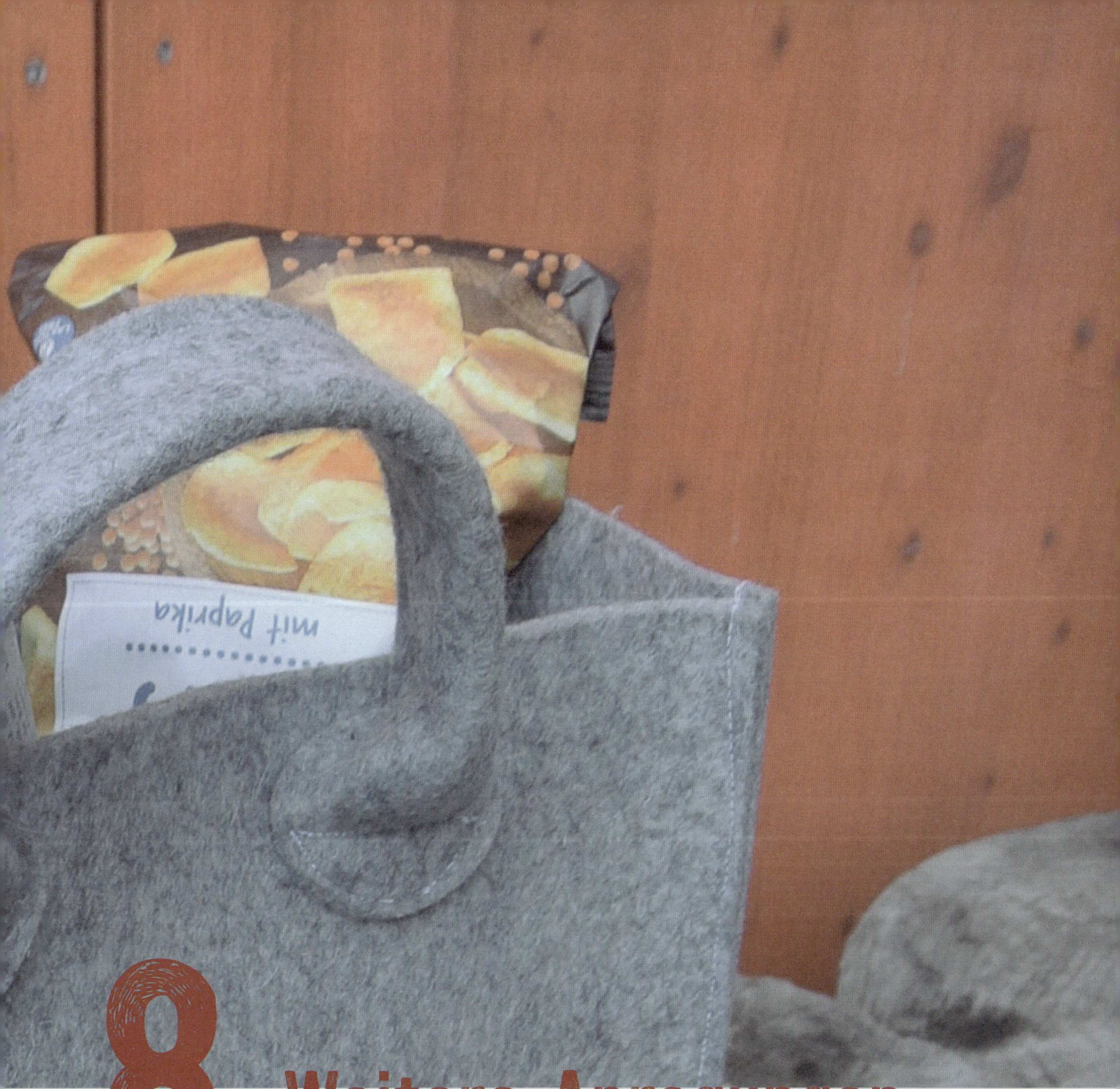

8 Weitere Anregungen und Wissenswertes

Arbeiten mit Nähmaschinen

Wenn einem das urtümlichere, aber auch langsame Nähen mit der Hand zu mühselig ist, kann das Nähen mit einer Nähmaschine die richtige Alternative sein. Mit der Maschine angefertigte Nähte werden gleichmäßiger und exakter als handgenähte Nähte, und in den meisten Fällen geht die Arbeit an den Lederprojekten auch schneller vonstatten.
Im Prinzip lassen sich mit der Nähmaschine viele der in diesem Buch beschriebenen Gegenstände herstellen. Dafür benötigt man ein gutes und **stabiles Markengerät.** Die gesamte Mechanik der Nähmaschine wird durch das stabile Leder sehr beansprucht, und nicht jede Maschine ist dazu ausgelegt.

▷

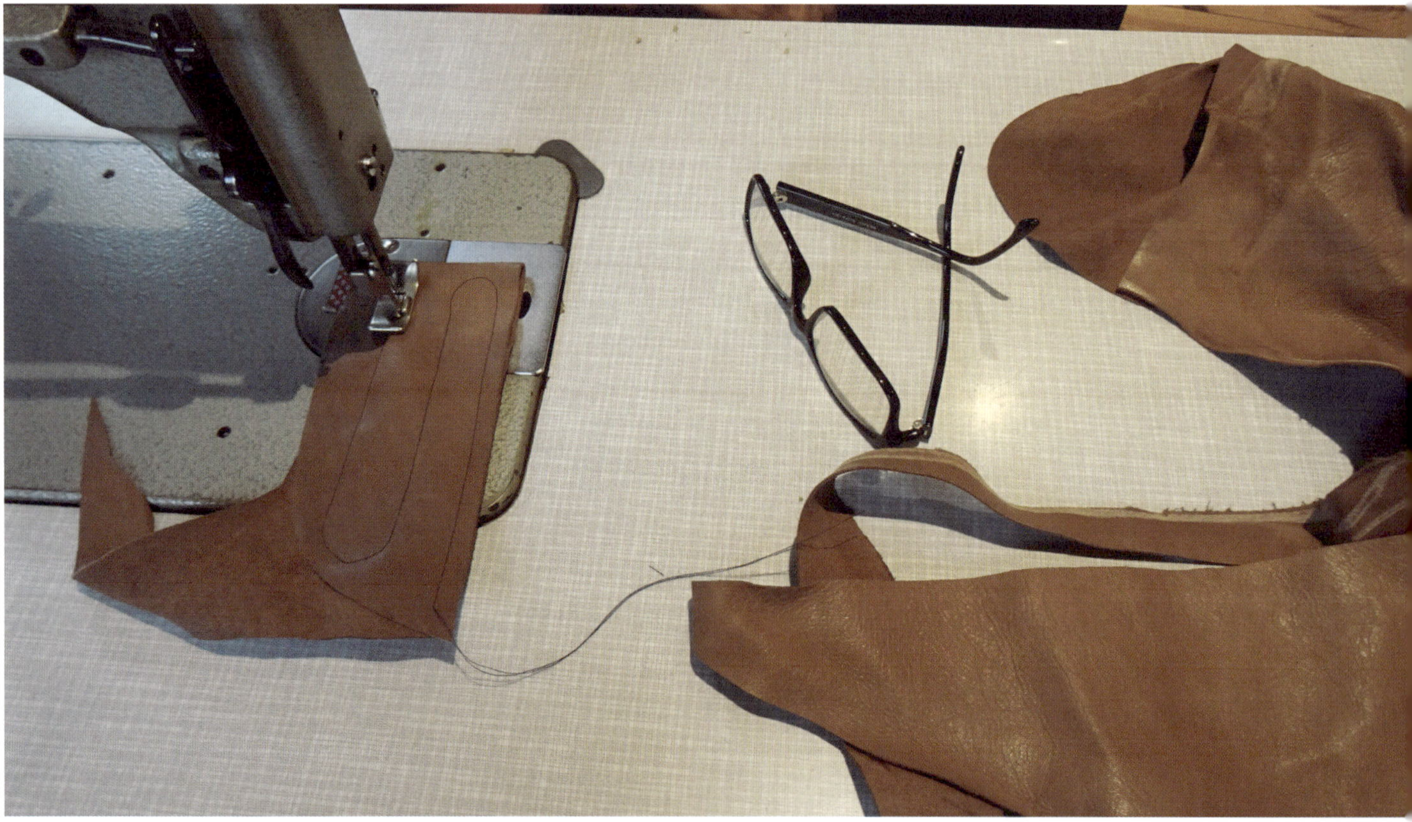

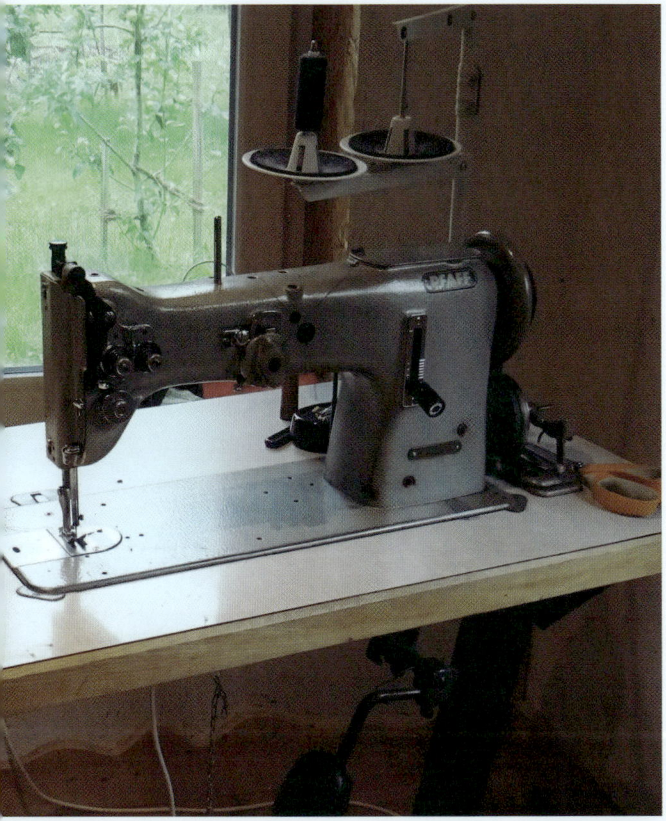

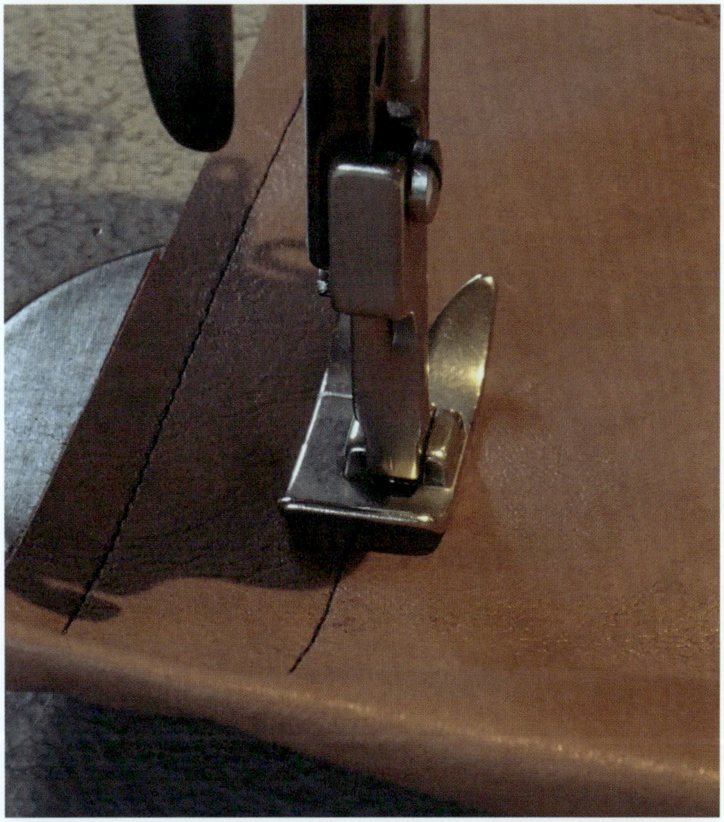

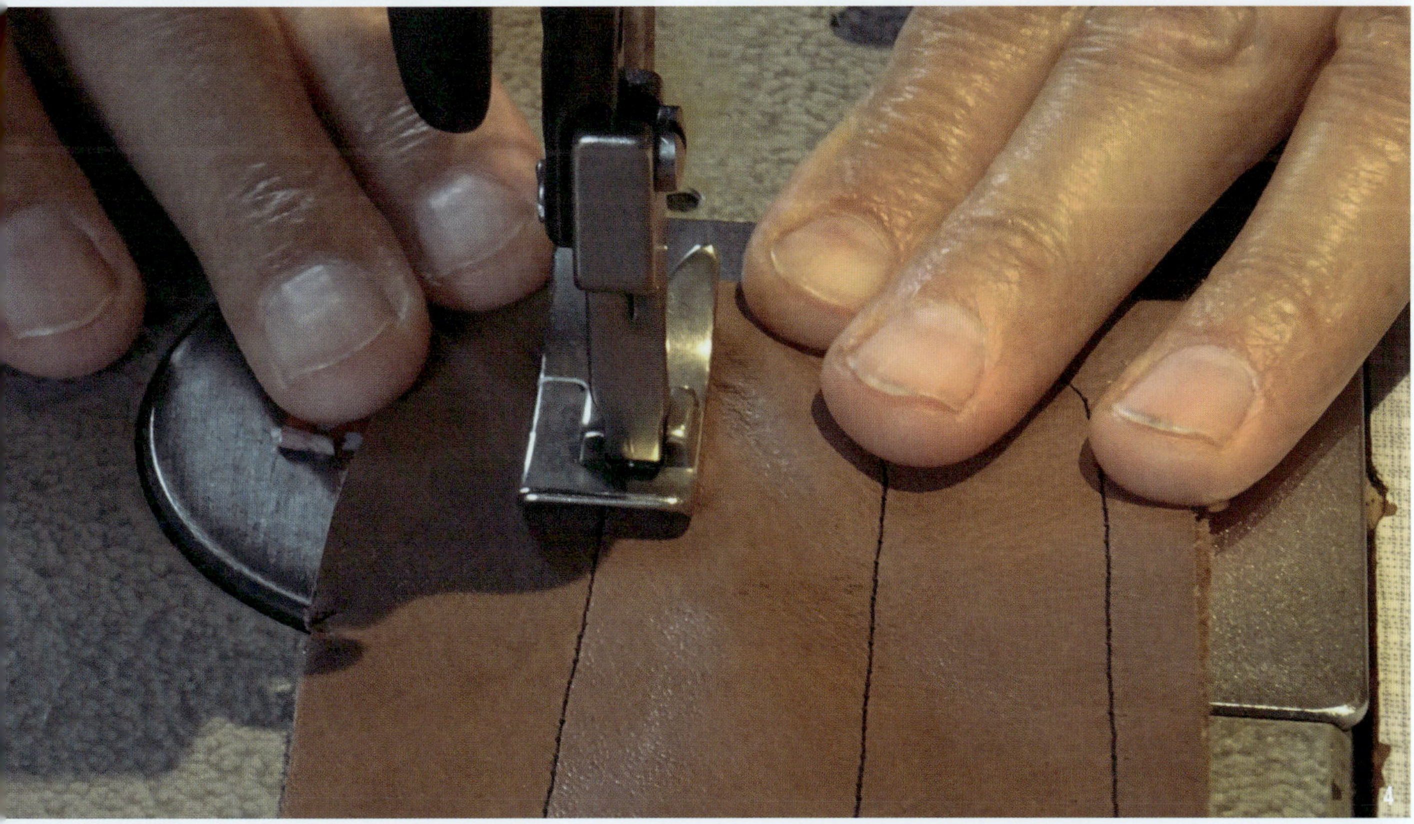

4

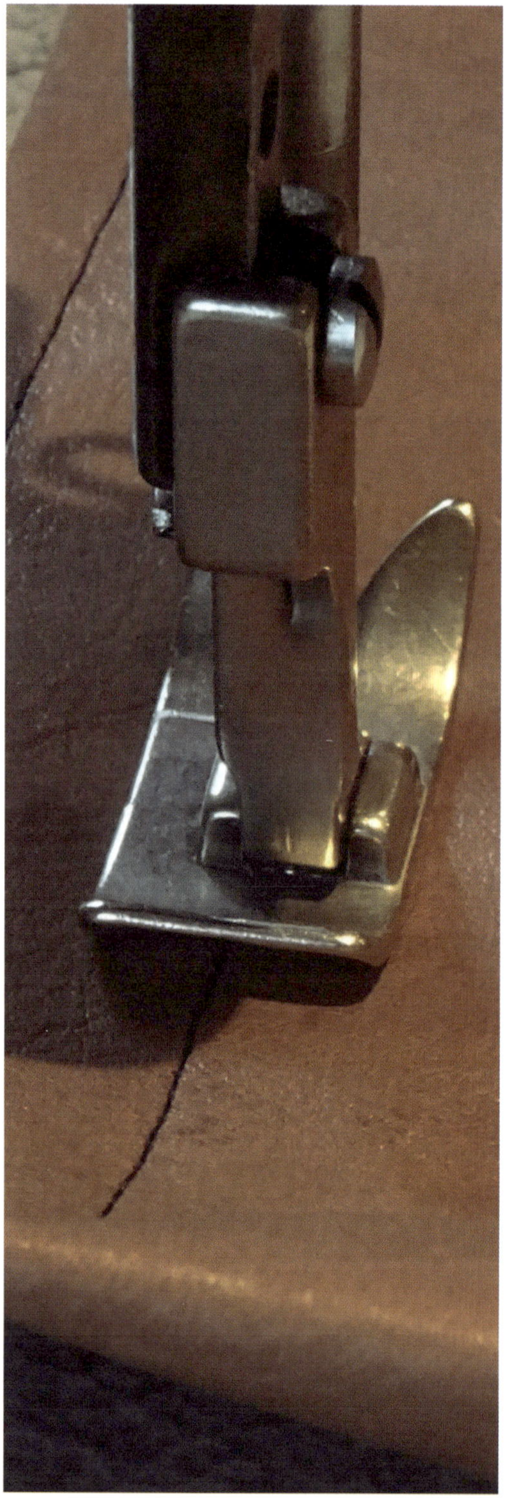

Für **dünneres** Leder reicht eine ganz normale **Haushaltsnähmaschine**, die mit einer speziellen **Ledernadel** und etwas **stabilerem Garn** ausgestattet ist. Beides kann man im Nähbedarfhandel bekommen. Der Dicke des Leders ist allerdings durch die Kapazität der Maschine eine gewisse Grenze gesetzt, liegt doch das zu nähende Leder an manchen Stellen in mehreren Lagen übereinander. Bei der Nähmaschine wird das Leder von unten schubartig bei jedem Stich weitergefördert. Darum ist es wichtig, dass die beiden zu vernähenden Lagen vorher miteinander verklebt sind. Sonst könnten sie sich beim Nähvorgang gegeneinander verschieben. Der Motor wird mit dem Fuß gestartet, sodass beide Hände zur Führung des Werkstückes frei sind. Der Nähvorgang geht sehr schnell. Daher muss man sich schon zu Beginn klar sein, wo die Naht genau entlanggeführt werden soll.
Wer Freude an dieser Art von Lederarbeit hat, kann sich überlegen, ob er sich eine **Industrienähmaschine** anschafft. Die ist bedeutend kräftiger und schafft auch dickeres Leder. Bei noch dickerem Material kommt allerdings auch eine solche Maschine an ihre Grenzen, und es bleibt nur das Arbeiten mit der Hand (wenn man sich nicht eine richtige Sattler- oder Schuhmachernähmaschine anschaffen will).
Die in diesem Buch genauer beschriebenen Gegenstände sind alle mit der **Hand** hergestellt. Die rechts abgebildeten Näharbeiten mit der Maschine wurden von einer Näherin aus Norddeutschland hergestellt, die ihre Ware auch zum Verkauf anbietet.
Sie hat erlaubt, durch die Beispiele aus ihrer Werkstatt das Buch um diese Nuance zu vervollständigen.

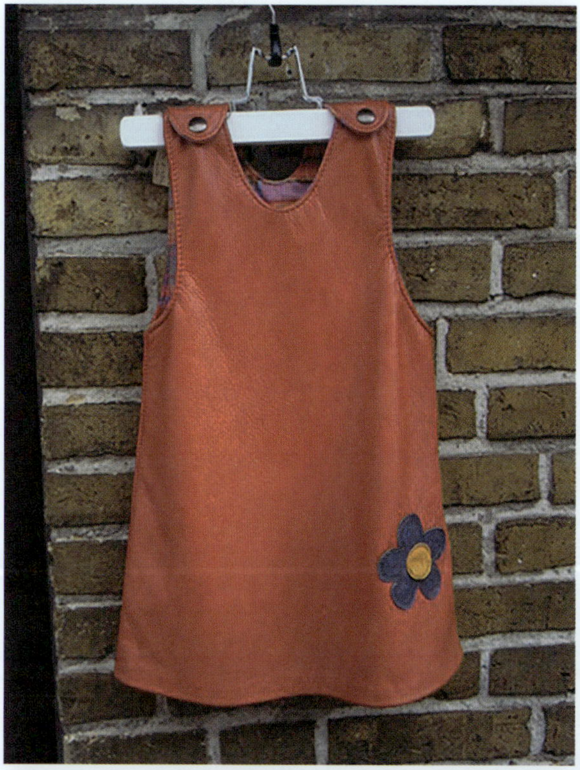

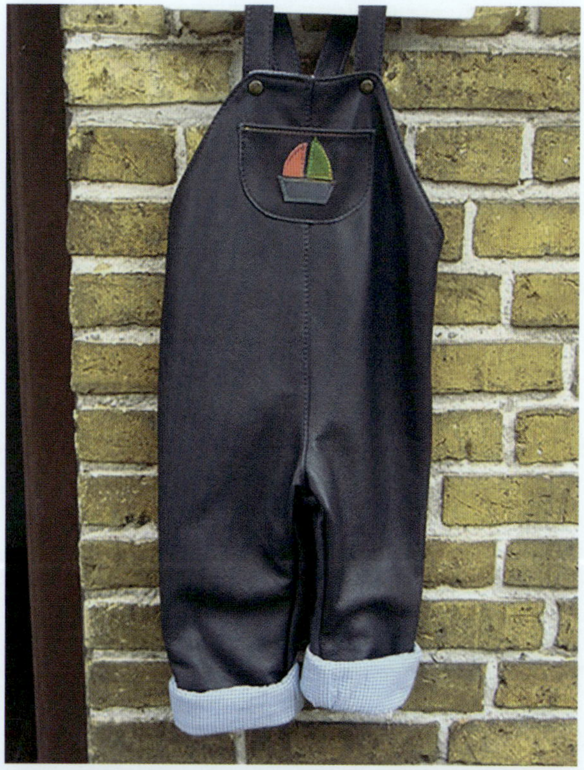

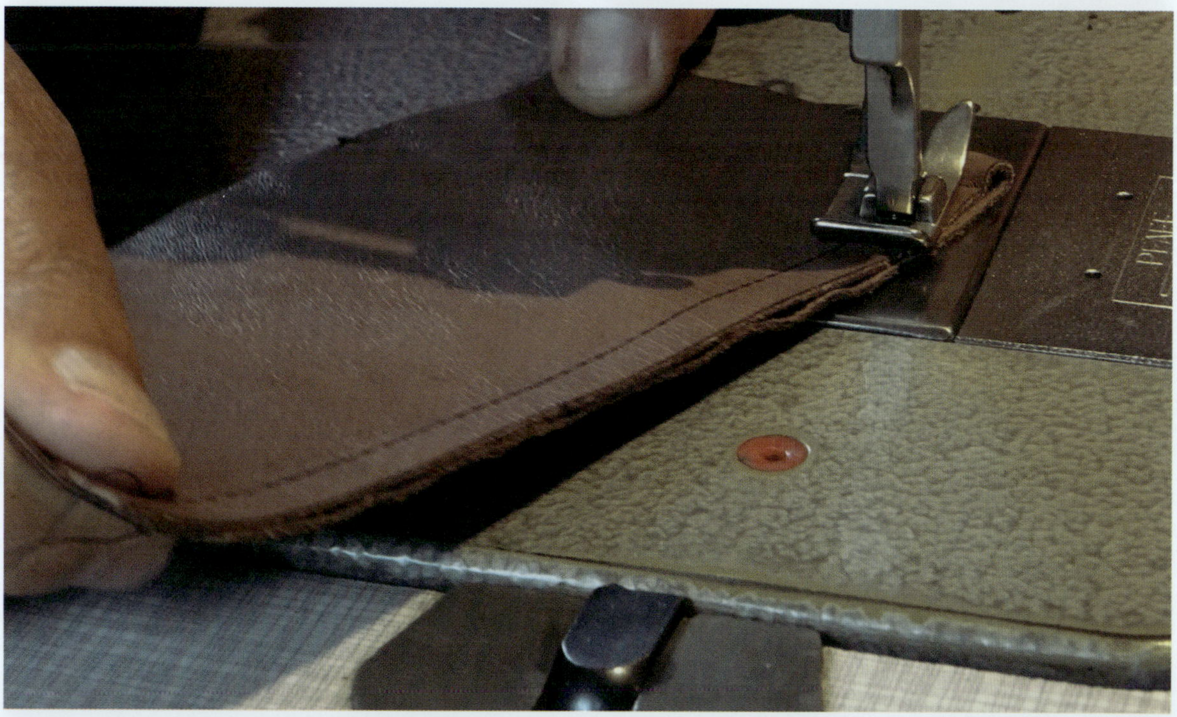

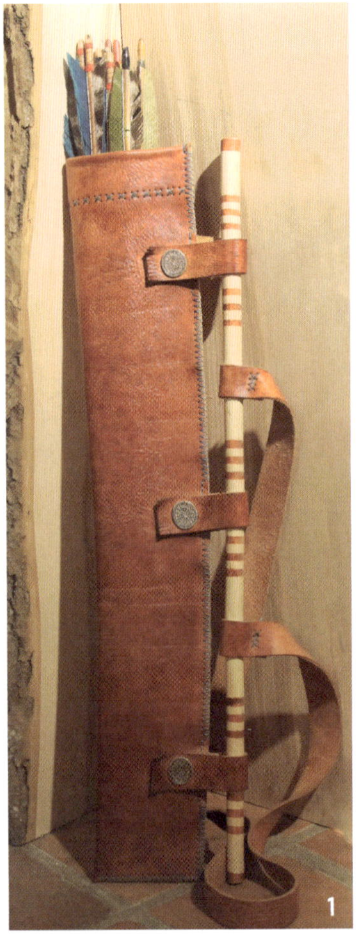

1

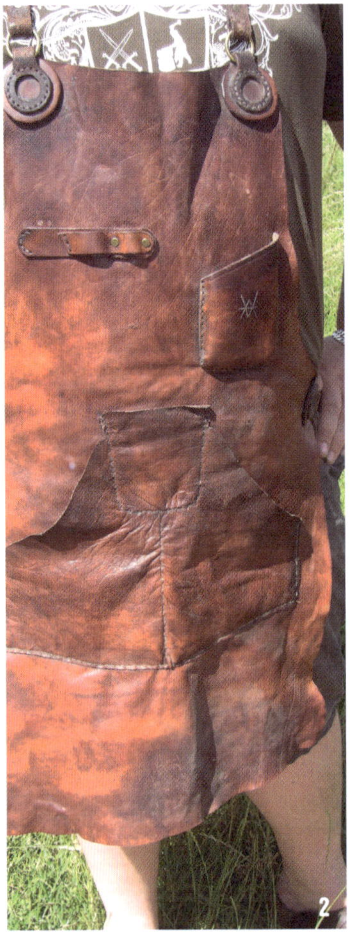

2

Anregungen für eigene Ideen

Wenn man erst einmal Geschmack am Arbeiten mit Leder gefunden hat, findet man überall Anregungen zu neuen Projekten. Aus der Erfahrung mit den bis dahin gemachten Arbeitsmethoden lassen sich viele neue Betätigungsfelder ausprobieren.
Die kleine Auswahl interessanter Objekte, die hier abgebildet sind, soll Sie ermutigen, sich an neue Herausforderungen zu wagen. Wenn eine Idee einen anspricht, dann ist die beste Voraussetzung geschaffen, daraus einen eigenen Impuls und eine ganz individuelle Umsetzung zu entwickeln. Diese eigene, kreative Gestaltung ist immer die spannendste und sicher auch die beste Form des Arbeitens mit Leder.

1 Köcher für Pfeile
2-4 Arbeitsschürze mit Verzierungen
5-7 Lederhülle für Tagebuch oder Timer mit Einhängevorrichtung
8-9 Messerscheide
10-11 Münzbeutel
12-13 Stiftemäppchen
14-15 Köcher (mit Köcherboden)
16 Ledertäschchen mit Wappen
17 Ledergriffe für Wettkampfbögen
18-19 Kunstvoll verzierte Schwertscheide

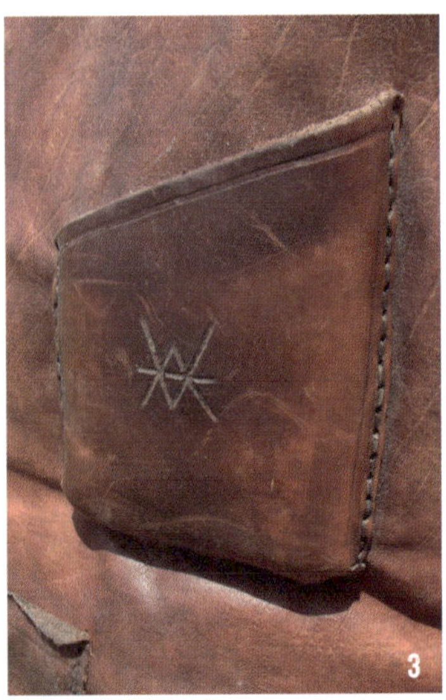

3

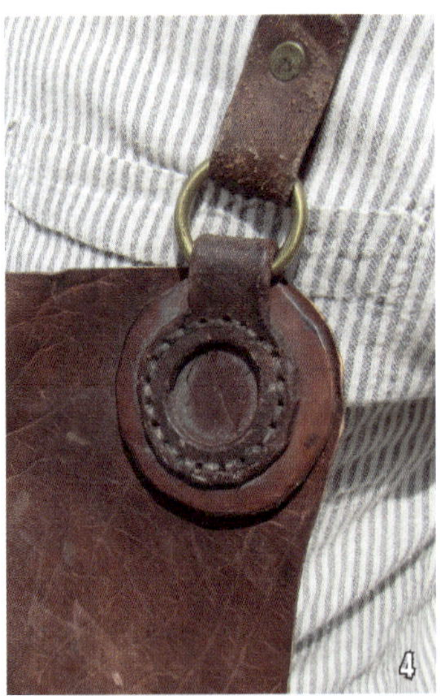

4

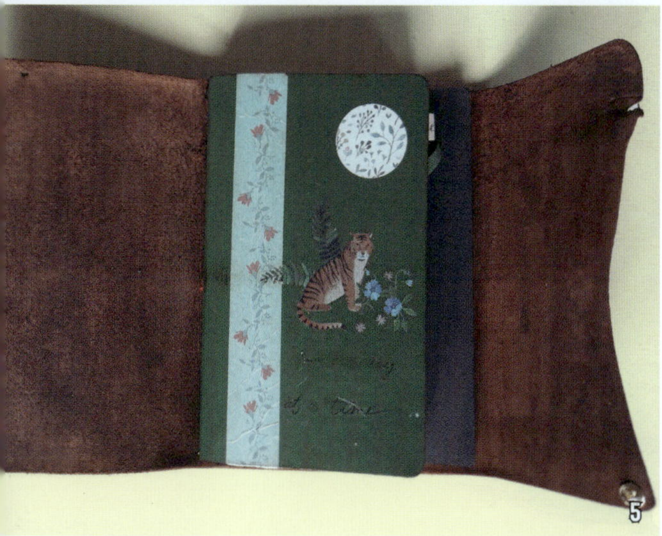
5

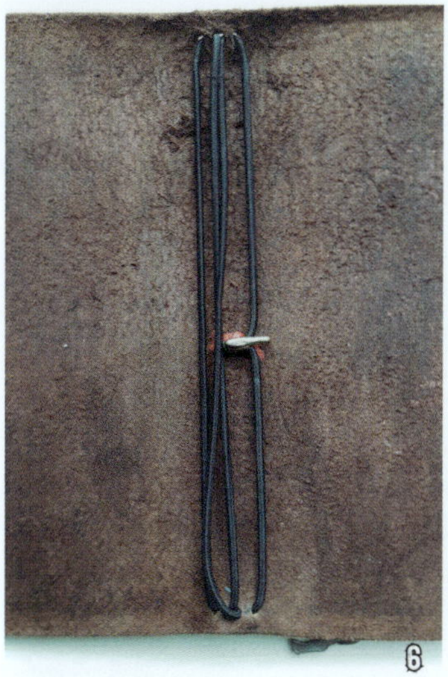
6

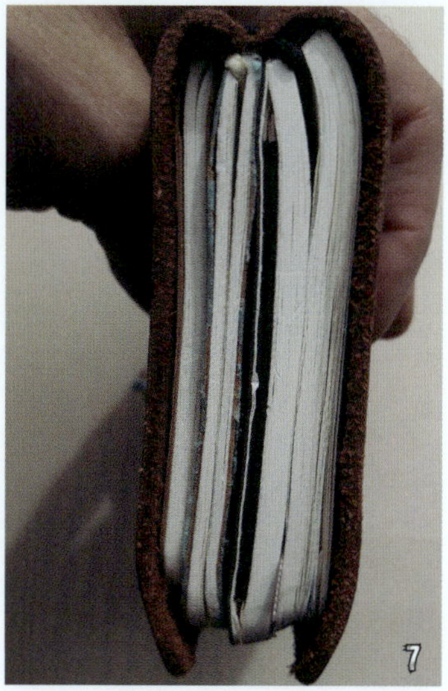
7

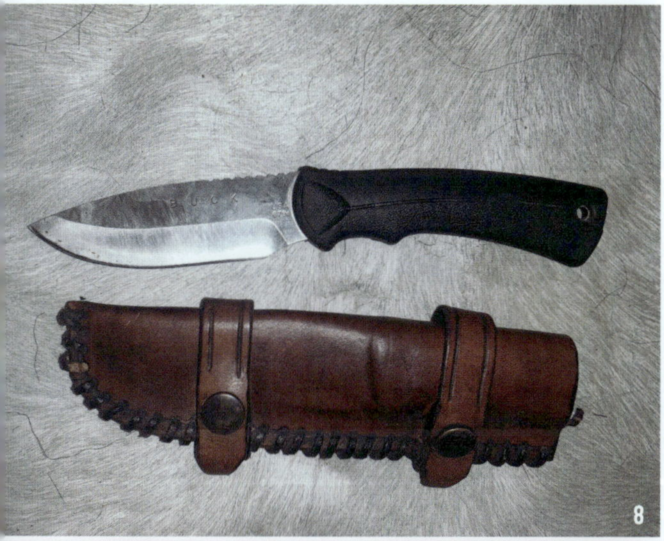
8

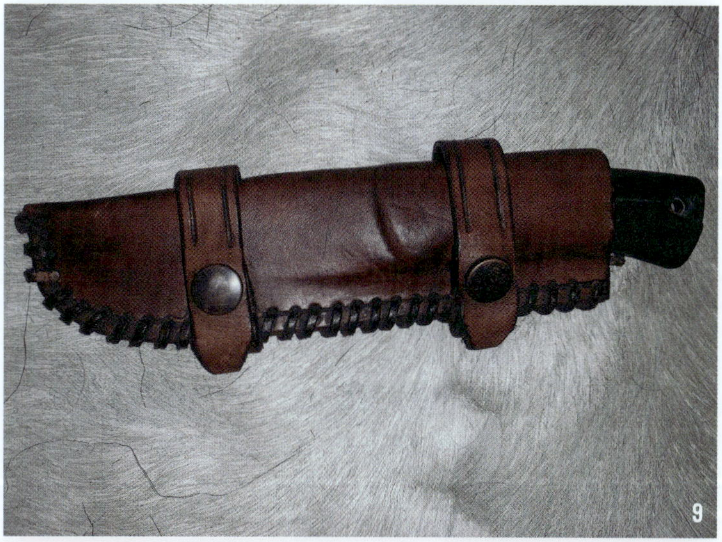
9

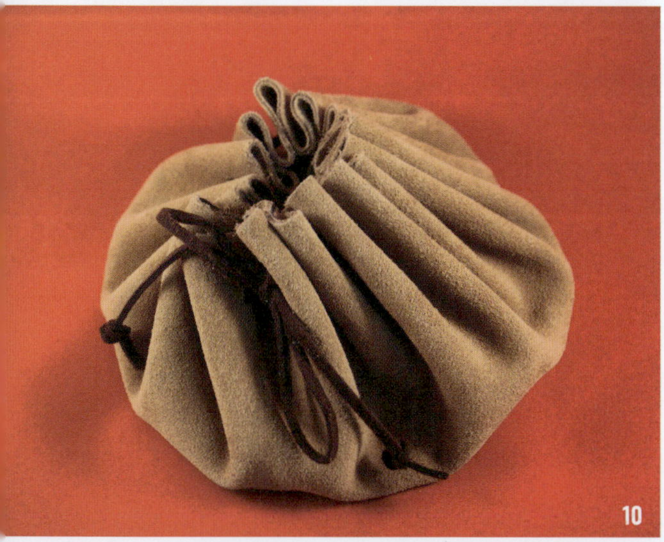
10

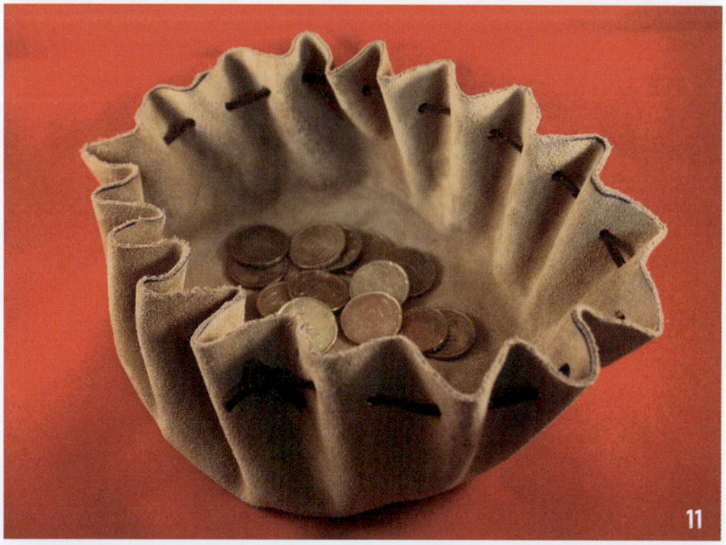
11

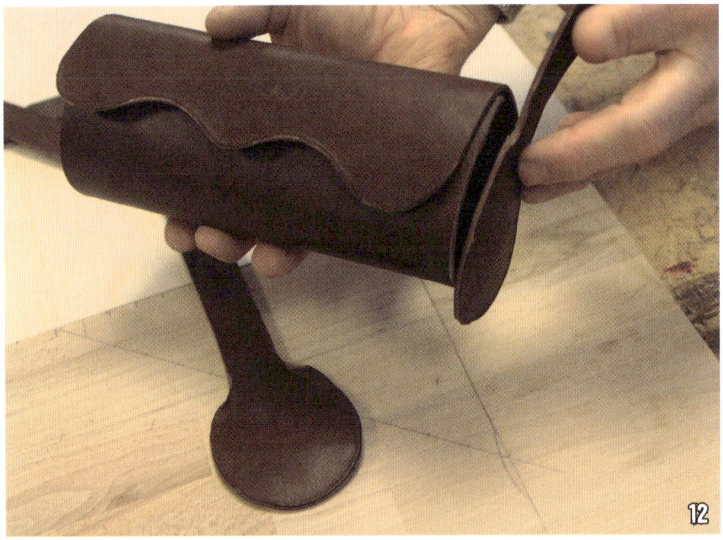

12

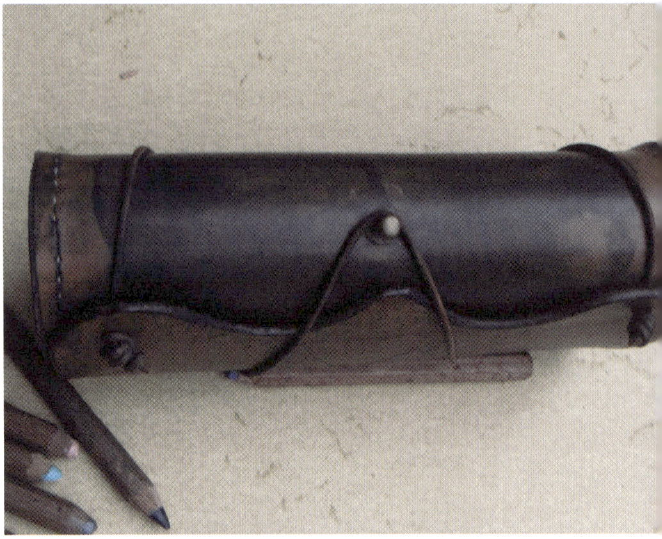

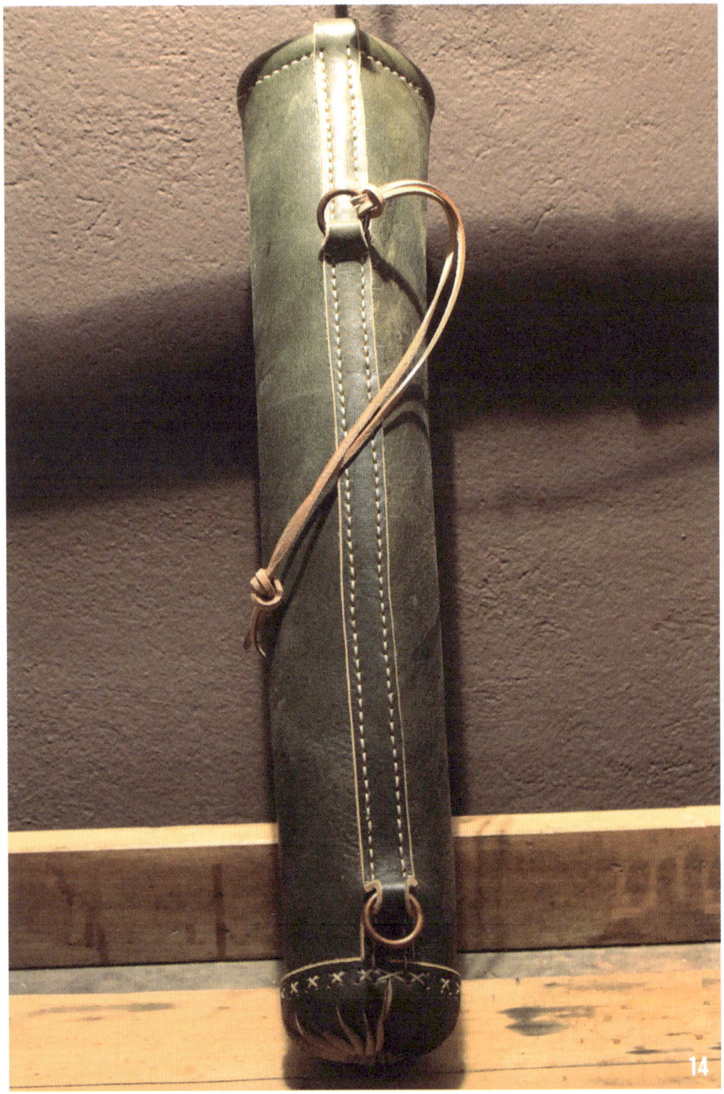

14

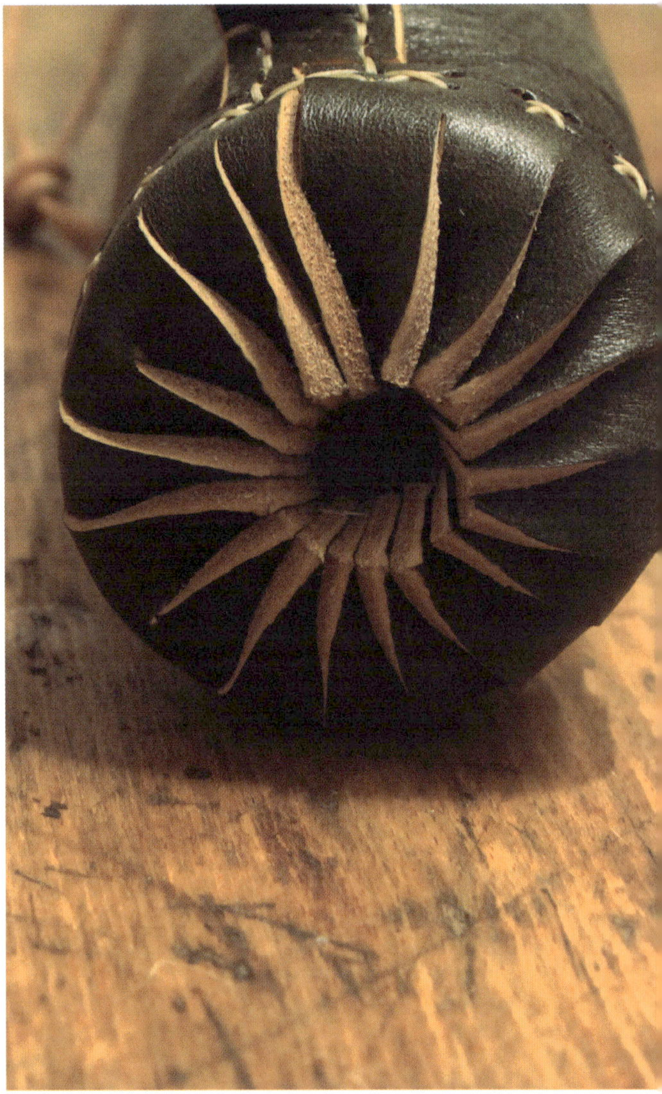

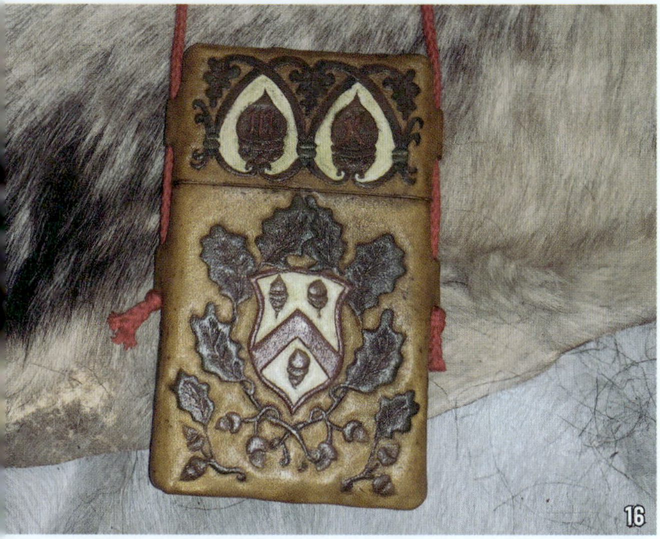
16

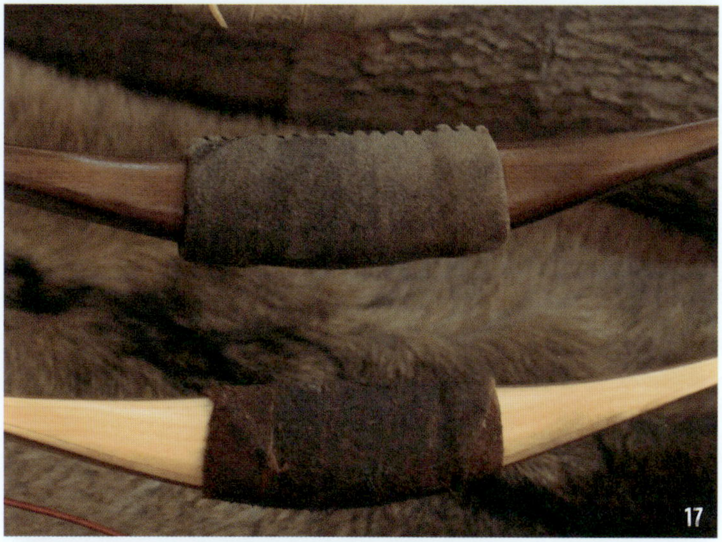
17

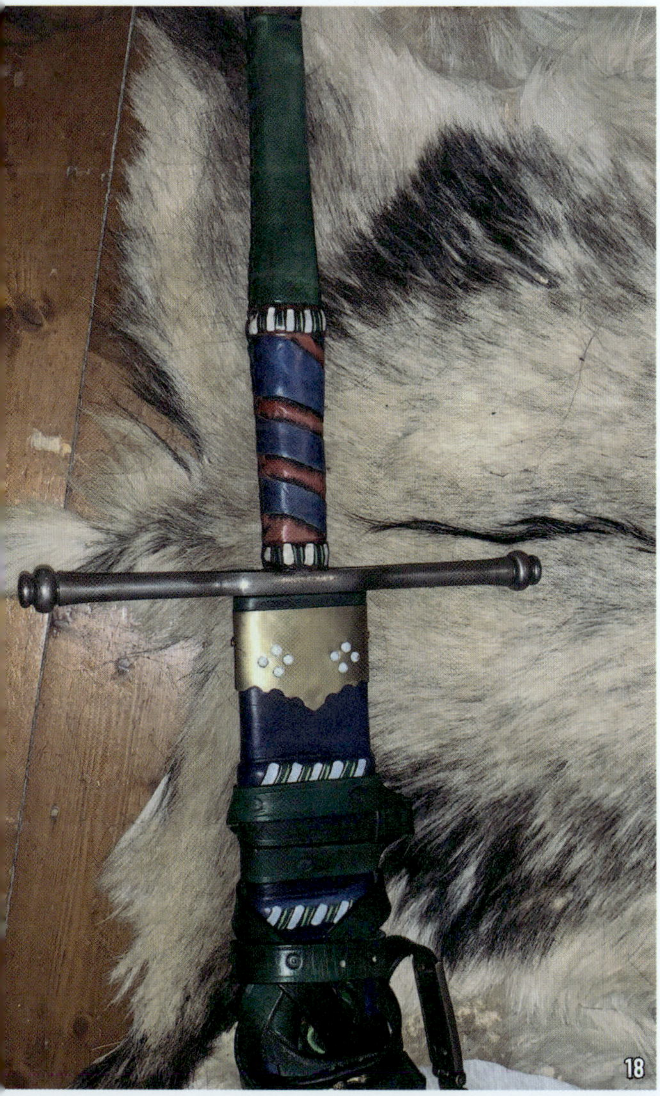
18

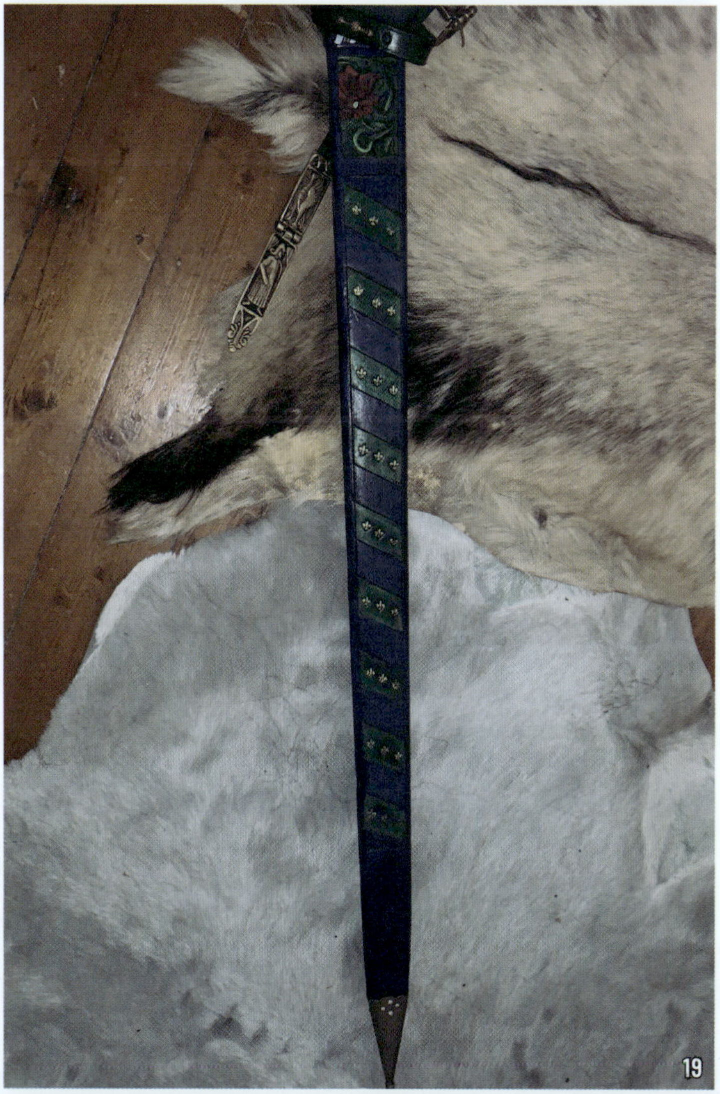
19

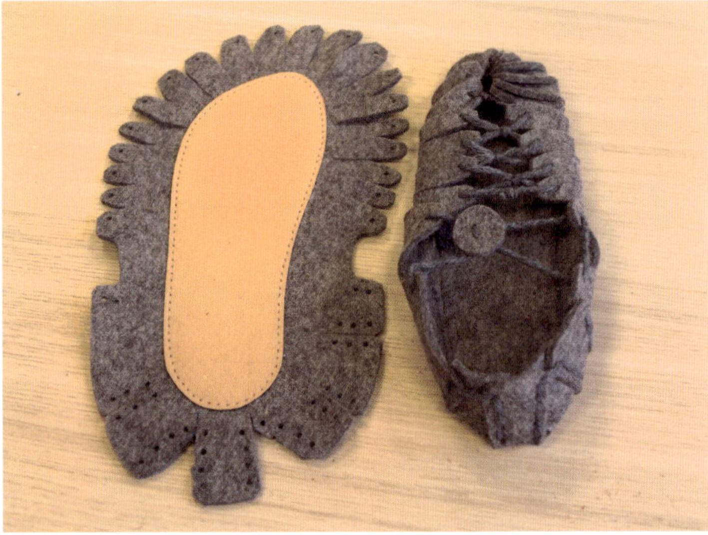

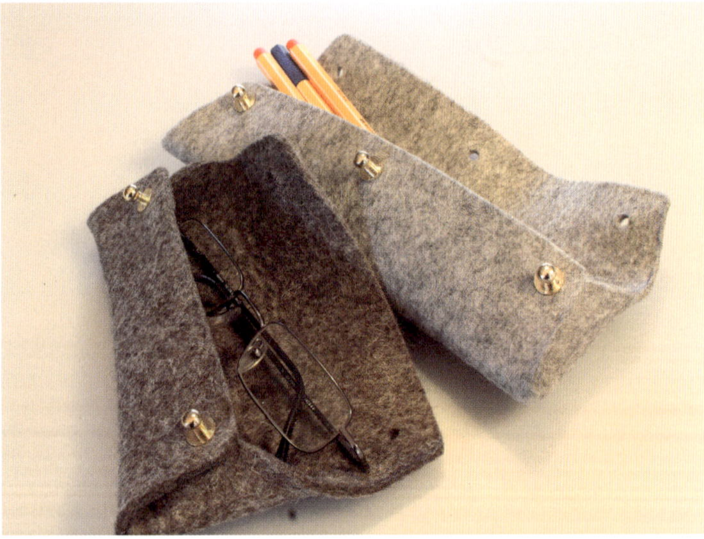

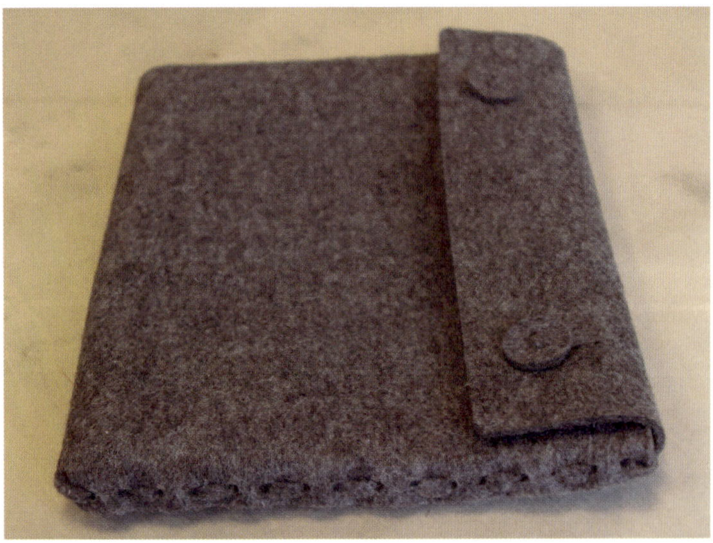

Kork-, Filz- und Papierlederarbeiten

Für Menschen, die generell tierische Produkte ablehnen, gibt es aus dem vegetabilen Bereich interessante Alternativen. Sogar einige interessante künstliche Produkte können zur Anwendung kommen. In diesem Buch sind Kork, Filz und sogenanntes Papierleder als Ersatzstoffe benutzt worden. Auch Kunstleder, beispielsweise Skaileder, wird in unterschiedlichsten Qualitäten, Farben und Dicken im Fachhandel angeboten (Polstererbedarf; siehe auch Bezugsquellen, S. 189).

Wem das Arbeiten mit Leder nicht behagt, der kann also auch andere Materialien mit mehr oder weniger ähnlichen Eigenschaften ausprobieren. Der Ablauf der Arbeitsschritte ist der Gleiche wie bei den einzelnen Lederprojekten, die wir hier vorgestellt haben. Lediglich Einkaufstaschen aus Filz und Kunstleder kommen in den anderen Kapiteln nicht vor. Wer Lust hat, kann eine eigene Form und Größe ausprobieren.

Wenn man sich etwas mit den besonderen Qualitäten vertraut gemacht hat, lassen sich ebenfalls wunderbare Objekte herstellen. Um die Freude am Ausprobieren anzuregen, sind hier einige Gegenstände aus diesen Materialien abgebildet.

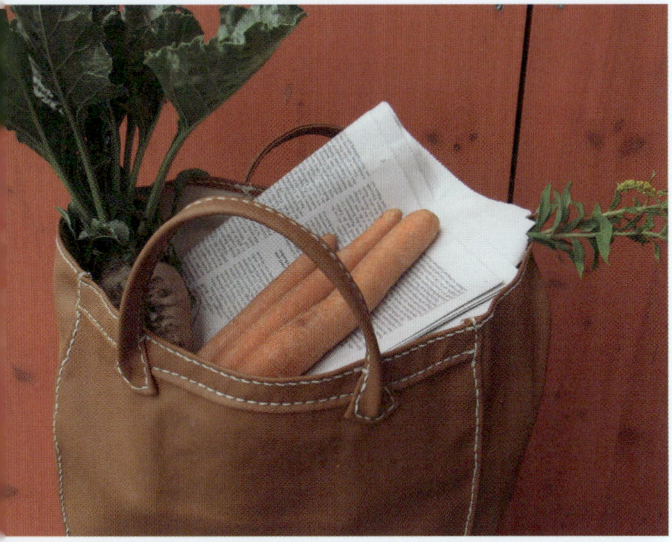
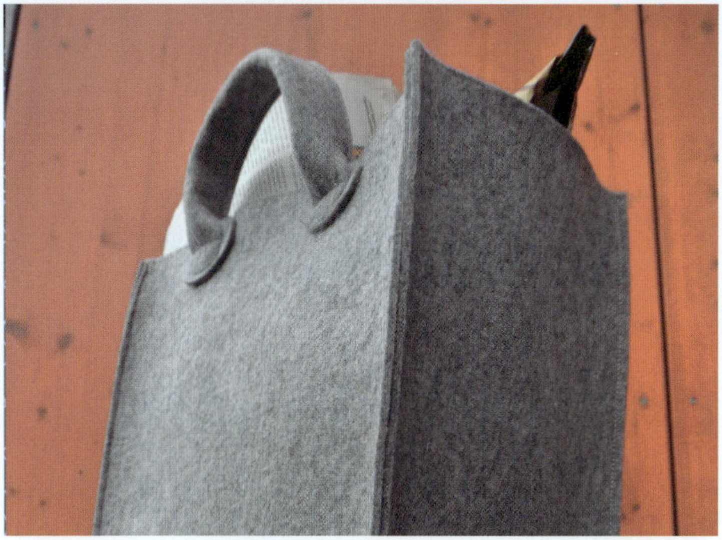
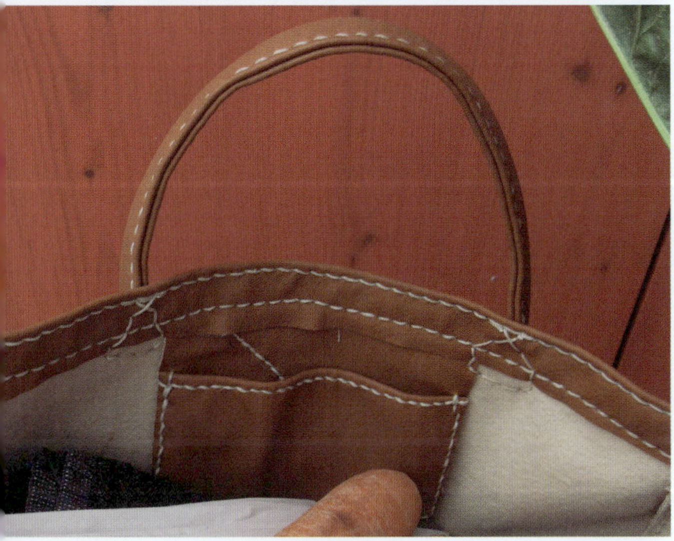
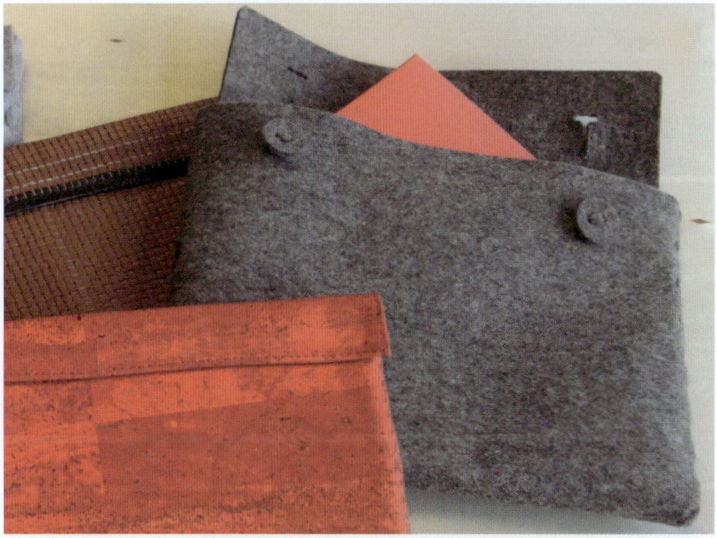
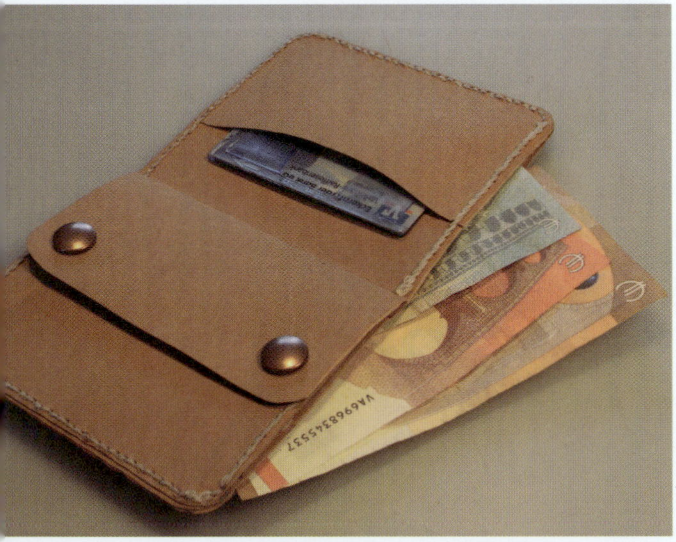
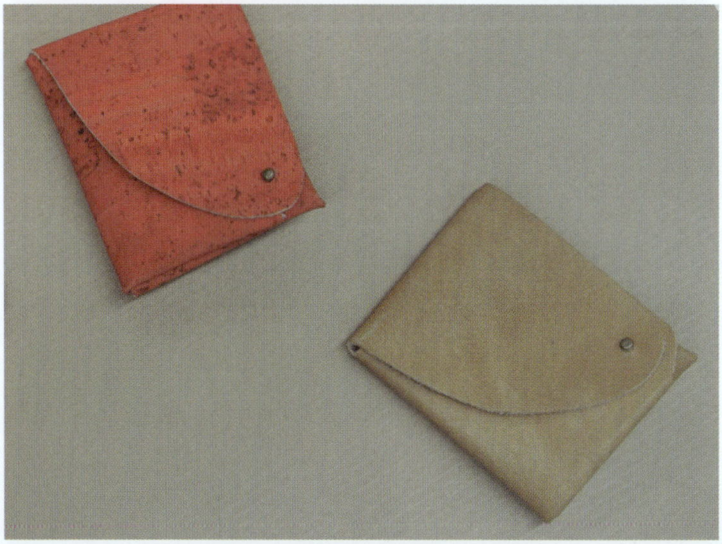

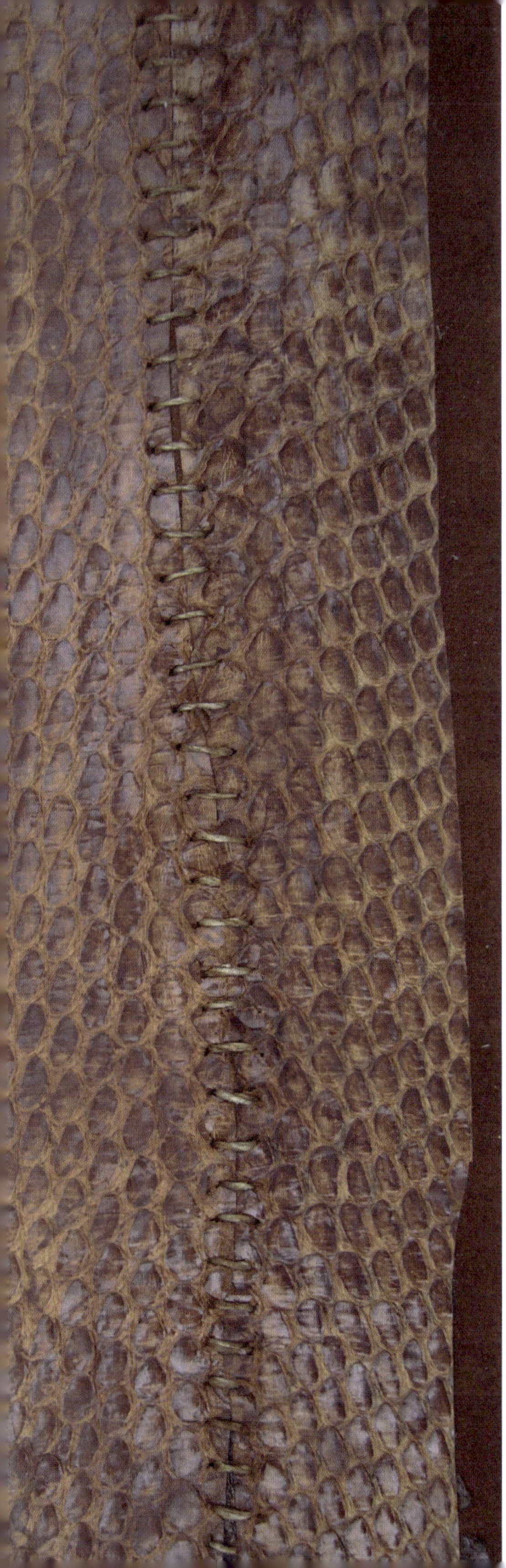

Tipps

- Wenn Sie sich mit einer anderen lederbegeisterten Person zusammentun, können Sie gemeinsam Leder einkaufen und Stücke miteinander tauschen.
- Auf einer harten Unterlage lässt sich am besten arbeiten. Dazu gibt es spezielle Arbeitsflächen. Wer diese Anschaffung scheut, kann gut die Rückwandpappe von Schreibblocks verwenden.
- Es ist gut, die mit Kugelschreiber markierten Linien wegzuschneiden. Dadurch verhindert man, dass die Striche später sichtbar sind.
- Wenn man die Markierungen mit einem spitzen Gegenstand (z.B. einem Schraubenzieher) eindrückt, bleiben keine Spuren vom Kugelschreiber.
- Wenn man von einem Entwurf mehrere Ausführungen machen möchte, sollte man stabileres Papier verwenden oder sich gleich ein paar Kopien anfertigen.
- Beim Lochen mit dem Locheisen ist es sinnvoll, ein Stückchen Abfallleder unterzulegen. Dadurch wird das Loch markanter und sauberer.
- Es ist immer sinnvoll, einzelne Schritte an einem Abfallstück vorher auszuprobieren.

- Selbst gemachte Lederstreifen sollten immer schräg angespitzt werden, damit sie leichter durch die Löcher zu fädeln sind.

- Weil sich die Lederstückchen in der Pfeife der Lochzange oder dem Locheisen manchmal stauen, drückt man sie mit einer Nadel regelmäßig heraus.

- Wenn eine Nähnadel im Leder festsitzt, kann man sie mit einer ganz normalen Schere herausziehen; dazu muss man sie in der Mitte einklemmen (selbstverständlich geht es auch mit einer Spitzzange).

- Vor dem endgültigen Zusammennähen sollte man die Oberfläche des Leders noch einmal überprüfen. Eventuell lässt sich eine nicht so schöne Stelle nach hinten legen.

- Wenn man einen längeren Streifen aufleimen will, ist es sinnvoll, das Ende zum Anfang zurückzuklappen und erst nach und nach auf der mit Leim bestrichenen Fläche abzurollen.

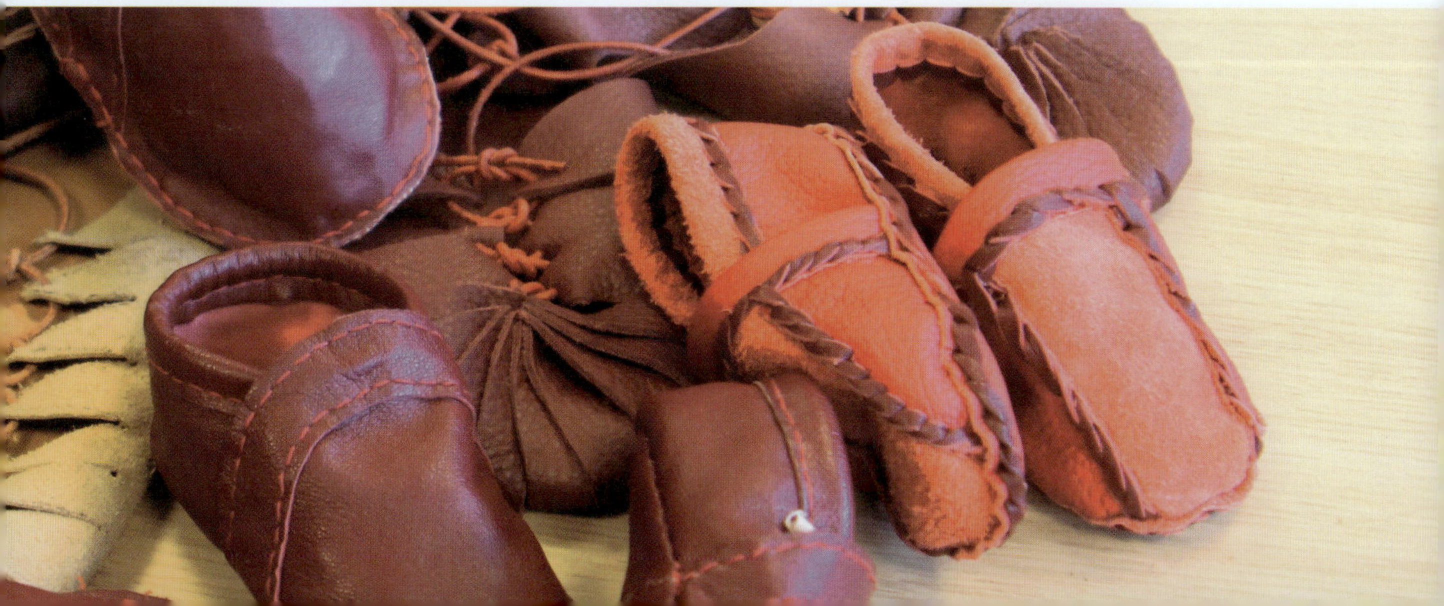

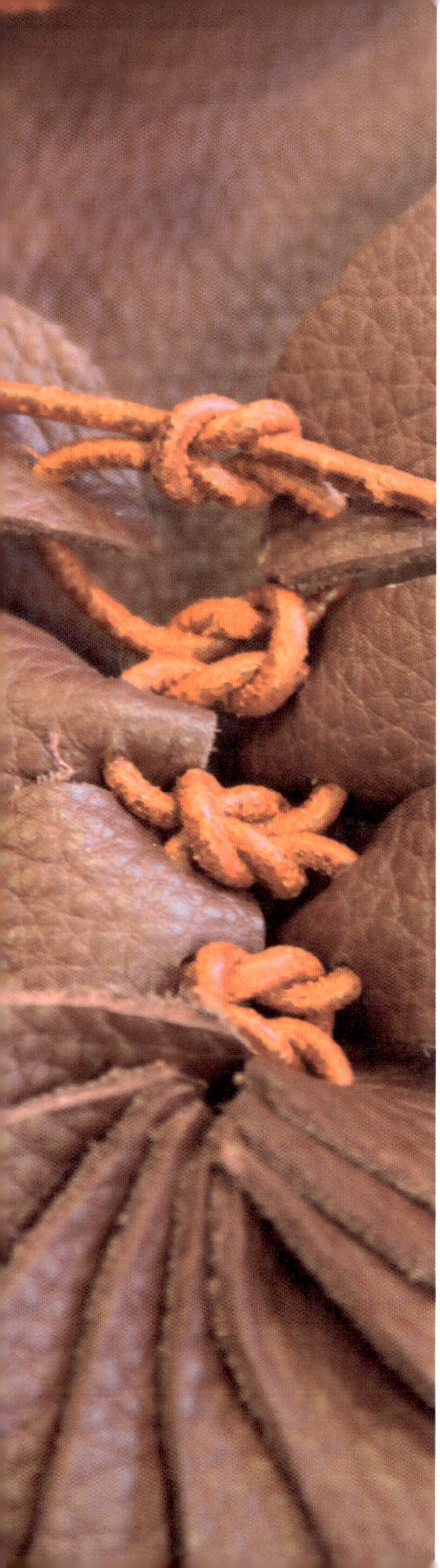

Lederpflege

Bis zu Beginn des zwanzigsten Jahrhunderts wurde Leder durch sogenannte Schuhwichse behandelt. Das ist eine Mischung aus Schwefel, Ruß, Sirup und Melasse, mit Wasser angerührt. Der Erfolg war jedoch nur sehr gering, denn sie schützte wenig gegen Feuchtigkeit, das Leder wurde nicht besonders glatt und färbte zudem ab, sodass die Träger braune Flecken bekamen. Sattelzeug wurde mit hartem Stangenwachs gepflegt – ebenfalls nur mit mäßigem Erfolg.

Adam Schneider entwickelte um 1900 die erste Schuhcreme. Weil seine Firma in Erthal lag, das im Dialekt wie «Erdal» ausgesprochen wurde, entstand daraus der Produktname, der bis heute für gute Lederpflege steht: Erdal.

Gute Lederpflegemittel werden unter anderen von den Firmen KIWI, Centralin und Colonia hergestellt. Die Lederhandlung «Flach» in Kiel bietet ein eigenes Pflegemittel mit Bienenwachsanteilen an, das sehr empfohlen werden kann (Adresse siehe Bezugsquellen, S. 188).

Gute Schuhmachereien haben ihre Lieblingsmarken und sind sicher gerne bereit, ihre Empfehlungen weiterzugeben.

Literaturhinweise

Kim Himer und Axel Himer: *Das große Buch der Lederpflege. Schuhpflege – Bekleidung – Möbelpflege*, Heel-Verlag, Königswinter 2011.

Carsten Bothe: *Leder nähen. Gestalten und reparieren leicht gemacht*, Heel-Verlag, Königswinter 2017.

Trudi Schmid, *Arbeiten mit Leder*, AT Verlag, Aarau 1986.

Michael Gärtner: *Lederarbeiten. Nähen, Flechten, Bearbeiten*, Heel-Verlag, Königswinter 2018.

Bruce Grant, *Leatherbraiding*, Cornell Maritime Press 1950.

Otis Ingrams, *Lederarbeiten. Taschen, Accessoires und Möbel von Hand fertigen*, Haupt-Verlag, Bern 2017.

Al Stohlman, *The Art of Handsewing Leather*, Tandy Leather Factory 1977.

Ruth Zechlin, *Werkbuch für Mädchen und für alle, die Freude am Werken haben*, Otto Maier Verlag, Ravensburg 1975.

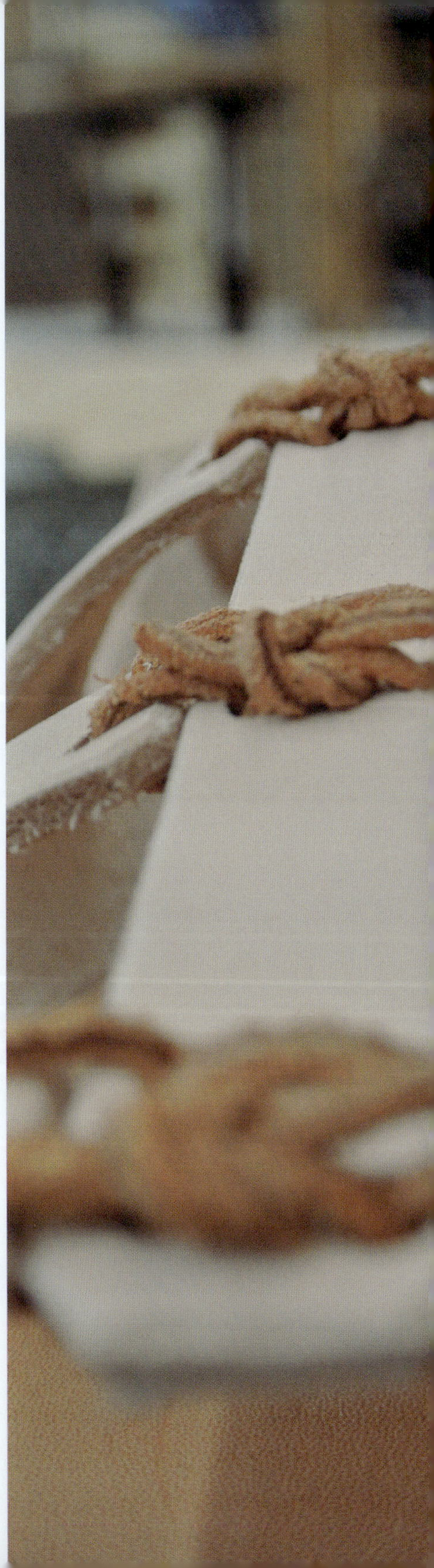

Bezugsquellen

Werkzeuge:

DICTUM, Gottlieb Daimler Straße 3, 94447 Platting
Tel. (0 99 31) 4 05 89 01
www.dictum.com

Rickert Werkzeuge, Neunkirchener Straße 56, 91207 Lauf an der Pegnitz, Tel. (0 91 23) 99 09 73
www.rickert-werkzeug.de

Lederhandlung Flach, Sternstraße 19/Hof, 24103 Kiel
Tel. (04 31) 9 23 92
www.leder-flach.de

Leder:

Lederhandlung Flach, Sternstraße 19/Hof, 24103 Kiel
Tel. (04 31) 9 23 92
www.leder-flach.de

Günther Schmidt, Herseler Straße 35, 50389 Wesseling
Tel. (0 22 36) 4 30 37
www.lederschmidt.de

Eifel-Leder, Geierstraße 2, 53881 Euskirchen
Tel. (0 22 55) 60 68
www.eifel-leder.de

Filz:

Trolle & Wolle, Bettina Papien, Saarbrückenstraße 179 B, 24113 Kiel
Tel. (04 31) 12 84 41 17
www.trolle-und-wolle.de

Wollknoll GmbH, Forsthausstraße 7, 74420 Oberrot-Neuhausen
Tel. (0 79 77) 91 02 93
www.wollknoll.de

Korkleder:

Cork shop, Industriestraße 2, 79541 Lörrach
Tel. (01 71) 6 85 14 05
www.cork-shop.com

KorkundKulör, Lerchenweg 12, 89160 Dornstadt
Tel. (0 73 04) 9 28 95 81
www.korkundkuloer.de

Papierleder:

Snaply GmbH, Adolph-Kolping Straße 7, 85356 Freising
Tel. (0 81 61) 4 52 59 90
www.snaply.de

Kunstleder:

Skai, Konrad Hornschuch AG, Salinenstraße 1, 74679 Weißbach
Tel. (0 79 47) 81-0
www.skai.com

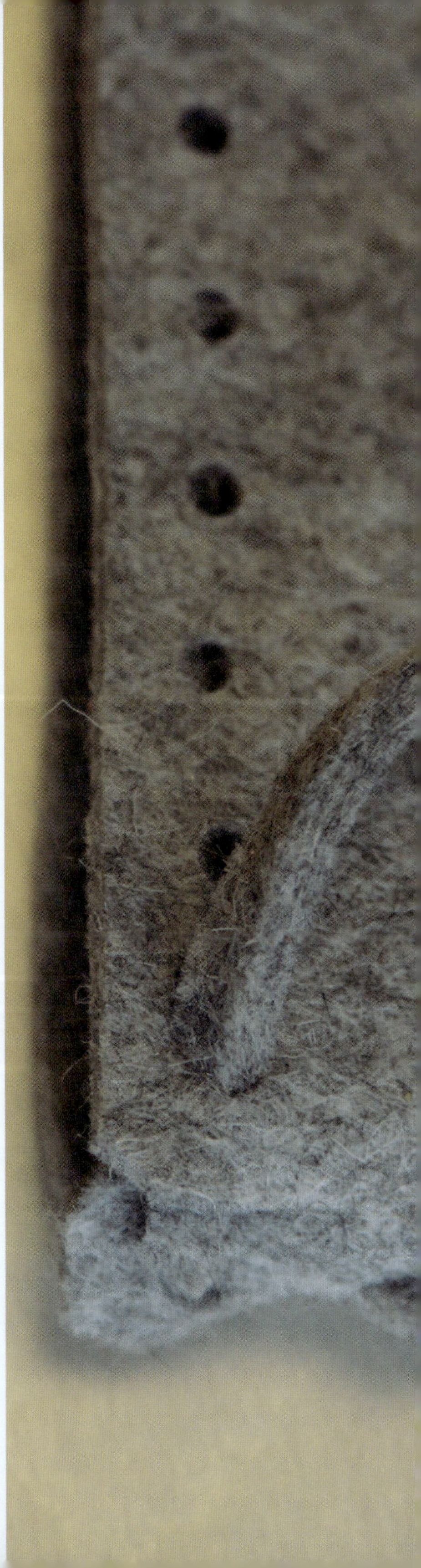

Nachwort

Im Jahre 1942 begann Ingeborg Maria Lemke als Siebzehnjährige eine Ausbildung zur Gymnastiklehrerin in Loheland bei Fulda. Gleichzeitig arbeitete sie in der Lederwerkstatt, die in drei ausgedienten Eisenbahnwaggons untergebracht war. Die engagierte Lehrerin dort war Lotte Heschel, zu dem Zeitpunkt 27 Jahre alt. Sie betrieb die Lederwerkstatt, um durch den Verkauf der Produkte die Einrichtung zu unterstützen. Die Materialknappheit im Krieg zwang sie, kreative Möglichkeiten zu suchen. So wurden alle Dinge im Patchwork aus Resten hergestellt und mit selbst geschnittenen Lederstreifen zusammengenäht. Um Haltbarkeit und Schönheit zu verbinden, entwickelte Lotte Heschel eine spezielle Naht, die Lohelandnaht.
Ina, so wird Ingeborg genannt, gliederte sich mit Begeisterung und großem Geschick in die Werkstatt ein. Sie behielt die Freude an der Arbeit mit Leder für ihr ganzes Leben. (Ein Gürtel, den sie damals herstellte, hat sich bis heute erhalten und ist auf S. 7 zusammen mit einem von mir gemachten Gürtel abgebildet.) So ist es nicht verwunderlich, dass ich als ihr Sohn schon von Kindesbeinen an im Umgang mit diesem Material vertraut war. Lohelandnaht und der Name Lotte Heschel waren mir ein fester Begriff.
Im Jahre 2000 besuchte ich eine Tagung in der Rudolf-Steiner-Schule Loheland. Erstaunt entdeckte ich auf dem weitläufigen Schulgelände die drei Eisenbahnwaggons, in denen meine Mutter als junges Mädchen gearbeitet hatte. Dadurch ermutigt, erkundigte ich mich nach Lotte Heschel und bekam die überraschende Antwort, dass sie immer noch lebte und auch noch dort wohnte.
Gespannt klopfte ich bei ihr an. Ein kleines altes Mütterchen mit gichtigen Fingern, aber blitzenden Augen öffnete mir. Ich erklärte ihr, wer ich sei, und sie bat mich herein. Dann ging sie direkt an einen Schrank und holte einen Ordner heraus. Sie schlug ihn auf und zeigte mir in der Liste den Namen meiner Mutter. Sie könne sich noch gut an die tüchtige junge Frau erinnern, erklärte sie schmunzelnd.
Ich habe sie daraufhin jedes Mal, wenn ich in Loheland war, besucht, und es gelang mir, die inzwischen 88 Jahre alte Lotte und meine 78 Jahre alte Mutter zu überreden, gemeinsam einen künstlerisch-handwerklichen Kurs in Lohelandlederarbeiten auf der Suchttagung anzubieten. Beide waren sehr aufgeregt, aber im Anschluss auch stolz und zufrieden mit dieser späten Zusammenarbeit.
Ich habe diesen früh angelegten Keim zur Lederarbeit ebenfalls mein ganzes Leben gepflegt und immer wieder Dinge aus Leder hergestellt. Einen Ausschnitt daraus habe ich hier zusammengestellt und denke dabei mit Dankbarkeit und Anerkennung an meine Mutter und an Lotte Heschel.
Dank gilt auch den vielen Menschen, die zum Entstehen des Buches beigetragen haben: den Fotografinnen und Fotografen, dem Hersteller, dem Lektor, den Studentinnen, Studenten und Freunden, die mir sogar Fotos von eigenen Ideen zur Bereicherung und Anregung überlassen haben. Dank auch meiner lieben Frau, die mich stets beim Arbeiten und Schreiben unterstützt hat und den durch das Haus wehenden Ledergeruch großzügig hingenommen hat.

Helmut Hinrichsen, im November 2020

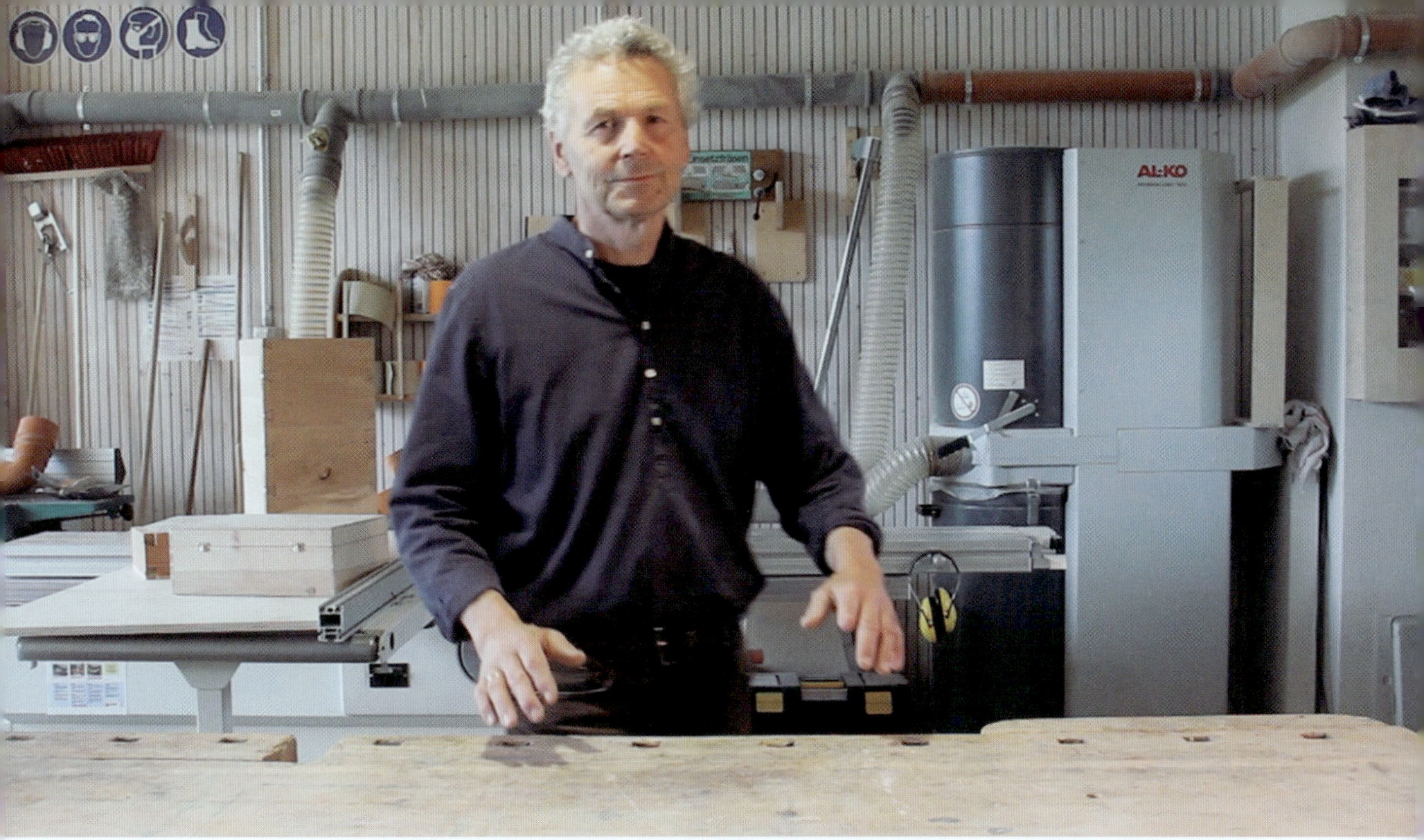

Über den Autor

Helmut Hinrichsen, geboren 1950, studierte nach seiner Ausbildung zum Diplomlandwirt Waldorfpädagogik in Witten/Annen und war 27 Jahre Lehrer für Werken und Biologie an der Waldorfschule Kiel. Er ist jetzt Lehrkraft für besondere Aufgaben an der Alanus Hochschule für Kunst und Gesellschaft in Alfter bei Bonn und Dozent am Waldorflehrerseminar Kiel.
Helmut Hinrichsen ist Vater von fünf Kindern. Im Verlag Freies Geistesleben ist auch sein Buch *Die kreative Holzwerkstatt* erschienen. Zusammen mit seiner Frau Monika Kiel-Hinrichsen schrieb er die *Pubertätssprechstunde*.

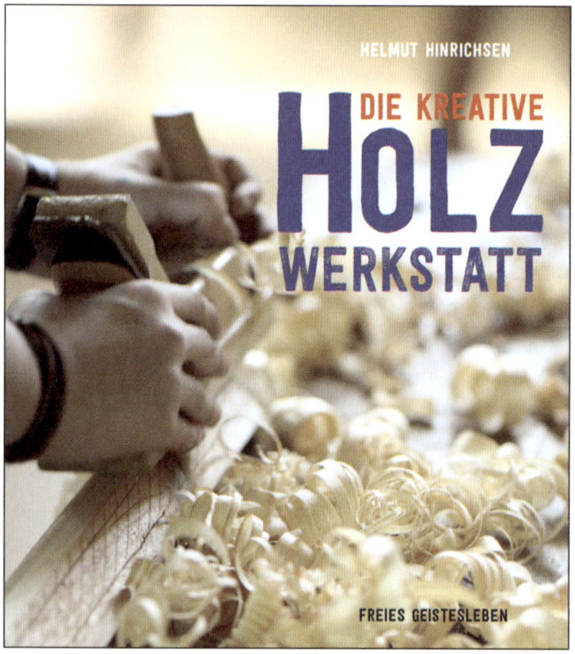

Helmut Hinrichsen
Die kreative Holzwerkstatt
185 Seiten, durchgehend farbig,
gebunden
ISBN 978-3-7725-2745-6

Eine umfassende Einführung für alle, die gerne mit Holz arbeiten: alle wichtigen Techniken für Schnitz-, Raspel- und Schreinerarbeiten und eine Fülle von Ideen für die kreative Gestaltung, vom einfachen Schlüsselanhänger bis zum anspruchsvollen Möbelbau. Anhand genauer Text- und Fotoanleitungen können Sie für sich und Ihre Kinder schöne Gebrauchsgegenstände und Ausgefallenes aus Holz anfertigen.

Verlag Freies Geistesleben

Folgende Personen haben das Buch dankenswerterweise
mit eigenen Arbeiten und Ideen unterstützt:
Max Kiereck
H. P. Callsen
Christine Will
Jorinka Hinrichsen
Ingeborg Hinrichsen
Henrike Elsner
Katrin Schulte
Helmut Ritter
Anja Manleitner
Maike Hansen
Thies Naujokat

Sämtliche Anleitungen, Texte und Fotos dieses Buches sind urheberrechtlich geschützt und dürfen nur nach vorheriger Genehmigung reproduziert oder zu kommerziellen Zwecken verwendet werden.
Jede gewerbliche Nutzung der Arbeiten und Entwürfe ist nur mit Genehmigung von Verfasser und Verlag gestattet. Bei Verwendung im Unterricht und in Kursen ist auf dieses Buch hinzuweisen.

1. Auflage 2020

Verlag Freies Geistesleben
Landhausstraße 82, 70190 Stuttgart
www.geistesleben.com

ISBN 978-3-7725-2755-5

© 2020 Verlag Freies Geistesleben
& Urachhaus GmbH, Stuttgart
Fotos: Anja Manleitner, Helmut Hinrichsen, Michael Brockmann,
Stephan Simon, Pascal Beck, Pedro Deltel, Rahel Cölsche,
Karoline Schlemminger, Shutterstock (S. 17), Wikipedia (S. 14)
Umschlaggestaltung: Katja Schüch, Umschlagfoto: Michael Brockmann
Druck: DZS Grafik, Ljubljana
Printed in Slovenia